Bürgerliches Recht

Eine systematische Darstellung der Grundlagen
mit Fällen und Fragen

Von

Dr. jur. Thomas Korenke

Professor für Bürgerliches Recht, Arbeits- und Sozialrecht

R. Oldenbourg Verlag München Wien

Bibliografische Information Der Deutschen Bibliothek

Die Deutsche Bibliothek verzeichnet diese Publikation in der Deutschen
Nationalbibliografie; detaillierte bibliografische Daten sind im Internet
über <http://dnb.ddb.de> abrufbar.

© 2006 Oldenbourg Wissenschaftsverlag GmbH
Rosenheimer Straße 145, D-81671 München
Telefon: (089) 45051-0
www.oldenbourg.de

Gedruckt auf säure- und chlorfreiem Papier
Gesamtherstellung: Druckhaus „Thomas Müntzer" GmbH, Bad Langensalza

ISBN   3-486-57998-3
ISBN 978-3-486-57998-7

Vorwort

Die Sprache des Bürgerlichen Gesetzbuchs (BGB), das bekanntlich am 1. Januar 1900 in Kraft trat, ist für den Anfänger nicht leicht zu verstehen. Dass Rechtssätze naturgemäß abstrakt sind, erschwert das Verständnis zusätzlich[1].

Um den Zugang zum Bürgerlichen Recht zu erleichtern, sind in die vorliegende Darstellung 15 umfangreiche Lebenssachverhalte integriert. Konkrete Fälle prägen sich besser ein als abstrakte Rechtsnormen. Die detaillierten Lösungsvorschläge sind anders als die systematische Darstellung gegliedert - (A). (I). (1). (a). (aa). - und sollen Klausurtechnik sowie Grundkenntnisse des Bürgerlichen Rechts im Gutachtenstil vermitteln. Sie sind in besonderer Weise zur Diskussion in der studentischen Arbeitsgemeinschaft geeignet. Zusätzlich werden zur Veranschaulichung immer wieder Kurzbeispiele gegeben.

Die Fußnoten dienen in erster Linie als zusätzliche Informationsquellen. Überdies haben dort didaktische Hinweise Aufnahme gefunden. *„Das Buch enthält eine beträchtliche Fülle von Informationen. Ich bedauere das zutiefst, aber es ging leider nicht anders"* (Mark Twain).

Am Ende eines jeden Kapitels werden anhand von Fragen und Antworten die wichtigsten Inhalte und Definitionen wiederholt. Der Lehrbetrieb zeigt, dass die Mehrheit der Studierenden dies einer Zusammenfassung vorzieht.

Vor Beginn der Lektüre folgende Hinweise: Das 1. Buch, also der Allgemeine Teil (AT) des BGB, zieht die Grundbegriffe „vor die Klammer" und weist folglich einen hohen Abstraktionsgrad auf. Sich diese abstrakten Begriffe und Inhalte isoliert anzueignen, erscheint kaum möglich. Vor allem aber wäre das auch nicht sinnvoll, birgt eine solche Vorgehensweise doch die Gefahr, dass jedenfalls der Anfänger inhaltliche Zusammenhänge leicht übersieht. Oftmals sind zur Lösung einer Frage Paragraphen aus den verschiedensten „Ecken" des BGB heranzuziehen. So hängt die Prüfung von Ansprüchen aus ungerechtfertigter Bereicherung (§§ 812 ff.[2]) eng mit den §§ 142, 143 und 119 bis 124 zusammen, wenn eine wirksame Anfechtung den Vertrag als rechtlichen Grund für das Behaltendürfen der Leistung entfallen lässt. Ein weiteres Beispiel ist der Herausgabeanspruch des Eigentümers gegen den Besitzer nach § 985, dem als Einwendung die Berechtigung zum Besitz etwa aufgrund eines wirksamen Mietvertrages (§§ 145 ff., 535) entgegengehalten werden kann.

Um solche Querverbindungen möglichst frühzeitig aufzuzeigen, bezieht die vorliegende Darstellung immer wieder wichtige Teile des Schuld- und Sachenrechts ein. Das unterscheidet sie von den klassischen Konzepten, die sich allzu strikt an die Aufteilung der Bücher des BGB halten. Der Aufbau des BGB folgt aber gesetzgebungstechnischen und nicht pädagogischen Leitlinien. Für Studierende des Wirtschaftsrechts ist eine solche vernetzte Vorgehensweise ohnehin geboten, denn ihre Studienpläne sehen nicht selten bereits im ersten Semester Veranstaltungen zum Schuldrecht vor. Vor allem für diese Gruppe werden vorliegend überdies wichtige Fragen des Handels- und Gesellschaftsrechts aufgegriffen.

---

[1] Darauf macht auch die insgesamt lehrreiche und lesenswerte Einführung von Köhler im Beck-Text des BGB (dtv) aufmerksam: *„Die Sprache ist antiquiert, die Sätze sind kompliziert und die Begriffe abstrakt. Der Laie hat Schwierigkeiten, das Gemeinte zu verstehen"*. Vgl. dort Seite XIII

[2] Vorschriften ohne Gesetzesangabe sind solche des BGB.

Abschließend sei eine Empfehlung herausgestellt: Zumindest die im Text zitierten Vorschriften sollte man nachlesen, denn das Gesetz ist es, das Wort für Wort geprüft werden muss.

Frau Richterin am Landgericht Anja Becker bin ich für zahlreiche inhaltliche Verbesserungsvorschläge zu besonderem Dank verpflichtet. Ferner danke ich Frau Assessorin Martina Rudolph sowie den Studierenden Ronald Schulz und Thomas Kirsch für die vielfältigen Anregungen und ihre Unterstützung.

Thomas Korenke

Inhaltsübersicht

Kapitel 1 - Das Bürgerliche Recht als Teil der Rechtsordnung 1

Kapitel 2 - Ansprüche und ihre Prüfung 16

Kapitel 3 - Das gesetzliche Schuldverhältnis der unerlaubten Handlung 37

Kapitel 4 - Personen (Rechtssubjekte) 63

Kapitel 5 - Sachen 79

Kapitel 6 - Die Willenserklärung 91

Kapitel 7 - Die verschiedenen Rechtsgeschäfte 107

Kapitel 8 - Das Verhältnis von Verpflichtung und Verfügung 124

Kapitel 9 - Die Delikts- und die Geschäftsfähigkeit 141

Kapitel 10 - Nichtigkeit wegen Formmangels sowie Nichtigkeit des Scheingeschäfts 155

Kapitel 11 - Das Wirksamwerden von Willenserklärungen 175

Kapitel 12 - Annahme und Angebot (§§ 145 ff.) 193

Kapitel 13 - Auslegung und analoge Anwendung gesetzlicher Vorschriften 207

Kapitel 14 - Das Recht der Anfechtung 220

Kapitel 15 - Das Recht der Stellvertretung 248

Vorwort V

Inhaltsübersicht VII

Inhaltsverzeichnis VIII

Literaturverzeichnis XXXI

Abkürzungen XXXVI

Inhaltsverzeichnis

Kapitel 1
Das Bürgerliche Recht als Teil der Rechtsordnung 1

I. Privatrecht und öffentliches Recht 1

1. Das öffentliche Recht und die Abgrenzungstheorien 1

2. Die verfahrensrechtliche Bedeutung der Zweiteilung 3

II. Das Privatrecht 4

1. Das Bürgerliche Recht als allgemeines Privatrecht 4

2. Die Sonderprivatrechte 5

3. Das Wirtschaftsprivatrecht und das BGB 6

III. Aufbau und Inhalt des BGB 7

1. Der Allgemeine Teil (AT) 7

2. Das Recht der Schuldverhältnisse 8

3. Das Sachenrecht 9

4. Das Familienrecht 11

5. Das Erbrecht 11

Fragen zu Kapitel 1 13

Antworten (Kapitel 1) 13

Kapitel 2 - Ansprüche und ihre Prüfung 16

I. Der Anspruch (§ 194)
und das Recht, eine Leistung zu fordern (§ 241 Abs. 1) 16

1. Leistungsansprüche 16

a. Hauptleistungspflichten 16

b. Nebenleistungspflichten 17

c. Weitere Nebenpflichten.. 18

2. Haftungsansprüche 18

a. Haftung wegen Verletzung von Leistungspflichten (§ 241 Abs. 1) 18

b. Haftung wegen Verletzung
von Rücksichtnahme- und Sorgfaltspflichten (§ 241 Abs. 2) 19

II. Die wichtigsten Anspruchsgrundlagen 19

1. Anspruchsgrundlagen des BGB AT 19

2. Anspruchsgrundlagen des Schuldrechts 20

a. Schuldrecht AT 20

b. Schuldrecht BT 20

3. Anspruchsnormen des Sachenrechts 21

a. Der Herausgabeanspruch aus Eigentum (§ 985) 21

b. Der Beseitigungs- und Unterlassungsanspruch nach § 1004 22

III. Die Hilfsnormen 23

1. Hilfsnormen, die Tatbestandsmerkmale konkretisieren 23

2. Hilfsnormen zur Konkretisierung der Rechtsfolge 24

IV. Gegennormen 26

1. Einwendungen 26

a. Anspruchshindernde Einwendungen 26

b. Anspruchsvernichtende Einwendungen 27

2. Einreden 27

    a. Die Einrede der Verjährung (§ 214 Abs. 1) 27

    b. Die Einrede der Stundung (vgl. § 205) 28

    c. Das die Durchsetzung abschwächende Zurückbehaltungsrecht (§ 273) 29

    d. Die Einrede des nicht erfüllten Vertrages (§ 320) 29

V. Die Prüfung des Anspruchs 30

    1. Der Anspruchsaufbau des materiellen Rechts 30

        Fall 1: „Grundbegriffe des BGB" 30

        Ausgangssachverhalt 30

        1. Variante 31

        2. Variante 31

        3. Variante 31

        4. Variante 31

        Lösung zum Ausgangssachverhalt 31

        Lösung der 1. Variante 32

        Lösung der 2. Variante 32

        Lösung der 3. Variante 32

        Lösung der 4. Variante 32

    2. Beweislastverteilung im Prozess 33

Fragen zu Kapitel 2 34

Antworten (Kapitel 2) 34

Inhaltsverzeichnis

Kapitel 3 - Das gesetzliche Schuldverhältnis
der unerlaubten Handlung 37

I. Die Grundnorm des § 823 Abs. 1 38

1. Die Voraussetzungsseite
(= Tatbestand im weiteren Sinne) 38

Fall 2: „Unfallchirurg Dr. med. Sorglos" 39

1. Frage (Fall 2) 40

(A). Voraussetzungen des § 823 Abs. 1
(= Tatbestand im weiteren Sinne) 41

(I). Tatbestandsmäßigkeit im engeren Sinne 41

(II). Widerrechtlichkeit 41

(III). Verschulden 42

(IV). Ergebnis 42

(B). Anspruch nach § 823 Abs. 2 i. V. m. § 230 StGB 43

2. Die Rechtsfolge des § 823 Abs. 1
und das allgemeine Schadensrecht 44

a. Der Ersatz des Vermögensschadens (= materieller Schaden) 44

2. Frage (Fall 2) 44

(A). Rechtsfolge des § 823 Abs. 1
(hier: Ersatz des materiellen Schadens) 44

(I). Naturalrestitution oder Geldersatz (§ 249)? 44

(II). Ersatz des Primärschadens und der Folgeschäden? 45

(1). Äquivalente Kausalität (conditio sine qua non) 46

(2). Adäquate Kausalität 46

(B). Ergebnis 47

b. Ersatz des Schadens, der nicht Vermögensschaden ist
(= immaterieller Schaden) 48

3. Frage (Fall 2) 50

(A). Rechtsfolge des § 823 Abs. 1
(hier: Ersatz des <u>immateriellen</u> Schadens) 50

(B). Ergebnis 51

<u>Zusammenfassung der Ergebnisse
der Fragen 1 bis 3 (Fall 2)</u> 51

II. Die „sonstigen Rechte" des § 823 Abs. 1 52

1. Überblick 52

2. Das allgemeine Persönlichkeitsrecht als sonstiges Recht 53

a. Einfach-gesetzlicher Befund:
(Nur) Fragmentarischer Schutz der Persönlichkeit 53

b. Das Konstrukt der Rechtsprechung:
Offener Tatbestand ohne Indikationswirkung 54

aa. Tatbestandlicher Schutzbereich 54

bb. Feststellung der Widerrechtlichkeit
durch Interessen- und Güterabwägung 54

cc. Sanktionen 56

III. Konkurrenz vertraglicher und deliktischer Ansprüche 57

Fragen zu Kapitel 3 58

Antworten (Kapitel 3) 59

Kapitel 4 - Personen (Rechtssubjekte) 63

I. Natürliche Personen 63

II. Juristische Personen 64

1. Juristische Personen des öffentlichen Rechts 64

2. Juristische Personen des Privatrechts 65

Inhaltsverzeichnis

a. Der rechtsfähige Idealverein (§ 21) 66

aa. Gründung und Eintragung des (Ideal-)Vereins 66

Fall 3: „Der Altenburger Numismatikerverein" 66

(A). Eintragung des Vereins in das Grundbuch? 67

(I). Gründung eines nicht wirtschaftlichen Vereins 67

(II). Erlangung der Rechtsfähigkeit durch Eintragung nach § 21
(sog. Normativsystem) 69

(B). Ergebnis 69

bb. Handlungsfähigkeit des rechtsfähigen Vereins
und anderer juristischer Personen durch Organe 70

cc. Haftung des rechtsfähigen Vereins
und anderer juristischer Personen für die Organe nach § 31 71

b. Die Entstehung des rechtsfähigen wirtschaftlichen Vereins
(Konzessionssystem nach § 22) 72

c. Die Entstehung von Kapitalgesellschaften 73

aa. Die Entstehung einer GmbH 73

bb. Die Entstehung einer AG 73

cc. Allgemeine Prinzipien:
Konstitutive Eintragung und Normativsystem 73

d. Grundlegende Unterschiede gegenüber den Personengesellschaften 74

aa. Haftungsbeschränkung durch Bildung von Kapitalgesellschaften 74

bb. Potentielle „Unsterblichkeit" von Kapitalgesellschaften 75

Fragen zu Kapitel 4 76

Antworten (Kapitel 4) 76

Kapitel 5 - Sachen 79

I. Sachen und andere Rechtsobjekte 79

II. Einteilung der Sachen 80

1. Bewegliche und unbewegliche Sachen 80

2. Vertretbare und nicht vertretbare Sachen 80

III. Eine Sache im Rechtssinne und Sachgesamtheiten 81

IV. Die eine Sache
und ihre einfachen und wesentlichen Bestandteile (§ 93) 81

V. Verbindung von beweglichen Sachen (§ 947) 82

VI. Wesentliche Bestandteile von Grundstücken (§ 94 Abs. 1) 84

VII. Verbindung beweglicher Sachen mit einem Grundstück (§ 946) ... 85

1. Wesentliche Bestandteile eines Grundstücks (§ 94 Abs. 1)
und Rechtsverlust durch Verbindung nach § 946 85

2. Wesentliche Bestandteile von Gebäuden (§ 94 Abs. 2)
und Rechtsverlust nach § 946 86

VIII. Zubehör (§ 97) 87

Fragen zu Kapitel 5 88

Antworten (Kapitel 5) 88

Kapitel 6 - Die Willenserklärung 91

I. Willenserklärung und Rechtsgeschäft 91

II. Anatomie der Willenserklärung 92

1. Der objektive Tatbestand 92

a. Art und Weise der Erklärung (Kundgabe) 93

Inhaltsverzeichnis

b. Form der Erklärung 93

c. Ermittlung des Inhalts der Erklärung durch Auslegung (§§ 133, 157) 93

    aa. Auslegung empfangsbedürftiger Willenserklärungen (§ 157) 94

    bb. Auslegung nicht empfangsbedürftiger Willenserklärungen (§ 133) 96

    cc. Keine „Buchstabeninterpretation" juristischer Fachausdrücke (§ 133) 96

2. Der subjektive Tatbestand 97

    a. Die Motive im Vorfeld der Willenserklärung 97

    b. Die drei Arten des Willens 98

        aa. Der Handlungswille 98

        bb. Das Erklärungsbewusstsein 99

        cc. Der Rechtsbindungs- und Geschäftswille 99

            aaa. Rechtsbindungswille 99

            bbb. Geschäftswille 99

    c. Zusammenfassung 100

3. Zurechenbarkeit von äußeren Erklärungstatbeständen 100

    a. Zurechenbarkeit bei fehlendem Handlungswillen? 101

    b. Zurechenbarkeit trotz fehlenden Erklärungsbewusstseins? 101

    c. Zurechenbarkeit bei fehlendem Rechtsbindungswillen? 102

    d. Zurechnung bei abweichendem Geschäftswillen 103

Fragen zu Kapitel 6 104

Antworten (Kapitel 6) 104

Kapitel 7
Die verschiedenen Rechtsgeschäfte

Die verschiedenen Rechtsgeschäfte 107

I. Einseitige Rechtsgeschäfte 107

    1. Gestaltungsrechte 107

    2. Sonstige einseitige Rechtsgeschäfte 108

        a. Die Vollmacht 108

        b. Das Testament 109

II. Verträge 109

    1. Verpflichtungsverträge 110

        a. Durch Rechtsgeschäft begründete Schuldverhältnisse (§ 311 Abs. 1) 110

        b. Erlöschen schuldvertraglicher Verpflichtungen durch Erfüllung (§ 362) 111

    2. Verfügungsverträge 112

        a. Übertragung von Eigentum an beweglichen Sachen 113

           aa. Einigung und Übergabe nach § 929 Satz 1 113

           bb. Verfügungsberechtigung
               und Erwerb vom Nichtberechtigten (§§ 932, 935) 114

        b. Übereignung unbeweglicher Sachen gemäß den §§ 873, 925
           sowie Gutglaubenserwerb nach § 892 115

        c. Übertragung von Forderungen und anderen Rechten (§§ 398, 413) 115

    **3. Vertragsfreiheit im Schuldrecht versus
    Typenzwang im Sachenrecht** 117

        a. Die Vertragsfreiheit im Schuldrecht 117

           aa. Einschränkungen der Abschlussfreiheit im Schuldrecht........... 118

           bb. Grenzen der schuldrechtlichen Inhaltsfreiheit 119

        b. Typenzwang des Sachenrechts 119

Fragen zu Kapitel 7 121

Antworten (Kapitel 7) 121

Inhaltsverzeichnis

Kapitel 8
Das Verhältnis von Verpflichtung und Verfügung 124

I. Das Trennungsprinzip 124

1. Gründe für die Trennung von Verpflichtung und Verfügung 124

2. Die Folgen des Trennungsprinzips 125

Fall 4: „Der doppelte Verkauf" 125

(A). Das Herausgabebegehren des B gegen C 126

(I). Besitz des C 126

(II). Eigentum des B? 126

(B). Anspruch des B gegen A auf Übereignung des Fahrrades ? 126

(I). Wirksamer Kaufvertrag 126

(II). Anspruch nach § 275 Abs. 1 ausgeschlossen 126

(C). Das Schadensersatzbegehren des B gegen A 127

(I). Voraussetzungen der Grundnorm des § 280 Abs. 1 127

(II). Zusätzliche Voraussetzungen (§ 280 Abs. 3) des § 283 128

(III). Rechtsfolge des § 283: Schadensersatz statt der Leistung 128

3. Das Trennungsprinzip beim Eigentumsvorbehalt (§ 449) 129

II. Das Abstraktionsprinzip 130

1. Die Folgen der Abstraktion 130

Fall 5: „Echte Dame mit Fächer" 130

(A). Wirksamer Kaufvertrag? 131

(I). Angebot und Annahme 131

Inhaltsverzeichnis

(II). Unwirksamkeit des Angebots infolge Anfechtung
(§ 142 Abs. 1) 131

(1). Anfechtungserklärung (§ 143) 131

(2). Anfechtungsfrist (hier: § 121) 131

(3). Anfechtungsgrund (hier: § 119 Abs. 2) 131

(4). Ausschluss des Anfechtungsrechts? 132

(III). Ergebnis 132

(B). Wirksame Übereignung des Gemäldes? 132

(I). Einigung und Übergabe (§ 929 Satz 1) 132

(II). Wegfall der dinglichen Einigung infolge Anfechtung? 132

(III). Ergebnis 133

**2. Teilweise Rücknahme der Abstraktionsfolgen
durch die §§ 812 ff.** 133

3. Schutz des Dritterwerbers aufgrund der Abstraktion 134

**4. Folgen der Abstraktion
in der Zwangsvollstreckung und der Insolvenz** 135

5. Fälle von Fehleridentität 135

a. Geschäftsunfähigkeit (§§ 104, 105 Abs. 1) 135

b. Anfechtung wegen Täuschung oder Drohung (§ 123) 136

c. Verstoß gegen ein gesetzliches Verbot (§ 134) 136

d. Sittenwidrige,
insbesondere wucherische Rechtsgeschäfte (§§ 138 Abs. 1 und 2) 136

Fragen zu Kapitel 8 138

Antworten (Kapitel 8) 138

Kapitel 9 - Die Delikts- und die Geschäftsfähigkeit 141

I. Die deliktische Handlungsfähigkeit (Deliktsfähigkeit) 141

II. Die rechtsgeschäftliche Handlungsfähigkeit (Geschäftsfähigkeit) 142

1. Volle Geschäftsfähigkeit 142

2. Geschäftsunfähigkeit (§ 104) 143

3. Die beschränkte Geschäftsfähigkeit (§§ 106 bis 113) 144

Fall 6: „Heimlicher Mofakauf" 144

(A). Wirksamer Kaufvertrag? 145

(I). Angebot 145

(II). Wirksame Annahme? 145

(1). Teilgeschäftsfähigkeit nach § 113? 145

(2). Wirksamkeit der Willenserklärung nach § 107?................... 146

(3). Wirksamkeit des Vertrages nach § 108? 146

(4). Wirksamkeit des Vertrages nach § 110? (sog. Taschengeldparagraph) 147

(5). Zusammenfassung 147

(III). Ergebnis 148

(B). Herausgabe des Mofas? 148

(I). Herausgabeanspruch des K gegen M aus § 985 148

(1). Besitz des M 148

(2). Eigentum des K? 148

(3). Ergebnis 149

(II). Herausgabeanspruch nach § 812 Abs. 1 Satz 1, 1. Alt. 150

(1). Etwas erlangt 150

(2). Durch Leistung 150

(3). Ohne rechtlichen Grund 150

(4). Ergebnis 150

Fragen zu Kapitel 9 151

Antworten (Kapitel 9) 151

Kapitel 10 - Nichtigkeit wegen Formmangels
sowie Nichtigkeit des Scheingeschäfts 155

I. Die Nichtigkeit wegen Formmangels nach § 125 155

1. Der Grundsatz der Formfreiheit 155

2. Die Funktionen gesetzlicher Formzwänge 156

a. Klarstellungs- und Beweisfunktion... 156

b. Warnfunktion 156

c. Beratungsfunktion 156

**3. Gesetzlich vorgesehene Formen
und formbedürftige Rechtsgeschäfte** 157

a. Die (einfache) Schriftform 157

aa. Was bedeutet Schriftform? 157

bb. Für welche Rechtsgeschäfte schreibt das BGB die Schriftform vor? 158

aaa. Der Verbraucherdarlehensvertrag (§ 492) 158

bbb. Mietverträge über Wohnraum, Grundstücke und Räume (§§ 550, 578)
für längere Zeit als ein Jahr sowie Kündigungen nach § 568 159

ccc. Beendigung von Arbeitsverhältnissen (§ 623) 159

ddd. Die Bürgschaftserklärung (§ 766 Satz 1) 160

b. Die elektronische Form (§126 a) 160

aa. Was bedeutet elektronische Form? 160

Inhaltsverzeichnis

bb. In welchen Fällen kann die elektronische Form die Schriftform ersetzen? 161

c. Die Textform (§ 126 b) 162

aa. Was bedeutet Textform? 162

bb. In welchen Fällen ist die Textform vorgeschrieben? 162

d. Die öffentliche Beglaubigung (§ 129) 163

aa. Was bedeutet öffentliche Beglaubigung? 163

bb. Wann ist öffentliche Beglaubigung vorgeschrieben? 163

e. Die notarielle Beurkundung (§ 128) 164

aa. Was bedeutet notarielle Beurkundung? 164

bb. Welche Rechtsgeschäfte bedürfen der notariellen Beurkundung? 164

aaa. Verträge über Grundstücke (§ 311 b Abs. 1) 164

bbb. Schenkungsversprechen (§ 518 Abs. 1 Satz 1) 165

ccc. Notarielle Form nach dem Gesetz betreffend die Gesellschaften
mit beschränkter Haftung (GmbHG) 166

4. Die durch Rechtsgeschäft bestimmte Form 166

II. Das Scheingeschäft 167

Fall 7: „Der Schwarzkauf" 167

(A). Anspruch auf Zahlung? 168

(I). Scheinnichtigkeit des vor dem Notar geschlossenen
25.000 Euro-Vertrages nach § 117 Abs. 1 168

(II). Wirksamkeit des verdeckten Rechtsgeschäfts
(50.000 Euro-Vertrag)? 169

(1). Formnichtigkeit des 50.000 Euro-Vertrages
nach § 125 Satz 1 169

(2). Abdingbarkeit des Formerfordernisses? 169

(B). Ergebnis 170

Abwandlung (Fall 7) 170

Inhaltsverzeichnis

(A). Zahlungsanspruch?
(Wirksamer Kaufvertrag) 170

(I). Nichtigkeit 170

(II). Heilung des Mangels nach § 311 b Abs. 1 Satz 2 170

(B). Ergebnis 171

Fragen zu Kapitel 10 172

Antworten (Kapitel 10) 172

Kapitel 11
Das Wirksamwerden von Willenserklärungen

.... 175

I. Wirksamwerden empfangsbedürftiger Willenserklärungen 175

1. Willenserklärungen gegenüber Abwesenden 176

a. Abgabe 176

Fall 8: „Der nachlässige stud. jur. J" 176

(A). Wirksamer Kaufvertrag? 177

(I). Angebot des J 177

(1). Abgabe der Angebotserklärung? 177

(a). Standpunkt des BGH:
Inverkehrbringen mit Willen des Erklärenden 178

(b). Zurechenbares Inverkehrbringen ausreichend 178

(c). Entscheidung zugunsten des Verkehrsschutzes 179

(2). Zugang des Angebots 179

(II). Annahme 179

(B). Ergebnis 180

b. Zugang 180

Inhaltsverzeichnis

aa. Die zugrunde liegende Risikoverteilung 180

    aaa. Das Verlust- und Verzögerungsrisiko 180

    bbb. Das Risiko tatsächlicher Kenntnisnahme 181

bb. Maßgeblichkeit des Zugangs- oder des Abgabezeitpunkts 182

cc. Längere Abwesenheiten des Empfängers 182

dd. Zugangshindernisse und ihre rechtlichen Folgen 183

2. Willenserklärungen gegenüber Anwesenden 185

II. Der Widerruf empfangsbedürftiger Willenserklärungen
(§ 130 Abs. 1 Satz 2) 186

Fall 9: „Der Silbergulden des Welfenherzogs" 186

(A). Wirksamer Kaufvertrag? 186

    (I). Angebot 187

        (1). Die Mitteilung des V als invitatio ad offerendum 187

        (2). Ks Schreiben vom Dienstagvormittag 187

        (a). Abgabe und Zugang des Angebots 187

        (b). Wirksamer Widerruf des Angebots
        gemäß § 130 Abs. 1 Satz 2? 188

    (II). Angebot wirksam widerrufen 188

(B). Ergebnis 188

III. Wirksamwerden
nicht empfangsbedürftiger Willenserklärungen 189

Fragen zu Kapitel 11 189

Antworten (Kapitel 11) 190

Kapitel 12 - Annahme und Angebot (§§ 145 ff.) 193

I. Rechtzeitigkeit der Annahme nach den §§ 147 ff. 193

Fall 10: „Wer wird Millionär?" 193

(A). Wirksamer Kaufvertrag 194

(I). Angebot des A 194

(II). Rechtzeitige Annahme durch H? 194

(1). Keine sofortige Annahme (§ 147 Abs. 1) 195

(2). Keine Annahme innerhalb der bestimmten Frist (§ 148) 195

(3). Rechtzeitigkeit nach § 149? 195

(4). Fiktion der Rechtzeitigkeit nach § 162 Abs. 1? 196

(5). Fiktion der Rechtzeitigkeit analog § 162 Abs. 1 196

(B). Ergebnis 197

II. Annahme ohne Erklärung gegenüber dem Antragenden gemäß § 151 Satz 1 198

Fall 11: „Oberstaatsanwalt ohne Trauschein:
Die Reservierungsliste der strengen W" 198

(A). Erstes Begehren des O: Überlassung eines Doppelzimmers 198

(I). Wirksamer Vertrag 198

(1). Angebot 199

(a). Die Übersendung des Hausprospekts als invitatio 199

(b). Os Bestellung vom 12.05. 199

(2). Annahme 199

(a). Eintragung in die Reservierungsliste
als Annahme nach § 151 Satz 1? 199

(b). Schweigen als Annahme? 200

(II). Ergebnis 201

(B). Zweites Begehren des O: Ersatz der Anreisekosten 201

(I). Voraussetzungen des § 280 Abs. 1 201

(1). Wirksames Schuldverhältnis 201

(2). Pflichtverletzung 202

(3). Vertretenmüssen
(wird nach § 280 Abs. 1 Satz 2 vermutet) 202

(4). Kausaler Schaden 202

(II). Rechtsfolge und Ergebnis 203

Fragen zu Kapitel 12 203

Antworten (Kapitel 12) 204

**Kapitel 13 - Auslegung und analoge Anwendung
gesetzlicher Vorschriften** 207

I. Die Auslegung von Gesetzen 207

1. Die historische Auslegung 208

2. Die grammatikalische Auslegung 209

3. Die systematische Auslegung 210

4. Die teleologische Auslegung 211

5. Verhältnis der Auslegungsmethoden zueinander 211

II. Die analoge Anwendung gesetzlicher Bestimmungen 212

1. Voraussetzungen der Analogie 213

2. Arten der Analogie 214

a. Gesetzesanalogie (= Einzelanalogie) 214

b. Rechtsanalogie (= Gesamtanalogie) 215

Inhaltsverzeichnis

Fragen zu Kapitel 13 216

Antworten (Kapitel 13) 216

Kapitel 14 - Das Recht der Anfechtung 220

I. Inhalts- und Erklärungsirrtum nach § 119 Abs. 1 220

  1. Prüfungsaufbau der Anfechtung 221

    Fall 12: „Pension Wettiner Eck" 221

    1. Frage (Fall 12) 222

    (A). Wirksamer Mietvertrag? 222

    (B). Gegennorm des § 142 Abs. 1 (rechtshindernde Einwendung) 222

      (I). Anfechtungsgrund (§ 119 Abs. 1) 222

      (II). Anfechtungserklärung (§ 143) 223

      (III). Einhalten der Anfechtungsfrist (§ 121) 224

    (C). Ergebnis 224

  2. Der Ersatz des Vertrauensschadens nach § 122 224

    2. Frage (Fall 12) 225

    (A). Haftungstatbestand des § 122 Abs. 1 225

    (B). Haftung (= Rechtsfolge) 225

      (I). Grundlage: Das negative Interesse (= Vertrauensschaden) 225

      (II). Obergrenze: Das positive Interesse (= Erfüllungsinteresse) 226

      (III). Verletzung der Schadensminderungspflicht (§ 254 Abs. 2) 226

    (C). Ergebnis 226

  3. Subjektive und objektive Erheblichkeit des Irrtums (§ 119 Abs. 1 a. E.) 226

4. Spezieller Fall des Inhaltsirrtums:
   Der Identitätsirrtum (error in persona vel objecto) 227

II. Der Rechtsfolgenirrtum
und andere unbeachtliche Motivirrtümer 228

III. Der Irrtum über eine verkehrswesentliche Eigenschaft
(§ 119 Abs. 2) 229

1. Der Eigenschaftsbegriff

Fall 13: „Die vermeintlich hohe Steuerersparnis" 229

(A). Wirksamer Kaufvertrag 230

(B). Gegennorm des § 142 Abs. 1 (rechtshindernde Einwendung) 230

(I). Anfechtungserklärung (§ 143 Abs. 1 und 2) 230

(II). Anfechtbarkeit des Rechtsgeschäfts (Anfechtungsgründe) 230

(1). Kein Inhalts- oder Erklärungsirrtum (§ 119 Abs. 1) 230

(2). Anfechtungsgrund des § 119 Abs. 2
(Eigenschaftsirrtum)? 231

(3). Keine Anfechtbarkeit nach § 123 Abs. 1, 1. Alt.
(Täuschung)? 231

(C). Ergebnis 232

2. Die Verkehrswesentlichkeit 232

3. Häufig auftretende Einzelfragen zum Eigenschaftsirrtum 234

Fall 14: „Die italienische Landschaft" 234

Ausgangsfall: 234

1. Frage (Fall 14): 234

(A). Wirksamer Kaufvertrag? 234

(B). Gegennorm des § 142 Abs. 1 (rechtshindernde Einwendung) 235

(C). Ergebnis 235

Inhaltsverzeichnis

2. Frage (Fall 14): 235

(A). Haftungstatbestand des § 122 Abs. 1 235

(B). Rechtsfolge 235

(C). Anspruchsausschluss nach § 122 Abs. 2 236

Abwandlung (Fall 14) 236

IV. Anfechtbarkeit wegen arglistiger Täuschung
oder Drohung (§ 123) 237

1. Die Anfechtung wegen arglistiger Täuschung (§ 123 Abs. 1, 1. Alt.) 237

a. Die Täuschung 237

b. Die Arglist 239

c. Der Irrtum 239

d. Das Verhältnis von § 123 Abs. 1, 1. Alt. und § 119 Abs. 2 240

2. Die Anfechtung wegen widerrechtlicher Drohung (§ 123 Abs. 1, 2. Alt.) 241

V. Frist und Ausschluss der Anfechtung 242

VI. Standort der Anfechtungsprüfung im Gutachten 243

Fragen zu Kapitel 14 244

Antworten (Kapitel 14) 244

Kapitel 15 - Das Recht der Stellvertretung 248

I. Verschiedene Arten der Vertretungsmacht 248

II. Voraussetzungen und Wirkung der Stellvertretung
(§ 164 Abs. 1) 248

1. Die Wirkung der Stellvertretung:
Zurechnung von Willenserklärungen des Vertreters 249

2. Die Voraussetzungen wirksamer Stellvertretung 249

Inhaltsverzeichnis

Fall 15: „Oberstaatsanwalt ohne Trauschein:
Und es geschah am helllichten Tag." 250

(A). Wirksamer Pensionsaufnahmevertrag 250

   (I). Angebot 251

   (II). Annahme 251

      (1). Eigene Willenserklärung 251

      (2). Im Namen des Vertretenen 252

      (3). Mit Vertretungsmacht 252

      (4). Unwirksamkeit der Vollmacht
         infolge Fs Minderjährigkeit? 253

         (a). Vollmacht lediglich rechtlich vorteilhaft 254

         (b). Vertreterhandeln für Vertreter rechtlich neutral 254

      (5). Zusammenfassung 254

   (B). Ergebnis 255

III. Vertretungsmacht aufgrund Rechtsscheins
nach den §§ 170 bis 173 255

IV. Duldungs- und Anscheinsvollmacht 256

  1. Die Duldungsvollmacht 256

  2. Die Anscheinsvollmacht 258

Abwandlung von Fall 15: „Die unzuverlässige Schwester" 258

(A). Wirksamer Pensionsaufnahmevertrag 258

   (I). Wirksame Bevollmächtigung der Schwester S durch die W 259

   (II). Wirksame Unterbevollmächtigung der Bekannten B durch S 259

   (III). Vertretungsmacht kraft Rechtsscheins 260

      (1). Duldungsvollmacht 260

      (2). Anscheinsvollmacht 260

(a). Tatbestand der Anscheinsvollmacht 261

(aa). Voraussetzungen
in der Person des Vertretenen 261

(bb). Voraussetzungen
in der Person des Geschäftsgegners 262

(b). Rechtsfolge 262

(aa). Erfüllung/Schadensersatz wegen Nichterfüllung
(= positives Interesse) 262

(bb). Vertrauensschaden
(= negatives Interesse) 263

(cc). Stellungnahme 263

(B). Ergebnis 263

V. Vertreterhandeln ohne Vertretungsmacht 264

1. Das Eintrittsrecht des „Vertretenen" nach § 177 264

2. Die Einstandspflicht des Vertreters ohne Vertretungsmacht 265

a. Erfüllung oder Schadensersatz wegen Nichterfüllung nach § 179 Abs. 1 265

b. Ersatz des Vertrauensschadens (= negatives Interesse) nach § 179 Abs. 2 265

3. Ausschluss der Haftung 266

VI. Das Insichgeschäft (§ 181) 266

**1. Grundsätzliches Verbot des Insichgeschäfts und seine
gesetzlichen Ausnahmen nach § 181** 266

2. Weitere Ausnahme bei rechtlich vorteilhaften Insichgeschäften 268

Fragen zu Kapitel 15 269

Antworten (Kapitel 15) 269

Sachregister 273

Paragraphenregister 285

Literaturverzeichnis

A

Andersen, Luther (Hrsg.): Die Schuldrechtsreform, Leitfaden für die Praxis, Heidelberg 2001 (zit.: Luther/Bearbeiter, Die Schuldrechtsreform)

B

Bähr, Peter: Arbeitsbuch zum Bürgerlichen Recht, 2. Auflage, München 2002 (zit.: Bähr, Arbeitsbuch)

Brox, Hans: Allgemeiner Teil des BGB, 28. Auflage, Köln, Berlin, München 2004 (zit.: Brox, AT)

D

Dauner-Lieb, B./Heidel, T./Lepa, M./Ring, G. (Hrsg.): Anwaltkommentar, Bonn 2002 (zit.: Anwaltkommentar/Bearbeiter)

Däubler, Wolfgang: BGB kompakt, 2. Auflage, München 2003 (zit.: Däubler, BGB kompakt)

Dörrschmidt, Harald/Metzler-Müller, Karin: Wie löse ich einen Privatrechtsfall? Aufbauschemata - Mustergutachten - Klausurschwerpunkte, 2. Auflage, Stuttgart, München, Hannover, Berlin, Weimar, Dresden 1997 (zit.: Dörrschmidt/Metzler-Müller, Privatrechtsfall)

E

Eisenhardt, Ulrich: Einführung in das Bürgerliche Recht, Ein Studien- und Übungsbuch, 4. Auflage, Heidelberg 2004 (zit.: Eisenhardt, Einführung)

Elb, Werner G.: Schuldrechtsmodernisierung, Ein Leitfaden für die Rechtspraxis, Köln 2002 (zit.: Elb, Schuldrechtsmodernisierung)

Erman, Walter: Bürgerliches Gesetzbuch, Handkommentar, 1. Band, 11. Auflage, Münster, Köln 2004 (zit.: Erman/Bearbeiter)

F

Fingerhut, Michael/Kroh, Guido: Das neue Schuldrecht in der Unternehmenspraxis, Köln, Berlin, Bonn, München 2002 (zit.: Fingerhut/Kroh, Schuldrecht in der Unternehmenspraxis)

Flume, Werner: Das Rechtsgeschäft, Zweiter Band, 3. Auflage, Berlin, Heidelberg, New York 1979 (zit.: Flume, Das Rechtsgeschäft)

Fritzsche, Jörg: Fälle zum Schuldrecht I, Vertragliche Schuldverhältnisse, München 2003 (zit.: Fritzsche, Fälle)

Führich, Ernst R./Werdan, Ingrid: Wirtschaftsprivatrecht in Fällen und Fragen, 2. Auflage, München 2003 (zit.: Führich/Werdan, Wirtschaftsprivatrecht)

H

Haas, L./Medicus, D./Rolland, W./Schäfer, C./Wendtland, H.: Das neue Schuldrecht, München 2002 (zit.: Haas/Medicus, Das neue Schuldrecht)

Henssler, M./Westphalen, Graf v., F. (Hrsg.): Praxis der Schuldrechtsreform, Recklinghausen 2002 (zit.: Henssler/v. Westpahlen, Praxis der Schuldrechtsreform)

Hilligardt, Elisabeth/Lange, Barbara: Jurastudium erfolgreich, Planung, Lernstrategie, Zeitmanagement, 3. Auflage, Köln, Berlin, Bonn, München 2003 (zit.: Hilligardt/Lange, Jurastudium erfolgreich)

Hirsch, Christoph: Der Allgemeine Teil des BGB, Systematisches Lehrbuch mit zahlreichen Fällen und Beispielen, 5. Auflage, Köln, Berlin, Bonn, München 2004 (zit.: Hirsch, AT)

Ders.: Allgemeines Schuldrecht, Systematisches Lehrbuch mit zahlreichen Fällen und Beispielen, 5. Auflage, Köln, Berlin, München 2004 (zit.: Hirsch, Schuldrecht AT)

Hoffmann, Uwe: Technik der Fallbearbeitung im Wirtschaftsprivatrecht, München 2000 (zit.: Hoffmann, Fallbearbeitung)

Hohmeister, Frank: Grundzüge des Wirtschaftsprivatrechts, Lehr- und Studienbuch für Studierende der Rechts- und Wirtschaftswissenschaften, 2. Auflage, Stuttgart 1999 (zit.: Hohmeister, Grundzüge)

Huber, Christian: Das neue Schadensrecht, Bonn 2003 (zit.: Huber, Schadensrecht)

J

Jauernig, Othmar (Hrsg.): Bürgerliches Gesetzbuch, 10. Auflage, München 2003 (zit.: Jauernig/Bearbeiter)

Junker, Abbo: Grundkurs Arbeitsrecht, 4. Auflage, München 2004 (zit.: Junker, Arbeitsrecht)

K

Kaiser, Giesbert A.: Bürgerliches Recht, Basiswissen und Klausurenpraxis für das Studium, 10. Auflage, Heidelberg 2005 (zit: Kaiser, Basiswissen)

Kallwass, Wolfgang: Privatrecht, Ein Basisbuch, 17. Auflage, München 2004 (zit.: Kallwass, Privatrecht)

Klunzinger, Eugen: Übungen im Privatrecht, Übersichten, Fragen und Fälle zum Bürgerlichen Recht, Handels-, Gesellschafts- und Arbeitsrecht, 8. Auflage, München 2003 (zit.: Klunzinger, Übungen im Privatrecht)

Kokemoor, Axel/Kreissl, Stephan: Arbeitsrecht, Stuttgart, München, Hannover, Berlin, Weimar, Dresden 2002 (zit.: Kokemoor/Kreissl, Arbeitsrecht)

Koller, Ingo/Roth, Wulf-Henning/Morck, Winfried: Handelsgesetzbuch Kommentar, 5. Auflage, München 2005 (zit.: Koller u. a./Bearbeiter)

Korenke, Thomas: Fälle zum reformierten Schuldrecht, München, Wien 2003 (zit.: Fälle zum reformierten Schuldrecht)

Kornblum, Udo/Schünemann, Wolfgang B.: Privatrecht in der Zwischenprüfung, 8. Auflage, Heidelberg 2002 (zit.: Kornblum/Schünemann, Privatrecht)

L

Lange, Knut Werner: Basiswissen ziviles Wirtschaftsrecht, 3. Auflage, München 2005 (zit.: Lange, Basiswissen)

Larenz, Karl: Allgemeiner Teil des Deutschen Bürgerlichen Rechts, 6. Auflage, München 1983 (zit.: Larenz, AT)

Ders.: Methodenlehre der Rechtswissenschaft, 6. Auflage, Berlin, Heidelberg, New-York 1991 (zit.: Larenz, Methodenlehre)

Larenz, Karl/Wolf, Manfred: Allgemeiner Teil des Bürgerlichen Rechts, 9. Auflage, München 2004 (zit.: Larenz/Wolf, AT)

Leipold, Dieter: BGB I: Einführung und Allgemeiner Teil, 3. Auflage, Tübingen 2004 (zit.: Leipold, Einführung und AT)

Ders.: Erbrecht, 13. Auflage, Tübingen 2000 (zit.: Leipold, Erbrecht)

Lorenz, Stephan/Riehm, Thomas: Lehrbuch zum neuen Schuldrecht, München 2002 (zit.: Lorenz/Rhiem, Lehrbuch zum neuen Schuldrecht)

M

Medicus, Dieter: Grundwissen zum Bürgerlichen Recht, Ein Basisbuch zu den Anspruchs-grundlagen, 5. Auflage, Köln, Berlin, Bonn, München 2002 (zit.: Medicus, Grundlagen)

Ders.: Bürgerliches Recht, 19. Auflage, Köln, Berlin, Bonn, München 2002 (zit.: Medicus, Bürgerliches Recht)

Musielak, Hans-Joachim: Grundkurs BGB, 8. Auflage, München 2003 (zit.: Musielak, Grundkurs)

Münchener Kommentar: Bürgerliches Gesetzbuch, Band 2 a, Schuldrecht Allgemeiner Teil, §§ 241-432, 4. Auflage, München 2002 (zit.: MünchKomm/Bearbeiter)

Münchener Kommentar: Bürgerliches Gesetzbuch, Band 1, Allgemeiner Teil, §§ 1-240, 4. Auflage, München 2001 (zit.: MünchKomm/Bearbeiter)

Müssig, Peter: Wirtschaftsprivatrecht, Rechtliche Grundlagen des wirtschaftlichen Handelns, 7. Auflage, Heidelberg 2004 (zit.: Müssig, Privatrecht)

P

Palandt, Otto: Bürgerliches Gesetzbuch, Kommentar, 63. Auflage, München 2004 (zit.: Palandt/Bearbeiter)

Pawlowski, Martin: Methodenlehre für Juristen, Theorie der Norm und des Gesetzes, 3. Auflage, Heidelberg 1999 (zit.: Pawlowski, Methodenlehre)

Peters, Frank: BGB Allgemeiner Teil, 3. Auflage, Heidelberg 1997 (zit.: Peters, AT)

Pulte, Peter: Das deutsche Arbeitsrecht, Kompaktwissen für die Praxis, Neuwied 2003 (zit.: Pulte, Arbeitsrecht)

R

Rauda, Christian/Zenthöfer, Jochen: 55 Fälle zum neuen Schuldrecht, 1. Auflage, Dänischenhagen 2002 (zit.: Rauda/Zenthöfer, 55 Fälle)

Rüthers, Bernd: Allgemeiner Teil des BGB, 3. Auflage, München 1980 (zit.: Rüthers, AT)

S

Schack, Haimo: BGB - Allgemeiner Teil, 10. Auflage, Heidelberg 2004
(zit.: Schack, AT)

Schapp, Jan: Grundlagen des bürgerlichen Rechts, 2. Auflage, München 1996
(zit.: Schapp, Grundlagen)

Schmidt, Eike/Brüggemeier, Gert: Zivilrechtlicher Grundkurs, 6. Auflage, Neuwied 2002
(zit.: Schmidt/Brüggemeier, Grundkurs)

Schmidt-Rögnitz, Andreas: Übungen im Wirtschaftsprivatrecht, Übungsbuch für
Studium und Praxis, München, Wien 2003 (zit.: Schmidt-Rögnitz, Übungen)

Soergel, Th. (Hrsg.): Bürgerliches Gesetzbuch mit Einführungsgesetz und Nebengesetzen,
Band 2, Allgemeiner Teil 2, §§ 104-240, Stuttgart, Berlin, Köln, Mainz, Stand: März 1999
(zit.: Soergel/Bearbeiter)

U

Uthoff, Rolf/Fischer, Klaus: Kommentierte Schemata, Zivilrecht I, Allgemeiner Teil
und allgemeine Geschäftsbedingungen, 3. Auflage, Frankfurt am Main 2005
(zit.: Uthoff/Fischer, Schemata)

W

Wenzel, Henning: Fälle zum Bürgerlichen Recht I, 1. Auflage, Grasberg bei Bremen 2004
(zit.: Wenzel, Fälle)

Westermann, Harm Peter: Grundbegriffe des BGB, Eine Einführung anhand von Fällen,
15. Auflage, Stuttgart, Berlin, Köln 1999 (zit.: Westermann, Grundbegriffe)

Wörlen, Rainer: Anleitung zur Lösung von Zivilrechtsfällen, Methodische Hinweise
und 20 Musterklausuren, 6. Auflage, Köln, Berlin, Bonn, München 2002
(zit.: Wörlen, Anleitung)

Ders.: BGB AT, Einführung in das Recht, Lernbuch, Strukturen, Übersichten,
7. Auflage, Köln, Berlin, Bonn, München 2003 (zit.: Wörlen, AT)

Ders.: Handelsrecht mit Gesellschaftsrecht, Lernbuch, Strukturen, Übersichten,
5. Auflage, Köln, Berlin, Bonn, München 2001 (zit.: Wörlen, Handelsrecht AT)

Ders.: Schuldrecht AT, Lernbuch, Strukturen, Übersichten, 6. Auflage, Köln, Berlin,
Bonn, München 2003 (zit.: Wörlen, Schuldrecht AT)

Ders.: Schuldrecht BT, Lernbuch, Strukturen, Übersichten, 6. Auflage, Köln, Berlin,
Bonn, München 2003 (zit.: Wörlen, Schuldrecht BT)

Häufig verwendete Abkürzungen

a. A.	anderer Auffassung			(Seiten, Paragraphen)
Abs.	Absatz		FGO	Finanzgerichtsordnung
a. E.	am Ende		Fn.	Fußnote
a. F.	alte Fassung			
AG	Aktiengesellschaft, Amtsgericht			
AGB	Allgemeine Geschäftsbedingung(en)		GBO	Grundbuchordnung
AktG	Aktiengesetz		GbR	Gesellschaft bürgerlichen Rechts
Alt.	Alternative			
ArbGG	Arbeitsgerichtsgesetz		GenG	Genossenschaftsgesetz
Art.	Artikel		GG	Grundgesetz
Ast.	Anspruchsteller		ggf.	gegebenenfalls
AT	Allgemeiner Teil		GmbH	Gesellschaft mit beschränkter Haftung
Aufl.	Auflage			
			GmbHG	GmbH-Gesetz
			grds.	grundsätzlich
			griech.	griechisch
			GVG	Gerichtsverfassungsgesetz
BeurkG	Beurkundungsgesetz			
BGB	Bürgerliches Gesetzbuch			
BGBl.	Bundesgesetzblatt			
BGH	Bundesgerichtshof			
BGHZ	Entscheidungen des Bundesgerichtshofs in Zivilsachen		HGB	Handelsgesetzbuch
			h. M.	herrschende Meinung
			Hrsg.	Herausgeber
BT	Bundestag, Besonderer Teil		HS	Halbsatz
bzw.	beziehungsweise			
			i. d. F.	in der Fassung
ca.	circa		i. d. R.	in der Regel
c. i. c.	culpa in contrahendo		InsO	Insolvenzordnung
			i. V. m.	in Verbindung mit
			i. w. S.	im weiteren Sinne
DB	Der Betrieb			
ders.	derselbe			
d. h.	das heißt		JA	Juristische Arbeitsblätter
dies.	dieselbe		Jura	Juristische Ausbildung
Drucks.	Drucksache		JuS	Juristische Schulung
			JZ	Juristenzeitung
EGBGB	Einführungsgesetz zum BGB			
etc.	et cetera		Kfz	Kraftfahrzeug(e)
e. V.	eingetragener Verein		KG	Kommanditgesellschaft
f.	folgende (Seite, Paragraph) fortfolgende		lat.	lateinisch
			LG	Landgericht

Häufig verwendete Abkürzungen

MDR	Monatszeitschrift für Deutsches Recht		u. a.	unter anderem, und andere
			Urt.	Urteil
m. E.	meines Erachtens		u.s.w.	und so weiter
m. w. N.	mit weiteren Nachweisen		u. U.	unter Umständen
NJW	Neue Juristische Wochenschrift		vgl.	vergleiche
Nr.	Nummer		Vorb. v.	Vorbemerkung vor
Nrn.	Nummern		VVG	Versicherungsvertragsgesetz
			VwGO	Verwaltungsgerichtsordnung
OHG	Offene Handelsgesellschaft			
OLG	Oberlandesgericht		z. B.	zum Beispiel
			zit.	zitiert
			ZPO	Zivilprozessordnung
PartGG	Partnerschaftsgesellschaftsgesetz			
Pkw	Personenkraftwagen			
p. V. V.	positive Vertragsverletzung			
Rdnr.(n.)	Randnummer(n)			
RG	Reichsgericht			
RGBl.	Reichsgesetzblatt			
Rspr.	Rechtsprechung			
S.	Seite(n), Satz, Sätze			
s.	siehe			
SGB	Sozialgesetzbuch			
SigG	Signaturgesetz			
s. o.	siehe oben			
sog.	sogenannte/er			
StGB	Strafgesetzbuch			
str.	strittig			
StVG	Straßenverkehrsgesetz			
StVO	Straßenverkehrsordnung			
s. u.	siehe unten			
TÜV	Technischer Überwachungsverein			

Kapitel 1

Das Bürgerliche Recht als Teil der Rechtsordnung

I. Privatrecht und öffentliches Recht

Die Rechtsordnung wird nach ganz herrschender Meinung in zwei große Bereiche unterteilt, den des Privatrechts[1] und den des öffentlichen Rechts.
Diese Zweiteilung[2] hat ihren Ursprung im römischen Recht, das bereits zwischen jus privatum und jus publicum unterschied.

Das Privatrecht regelt die rechtlichen Beziehungen der Bürger untereinander. Diese spielen sich auf der Ebene der Gleichordnung ab, da einer Privatperson gegenüber der anderen keine Machtbefugnisse zukommen. Auf das Privatrecht wird sogleich ausführlich einzugehen sein.

Vorab sei aber das öffentliche Recht mit den Theorien zur Abgrenzung vom Privatrecht skizziert[3].

1. Das öffentliche Recht und die Abgrenzungstheorien

Das öffentliche Recht regelt in erster Linie die Beziehungen zwischen Bürger und Staat. Der Staat begegnet seinen Bürgern nicht auf der Ebene der Gleichordnung, sondern im Verhältnis der Über- und Unterordnung.

Auf diesen Gesichtspunkt stellt die Subordinationstheorie zur Abgrenzung des öffentlichen Rechts vom Privatrecht ab. Von Subordination gekennzeichnet ist etwa der Erlass eines Steuerbescheides, die Erteilung bzw. Ablehnung einer Baugenehmigung oder die Entscheidung über eine Sozialleistung. Das Steuerrecht, das Baurecht und das Sozialrecht sind also klassische Materien des öffentlichen Rechts. Sie sind durch Befugnisse geprägt, die allein dem Staat zustehen. Nur der Staat hat das Recht, Steuern zu erheben. Ferner ist es Sache des Staates und nicht von Privatleuten, bei der Genehmigung von Bauvorhaben den Gebrauch des Eigentums (vgl. Art. 14 Grundgesetz (GG)) zu beschränken oder in Erfüllung des in Art. 28 Abs. 1 GG verankerten Sozialstaatsprinzips über die Gewährung von Sozialleistungen zu befinden[4].

---

[1] Bisweilen findet sich auch der synonym verwendete Begriff des Zivilrechts. Vgl. etwa Hohmeister, Grundzüge, S. 3/4
[2] dazu auch Peters, AT, S. 2/3 sowie Kallwass, Privatrecht, S. 16/17; manche heben das Strafrecht, das unstrittig zum öffentlichen Recht gehört, besonders hervor.
[3] zur Abgrenzung des öffentlichen Rechts und des Privatrechts vgl. etwa Hirsch, AT, Rdnrn. 4-15 sowie Eisenhardt, Einführung, Rdnrn. 1 bis 4
[4] All diese Entscheidungen ergehen in Form eines Bescheides (sog. Verwaltungsakt). Darunter versteht man jede Verfügung, Entscheidung oder andere hoheitliche Maßnahme, die eine Behörde auf dem Gebiete des öffentlichen Rechts zur Regelung eines Einzelfalls trifft und die auf unmittelbare Rechtswirkung nach außen gerichtet ist (so die Legaldefinition in § 35 Satz 1 des

Freilich ist es <u>denkbar, dass der Staat</u> bzw. ein Träger hoheitlicher Gewalt einmal nicht in Ausübung seiner besonderen (Macht-)Befugnisse handelt, sondern <u>sich auf die Ebene der Gleichordnung begibt.</u> Die öffentliche Hand kann am Wirtschaftsleben wie ein Privater mit dem Ziel teilnehmen, das Vermögen des Staates zu erhalten oder zu vermehren oder die Verwaltung mit den erforderlichen Sachmitteln zu versorgen. Man bezeichnet dies als <u>fiskalisches Handeln</u>[5]. So kann eine Hochschule als juristische Person (Körperschaft) des öffentlichen Rechts[6] ein Grundstück erwerben oder Büromaterialien beschaffen. Dazu schließt sie auf der Ebene der Gleichordnung Kaufverträge im Sinne von § 433[7], denn sie tritt dem Grundstücksveräußerer oder dem Schreibwarenhändler eben nicht in ihrer Eigenschaft als Trägerin hoheitlicher Befugnisse gegenüber. Letzteres wäre etwa beim Erlass von Prüfungsordnungen oder bei der Abnahme von Prüfungen der Fall.

Nun regelt das öffentliche Recht nicht nur die Beziehungen zwischen Bürger und Staat, sondern auch die <u>Beziehungen der staatlichen Stellen zueinander.</u> So wird das Staatsorganisationsrecht des Grundgesetzes ebenso dem öffentlichen Recht zugeordnet wie die Regelungen des Gerichtsverfassungsgesetzes (GVG)[8] zur Organisation der Gerichte. Insoweit lässt sich die <u>Interessentheorie</u>[9], die auf das römische Recht zurückgeht, heranziehen. Sie stellt darauf ab, ob es bei dem einzuordnenden Rechtsverhältnis in erster Linie um öffentliche oder private Interessen geht. Die hier in Rede stehenden (Organisations-)Normen dienen vor allem den Belangen der Allgemeinheit, also öffentlichen Interessen. Folglich sind sie als öffentlich-rechtlich zu qualifizieren. Dass mit ihnen freilich auch eine angemessene Berücksichtigung der (privaten) Interessen des Einzelnen einhergeht, ändert daran nichts[10].

Die Zuordnung der genannten Organisationsregeln zum öffentlichen Recht kann man mit einer neueren Auffassung, der sog. <u>Subjektstheorie,</u> ebenso begründen. Danach ist ein Rechtsverhältnis als öffentlich-rechtlich zu qualifizieren, wenn zumindest ein Träger öffentlicher Gewalt als Rechtssubjekt <u>gerade in dieser Eigenschaft</u> an ihm beteiligt ist[11].

Damit haben wir die drei gängigen Theorien zur Abgrenzung von öffentlichem Recht und Privatrecht kennen gelernt: Die Subordinations-, die Interessen- und die Subjektstheorie[12]. Grundsätzlich sind sie <u>miteinander kombinierbar und gelangen meist zu demselben Ergebnis.</u>

Verwaltungsverfahrensgesetzes (VwVfG)). Dazu. Leipold, Einführung und AT, § 1 Rdnrn. 7 und 8

[5] <u>Als Fiskus bezeichnet man den Staat, soweit er als Vermögensträger tätig wird und als Rechtssubjekt im Privatrechtsverkehr auftritt.</u> Zum gesetzlichen Erbrecht des Fiskus vgl. § 1936

[6] dazu unten, S. 64/65

[7] Vorschriften ohne Gesetzesangabe sind solche des Bürgerlichen Gesetzbuchs (BGB).

[8] vgl. die Fassung der Bekanntmachung vom 9. Mai 1975 (BGBl. I S. 1077)

[9] vgl. dazu Peters, AT, S. 2

[10] kritisch zur Interessentheorie Larenz, AT, § 1 I. a. (S. 2) = beibehalten von Larenz/Wolf, AT, § 1 I. 3. (S. 6, Rdnr. 23)

[11] Die Abgrenzungsformel der neueren <u>Subjektstheorie wird von Palandt/Heinrichs befürwortet.</u> Vgl. Einleitung Rdnr. 2; zustimmend Leipold, Einführung und AT, § 1 Rdnr. 13; zum Teil wird sie auch als <u>Sonderrechtstheorie</u> bezeichnet. Vgl. Larenz/Wolf, AT, § 1 I. 3. (S. 7, Rdnrn. 26-30)

[12] dazu ausführlich Larenz/Wolf, AT, § 1 I. 3. c. (S. 5/6, Rdnrn. 18-26)

Nehmen Sie als Beispiel das schon erwähnte <u>Steuerrecht</u>:
Der Staat als Rechtssubjekt agiert gerade in seiner Eigenart mit hoheitlicher Gewalt gegenüber dem untergeordneten Bürger im Interesse der Allgemeinheit.
Ungeachtet solch eindeutiger Zuordnung verbleiben <u>Abgrenzungsschwierigkeiten</u>. Zu Recht weist Larenz darauf hin, dass *„öffentliches Recht und Privatrecht sich nicht so messerscharf voneinander trennen lassen wie die beiden Hälften eines durchgeschnittenen Apfels.“* <u>Besonders augenscheinlich</u> wird die <u>Verschränkung beider Gebiete im Arbeitsrecht</u>[13]. Normen, die wie die §§ 611 ff. BGB den Inhalt des individuellen Arbeitsverhältnisses betreffen, gehören zum Privatrecht. Dagegen haben Bestimmungen, die dem Schutz gegen Gefahren bei der Arbeit dienen (Arbeitsstättenverordnung), die die zulässige Arbeitszeit fixieren (Arbeitszeitgesetz) oder die den Kündigungsschutz normieren (Kündigungsschutzgesetz), einen überindividuellen Charakter und werden deswegen als öffentlich-rechtlich qualifiziert[14].

Eine differenziertere Darstellung der Abgrenzung des öffentlichen Rechts vom Privatrecht muss den einschlägigen Lehrwerken zum Verfassungs- und Verwaltungsrecht überlassen bleiben.

2. Die verfahrensrechtliche Bedeutung der Zweiteilung

Die eigentliche Bedeutung der Zweiteilung des materiellen Rechts in öffentliches Recht und Privatrecht liegt für die Rechtspraxis vor allem im Verfahrensrechtlichen. Denn auf ihr beruht die <u>Unterschiedlichkeit der verschiedenen Gerichtswege</u>[15].

Für <u>privatrechtliche Streitigkeiten</u> ist die Zivilgerichtsbarkeit zuständig. Sie ist ein Teil der sog. <u>ordentlichen Gerichtsbarkeit</u> (§ 13 GVG) und wird durch die Amts-, Land- und Oberlandesgerichte sowie durch den Bundesgerichtshof (BGH) ausgeübt (§ 12 GVG).

Für Streitigkeiten auf dem Gebiete des öffentlichen Rechts nicht verfassungsrechtlicher Art ist dagegen nach § 40 der Verwaltungsgerichtsordnung (VwGO)[16] der Verwaltungsrechtsweg gegeben und sind folglich die <u>Verwaltungsgerichte</u> zuständig. Für die Gebiete des Steuer- und Sozialrechts, die im modernen Staat zu höchst komplexen Spezialmaterien angewachsen sind, gibt es „besondere Verwaltungsgerichtsbarkeiten“, die den <u>Finanz- und den Sozialgerichten</u>[17] anvertraut sind.

Sämtliche Gerichtsbarkeiten haben ein eigenes Verfahrensrecht. Die <u>jeweiligen Verfahrensordnungen</u> gehören ebenfalls zum öffentlichen Recht, denn die Rechtspflege durch die Gerichte ist ohne Zweifel eine Betätigung staatlicher Gewalt. Die Parteien sowie die Zeugen und Sachverständigen stehen zum Richter im Verhältnis der Unterordnung. Das gilt nach ganz herrschender Meinung[18] auch für das zivilgerichtliche Verfahren, das in

---

[13] vgl. Larenz, AT, § 1 I. a. (S. 4)
[14] Eine handliche Zusammenfassung der (aushangpflichtigen) Arbeitsschutzgesetze enthält die im Luchterhand-Verlag erschienene Textausgabe von Pulte, 38. Auflage, 2003
[15] Peters, AT, S. 2
[16] Gesetz vom 21. Januar 1960 (BGBl. I S. 17), neu gefasst seit dem 1. Januar 1991 (BGBl. I S. 686)
[17] vgl. die Rechtswegzuweisung in § 51 des Sozialgerichtsgesetzes (SGG) sowie in § 33 der Finanzgerichtsordnung (FGO)
[18] kritisch demgegenüber Larenz, der geltend macht, dass die Prozessparteien sich im Zivilprozess untereinander gleichberechtigt gegenüberstehen. <u>Im Hinblick auf das Prozessrecht</u>

der Zivilprozessordnung[19] (ZPO) geregelt ist. Die ZPO stellt die zwangsweise Durchsetzung der materiellen privatrechtlichen Regelungen sicher und unterscheidet zwischen Erkenntnis- und Vollstreckungsverfahren.

II. Das Privatrecht

Wie beschrieben, wirkt im öffentlichen Recht der Staat (Bund, Länder und Gemeinden, Träger der Sozialversicherung, Hochschulen etc.) mit hoheitlicher Gewalt auf die ihm untergeordneten Bürger ein.

Im Privatrecht gestalten dagegen Privatpersonen ihre Belange und Interessen untereinander nach den Grundsätzen von Freiheit und Gleichheit in prinzipieller Selbstbestimmung (Prinzip der Privatautonomie). Dies geschieht in erster Linie, indem sie durch den Abschluss von Verträgen Rechte und Pflichten auf der Ebene der Gleichordnung begründen. Das Privatrecht ist folglich zum großen Teil Vertragsrecht. Dabei kommt es auf die rechtliche Gleichordnung an. Ohne Bedeutung ist es dagegen - abgesehen von Fällen des Missbrauchs -, dass die wirtschaftliche Verhandlungsmacht, wie zum Beispiel beim Abschluss eines Darlehensvertrags eines Privatkunden mit seiner Bank, höchst ungleich zwischen den Parteien verteilt sein kann[20].

1. Das Bürgerliche Recht als allgemeines Privatrecht

Die Grundregeln des Privatrechts sind im BGB und dort vor allem im Allgemeinen Teil (AT), aber auch im Schuldrecht und in Teilen des Sachenrechts, also in den ersten drei Büchern des BGB, niedergelegt. Überdies haben die Rechtssätze des Familien- und Erbrechts Aufnahme in das BGB gefunden. Da prinzipiell jeder Schuldverträge schließen, sachenrechtliche Verfügungsgeschäfte tätigen, die Ehe eingehen oder Erbe sei kann, gehören die Normen des BGB zu dem sog. allgemeinen Privatrecht.

Unter diesen - gegenüber dem Begriff des Privatrechts engeren Sinne - wird dasjenige bürgerliche Recht zusammengefasst, welches die Grundlagen für alle privatrechtlichen Verhältnisse regelt[21].

Für die Qualifizierung als bürgerliches Recht im Sinne allgemeinen Privatrechts kommt es aber nicht darauf an, dass es formal im BGB geregelt ist[22]. So sind weitere Einzelgesetze, wie zum Beispiel das Produkthaftungsgesetz[23], das Wohnungseigentums-

---

bestehe keine logische Notwendigkeit, dass dieses nur entweder öffentliches Recht oder Privatrecht sein könne. Somit sei das Prozessrecht als eigenes Rechtsgebiet anzusehen. Vgl. Larenz, AT, § 1 I. a. (S. 5) = beibehalten von Larenz/Wolf, AT, § 1 I. 4. (S. 8, Rdnrn. 34 und 35)

[19] Gesetz vom 30. Januar 1877 (RGBl. S. 83)

[20] Allerdings hat der Gesetzgeber in zwingenden (privatrechtlichen) Schutzvorschriften (vgl. §§ 305-310) die Verwendung von Allgemeinen Geschäftsbedingungen (AGB), also das „Kleingedruckte", einer besonderen Inhaltskontrolle unterworfen, um dem Missbrauch wirtschaftlicher Übermacht entgegenzuwirken.

[21] so ausdrücklich Leipold, Einführung und AT, Rdnr. 15

[22] so Larenz/Wolf, AT, § 1 II. 3. (S. 16, Rdnr. 48)

[23] Gesetz über die Haftung für fehlerhafte Produkte (Produkthaftungsgesetz - ProdHaftG) vom 15. Dezember 1989 (BGBl. I S. 2198)

gesetz[24] sowie das Gesetz über den (privaten) Versicherungsvertrag (Versicherungsvertragsgesetz)[25] dem allgemeinen Privatrecht zuzuordnen. Denn auch für diese Gesetze ist kennzeichnend, dass sie Rechtsverhältnisse betreffen, in denen grundsätzlich jeder Bürger stehen kann. Jeder kann Opfer eines fehlerhaften Produkts werden, eine Eigentumswohnung erwerben oder einen Versicherungsvertrag abschließen.

Das Privatrecht, das jeden angehen kann[26], stellt aber nur einen Teil des Privatrechts dar[27].

2. Die Sonderprivatrechte

Vielfach agieren die Bürger nämlich nicht als „jedermann", sondern sie treten zum Beispiel als Kaufleute, Arbeitgeber oder Arbeitnehmer in Erscheinung. Demzufolge bezeichnet man das Handelsrecht, das im Handelsgesetzbuch (HGB)[28] zusammengefasst ist, als Sonderprivatrecht für Kaufleute und das in vielen Einzelgesetzen verstreute Arbeitsrecht[29] als das Recht des Arbeitnehmers, d. h. des unselbständig und abhängig Beschäftigten[30]. Wichtige Sonderprivatrechte stellen ferner die Rechtsgrundlagen der handelsrechtlichen Gesellschaften (z. B. AktG, GmbHG[31]) dar, denn sie betreffen nicht hoheitliche Personenzusammenschlüsse. Zu nennen sind überdies wettbewerbsrechtliche Einzelgesetze (z. B. UWG, GWB[32]) sowie das Urheberrecht (z. B. UrhG, VerlG[33]). Die Sonderprivatrechte sind vor allem für das Erbringen und den

---

[24] Gesetz über das Wohnungseigentum und das Dauerwohnrecht (Wohnungseigentumsgesetz) vom 15. März 1951 (BGBl. I S. 175)

[25] Gesetz vom 30. Mai 1908 (RGBl. S. 263)

[26] vgl. Larenz/Wolf, AT, § 1 II. 1. (S. 12, Rdnrn. 48 ff.)

[27] Palandt/Heinrichs, Einleitung Rdnr. 1

[28] Gesetz vom 10. Mai 1897 (RGBl. S. 219)

[29] Der Arbeitsvertrag stellt einen Unterfall des Dienstvertrages im Sinne des § 611 dar. Er betrifft den zur unselbständigen Tätigkeit verpflichteten abhängig Beschäftigten. Die knappen und liberalen Regeln der §§ 611 bis 630 bedurften allerdings der umfassenden sozialen Flankierung. Diese hat der Gesetzgeber im Laufe der Zeit durch eine Vielzahl von Einzelgesetzen vorgenommen, die meist den Schutz des Arbeitnehmers bezwecken und weitgehend öffentlich-rechtlichen Charakter haben. Zu nennen ist vor allem das Kündigungsschutzgesetz (KSchG), das Arbeitszeitgesetz (ArbZG) sowie das Teilzeit- und Befristungsgesetz (TzBfG). Mit dem Arbeitsgerichtsgesetz (ArbGG) hat das Arbeitsrecht sogar eine eigene Verfahrensordnung erhalten. Eine einheitliche Kodifikation in Form eines Arbeitsgesetzbuchs indes fehlt bislang.
Allerdings gibt der Beck Verlag im dtv eine Textsammlung heraus, in der die wichtigsten arbeitsrechtlichen Einzelgesetze in handlicher Form zusammengefasst sind. Eine didaktisch und sprachlich gelungene Einführung in das Arbeitsrecht bieten Kokemoor/Kreissl mit ihrem „Arbeitsbuch Arbeitsrecht". Lesenswert ist ferner das Kompaktwissen für die Praxis „Das deutsche Arbeitsrecht" von Pulte.

[30] vgl. die detaillierte Definition des Begriffs bei Kokemoor/Kreissl, Arbeitsrecht, F. Glossar, S. 114 sowie ausführlich Junker, Grundkurs Arbeitsrecht, Rdnrn. 91 ff.

[31] Aktiengesetz (AktG) vom 6. September 1965 (BGBl. I S. 1089), Gesetz betreffend die Gesellschaften mit beschränkter Haftung (GmbH-Gesetz) vom 20. April 1892 (RGBl. S. 477), dazu ausführlich unten, S. 73

[32] Gesetz gegen den unlauteren Wettbewerb (UWG) vom 7. Juni 1909 (RGBl. S. 499), Gesetz gegen Wettbewerbsbeschränkungen (GWB) vom 26. August 1998 (BGBl. I S. 2546, Neubekanntmachung des GWB vom 27. Juli 1957)

[33] Gesetz über Urheberrecht und verwandte Schutzrechte (Urheberrechtsgesetz - UrhG) vom 9. September 1965 (BGBl. I S. 1273), Gesetz über das Verlagsrecht (VerlG) vom 19. Juni 1901 (RGBl. S. 217)

Austausch von Leistungen durch Handwerk und Handel sowie für die Erwerbstätigkeit von besonderer Bedeutung. Aufgrund dessen zählen sie zum sog. Wirtschaftsprivatrecht. Mit diesem gesetzlich nicht definierten Begriff bezeichnet man die Summe aller privatrechtlichen Rechtsgrundlagen, welche das wirtschaftliche Geschehen und vor allem die Beziehungen der an ihm Beteiligten regeln[34].

Bei der Lösung wirtschaftsrechtlich ausgerichteter Fälle hat man folglich zuerst die Sonderprivatrechte nach einschlägigen Vorschriften durchzusehen.

3. Das Wirtschaftsprivatrecht und das BGB

Soweit die Sonderprivatrechte (= leges speciales) im Hinblick auf die von ihnen erfassten besonderen Lebensbereiche oder bestimmten (Berufs-)Gruppen keine oder jedenfalls keine abschließenden Spezialvorschriften enthalten, ist auf die Kerninstitute und Grundregeln des BGB (= lex generalis) zurückzugreifen.

Zum Beispiel gelten die (allgemeinen) Regeln über die Wirksamkeit von Willenserklärungen[35] und Vertragsschluss[36] gleichermaßen für das Handels- und das Arbeitsrecht. Der Handelskauf (vgl. §§ 373 ff. HGB) kommt ebenso wie der bürgerlich-rechtliche Kauf durch Angebot und Annahme (Konsensprinzip) zustande. Selbiges gilt für den Arbeitsvertrag. Die Prokura (§§ 48 ff. HGB) als besondere handelsrechtliche Vollmacht wird wie die bürgerlich-rechtliche Vollmacht nach § 167 Abs. 1 einseitig durch empfangsbedürftige Willenserklärung erteilt, da das HGB insoweit keine Besonderheiten normiert[37].

Ein weiteres Beispiel bildet das Recht der Verjährung: Sofern die Sonderprivatrechte keine speziellen Bestimmungen über die Verjährung, also vor allem keine eigenen Verjährungsfristen vorsehen, gelten folglich die allgemeinen Bestimmungen in den §§ 194 bis 218 des BGB.

Angesichts des immer wieder erforderlichen Rückgriffs auf die im BGB kodifizierten Grundregeln kommt diesen eine ganz erhebliche ökonomische Bedeutung zu, weshalb sie dem Wirtschaftsprivatrecht zuzuordnen, ja als dessen Fundament anzusehen sind. Die ersten drei Bücher des BGB enthalten den „Grundwortschatz". Nur wer ihn beherrscht, kann sich sinnvoll über die für die Wirtschaft überaus wichtigen Sonderprivatrechte unterhalten.

Dementsprechend stehen der AT und das Schuldrecht im Mittelpunkt sowohl der juristischen Ausbildung als auch der Praxis. Auf eine vernetzte Darstellung dieser Materien konzentriert sich, wie im Vorwort erwähnt, das vorliegende Lehrbuch. Ergänzend werden wichtige Grundkenntnisse des Sachrechts einbezogen, denn darin sind so bedeutsame Grundbegriffe, wie zum Beispiel das Eigentumsrecht und seine Übertragung sowie die Grundpfandrechte, geregelt. Gerade der Wirtschaftsjurist, der nach den meisten Studienplänen bereits im zweiten, spätestens im dritten Semester mit

---

[34] so statt vieler, Müssig, Privatrecht, S. 7/8 (2.4.)
[35] dazu Kapitel 11, S. 175 ff.
[36] dazu Kapitel 12. S. 193 ff.
[37] vgl. Frage 7 des Kapitels 15, S. 271

den aufgezählten Sonderprivatrechten konfrontiert wird, tut gut daran, sich unverzüglich[38] ein verlässliches Basiswissen der ersten drei Bücher des BGB anzueignen[39].

III. Aufbau und Inhalt des BGB

Das BGB hat fünf Bücher. Das zeigt der Blick in die Inhaltsübersicht. Dieser ist dem Anfänger beim Umgang mit dem Gesetz zur ersten Orientierung unbedingt anzuraten. Dem Allgemeinen Teil (1. Buch) folgen das Recht der Schuldverhältnisse (2. Buch), das Sachenrecht (3. Buch) sowie das Familien- (4. Buch) und schließlich das Erbrecht (5. Buch).

1. Der Allgemeine Teil (AT)

Der AT des BGB folgt dem Prinzip, das Allgemeine dem Besonderen voranzustellen[40]. Dementsprechend hat der Gesetzgeber im AT die grundlegenden Begriffe „als Gipfel der gesetzgebungstechnischen Verallgemeinerung herauspräpariert"[41]. Sie gelten für die folgenden vier Bücher des BGB und darüber hinaus für das Privatrecht insgesamt[42]. Der AT ist wie die anderen Bücher des BGB in Abschnitte untergliedert, von denen hier die ersten drei herauszustellen sind. Der 1. Abschnitt ist mit „Personen", der zweite mit „Sachen und Tiere" und der dritte mit „Rechtsgeschäfte" überschrieben. Damit folgt der AT der römisch-rechtlichen Einteilung in personae, res und actiones. Dem ist zu entnehmen, dass Personen als Rechtssubjekte handeln, indem sie Rechtsgeschäfte (meist Verträge) über Rechtsobjekte (z. B. Sachen[43]) abschließen. Dazu regelt der 3. Abschnitt u. a. wer geschäftsfähig ist[44], unter welchen (weiteren) Voraussetzungen die einzelne Willenserklärung als Mindestvoraussetzung eines Rechtsgeschäfts wirksam wird[45] und wie Verträge durch übereinstimmende Willenserklärungen, Angebot und Annahme, zustande kommen[46].

Überdies behandelt das 1. Buch Unzulänglichkeiten (z. B. Willensmängel, Verstöße gegen Verbotsgesetze, Sittenwidrigkeit etc.), die prinzipiell bei allen Rechtsgeschäften auftreten können und regelmäßig deren Unwirksamkeit zur Folge haben. Deshalb finden sich im AT gehäuft Rechtssätze, die in ihrer Rechtsfolge die Nichtigkeit bzw. die Vernichtbarkeit[47] von Rechtsgeschäften anordnen (bitte schon jetzt einmal lesen: §§ 105, 125, 134, 138, 142 Abs. 1[48]).

---

[38] d. h. ohne schuldhaftes Zögern, vgl. die Legaldefinition in § 121 Abs. 1, 1. HS.
[39] Dies stellen zutreffend Hilligardt/Lange in Jurastudium erfolgreich (vgl. S. 116) heraus.
[40] Prinzip des sog. Vor-die-Klammer-Ziehens
[41] so Rüthers, Allgemeiner Teil des BGB, 3. Auflage 1980, S. 7
[42] Der AT kann somit als „der Allgemeine Teil des deutschen Privatrechts" bezeichnet werden. So zum Beispiel Kallwass, Privatrecht, S. 22
[43] Rechtsobjekte sind darüber hinaus auch unkörperliche Gegenstände, wie Forderungen und andere Rechte (Patentrechte, Urheberrechte).
[44] Titel 1, Geschäftsfähigkeit (§§ 104-113); dazu Kapitel 9, S. 142 ff.
[45] Titel 2, Willenserklärung (§§ 116-144); dazu vor allem Kapitel 6, S. 91 ff.
[46] Titel 3, Verträge (§§ 145-157); dazu Kapitel 12, S. 193 ff.
[47] Die Anfechtbarkeit führt nicht automatisch zur Nichtigkeit des fehlerbehafteten Rechtsgeschäfts. Vielmehr bedarf es der Ausübung des Anfechtungsrechts durch eine Anfechtungserklärung. Vgl. § 142 Abs. 1 und § 143 sowie oben, S. 107
[48] zur „Lerntheorie" und zum Lesen im Gesetz Kallwass, Privatrecht, S. VII bis IX

Hervorzuheben ist schließlich noch der Abschnitt 5, in dem die <u>Verjährung</u> geregelt ist[49]. An dessen Anfang steht - nebenbei bemerkt - der überaus wichtige § 194 Abs. 1, der den bürgerlich-rechtlichen <u>Anspruch als das Recht, von einem anderen ein Tun oder Unterlassen zu verlangen, legal definiert</u>.

2. Das Recht der Schuldverhältnisse

Das 2. Buch, das Schuldrecht, regelt insbesondere, welche Verpflichtungen man als Schuldner aufgrund eines Vertrages eingehen kann. Schuldrechtliche Verträge sind folglich Verpflichtungsgeschäfte[50]. Hierzu heißt es in § 311 Abs. 1, dass zur <u>Begründung eines Schuldverhältnisses</u> durch Rechtsgeschäft ein <u>Vertrag</u> (= Schuldverhältnis im <u>weiteren</u> Sinne) zwischen den Beteiligten erforderlich ist.

Daraus resultieren meist wechselseitig Forderungen. Das sind <u>relative Rechte zwischen Gläubiger und Schuldner</u>. Der Gläubiger ist - so die Formulierung des § 241 Abs. 1 Satz 1 - *„kraft des Schuldverhältnisses berechtigt, von dem Schuldner eine Leistung zu fordern"*. Er hat eine Forderung gegen den Schuldner. § 241 Abs. 1 meint also mit Schuldverhältnis nicht den Vertrag[51], sondern die <u>einzelne</u> schuldrechtliche Forderung. Diese bezeichnet man auch als Schuldverhältnis im <u>engeren</u> Sinne.

Hier zeigt sich bereits, dass der Gesetzgeber <u>auch innerhalb des 2. Buches das Allgemeine (§§ 241-432)</u> dem umfangreicheren Besonderen Schuldrecht (§§ 433- 853) <u>voranstellt</u>. Antworten auf Fragen <u>allgemeiner</u> Natur, wie etwa zu Art und Umfang des Schadensersatzes (vgl. §§ 249-254), zu den allgemeinen Leistungsstörungen[52] (vgl. vor allem §§ 280-286) sowie zur Erfüllung (§ 362), zur Aufrechnung (§§ 387 ff.) oder zur Beendigung von Schuldverhältnissen, etwa durch Rücktritt von einem Vertrag (§§ 346-354), findet man im Allgemeinen Schuldrecht. Dieses hat der Gesetzgeber „vor die Klammer" gezogen, um wiederkehrende Fragen nicht jedes Mal aufs Neue abhandeln zu müssen. So erlischt zum Beispiel nach § 362 Abs. 1 die Forderung durch Erfüllung[53], wenn *„die geschuldete Leistung an den Gläubiger bewirkt wird"*, unabhängig davon, ob man nun eine Pflicht aus einem Kauf-, Miet- oder Werkvertrag erfüllt. Auf diese Weise hat der Gesetzgeber es vermieden, den Erlöschenstatbestand der Erfüllung für jeden Vertragstyp gesondert zu normieren.

Dagegen behandelt das <u>Besondere Schuldrecht bestimmte Vertragstypen</u>, die - wie z. B. Kauf, Darlehen, Miete, Dienst-, Werk- und Geschäftsbesorgungsvertrag - vergleichsweise häufig vorkommen. Der Besondere Teil des Schuldrechts ist in seiner Gesamtheit im Abschnitt 8 des 2. Buches untergebracht, der die Überschrift *„einzelne Schuldverhältnisse"* trägt und 27 Titel umfasst. Die einzelnen Titel legen jeweils zu Beginn fest, welche Hauptleistungspflichten aus einem bestimmten Vertragstyp resultieren.

---

[49] zur Einrede der Verjährung unten, S. 27/28
[50] Sie werden auch als obligatorische Verträge bezeichnet. Vgl. dazu unten, S. 110/111
[51] Der Vertrag als das <u>Schuldverhältnis im weiteren Sinne</u> dient u. a. als <u>Rechtsgrund für das Behaltendürfen</u> der Leistung sowie als <u>Grundlage für</u> das Entstehen von <u>Gewährleistungsrechten</u>.
[52] Dazu zählen die Nichtleistung, die Unmöglichkeit und der Schuldnerverzug.
[53] § 362 meint ebenso wie § 241 Abs. 1 mit Schuldverhältnis die einzelne Forderung.

Hervorzuheben ist, dass die Titel zum Kauf-, Miet- und Werkvertrag ein besonderes Gewährleistungsrecht vorsehen. Dieses betrifft die besondere Leistungsstörung, das Geschuldete nicht mangelfrei erbracht zu haben. Wenn also eine mangelhafte Kaufsache geliefert, eine mangelhafte Mietsache überlassen oder ein mangelhaftes Werk hergestellt wird, dann haftet der Verkäufer, der Vermieter oder der Werkunternehmer nach dem jeweiligen speziellen Gewährleistungsrecht[54].

Neben den Vertragstypen sieht das Besondere Schuldrecht sog. gesetzliche Schuldverhältnisse[55] vor. Angesprochen sind damit insbesondere die Normenkomplexe der Titel 26 und 27, also die zu den Herausgabeansprüchen infolge ungerechtfertigter Bereicherung (§§ 812 bis 822) sowie zu den Schadensersatzpflichten aufgrund unerlaubter Handlung (§§ 823 bis 853)[56]. Zur ungerechtfertigten Bereicherung kommt es beispielsweise, wenn ein Vertrag nachträglich angefochten wird und infolge dessen der rechtliche Grund für vorgenommene Vermögensverschiebungen wegfällt. Eine unerlaubte Handlung liegt etwa im Falle eines schuldhaft verursachten Verkehrsunfalls vor.
Rechtlich handelt es sich dabei um die Verletzung absolut geschützter Rechte bzw. Rechtsgüter eines anderen durch schuldhaftes[57], d. h. vorsätzliches oder fahrlässiges (vgl. § 276[58]) Verhalten.

Die gesetzlichen Schuldverhältnisse lassen Rechte und Pflichten kraft Gesetzes entstehen, ohne dass es auf das Zustandekommen eines wirksamen Vertrages mit dem Verpflichteten ankommt. So löst etwa eine unerlaubte Handlung im Sinne der §§ 823 ff. eine außervertragliche Haftung auf Schadensersatz aus. Auf sie wird in Kapitel 3 ausführlich einzugehen sein.

3. Das Sachenrecht

Das Sachenrecht (3. Buch) regelt die rechtliche Zuordnung von Sachen zu Personen sowie den Inhalt der verschiedenen Rechte an Sachen.

Sachenrechte, allen voran das Eigentum, sind absolute, d. h. gegenüber jedermann wirkende Rechte und können nur an Sachen bestehen.

---

[54] vgl. vor allem § 437 und §§ 536, 536 a sowie § 634. Das Gewährleistungsrecht unterliegt zum Teil Verjährungsfristen, die kürzer sind als die regelmäßige Verjährungsfrist (vgl. z. B. § 438 Abs. 1 Nr. 3 sowie § 634 a Abs.1 Nr. 1), welche nach § 195 drei Jahre beträgt.
[55] vgl. S. 37
[56] vgl. vor allem S. 37-51
[57] dazu, S. 42 sowie zur Verschuldensfähigkeit Kapitel 9, S. 140/141; Schadensersatzpflichten erlegt das BGB regelmäßig nur bei Verschulden auf (sog. Verschuldensprinzip). Allerdings gibt es Fälle, in denen man verschuldensunabhängig für geschaffene Gefahrenquellen verantwortlich ist (vgl. zum Beispiel § 833 Satz 1 (Haftung des Tierhalters), § 1 des Haftpflichtgesetzes (Haftung des Bahnbetriebunternehmers), § 7 des Straßenverkehrsgesetzes (Haftung des Fahrzeughalters) etc.). Zu dieser Gefährdungshaftung vgl. etwa den Überblick bei Kallwass, Privatrecht, S. 146 ff.; instruktiv zum Ausbau der Gefährdungshaftung Larenz, AT, § 3 III. (S. 61/62); zur Gefahr- und Risikobeherrschung vgl. auch Larenz/Wolf, AT, § 2 I. 5. b. (S. 27, Rdnrn. 27-29)
[58] Was schuldhaft bedeutet, hat der Gesetzgeber in § 276 konsequenterweise im Allgemeinen Schuldrecht „vor die Klammer" gezogen.

Unter <u>Sachen</u> versteht das BGB nach § 90 nur <u>körperliche Gegenstände</u>[59]. Dabei werden bewegliche und unbewegliche Sachen (Grundstücke) grundlegend unterschiedlichen Regelungen unterworfen.

Das <u>wichtigste Sachenrecht ist das Eigentum</u>. Es begründet eine <u>umfassende</u> Herrschaftsbefugnis des Eigentümers. Nach § 903 Satz 1 kann der Eigentümer mit seiner Sache <u>nach Belieben</u> verfahren und andere von jeder Einwirkung ausschließen. Angesichts dieser umfassenden Berechtigung spricht man beim Eigentum von dem <u>Vollrecht</u>.

Daneben sieht das Gesetz <u>Teilbefugnisse</u> vor, die man als <u>beschränkt dingliche Rechte</u> bezeichnet. Zu nennen sind hier vor allem die Grundpfandrechte, d. h. Hypothek und Grundschuld (vgl. §§ 1113 ff. sowie §§ 1191 ff.), und die Pfandrechte an beweglichen Sachen (§§ 1204 ff.). <u>Pfandrechte gewähren</u> unter bestimmten Voraussetzungen die <u>Befugnis, die gepfändete Sache zu verwerten</u>.

Das Sachenrecht beschreibt aber nicht nur die verschiedenen sachenrechtlichen Befugnisse, sondern regelt darüber hinaus, <u>wie</u> man <u>solche Rechte an Sachen</u> erstmalig bestellt und wie sie von einer Person auf die andere <u>übertragen werden</u>. So gibt § 929 für bewegliche Sachen und § 873 für unbewegliche Sachen Auskunft darüber, wie man das Eigentum an ihnen überträgt[60]. Auf diese Weise wird durch Erwerb bzw. Verlust des Eigentums die personale Zuordnung einer Sache geändert.

Überdies ist es möglich, Sachenrechte zu belasten. So kann man z. B. das Vollrecht Eigentum mit den genannten Pfandrechten belasten. Wie dies geschieht, ergibt sich aus den §§ 873, 1113, 1191 sowie den §§ 1204 und 1205. Insbesondere die <u>Belastung eines Grundstücks mit einem Grundpfandrecht</u> spielt als Sicherungsmittel für Kredite eine große Rolle. Der Inhaber eines Grundpfandrechts kann, wenn der Kredit nicht (fristgemäß) getilgt wird, *„an der Rangstelle der Hypothek/Grundschuld"* gegen den Grundstückseigentümer vollstrecken (sog. dinglicher Duldungstitel, vgl. § 1147) und sich aus dem Erlös in Höhe der offenen Kreditschuld befriedigen.

Eigentum im Sinne des BGB kann, wie bereits gesagt, ausschließlich an Sachen bestehen. Das BGB legt mit dem <u>Sacheigentum</u> einen engeren Eigentumsbegriff zugrunde als Art. 14 GG. Befugnisse an anderen Gegenständen, wie insbesondere die Inhaberschaft von Forderungen, fallen folglich nicht unter den Eigentumsbegriff des BGB. Denn das <u>Sachenrecht</u> betrifft grundsätzlich[61] nicht die Rechtsverhältnisse an Forderungen oder anderen Rechten, wie etwa Patent- oder Urheberrechten. Deswegen darf man den Forderungsberechtigten keinesfalls als „Eigentümer" der Forderung bezeichnen (häufiger Anfängerfehler!). Vielmehr ist er, wie erwähnt, ihr Inhaber. Auch werden Forderungen nicht übereignet (schwerwiegender Anfängerfehler!). Die Übertragung von schuldrechtlichen Forderungen und anderen Rechten erfolgt vielmehr durch einen Abtretungsvertrag und ist konsequenterweise im Schuldrecht (vgl. §§ 398, 413) geregelt.

Neben den <u>Rechten</u> an Sachen behandelt das 3. Buch in seinem 1. Abschnitt den <u>Besitz</u> einer Sache. Dieser wird nach § 854 Abs. 1 durch die Erlangung der <u>tatsächlichen</u>

---

[59] Die knappen Regelungen der §§ 90 bis 103 über die Sachen hätten auch in das Sachenrecht eingestellt werden können. Der Gesetzgeber hat es aber, wie erwähnt, mit der Aufnahme in den AT vorgezogen, die römisch-rechtliche Konzeption von personae, res und actiones zu betonen.
[60] dazu unten Kapitel 7, S. 112-115 (Verfügungsverträge)
[61] Eine <u>Ausnahme</u> machen die §§ 1273 ff., die das <u>Pfandrecht an Rechten</u> regeln.

Gewalt über die Sache erworben. In Abweichung vom umgangssprachlichen Gebrauch lautet also die Frage nach dem Besitz „ *Wer hat die Sache (tatsächlich)?* ", die nach dem Eigentum dagegen „ *Wem gehört die Sache (rechtlich)?*[62] ".

Dementsprechend hat der Eigentümer als Vollrechtsinhaber gemäß § 985 gegen den unberechtigten[63] Besitzer einen Herausgabeanspruch, dessen Quelle das absolute Sachenrecht des Eigentums ist. Dagegen gibt § 986 Abs. 2 dem berechtigten Besitzer (zum Beispiel dem Mieter einer Sache für die Zeit der Miete) das Recht, die Herausgabe zu verweigern.

Wechselt die Sache den Besitzer, so kann der Eigentümer von dem neuen (unberechtigten) Besitzer Herausgabe verlangen. Mit diesem und anderen sachenrechtlichen Ansprüchen regelt das 3. Buch dann doch relative Rechtsverhältnisse zwischen Personen.

4. Das Familienrecht

Das Familienrecht (4. Buch) behandelt die rechtlichen Verhältnisse der (nicht hoheitlichen) Gemeinschaften von Ehe und Familie. Es regelt vor allem die Verwandtschaft sowie die Ehe mit ihren Rechtsfolgen. Unter ökonomischem Blickwinkel erscheinen die Vorschriften des Verwandten-[64] und des Geschiedenenunterhalts[65] sowie das eheliche Güterrecht (vgl. §§ 1363 ff.) am wichtigsten. Auf Einzelheiten des Familienrechts muss aber in diesem Grundriss verzichtet werden.

5. Das Erbrecht

Das Erbrecht (5. Buch) regelt das rechtliche Schicksal des Vermögens beim Tode einer Person. Hierzu ordnet es in § 1922 eine Gesamtrechtsnachfolge, auch Universalsukzession genannt, an. Danach geht mit dem Tode des Erblassers dessen Vermögen (Erbschaft) als Ganzes auf eine oder mehrere Personen (Erben) über.

Wer Erbe wird, kann nach § 1937 der Erblasser durch einseitige Verfügung „von Todes wegen"[66] (Testament[67], letztwillige Verfügung) grundsätzlich frei bestimmen (Grundsatz der Testierfreiheit). Durch ein erbrechtliches Rechtsgeschäft kann der Einzelne über den Tod hinaus sein Vermögen betreffende Rechtsverhältnisse nach seinem Willen

---

[62] Davon weicht, wie gesagt, die Umgangssprache zum Teil ab. Zum Beispiel verwendet sie den Begriff „Grundbesitz" im Sinne des bürgerlich-rechtlichen Eigentums an einem Grundstück oder den des Privatbesitzes im Sinne des Eigentums an beweglichen sowie unbeweglichen Sachen.

[63] Unberechtigten Besitz haben von Anfang an der Dieb oder nach Ablauf der Mietzeit der Mieter als sog. Nichtmehrberechtigter.

[64] vgl. die §§ 1601 ff.

[65] vgl. die §§ 1569 ff.

[66] Dieser Ausdruck resultiert aus der wörtlichen Übersetzung der lat. Wendung mortis causa.

[67] Es handelt sich dabei um eine nicht empfangsbedürftige Willenserklärung, deren Auslegung sich nach § 2084 (sog. benigna interpretatio) und § 133 richtet. Vgl. unten, S. 96

gestalten. Er kann z. B. Personen als Erben einsetzen oder „enterben"[68] oder etwa die Erben mit Vermächtnissen (vgl. §§ 2147 ff.) belasten.

Setzt er keine Erben ein, <u>fehlt es also an einer gewillkürten Erbfolge</u>, so greift die in den §§ 1924 ff. vorgesehene <u>gesetzliche Erbfolge</u> ein. Danach erben der Ehegatte (vgl. dazu §§ 1931, 1371) bzw. der Lebenspartner (§ 10 LPartG[69]) und die Verwandten. Nach § 1924 Abs. 1 sind die Abkömmlinge des Erblassers die gesetzlichen Erben der ersten Ordnung. Gesetzliche Erben der zweiten Ordnung sind die Eltern des Erblassers und deren Abkömmlinge (§ 1925 Abs. 1). Auf Antrag stellt das Nachlassgericht dem oder den Erben gemäß § 2353 ein <u>Zeugnis über das Erbrecht</u> (<u>Erbschein</u>) aus. Dem Erbschein kommt nach den §§ 2365, 2366 die Vermutung der Richtigkeit und daran anknüpfend öffentlicher Glaube zu.

Trotz seiner ökonomischen Bedeutung wird das Erbrecht im vorliegenden Rahmen nur hie und da angesprochen[70].

Hinzuweisen ist aber auf die in § 1967 Abs. 1 angeordnete <u>Haftung des Erben für die Nachlassverbindlichkeiten</u>.

Gemäß § 1942 Abs. 1 geht die Erbschaft auf den berufenen Erben <u>unbeschadet des Rechts über, die Erbschaft auszuschlagen</u> (Anfall der Erbschaft). Der Erbe sollte also nach Anfall der Erbschaft umgehend prüfen, ob er von diesem Recht Gebrauch macht. Die Ausschlagung kann gemäß § 1944 Abs. 1 nur binnen sechs Wochen erfolgen. Die Frist beginnt in dem Zeitpunkt, in welchem der Erbe von dem Anfall und dem Grunde der Berufung Kenntnis erlangt (§ 1944 Abs. 2 Satz 1).

Herauszustellen ist ferner die Bedeutung der <u>für das Erbrecht charakteristischen Form-vorschriften</u>. Für das Testament schreibt § 2247 Abs. 1 vor, dass es der Erblasser durch eine <u>eigenhändig geschriebene und unterschriebene Erklärung</u> errichtet.
Erbrechtliche Rechtsgeschäfte bedürfen oftmals sogar der notariellen Beurkundung. Zum Beispiel kann nach § 2274 der Erblasser einen <u>Erbvertrag</u> nur persönlich[71] und gemäß § 2276 Abs. 1 nur <u>zur Niederschrift eines Notars bei gleichzeitiger Anwesenheit des anderen Teils</u> schließen. Diese Vorgaben verdrängen als lex specialis die allgemeinen Regeln, also hier den Grundsatz der Formfreiheit von Rechtsgeschäften[72]. Sie bezwecken die neutrale Beratung durch einen Notar sowie den Schutz vor übereilten Entscheidungen[73].

Daran zeigt sich, dass das Erbrecht, und übrigens auch das Familienrecht Materien sind, die erhebliche <u>Modifikationen der allgemeinen Regeln</u> vorsehen. Zwar gilt der AT des BGB prinzipiell, d. h. von seiner Systematik her gesehen, für das gesamte Privat-recht. Ohne weiteres passt er aber nur zum Schuldrecht.

---

[68] Damit ist die <u>Entziehung des Pflichtteils</u> gemeint. Sie ist nach den §§ 2333 bis 2335 nur unter sehr engen Voraussetzungen (z.B.: Abkömmling trachtet dem Erblasser nach dem Leben) möglich.

[69] Gesetz über die Eingetragene Lebenspartnerschaft (Lebenspartnerschaftsgesetz - LPartG) vom 16. Februar 2001 (BGBl. I S. 226)

[70] Der Interessierte sei auf das vorzügliche <u>Lehrbuch zum Erbrecht von Leipold</u> verwiesen.

[71] Damit ist die Möglichkeit, sich eines Vertreters zu bedienen, ausgeschlossen.

[72] Weitere erbrechtliche Formvorschriften enthalten die §§ 1945, 2231, 2348, 2371.

[73] vgl. zur notariellen Beurkundung ausführlich unten, S. 164 ff.

Fragen zu Kapitel 1

1. Was bezeichnet der Begriff Bürgerliches Recht?

2. Was sind Sonderprivatrechte?

3. Welche Funktion hat der Allgemeine Teil des BGB?

4. Wie ist das Schuldrecht aufgeteilt und was regelt es im Wesentlichen?

5. Welche zwei großen Gruppen von Schuldverhältnissen gibt es?

6. Was regelt das Sachenrecht?

7. Warum spricht man im Hinblick auf das Eigentum vom Vollrecht?

8. Was ist ein beschränkt dingliches Recht?

9. Was bedeutet Testierfreiheit?

10. Wo liegen die Grenzen der Testierfreiheit?

Antworten (Kapitel 1)

zu Frage 1:

Das Bürgerliche Recht betrifft die rechtlichen Beziehungen der Privatpersonen zueinander. Es wird als das sog. allgemeine Privatrecht bezeichnet und tritt den speziellen Materien wie etwa dem Handels- und Arbeitsrecht ergänzend zur Seite. Seine Grundregeln sind im BGB AT sowie im Schuld- und Sachenrecht niedergelegt. Herauszustellen ist das im 2. Buch des BGB geregelte Schuldrecht. Danach können Privatpersonen durch Abschluss von Schuldverträgen auf der Ebene der Gleichordnung ihre Rechte und Pflichten prinzipiell in freier Selbstbestimmung gestalten (Prinzip der Privatautonomie).

zu Frage 2:

Vielfach schließen Privatpersonen zum Beispiel als Kaufleute oder als Arbeitgeber und Arbeitnehmer Rechtsgeschäfte. Dazu haben sich privatrechtliche Sondermaterien, wie das Handels- und Arbeitsrecht, herausgebildet. Zu nennen sind ferner das Gesellschafts-, Wettbewerbs- und Urheberrecht. All diese Sonderprivatrechte sind für das Wirtschaftsleben (Güteraustausch, Erwerbstätigkeit) von großer Bedeutung.

zu Frage 3:

Im AT werden grundlegende Rechtsbegriffe und Regeln „vor die Klammer" der übrigen vier Bücher des BGB, ja des Privatrechts insgesamt, gezogen.

Der 1. Abschnitt des AT befasst sich mit den Personen (natürliche Personen, Vereine), d. h. den Rechtssubjekten. Der 2. Abschnitt enthält grundlegende Regeln über die Sachen, als eine wichtige Gruppe[74] von Rechtsobjekten. Der 3. Abschnitt beschäftigt sich damit, wer geschäftsfähig ist (Titel 1), unter welchen (weiteren) Voraussetzungen eine einzelne Willenserklärung wirksam ist (Titel 2) und wie Verträge durch Angebot und Annahme zustande kommen (Titel 3).

Überdies regelt der AT Unzulänglichkeiten, die bei allen Arten von Rechtsgeschäften auftreten können (z.B.: Willensmängel, Sittenwidrigkeit).

Erwähnenswert scheint schließlich das in der Praxis bedeutsame Verjährungsrecht, das in den 5. Abschnitt des AT Aufnahme gefunden hat und bekanntlich im Jahre 2002 im Kontext mit der Schuldrechtsreform[75] erhebliche Änderungen erfahren hat.

zu Frage 4:

Das 2. Buch, das Schuldrecht, regelt insbesondere, welche Verpflichtungen man aufgrund eines (schuldrechtlichen) Vertrages als Schuldner eingehen und welche Leistungen man als Gläubiger fordern kann (sog. relative Rechte). Es ist zweigeteilt in das Allgemeine (§§ 241-432) und das Besondere Schuldrecht (§§ 433-853).
Im Allgemeinen Schuldrecht sind Institute vorangestellt, die - wie zum Beispiel die Erfüllung (§ 362) oder die Aufrechnung (§§ 387 ff.) - sämtliche Schuldverhältnisse betreffen.
Das Besondere Schuldrecht ist als Abschnitt 8 mit „einzelne Schuldverhältnisse" überschrieben und regelt vor allem häufig vorkommende Vertragstypen. Für den Kauf, die Miete und den Werkvertrag ist dort jeweils ein spezielles Gewährleistungsrecht vorgesehen, das eingreift, wenn die Leistung mangelhaft erbracht wurde.

zu Frage 5:

Die wichtigsten Schuldverhältnisse sind die vertraglichen, d. h. solche, die aufgrund eines privatautonomen Konsenses zustande kommen. Darüber hinaus entstehen unter bestimmten Voraussetzungen sog. gesetzliche Schuldverhältnisse. Hervorzuheben sind die Regelungen zur ungerechtfertigten Bereicherung (§§ 812 ff.), mit denen man rechtsgrundlose Vermögensverschiebungen rückgängig machen kann, sowie das Recht der unerlaubten Handlung (§§ 823 Abs. 1 ff.), das eine außervertragliche Haftung vorsieht, wenn absolute Rechte oder Rechtsgüter eines anderen widerrechtlich und schuldhaft verletzt werden.

---

[74] Sachen sind nach § 90 körperliche Gegenstände. Dagegen sind Forderungen und andere Rechte (Patentrechte, Urheberrechte, dingliche Rechte etc.) unkörperliche Gegenstände.
[75] dazu Köhler in der Einführung zum BGB, Beck-Texte im dtv, 54. Auflage, 2003, S. XXV ff.; Ferner bieten folgende Werke einen knappen und gut verständlichen Einstieg:
Elb, Schuldrechtsmodernisierung sowie Fingerhut/Kroh, Schuldrecht in der Unternehmenspraxis.

zu Frage 6:

Das Sachenrecht (3. Buch) regelt vor allem die rechtliche Zuordnung von Sachen zu Personen und den Inhalt der verschiedenen Rechte an Sachen.

Als Vollrecht definiert § 903 das umfassende Sacheigentum. Unter Sachen versteht das BGB nach § 90 nur körperliche Gegenstände. Dabei werden bewegliche und unbewegliche Sachen (Grundstücke) unterschieden und grundlegend verschiedenen Regeln unterworfen. So richtet sich die Übertragung des Eigentums an beweglichen Sachen nach § 929, die an unbeweglichen nach den §§ 873, 925.

Überdies behandelt das Sachenrecht in seinem 1. Abschnitt den Besitz, der nach § 854 Abs. 1 durch die Erlangung der tatsächlichen Gewalt[76] über die Sache erworben wird. Zum derivativen (abgeleiteten) Besitzerwerb kommt es durch einverständliches Geben und Nehmen. Dabei ist der übereinstimmende Wille ein tatsächlicher (natürlicher), kein rechtsgeschäftlicher[77].

zu Frage 7:

Nach § 903 Satz 1 kann der Eigentümer mit seiner Sache nach Belieben verfahren und andere von jeder Einwirkung ausschließen. Es stellt ein gegenüber jedermann wirkendes Recht, d. h. ein absolutes Recht dar. Wegen des umfassenden Charakters der in § 903 beschriebenen Befugnis bezeichnet man das Eigentum als Vollrecht.

zu Frage 8:

Neben der umfassenden Befugnis, die das Eigentum gewährt, sieht das Sachenrecht Teilbefugnisse an Sachen vor. Diese bezeichnet man als beschränkt dingliche Rechte.

Hierzu zählen die wichtigen Grundpfandrechte (Hypothek und Grundschuld). Sie geben unter bestimmten Voraussetzungen die Befugnis zur Verwertung im Wege der Zwangsvollstreckung *„an der Rangstelle der Hypothek/Grundschuld"* (vgl. § 1147). Vor allem die Grundschuld spielt eine große Rolle bei der Vergabe und Absicherung von Krediten.

zu Frage 9:

Die Testierfreiheit bezieht sich nicht auf die Form, sondern auf den Inhalt der vom Erblasser getroffenen Verfügung. Dem Erblasser steht es frei, nach Belieben über sein Vermögen einseitig von Todes wegen zu verfügen. Zur Sicherung der Testierfreiheit verbietet § 2302 obligatorische Verträge des Erblassers über seinen Nachlass.

zu Frage 10:

Geht der Erblasser Bindungen ein, so begrenzt er dadurch seine Testierfreiheit. Binden kann er sich nur durch Erbvertrag (§§ 2274 ff.) oder durch ein gemeinschaftliches Testament (§§ 2265 ff.).

Ferner beschränken die Bestimmungen über den Pflichtteil (§§ 2303 ff.) die Freiheit, nach Belieben zu testieren. So steht den Abkömmlingen, den Eltern und dem Ehegatten des Erblassers ein Pflichtteilsanspruch in Höhe der Hälfte des gesetzlichen Erbteils zu (vgl. § 2303 Abs. 1).

---

[76] dazu Jauernig/Jauernig, § 854 Rdnr. 1

[77] Infolge dessen kann etwa auch ein (geistig wacher) Sechsjähriger selbst Besitz übertragen, obwohl er geschäftsunfähig ist. Zur Geschäftsunfähigkeit unten, S. 143

Kapitel 2

Ansprüche und ihre Prüfung

Im Bürgerlichen Recht gehen Privatpersonen wechselseitig Rechte und Pflichten ein. Folglich geht es meist darum, dass eine Person als Gläubiger gegen eine andere, den Schuldner, Ansprüche geltend macht.

I. Der Anspruch (§ 194) und das Recht, eine Leistung zu fordern (§ 241 Abs. 1)

§ 194 Abs. 1 definiert den <u>Anspruch</u> als <u>das Recht, von einem anderen ein Tun oder Unterlassen zu verlangen</u>. Diese Legaldefinition gleicht sehr dem § 241 Abs. 1. Kraft des Schuldverhältnisses, so die erste Norm des Schuldrechts, ist der Gläubiger berechtigt, von dem Schuldner eine Leistung zu fordern. Die Ähnlichkeit von § 194 und § 241 Abs. 1 verwundert nicht, ist doch das <u>Forderungsrecht des Gläubigers</u> nichts anderes als der <u>schuldrechtliche Anspruch</u>.

Unterscheiden lassen sich Ansprüche, die auf das Bewirken der vertraglich geschuldeten Leistungen gerichtet sind (primäre Leistungsansprüche) und solche, die eine meist auf Schadensersatz gerichtete Haftung vorsehen (sekundäre Haftungsansprüche). Letztere entstehen vor allem im Falle der Nicht- oder Schlechterfüllung der geschuldeten Leistung. Beginnen wir mit Ersterem.

1. Leistungsansprüche

Unterschieden werden Haupt- und Nebenleistungsansprüche.

Da das Schuldrecht überwiegend <u>aus der Sicht des Schuldners formuliert</u> ist, spricht man meist von Haupt- und Nebenleistungspflichten[1]. Diesen Sprachgebrauch wollen wir im Folgenden übernehmen.

a. Hauptleistungspflichten

Hauptleistungspflichten sind die Pflichten, die dem Vertrag sein Gepräge geben, ihn charakterisieren[2]. Diese Pflichten hat der Gesetzgeber an den Anfang der Regelungen des jeweiligen Vertragstyps gestellt. Beispielsweise besteht die <u>Hauptleistungspflicht des Verkäufers nach § 433 Abs. 1</u> darin, dem Käufer die Sache zu übergeben und das Eigentum an ihr zu verschaffen. <u>Hauptleistungspflicht des Vermieters</u> ist es <u>nach § 535</u>

---

[1] Die <u>gutachtliche Prüfung</u> ist aber <u>aus Sicht des Gläubigers</u> vorzunehmen. Dieser macht einen Anspruch gegen den Schuldner geltend. Demgemäß spricht man vom <u>Anspruchsaufbau</u>. Vgl. S. 30-32

[2] vgl. Kallwass, Privatrecht, S. 122

<u>Abs. 1</u>, dem Mieter den Gebrauch der Mietsache während der Mietzeit zu gewähren (Satz 1), die Mietsache in einem zum vertragsgemäßen Gebrauch geeigneten Zustand zu überlassen und sie während der Mietzeit in diesem Zustand zu erhalten (Satz 2).

Bei den genannten Verträgen verpflichtet sich der eine Vertragsteil gerade deshalb zu seiner Leistung, <u>damit</u> der andere Teil sich zu einer Gegenleistung verpflichtet („do ut des[3]"). Der Verkäufer verpflichtet sich im Sinne des § 433 Abs. 1, damit der Käufer sich im Gegenzug nach § 433 Abs. 2 zur Zahlung des vereinbarten Kaufpreises verpflichtet. Der Vermieter verpflichtet sich gemäß § 535 Abs. 1, damit der Mieter nach § 535 Abs. 2 die Pflicht eingeht, die vereinbarte Miete zu entrichten. Bei Verträgen dieser Art stehen sich <u>Hauptleistungspflichten wechselseitig in einem Austauschverhältnis, dem Synallagma</u>[4], gegenüber. Es handelt sich um <u>gegenseitige Verträge</u> bzw. <u>Austauschverträge</u>. Wichtige Austauschverträge sind neben dem Kauf und der Miete der Dienst- und Arbeitsvertrag[5] (§§ 611 ff.) sowie der Werk- (§§ 631 ff.) und der Geschäftsbesorgungsvertrag (§ 675).

Herauszustellen ist der <u>Darlehensvertrag</u>. Seine <u>gegenseitigen Hauptleistungspflichten</u> bestehen darin, dass sich nach § 488 Abs. 1 Satz 1 der Darlehensgeber dazu verpflichtet, dem Darlehensnehmer einen Geldbetrag in der geschuldeten Höhe zur Verfügung zu stellen und der Darlehensnehmer im Gegenzug nach § 488 Abs. 1 Satz 2 die Pflicht eingeht, <u>Zinsen zu zahlen</u>. Dass der Darlehensnehmer nach § 488 Abs. 1 Satz 2 a. E. den zur Verfügung gestellten Darlehensbetrag bei Fälligkeit zurückerstatten muss, steht dagegen nicht im Austauschverhältnis, denn man gewährt ein verzinsliches Darlehen nicht, um den zur Verfügung gestellten Geldbetrag später zurück zu erhalten, sondern um der Zinsen Willen[6].

Neben den zuvor skizzierten gegenseitigen bzw. <u>vollkommen</u> zweiseitig verpflichtenden Verträgen gibt es sog. <u>unvollkommen zweiseitig verpflichtende</u> Verträge, bei denen notwendig nur die Verpflichtung eines Teils entsteht, möglicherweise aber auch eine Verpflichtung des anderen Teils. Ein Beispiel dafür ist der <u>Auftragsvertrag</u>, der den Beauftragten nach § 662 notwendig zur <u>unentgeltlichen</u> Besorgung des Auftrags verpflichtet. Diese Pflicht charakterisiert den Auftragsvertrag. Mitunter wird aus dem Vertrag auch der Auftraggeber verpflichtet und zwar nach § 670 zur Erstattung von erforderlichen Aufwendungen. Dieser Anspruch auf Aufwendungsersatz entsteht aber nur, falls der Beauftragte solche Aufwendungen macht.

b. Nebenleistungspflichten

Über die für den jeweiligen Vertragstyp charakteristischen Hauptleistungspflichten hinaus regelt das Gesetz sog. Neben<u>leistungspflichten</u>. Sie stehen nicht im Austauschverhältnis und sind nicht für einen bestimmten Vertrag typisch. Zu denken ist vor allem an <u>unspezifische Rückerstattungs- oder Rückgabepflichten</u>, die nach Beendigung eines Vertragsverhältnisses entstehen. Insoweit haben wir bereits die Rückerstattungspflicht des § 488 Abs. 1 Satz 2 a. E. kennengelernt. Ein weiteres Beispiel für eine Neben-

---

[3] lat.: Ich gebe, damit du gibst.
[4] synallagmatisch (gr.) = gegenseitig
[5] Der <u>Arbeitsvertrag</u> stellt einen <u>Unterfall des Dienstvertrages</u> dar, bei welchem der Arbeitnehmer sich zur Erbringung unselbstständiger Arbeitsleistung in abhängiger Beschäftigung verpflichtet. Vgl. bereits S. 5 (Fn. 29)
[6] Palandt/Putzo, § 488 Rdnrn. 12 und 18

leistungspflicht gibt § 546. Nach dieser Vorschrift trifft den Mieter nach Beendigung des Mietverhältnisses die Pflicht zur Rückgabe der Mietsache[7]. Eine weitere Rückgabepflicht sieht § 604 Abs. 1 im Falle der Leihe (= unentgeltliche Gebrauchsüberlassung) vor.
Nebenleistungspflichten sind dadurch gekennzeichnet, dass man sie selbstständig einklagen kann.

c. Weitere Nebenpflichten

Die Einklagbarkeit unterscheidet die Nebenleistungspflichten von den Rücksichtnahme- und Sorgfaltspflichten, die eine dritte Gruppe von Pflichten bilden, und bisweilen unter dem Begriff der Schutzpflichten zusammengefasst werden[8]. Dazu gehört insbesondere die Pflicht, die Leistungshandlung sorgfältig und mit Rücksicht auf die Interessen und Rechtsgüter des anderen Teils vorzunehmen (vgl. § 241 Abs. 2). Die Schutzpflichten lassen sich - jedenfalls in aller Regel[9] - ex ante nicht einklagen. Deshalb werden sie im Gegensatz zu den Nebenleistungspflichten auch als unselbstständige Nebenpflichten etikettiert.

2. Haftungsansprüche

Im Falle der Verletzung von Pflichten sieht das Gesetz gewissermaßen auf sekundärer Ebene eine Haftung vor. Welche Haftungsnormen einschlägig sind, hängt davon ab, welche Pflicht verletzt wurde. Beginnen wir mit der Verletzung von Leistungspflichten, seien es Haupt- oder Nebenleistungspflichten.

a. Haftung wegen Verletzung von Leistungspflichten (§ 241 Abs. 1)

Wenn die primär geschuldeten Haupt- oder Nebenleistungen (§ 241 Abs. 1) überhaupt nicht, nicht wie geschuldet (= mangelhaft) oder nach Eintritt der Fälligkeit (= verzögert) erfüllt werden, bedeutet das eine Störung der Leistung, die sekundär eine Haftung - meist in Form eines Anspruchs auf Schadensersatz - nach sich ziehen kann. Diese Haftung ist grundsätzlich[10] in den §§ 280 ff. geregelt. So entsteht unter den Voraussetzungen der §§ 280 Abs. 1 und 3, 281, 283 ein Anspruch auf Schadensersatz statt der Leistung und nach den §§ 280 Abs. 2, 286 ein solcher auf Ersatz des Verzögerungsschadens. Diese Normen bezeichnet man als allgemeines Leistungsstörungsrecht[11].

---

[7] Aus Sicht des Gläubigers formuliert: Der Vermieter hat einen Nebenleistungsanspruch auf Rückgabe.

[8] so etwa die Einteilung bei Kallwass, Privatrecht, S. 122/123

[9] Ausnahmsweise kann Einklagbarkeit bestehen, wenn der Leistungsschuldner im Vorhinein erklärt, bestimmte Sorgfaltsanforderungen nicht zu beachten oder vergangene Sorgfaltspflichtverletzungen im Falle fortsetzender Leistungserbringung zukünftige Verstöße erwarten lassen.

[10] Freilich finden sich auch besondere Gewährleistungsrechte. Vgl. meine Fälle zum reformierten Schuldrecht, Fall 8 (zum Kaufrecht), Fall 9 (zum Mietrecht) sowie Fall 10 (zum Werkvertragsrecht)

[11] Beachte: Nach seiner systematischen Stellung im Allgemeinen Schuldrecht erfasst das allgemeine Leistungsstörungsrecht schuldrechtliche Ansprüche. Allerdings kann bei sachenrechtlichen Ansprüchen auf das Allgemeine Schuldrecht zurückgegriffen werden, soweit das

b. Haftung wegen Verletzung von Rücksichtnahme- und Sorgfaltspflichten (§ 241 Abs. 2)

Aus der Verletzung von (primären) Rücksichtnahme- und Sorgfaltspflichten resultiert ex post, d. h. im Nachhinein, eine (sekundäre) <u>Haftung auf Schadensersatz</u> (vgl. § 280 Abs. 1). Wer zum Beispiel bei Malerarbeiten rücksichtslos mit der Farbe umgeht und etwa die Teppiche des Vertragspartners beschmutzt, haftet nach den §§ 280 Abs.1, 241 Abs. 2 auf Schadensersatz <u>neben</u> der (im Übrigen „störungsfrei" erbrachten) Leistung[12].

II. Die wichtigsten Anspruchsgrundlagen

Zur Lösung eines Falles sind meist Ansprüche auf Haupt- oder Nebenleistungen zu prüfen oder Haftungsfragen zu klären. Folglich lautet die Frage oftmals, ob der Gläubiger berechtigt ist, von dem Schuldner eine Leistung - zum Beispiel Übereignung der Kaufsache - zu fordern (vgl. § 241 Abs. 1) oder ob er nach §§ 280 Abs. 1 und Abs. 3, 281 Schadensersatz statt der Leistung beanspruchen kann.

Es empfiehlt sich somit, die gängigen Anspruchsgrundlagen zu kennen, denn sie sind <u>Ausgangspunkt der Anspruchsprüfung</u>. <u>Anspruchsgrundlagen</u> sind Rechtssätze[13], die <u>als Rechtsfolge einen Anspruch gewähren</u>: <u>Wenn</u> bestimmte Voraussetzungen erfüllt sind (<u>Tatbestand</u>), <u>dann</u> besteht der betreffende Anspruch (<u>Rechtsfolge</u>). Bei der Suche nach einer geeigneten Anspruchsgrundlage ist also <u>von der begehrten Rechtsfolge auszugehen</u>. <u>Beispiel</u>: Der Verkäufer hat nach <u>§ 433 Abs. 2</u> dann einen Anspruch auf Kaufpreiszahlung, wenn ein wirksamer Kaufvertrag zustande gekommen ist. Neben den <u>Leistungs- und Schadensersatzansprüchen</u> spielen in Ausbildung und Praxis vor allem <u>Herausgabe- sowie Beseitigungs- und Unterlassungsansprüche</u> eine große Rolle.

Begeben wir uns also auf eine tour d'horizon[14], um die wichtigsten Anspruchsgrundlagen der ersten drei Bücher kennenzulernen.

1. Anspruchsgrundlagen des BGB AT

Im ersten Buch finden sich Anspruchsgrundlagen nur selten[15]. Herauszustellen sind allerdings der in § 122 normierte <u>Schadensersatzanspruch des Anfechtungsgegners</u> gegen den Anfechtenden sowie der <u>Schadensersatzanspruch des § 179 gegen den Vertreter ohne Vertretungsmacht</u>. Auf diese beiden bedeutenden Anspruchsnormen des Allgemei-

---

Sachenrecht keine speziellen Regelungen vorsieht. So finden sich im Sachenrecht in den §§ 989, 990 spezielle Anspruchsnormen. <u>Neben</u> der darin angeordneten <u>Haftung aus dem sog. Eigentümer-Besitzer-Verhältnis</u> bleibt eine <u>weitergehende Haftung</u> des unberechtigten Besitzers gegenüber dem Eigentümer <u>gemäß § 990 Abs. 2 wegen Verzugs</u> allerdings unberührt. <u>Insoweit</u> ist auf die §§ 280 Abs. 2, 286, 287 zurückzugreifen. Vgl. Erman/Hefermehl, § 990 Rdnr. 7

[12] vgl. Kallwass, Privatrecht, S. 123

[13] <u>Rechtssätze</u> weisen die für sie charakteristische „<u>Wenn-Dann-Struktur</u>" auf. Dazu auch unten, S. 40

[14] frz.: = Rundblick, Rundschau

[15] Dagegen sind <u>im AT häufig</u> Normen anzutreffen, die als <u>Rechtsfolge die Nichtigkeit</u> von Rechtsgeschäften anordnen (vgl. §§ 105, 125 Satz 1, 134, 138, 142 Abs. 1 etc.). Dazu bereits oben, S. 7

nen Teils wird bei der Anfechtung[16] bzw. dem Recht der Stellvertretung[17] detailliert zurückzukommen sein.

2. Anspruchsgrundlagen des Schuldrechts

Die meisten Anspruchsnormen enthält das Schuldrecht.

a. Schuldrecht AT

Im Allgemeinen Schuldrecht finden sich ganz überwiegend Anspruchsnormen, die Schadensersatz gewähren.

Die zentralen Haftungsnormen der §§ 280 ff. haben wir bereits kurz angesprochen. Hier ergänzend folgender Hinweis: Der im sog. Generaltatbestand des § 280 Abs. 1 (Schadensersatz wegen Pflichtverletzung) verwendete Begriff der Pflichtverletzung erfasst jegliches Zurückbleiben hinter dem Pflichtenprogramm des Schuldverhältnisses.
Er fasst die Haupt- und Nebenleistungspflichten mit den von den bisherigen Instituten der positiven Vertragsverletzung (p. V. V.) und der culpa in contrahendo (c. i. c.) erfassten Rücksichtnahme- und Sorgfaltspflichten zusammen[18].

b. Schuldrecht BT

Im Besonderen Schuldrecht haben vor allem Anspruchsnormen Aufnahme gefunden, die in ihrer Rechtsfolge auf schuldvertragliche Primärleistungen gerichtet sind. Solche Normen wurden bereits bei den Hauptleistungspflichten behandelt. Sie setzen den wirksamen Abschluss des jeweiligen Vertrages voraus.
Beispiel: Wenn ein Kaufvertrag wirksam zustande gekommen ist, dann ist der Verkäufer nach § 433 Abs. 1 verpflichtet, dem Käufer die Sache zu übergeben und das Eigentum an ihr zu verschaffen.

Hervorzuheben sind überdies einige wichtige Herausgabeansprüche des Besonderen Schuldrechts.

So ist der Beauftragte nach § 667 verpflichtet, dem Auftraggeber alles, was er zur Ausführung des Auftrags erhält und was er aus der Geschäftsbesorgung erlangt, herauszugeben.

Ferner ist nach § 812 Abs. 1 Satz 1, 1. Alt. derjenige, der durch die Leistung eines anderen etwas ohne rechtlichen Grund erlangt, dem Leistenden zur Herausgabe des Erlangten verpflichtet (sog. Leistungskondiktion).
Beispiel: Besitz und Eigentum an der gekauften Sache darf man behalten, vorausgesetzt der Kaufvertrag ist wirksam. Ist dagegen der Kaufvertrag unwirksam, weil man

---

[16] vgl. S. 224-226
[17] vgl. S. 265/266
[18] dazu ausführlich meine Fälle zum reformierten Schuldrecht, Fall 1 („Späte Schäden an Außenbordmotoren"), S. 5-7

beispielsweise mit einem geschäftsunfähigen Verkäufer abgeschlossen hat[19], hat der Käufer den Besitz[20] an der Sache rechtsgrundlos erlangt und ist nach § 812 Abs. 1 Satz 1, 1. Alt zur Herausgabe des Erlangten verpflichtet. Dieses Schuldverhältnis der ungerechtfertigten Bereicherung entsteht kraft Gesetzes und dient dazu, eine ohne Rechtsgrund erfolgte Vermögensverschiebung rückgängig zu machen.

Im Besonderen Schuldrecht ist schließlich die Haftung aus unerlaubter Handlung, die auch deliktische Haftung heißt, untergebracht. Die grundlegende deliktische Anspruchsnorm ist § 823 Abs. 1[21]. Danach hat man im Falle widerrechtlicher und schuldhafter Verletzung absolut, d. h. gegenüber jedermann geschützter Rechte und Rechtsgüter, wie Eigentum, Gesundheit oder Freiheit, Schadensersatz zu leisten. Wer zum Beispiel einen anderen auf dem Zebrastreifen fahrlässig (= schuldhaft) anfährt, haftet auf Ersatz des daraus entstehenden Schadens[22].

3. Anspruchsnormen des Sachenrechts

a. Der Herausgabeanspruch aus Eigentum (§ 985)

Das Anspruchsziel der Herausgabe kommt auch im Sachenrecht vor. Dort ist der wichtige Anspruch des Eigentümers gegen den unberechtigten Besitzer[23] auf Herausgabe der Sache geregelt[24]. Wie wir bereits im Kapitel 1 erfahren haben[25], ist das Eigentum ein Sachenrecht, das nach § 903 ein umfassendes Herrschaftsrecht einer Person über eine Sache - eine rechtliche Herrschaftsmacht also - gewährt. Dagegen versteht das BGB unter Besitz nur die tatsächliche Herrschaft (§ 854 Abs. 1). Erst der Besitz eröffnet dem Eigentümer indes die Möglichkeit, im Sinne des § 903 mit seiner Sache nach Belieben zu verfahren und andere von jeder Einwirkung auszuschließen. Die unberechtigte[26] Vorenthaltung des Besitzes durch einen anderen stellt eine Einwirkung auf das Eigentum im Sinne des § 903 dar, die der Eigentümer auszuschließen befugt ist. Also ist es konsequent, dass § 985 dem Eigentümer einen Herausgabeanspruch gibt. Wenn zum Beispiel der Mieter den Besitz an der Mietsache nach Ablauf des Mietvertrages dem Vermieter und Eigentümer vorenthält, so kann dieser nach § 985 vorgehen.
Solange die Mietzeit nicht abgelaufen ist, steht dem Mieter ein Recht zum Besitz zu, das ihm nach § 986 Abs. 1 erlaubt, die Herausgabe der Sache zu verweigern[27].

---

[19] Das führt dazu, dass die auf Abschluss des Kaufvertrages gerichtete Willenserklärung des Verkäufers nach § 105 Abs. 1 unwirksam ist. Damit entfällt der vertragliche Konsens. Vgl. dazu im Einzelnen unten, S. 135/136
[20] Nicht auch das Eigentum! Vgl. dazu ausführlich unten, S. 136
[21] Vorschrift bitte unbedingt nachlesen!
[22] dazu vor allem unten, S. 39 ff.
[23] sog. Eigentümer-Besitzer-Verhältnis als gesetzliches Schuldverhältnis, dazu Palandt/Bassenge, Rdnr. 1 vor § 987
[24] vgl. auch S. 215
[25] dazu S. 9/10
[26] dazu schon oben, S. 11
[27] zum Prüfungsaufbau: Schuldrechtliche Verträge, vor allem solche, die wie Miete, Pacht und Leihe auf Gebrauchsüberlassung gerichtet sind, kommen bei der Prüfung des § 985 somit erst im Rahmen des § 986 zur Sprache. Ein Recht zum Besitz gewähren darüber hinaus rechtsgeschäftlich bestellte Pfandrechte an beweglichen Sachen nach den §§ 1204 ff. sowie die

In dem gebildeten Fall besteht der sachenrechtliche Herausgabeanspruch nach § 985 übrigens neben dem schuldrechtlichen Anspruch des § 546 Abs. 1 auf Rückgabe der Mietsache. Man bezeichnet das als materielle[28] Anspruchskonkurrenz[29]. Diese macht vor allem insoweit einen Sinn, als der Herausgabeanspruch aus dem Eigentum nach § 197 Abs. 1 Nr. 1 erst in 30 Jahren verjährt, wogegen der Anspruch aus § 546 Abs. 1 der regelmäßigen Verjährungsfrist von drei Jahren (§ 195) unterliegt.

b. Der Beseitigungs- und Unterlassungsanspruch nach § 1004

Wenn das Eigentum in anderer Weise als durch Entziehung oder Vorenthaltung des Besitzes beeinträchtigt wird, kann der Eigentümer von dem Störer nach § 1004 Abs. 1 Satz 1 die Beseitigung der Beeinträchtigung verlangen. Darunter fallen vor allem Beeinträchtigungen infolge von Immissionen, aber auch tatsächliches Benutzen, wie unbefugtes Betreten eines Grundstücks oder Lagern beweglicher Sachen auf einem fremden Grundstück. Der Beseitigungsanspruch setzt eine in der Gegenwart fortdauernde Störung voraus, verlangt jedoch kein Verschulden.

Praktisch bedeutsamer ist der in Satz 2 des § 1004 Abs. 1 vorgesehene Unterlassungsanspruch. Dieser Anspruch ist ebenfalls verschuldensunabhängig konzipiert und setzt künftige Beeinträchtigungen voraus, auf deren Verhinderung er zielt. Hier bildet das Unterlassen den Inhalt der Leistung. Dass es eine solche „negative" Leistung gibt, stellen § 241 Abs. 1 Satz 2 und § 194 klar. Der Anspruch besteht, wenn „*weitere*[30] *Beeinträchtigungen zu besorgen sind*". Trotz dieses Wortlauts gewährt § 1004 Abs. 1 Satz 2 nach allgemeiner Meinung einen Unterlassungsanspruch aber nicht erst bei Wiederholungsgefahr, sondern bereits im Falle der erstmalig drohenden Rechtsverletzung (Erstbegehungsgefahr)[31]. Niemand soll zunächst eine Rechtsverletzung abwarten und hinnehmen müssen, sondern dieser schon vorbeugen können.

Überdies dehnt die Rechtsprechung § 1004, der seinem Wortlaut nach nur das Eigentum schützt, im Wege der Analogie[32] auf sämtliche absoluten Rechtsgüter und Rechte aus[33]. Analogie bedeutet, dass eine Rechtsnorm (hier § 1004), obwohl sie auf bestimmte Sachverhalte (nämlich Eigentumsbeeinträchtigungen) zugeschnitten ist, über ihren Wortlaut hinaus entsprechend auf vergleichbare Sachverhalte angewendet wird[34]. So wird § 1004 insbesondere auf (drohende) Beeinträchtigungen des Lebens, des Körpers, der Gesundheit, der Freiheit, des allgemeinen Persönlichkeitsrechts sowie gewerblicher Schutzrechte und Urheberrechte entsprechend angewendet[35]. Es wäre nämlich nicht

---

gesetzlichen Pfandrechte, wie etwa das des Werkunternehmers (vgl. § 647) oder das des Vermieters (vgl. §§ 562 bis 562 d). Vgl. Kallwass, Privatrecht, S. 313/314

[28] Freilich erhält der Eigentümer die Sache nur einmal zurück. Prozessual handelt es sich um einen Anspruch, der auf verschiedene Anspruchsgrundlagen des materiellen Rechts gestützt werden kann. Zum prozessualen Anspruchsbegriff sowie zur materiellen Anspruchskonkurrenz von § 823 Abs. 1 und § 280 Abs. 1, vgl. unten, S. 57/58 sowie S. 209

[29] Im Gutachten sind vertragliche Ansprüche wie § 546 vor gesetzlichen (hier § 985) zu prüfen.

[30] Hervorhebung durch Verf.

[31] Palandt/Bassenge, § 1004 Rdnr. 33 m.w.N.; Jauernig/Jauernig, § 1004 Rdnr. 11

[32] vgl. zu dieser sog. Gesamtanalogie ausführlich unten, S. 215

[33] dazu Erman/Hefermehl, § 1004, Rdnr. 4

[34] ausführlich zur Analogie noch unten, S. 212 ff.

[35] Zu nennen sind überdies das Jagd- und Jagdausübungsrecht sowie das Fischereirecht. Vgl. die Aufzählung in der Kommentierung von Palandt/Bassenge, § 1004 Rndr. 4

einzusehen, dass man Beseitigung und Unterlassung fordern kann, wenn bloß das Sacheigentum betroffen ist, nicht aber, wenn höherrangige Rechtsgüter, wie Gesundheit, Freiheit oder das allgemeine Persönlichkeitsrecht etc. bedroht sind. In diesen Fällen muss der Betroffene erst recht einen Beseitigungs- und Unterlassungsanspruch haben.

Um den materiellen Anspruch durchsetzen zu können, bedarf es eines vollstreckbaren Titels, d. h. hier eines Unterlassungsurteils oder in Eilfällen einer einstweiligen Verfügung. Darin wird im Falle der Zuwiderhandlung gegen das gerichtlich angeordnete Gebot, eine bestimmte Störung zu unterlassen, der Schuldner von dem Prozessgericht des ersten Rechtszuges zu Ordnungsgeld und für den Fall, dass dieses nicht beigetrieben werden kann, zu Ordnungshaft bis zu sechs Monaten verurteilt. Das einzelne Ordnungsgeld darf den Betrag von 250.000 Euro, die Ordnungshaft insgesamt zwei Jahre nicht übersteigen (vgl. § 890 ZPO).

Nach § 1004 ist der Beseitigungs- und der Unterlassungsanspruch ausgeschlossen, wenn der Eigentümer zur Duldung verpflichtet ist. Eine solche Duldungspflicht kann sich insbesondere aus den Vorschriften des Nachbarrechts nach den §§ 906 ff. ergeben[36].

Gemeinsam ist den sachenrechtlichen Ansprüchen der §§ 985 und 1004 ihre dienende Funktion. Sie dienen der Herstellung oder der Aufrechterhaltung des Zustandes, der dem geschützten Recht oder Rechtsgut entspricht. Da diese absoluten Schutz genießen, wirken die sachenrechtlichen Ansprüche der §§ 985 und 1004 gegenüber jedermann.

Bei dieser Skizze der wichtigsten Anspruchsnormen der ersten drei Bücher wollen wir es belassen. Sie bilden den Ausgangspunkt für die Lösung von Fällen und müssen deshalb zum festen Wissen werden.

III. Die Hilfsnormen

Das Bürgerliche Recht enthält aber auch etliche Normen, die keine Ansprüche gewähren. Gemeint sind vor allem Hilfsnormen, die entweder den Tatbestand oder die Rechtsfolge einer Anspruchsgrundlage näher bestimmen.

1. Hilfsnormen, die Tatbestandsmerkmale konkretisieren

Nehmen wir als Beispiel die Anspruchsnorm des § 823 Abs. 1: *"Wer vorsätzlich oder fahrlässig das Leben, den Körper, die Gesundheit ... eines anderen widerrechtlich verletzt, ..."* (Tatbestand bzw. Voraussetzungsseite) *„.... ist dem anderen zum Ersatz des daraus entstehenden Schadens verpflichtet"* (Rechtsfolgenseite).

Was die Begriffe Vorsatz oder Fahrlässigkeit bedeuten, besagt § 823 Abs. 1 nicht. Den Begriff des vorsätzlichen Verhaltens hat der Gesetzgeber schlicht als bekannt unterstellt. Vorsätzlich handelt derjenige, der mit Wissen und Wollen tätig wird. Obwohl jemand weiß, dass es sich um die Sache eines anderen handelt (kognitives Vorsatz-

---

[36] zu den Duldungspflichten im Einzelnen Palandt/Bassenge, § 1004 Rdnrn. 35 bis 41 m.w.N.

element), verletzt er das Eigentum eines anderen und will dies auch (voluntatives Element)[37].

Was unter Fahrlässigkeit zu verstehen ist, definiert der vor die Klammer gezogene § 276 Abs. 2. Danach handelt fahrlässig, wer die im Verkehr erforderliche Sorgfalt außer Acht lässt. Zwar hat § 276 Abs. 2 die für einen Rechtssatz charakteristische Struktur: Wenn man die im Verkehr erforderliche Sorgfalt außer Acht lässt (Tatbestand), dann handelt man fahrlässig (Rechtsfolge). Seine Rechtsfolge enthält aber keinen Anspruch, sondern den erläuterten Begriff der Fahrlässigkeit. § 276 Abs. 2 ist also keine Anspruchsgrundlage, sondern eine Hilfsnorm.

Ob jemand in concreto sorgfaltswidrig im Sinne des § 276 Abs. 2 handelt, können unter Berücksichtigung der im Einzelfall einschlägigen Verkehrsanschauungen letztlich nur die Gerichte entscheiden. Nicht selten lässt sich das erst nach Einholen eines Sachverständigengutachtens beurteilen; man denke nur an Sorgfaltspflichten bei medizinischen Eingriffen. Eine weitere Konkretisierung des Begriffs „sorgfaltswidrig" durch Hilfsnormen würde eine Aufzählung verschiedenster Sorgfaltsanforderungen mit sich bringen. Das können abstrakt formulierte Gesetze nicht leisten.

Hilfsnormen, die Tatbestandsmerkmale vertraglicher Ansprüche konkretisieren, finden sich vor allem im AT.

Ein wirksamer Vertragsschluss erfordert übereinstimmende Willenserklärungen (Angebot und Annahme[38]), mag es sich nun um einen Kauf-, Miet-, Arbeits- oder sonst einen Vertrag handeln. Die Wirksamkeitsvoraussetzungen von Angebot und Annahme (§§ 145 ff., § 130) sowie eine ganze Reihe von Nichtigkeitsgründen (§§ 105 Abs. 1 und 2, 117 Abs. 1, 142 Abs. 1 etc.) behandelt die Rechtsgeschäfts- und Vertragslehre des AT. Dort haben somit zahlreiche Hilfsnormen Aufnahme gefunden, die die Voraussetzungen vertraglicher Ansprüche betreffen.

2. Hilfsnormen zur Konkretisierung der Rechtsfolge

Auch die Konkretisierung und Ausgestaltung der Rechtsfolge geschieht oftmals mit Hilfe weiterer Normen.

Ein gutes Beispiel dafür gibt das allgemeine Schadensrecht. Als Rechtsfolge ordnet das BGB in § 823 Abs. 1 sowie in etlichen anderen Anspruchsnormen (z.B. §§ 280, 281, 283 etc.) die Pflicht zum Schadensersatz an. Bei erfülltem Tatbestand ist also die Frage nach dem „Ob" des Schadensersatzes zu bejahen.

Zum „Wie" und „Wieviel", also zu Art und Umfang des zu erbringenden Schadensersatzes, besagen die erwähnten Anspruchsgrundlagen dagegen nichts. Der Gesetzgeber hat diese Frage - systematisch konsequent - im Allgemeinen Schuldrecht (§§ 249 ff.)

---

[37] Für besonders Interessierte: Überdies muss im Bewusstsein der Widerrechtlichkeit gehandelt werden. Der Schaden braucht dagegen vom Vorsatz nicht umfasst zu sein, da er auf der Rechtsfolgenseite angesiedelt ist. Freilich gehört die Frage, ob ein Verletzungserfolg entstanden ist, zum Tatbestand der Anspruchsnorm. Auf ihn muss sich folglich der Vorsatz ebenfalls erstrecken. Vgl. dazu unten, S. 43; dazu ferner Medicus, Bürgerliches Recht, Rdnr. 815
[38] vgl. § 151 Satz 1, 1. Halbsatz sowie die §§ 145 ff.; dazu ausführlich Kapitel 12, S. 193 ff.

beantwortet. Nach § 249 Abs. 1 hat der Schadensersatzpflichtige grundsätzlich den Zustand herzustellen, der bestehen würde, wenn der zum Ersatz verpflichtende Umstand nicht eingetreten wäre (sog. Naturalrestitution). Allerdings wird in der Praxis in den allermeisten Fällen der Schaden der Art nach durch Zahlung von Geld ersetzt, da nach § 249 Abs. 2 Satz 1 der Gläubiger wegen Verletzung der Person oder wegen Beschädigung einer Sache statt der Herstellung den dazu erforderlichen Geldbetrag verlangen kann. Daher stellt die rechtstechnisch in § 249 Abs. 1 als Grundsatz konzipierte Naturalrestitution in der Praxis die Ausnahme dar. Die Zahlung von Geld nach § 249 Abs. 2 Satz 1 ist allerdings auch eine Form der Restitution[39], da sich ihre Höhe nach den Reparaturkosten[40], also nach dem Interesse an der Herstellung des unversehrten Zustandes, dem sog. Integritätsinteresse bemisst[41]. Dahinter steht der Gedanke, dass das Vermögen des Geschädigten grundsätzlich in seiner konkreten Zusammensetzung erhalten bleiben soll[42].

Der Ersatz des materiellen Schadens umfasst gemäß § 252[43] auch den entgangenen Gewinn.

In bestimmten Fällen sind nach § 253 auch immaterielle Einbußen durch die Zahlung von Schmerzensgeld zu ersetzen. Detaillierte Informationen zur Gewährung und Bemessung von Schmerzensgeld finden Sie in Kapitel 3[44].

Auch die Rechtsfolge des § 812 Abs. 1 (= Herausgabe des Erlangten) bedarf der Konkretisierung. Sie ist für die ungerechtfertigte Bereicherung speziell in § 818 erfolgt. § 818 Abs. 1 erstreckt die Verpflichtung zur Herausgabe des Erlangten auf die gezogenen Nutzungen (vgl. die Definition in § 100) sowie auf dasjenige, was der Empfänger auf Grund eines erlangten Rechtes oder als Ersatz für die Zerstörung, Beschädigung oder Entziehung des erlangten Gegenstandes (sog. Surrogate) erwirbt. Bei Unmöglichkeit der Herausgabe ist nach § 818 Abs. 2 Wertersatz zu leisten.
§ 818 Abs. 3 schließt die Pflicht zur Herausgabe des Erlangten und die Wertersatzpflicht des Abs. 2 aus, wenn der Empfänger nicht mehr bereichert ist (Einwand der Entreicherung).

---

[39] Diese Restitution nach § 249 Abs. 2 ist von den (nur) das sog. Wertinteresse gewährenden Ausnahmen des § 251 zu unterscheiden. Vgl. Palandt/Heinrichs, § 249 Rdnr. 7

[40] Wichtig: Übrigens verlangt § 249 Abs. 2 nicht, dass der Geschädigte die Herstellung, deren Kosten er fordert, wirklich vornehmen lässt. Demzufolge sind auch fiktive Reparaturkosten zu ersetzen. Dazu Palandt/Heinrichs, § 249 Rdnr. 14

[41] so ausdrücklich Medicus, Bürgerliches Recht, Rdnr. 818; sowie Palandt/Heinrichs, § 249 Rdnr. 4

[42] zu dem Schadensbegriff, demzufolge der Schaden nicht anhand des Integritätsinteresses, sondern an dem sog. Wert- bzw. Summeninteresse ausgerichtet wird, vgl. unten 3. Kapitel (Frage 9), S. 62 sowie Palandt/Heinrichs, § 251 Rdnr. 10 m.w.N

[43] vgl. unten, S. 60

[44] vgl. S. 48-51

IV. Gegennormen

Selbst wenn die Voraussetzungen einer Anspruchsgrundlage erfüllt sind, kann es sein, dass der Anspruch aufgrund von Gegennormen im Ergebnis doch nicht durchgreift. Man unterscheidet insoweit Einwendungen und Einreden.

1. Einwendungen

Einwendungen werden unterteilt in anspruchshindernde, die schon die Entstehung des Anspruchs verhindern, und anspruchsvernichtende, die einen zunächst entstandenen Anspruch nachträglich entfallen lassen.

a. Anspruchshindernde Einwendungen

Die meisten Nichtigkeitsgründe des BGB AT sind Einwendungen, welche die Anspruchsentstehung hindern. Bei Geschäftsunfähigkeit, im Falle eines Formmangels, bei Verstoß gegen ein Verbotsgesetz oder im Falle der Sittenwidrigkeit lässt es die Rechtsordnung schon nicht zu, dass überhaupt ein Anspruch entsteht (vgl. §§ 105, 125, 134 und 138[45]).

Ferner ist hier § 275 Abs. 1 zu nennen. Diese Norm erfasst nach dem seit 2002 reformierten Konzept des Unmöglichkeitsrechts auch die anfängliche, d. h. die schon vor oder bei Vertragsschluss bestehende subjektive und objektive Unmöglichkeit[46]. Geht also der Leistungsgegenstand zum Beispiel vor Vertragsschluss unter, so schließt § 275 Abs. 1 von Anfang an aus, dass aufgrund des geschlossenen Vertrages eine Pflicht zur Erbringung der anfänglich unmöglichen Leistung entsteht[47]. Insoweit regelt § 275 Abs. 1 eine anspruchs- bzw. rechtshindernde Einwendung.

Strittig ist dagegen die Zuordnung von § 142 Abs. 1. Nach dieser Norm führt die Anfechtung eines anfechtbaren Rechtsgeschäfts dazu, dass es als von Anfang an nichtig gilt. Angesichts dieser Rückwirkung nimmt die wohl überwiegende Ansicht hier eine rechtshindernde Einwendung an. Andererseits handelt es sich bei der Rückwirkung um eine Fiktion. So gesehen war das angefochtene Rechtsgeschäft bis zur Abgabe der erforderlichen Anfechtungserklärung (vgl. § 143) wirksam und waren die daraus resultierenden Ansprüche zunächst entstanden. Dieser Umstand lässt es vertretbar erscheinen, die Anfechtung als eine anspruchsvernichtende Einwendung zu begreifen.
Unabhängig von dieser Einordnung trägt jedenfalls der Anfechtende für die Tatsachen, die § 142 Abs. 1 voraussetzt, d. h. für das Vorliegen von Anfechtungserklärung und Anfechtungsgrund[48], die prozessuale Darlegungs- und Beweislast[49].

---

[45] Bitte lesen Sie diese Normen schon jetzt nach!
[46] Medicus, Grundwissen, Rdnr. 134
[47] dazu meine Fälle zum reformierten Schuldrecht, Fall 3 („Die spontane Examensfeier"), S. 35
[48] zu den verschiedenen Anfechtungsgründen siehe Kapitel 14, S. 220 ff.
[49] dazu sogleich, S. 33/34

b. Anspruchsvernichtende Einwendungen

Eine Einwendung, die den entstandenen Anspruch vernichtet, ist beispielsweise die Erfüllung. Wenn die geschuldete Leistung bewirkt wird, erlischt nach § 362 Abs. 1 *„das Schuldverhältnis".* Gemeint ist damit das sog. Schuldverhältnis im engeren Sinne, d. h. der einzelne schuldrechtliche Anspruch, der aufgrund eines Vertrages (= Schuldverhältnis im weiteren Sinne) entstanden war.

Ein weiteres Beispiel für eine den Anspruch vernichtende Einwendung liefert § 275 Abs. 1, wenn nachträglich, d. h. nach Vertragsschluss die Leistung für den Schuldner (subjektiv) oder für jedermann (objektiv) unmöglich wird. Dazu folgendes Beispiel: Der zu einer Bringschuld verpflichtete Verkäufer begibt sich zum Käufer und bietet diesem die Kaufsache an. Der Käufer verweigert ohne triftigen Grund die Annahme. Auf der Rückfahrt wird die verkaufte Sache zerstört[50]. Oder nehmen Sie den Fall, dass der Entleiher einer Sache die Rückgabepflicht des § 604 nicht mehr erfüllen kann, weil nach deren Fälligkeit die entliehene Sache vernichtet wurde[51]. In diesen Fällen ist die zunächst entstandene Pflicht nachträglich gemäß § 275 Abs. 1 ausgeschlossen.

2. Einreden

Unter Einrede versteht man ein Gegenrecht, das die Durchsetzbarkeit des betroffenen Anspruchs dauernd oder vorübergehend hindert oder abschwächt. Der Anspruch besteht trotz der Einrede fort, allerdings ist er einredebehaftet.

Herauszustellen ist hier ein grundsätzlicher Unterschied zu den zuvor behandelten Einwendungen: Während Einwendungen von Amts wegen zu berücksichtigen sind, müssen Einreden erhoben werden. Man muss sich also auf die Einrede als solche berufen. Im Rechtsstreit bedeutet dies, dass der Schuldner nicht nur die Tatsachen vorzutragen hat, die sein Gegenrecht begründen, sondern die Einrede entweder im Prozess als solche erheben muss oder eine schon außerprozessual erhobene Einrede durch entsprechenden Prozessvortrag zur Kenntnis des Gerichts zu bringen hat.

a. Die Einrede der Verjährung (§ 214 Abs. 1)

Die in der Praxis wohl wichtigste Einrede ist die der Verjährung. Sie hindert dauerhaft die Durchsetzung des Anspruchs. § 214 Abs. 1 formuliert dazu, dass der Schuldner nach Eintritt der Verjährung, also nach Ablauf der Verjährungsfrist, berechtigt ist, die Leistung zu verweigern, er also ein Leistungsverweigerungsrecht hat.

Gemäß § 194 Abs. 1 unterliegen ausschließlich Ansprüche der Verjährung. Das gilt aufgrund der systematischen Stellung der Regelung im 1. Buch für schuld-, sachen-, familien- und erbrechtliche Ansprüche gleichermaßen. Der schuldrechtliche Anspruch des Verkäufers gegen den Käufer auf Zahlung des Kaufpreises nach § 433 Abs. 2 ver-

---

[50] zu einem Fall, in dem eine Gattungsschuld nach Konkretisierung auf die angebotene Kaufsache gemäß § 243 Abs. 2 nachträglich unmöglich wird, vgl. meine Fälle zum reformierten Schuldrecht, Fall 5 („Die verkorkste Weinlieferung"), S. 71; dazu ferner Medicus, Grundwissen, Rdnr. 136

[51] dazu meine Fälle zum reformierten Schuldrecht, Fall 4 („Marksburg in Flammen"), S. 50

jährt zum Beispiel in der regelmäßigen Verjährungsfrist des § 195 von drei Jahren. Der sachenrechtliche Herausgabeanspruch des Eigentümers nach § 985 verjährt erst in 30 Jahren (vgl. § 197 Abs. 1 Nr. 1). Der familienrechtliche Anspruch des geschiedenen Ehegatten auf nacheheliche Unterhalt (vgl. §§ 1569 ff.) unterliegt mangels spezieller Fristen wiederum der dreijährigen Regelverjährungsfrist des § 195. Gleiches gilt beispielsweise für den erbrechtlichen Anspruch des Vermächtnisnehmers (vgl. § 2174). Wenn Ansprüche verjährt sind, *„bleibt von den Anspruchswirkungen fast nichts mehr übrig"*[52] (dauerhaftes Leistungsverweigerungsrecht!) es sei denn, es bestehen Sicherheiten (vgl. § 216).

Da nur Ansprüche verjähren, kann insbesondere das Eigentum als solches nicht verjähren, mag auch der sich aus ihm ergebende Herausgabeanspruch des § 985 verjährt sein. Dass der Eigentümer nach Ablauf der 30-jährigen Verjährungsfrist den Anspruch auf Herausgabe gegen den unberechtigten Besitzer nicht mehr durchzusetzen vermag, ändert nichts an dem Fortbestand des Eigentumsrechts.

Ebenso wenig verjähren die sog. Gestaltungsrechte, wie beispielsweise das Rücktritts- oder Anfechtungsrecht. Allerdings kann ihre Ausübung nach einer bestimmten Zeit unwirksam (vgl. § 218) oder verfristet (vgl. §§ 121, 124) sein.

Wie eingangs herausgestellt, müssen Einreden erhoben werden. Es steht dem Schuldner folglich frei, die Einrede nicht zu erheben und den zwar verjährten, aber bestehenden Anspruch doch noch zu erfüllen. Dafür können gute Gründe bestehen. So wäre es für die reibungslose Fortführung einer langjährigen guten Geschäftsbeziehung abträglich, sich auf Verjährung zu berufen.

Wenn der Schuldner in Unkenntnis der Verjährung leistet, kann das Geleistete (dennoch) nicht zurückgefordert werden (vgl. §§ 214 Abs. 2 Satz 1, 813 Abs. 1 Satz 2).

b. Die Einrede der Stundung (vgl. § 205)

Anders als die dauerhaft wirkende Verjährung hindert die Stundung die Durchsetzbarkeit des Anspruchs nur vorübergehend. Das Gesetz verwendet den Begriff Stundung zwar nicht, setzt ihn aber in § 205 voraus. Unter Stundung versteht man die vertragliche Abrede, die Leistung solle trotz Fälligkeit erst zu einem späteren Zeitpunkt verlangt werden können[53]. Ein einseitiges Stundungsangebot genügt nicht. Allerdings kann die Stundungsvereinbarung stillschweigend, oder besser konkludent, getroffen werden. Sie kann zum Beispiel darin liegen, dass der Gläubiger dem Schuldner nachträglich, d. h. nach Eintritt der Fälligkeit oder im Hinblick auf den bevorstehenden Eintritt der Fälligkeit, einen Aufschub gewährt. Man nennt das ein pactum de non petendo (= Stillhalteabkommen), in dem sich der Gläubiger dahingehend verpflichtet, mit der Geltendmachung seiner an sich fälligen Forderung zu warten[54].

Wie bei der Verjährungseinrede gilt auch hier, dass der Schuldner die Stundungseinrede erheben muss.

---

[52] so die treffende Formulierung bei Medicus, Bürgerliches Recht, Rdnr. 734
[53] Beachte: Eine solche Vereinbarung wird aber oftmals nicht nur die Einräumung eines Gegenrechts bedeuten, sondern mit einem Hinausschieben des Fälligkeitszeitpunkts verbunden sein. Larenz, AT, § 14 III. b. (S. 245)
[54] Palandt/Heinrichs, § 205 Rdnr. 2

c. Das die Durchsetzung abschwächende Zurückbehaltungsrecht (§ 273)

Eine die Durchsetzung des Anspruchs abschwächende Einrede ist das Zurückbehaltungsrecht im Sinne des § 273. Es hindert weder dauerhaft noch zeitweilig die Durchsetzung des Anspruchs, sondern hat nach § 274 Abs. 1 nur die Wirkung, dass der Schuldner zur Leistung gegen Empfang der ihm gebührenden Leistung, also zur Erfüllung Zug um Zug, zu verurteilen ist. § 273 Abs. 1 Satz 1 setzt voraus, dass der Schuldner aus *„demselben rechtlichen Verhältnis"* (Konnexität), auf dem die Verpflichtung beruht, seinerseits einen fälligen Anspruch gegen den Gläubiger hat. Dieses Konnexitätserfordernis wird schon dann bejaht, wenn ein einheitlicher, d. h. innerlich zusammenhängender Lebenssachverhalt zugrunde liegt. Dazu genügt es zum Beispiel, dass die wechselseitigen Ansprüche aus einer laufenden Geschäftsverbindung hervorgegangen sind, mögen sie auch aus verschiedenen Verträgen resultieren[55]. Zweck des Zurückbehaltungsrechts ist es, den (Gegen-)Anspruch des Schuldners zu sichern. Deswegen kann der Gläubiger nach § 273 Abs. 3 Satz 1 die Ausübung des Zurückbehaltungsrechts durch Sicherheitsleistung abwenden.

Darüber hinaus kann nach Treu und Glauben (§ 242) das Zurückbehaltungsrecht ausgeschlossen sein, wenn der Schuldner für seinen Gegenanspruch über ausreichende Sicherheiten verfügt oder wenn er beispielsweise wegen einer unverhältnismäßig geringen Forderung die gesamte Leistung zurückbehalten will[56].

d. Die Einrede des nicht erfüllten Vertrages (§ 320)

Herauszustellen ist schließlich die Einrede des nichterfüllten Vertrages nach § 320. Sie ist ein besonders ausgestalteter Fall des allgemeinen Zurückbehaltungsrechts des § 273. Nach § 320 kann bei gegenseitig verpflichtenden Verträgen der Schuldner die von ihm zu erbringende Leistung bis zur Bewirkung der Gegenleistung verweigern. Die Einrede des nicht erfüllten Vertrages kann also nur erhoben werden, wenn sich Ansprüche auf Leistung und Gegenleistung aus demselben gegenseitigen Vertrag gegenüberstehen. Diese Situation besteht nur bei den vertraglichen Hauptpflichten von Austauschverträgen. Zum Beispiel darf der Käufer die Kaufpreiszahlung bis zur Übereignung des Kaufgegenstandes verweigern, es sei denn, er ist ausnahmsweise vorleistungspflichtig[57]. Erhebt der Schuldner die Einrede des § 320, so hat dies nach § 322 nur die Wirkung, dass er zur Leistung Zug um Zug gegen den Empfang der Gegenleistung verurteilt wird. Die Einrede des nicht erfüllten Vertrages verfolgt einen doppelten Zweck: Erstens sichert sie wie das allgemeine Zurückbehaltungsrecht den Anspruch des Schuldners. Überdies soll sie Druck ausüben, dass die gegenseitigen Verpflichtungen alsbald erfüllt werden. Aufgrund dieser zweifachen Zielsetzung kann man die Einrede des § 320 anders als das allgemeine Zurückbehaltungsrecht des § 273 nicht durch Sicherheitsleistung abwenden (vgl. § 320 Abs. 1 Satz 3).

---

[55] Palandt/Heinrichs, § 273 Rdnrn. 9 und 10
[56] Palandt/Heinrichs, § 273 Rdnr. 18 m.w.N.
[57] Solche Vorleistungspflichten kann man aufgrund entsprechender vertraglicher Vereinbarungen übernehmen. Bei einigen Vertragsarten legt schon das Gesetz Vorleistungspflichten fest, so etwa für den Dienstverpflichteten (vgl. § 614) oder für den Verwahrer (vgl. § 699). Auch der Werkunternehmer ist vorleistungspflichtig (vgl. § 644).

V. Die Prüfung des Anspruchs

Auszugehen ist bei der Anspruchsprüfung von dem Anspruchsziel, also der jeweils begehrten Rechtsfolge. Im Vorhergehenden haben wir wichtige Rechtsfolgen wie Schadensersatz, Herausgabe, Beseitigung und Unterlassung kennengelernt. Zur Prüfung der einschlägigen Anspruchsgrundlagen sind deren Tatbestandsmerkmale „abzuarbeiten". Das erleichtern, wie zuvor dargelegt, oftmals Hilfsnormen, die diese Tatbestandsmerkmale präzisieren. Bei der Anspruchsprüfung stehen folglich die Anspruchsgrundlagen mit den zugehörigen Hilfsnormen an erster Stelle[58].

Erst danach gelangt man zur Prüfung der Gegennormen, die den Anspruch in seiner Entstehung hindern, ihn vernichten (Einwendungen) oder seine Durchsetzbarkeit beeinträchtigen (Einreden).

1. Der Anspruchsaufbau des materiellen Rechts

Der Anspruchsaufbau orientiert sich an der dargelegten Einteilung in Anspruchs- und Gegennormen:

Erstens prüft man unter Heranziehen einschlägiger Hilfsnormen, ob die Voraussetzungen der Anspruchsnorm (positiv) erfüllt sind.
Danach stellt sich, falls der Sachverhalt dazu Anlass gibt, die Frage, ob der Anspruch ausnahmsweise - zum Beispiel aufgrund rechtshindernder Einwendungen, wie der Geschäftsunfähigkeit nach § 105 Abs. 1 oder der Formnichtigkeit nach § 125 Satz 1, - (negativ) in seiner Entstehung gehindert ist.
Zweitens hat man bei entsprechenden Anhaltspunkten zu klären, ob der entstandene Anspruch aufgrund rechtsvernichtender Einwendungen, wie zum Beispiel der Erfüllung (§ 362 Abs. 1) oder Aufrechnung (vgl. §§ 387, 389), untergegangen ist.
Drittens darf der Anspruch nicht einredebehaftet sein. Anderenfalls ist seine Durchsetzbarkeit dauerhaft oder vorübergehend gehindert oder abgeschwächt.

Dementsprechend hat sich folgendes dreistufige Prüfungsschema eingebürgert:

1. Anspruch entstanden?
2. Anspruch untergegangen?
3. Anspruch durchsetzbar?

Der Anspruchsaufbau soll an folgendem Sachverhalt veranschaulicht werden:

Fall 1: „Grundbegriffe des BGB"

Ausgangssachverhalt:
V trägt wahrheitsgemäß vor, das gelesene Exemplar der „Grundbegriffe des BGB" von H. P. Westermann in der 13. Auflage für 20 Euro an B verkauft zu haben und verlangt Zahlung des Kaufpreises. Zu Recht?

---

[58] Medicus, Bürgerliches Recht, Rdnr. 735

1. Variante:
B erwidert, dass ein Kaufvertrag überhaupt nicht zustande gekommen sei, da er, was stimmt, das von V unterbreitete <u>Angebot</u> wegen des zu hohen Preises <u>nicht angenommen</u> habe.

2. Variante:
B erklärt, man habe zwar die auf einen Vertragsschluss gerichteten Erklärungen abgegeben, aber er leide an einer schweren <u>Geisteskrankheit</u> und sei <u>geschäftsunfähig</u>.

3. Variante:
Zwar habe man sich wirksam kaufvertraglich verpflichtet. Aber er habe - so B diesmal - den <u>Kaufpreis schon</u> längst <u>bezahlt</u>.

4. Variante:
B räumt ein, dass der Kaufvertrag wirksam und die Zahlung noch nicht erfolgt sei. Man habe den <u>Vertrag</u> aber bereits <u>vor mehr als fünf Jahren geschlossen</u>. Er erhebe deshalb die <u>Einrede der Verjährung</u>.

Vorab einige kurze Bemerkungen zur <u>Gutachtentechnik</u>[59]:

Für die Erstellung eines Rechtsgutachtens hat man <u>von der Fallfrage auszugehen</u>. Ist <u>allgemein nach der Rechtslage</u> gefragt, so bildet man Zweipersonenverhältnisse und prüft, **wer von wem woraus** (aufgrund welcher Anspruchsgrundlage) **was** (Übertragung des Eigentums? Schadensersatz? etc.) verlangen kann.
Sodann ist der begehrte Anspruch als <u>das hypothetische Ergebnis im Konjunktiv</u> in einem <u>Obersatz voranzustellen</u>.

Im Hinblick auf unseren <u>Fall 1</u> lautet die Fallfrage: Kann V von B aus § 433 Abs. 2 Kaufpreiszahlung verlangen? <u>Das ergibt folgenden Obersatz</u>:
„V könnte gegen B nach § 433 Abs. 2 einen Anspruch auf Zahlung des Kaufpreises haben."

Unter diesen Obersatz hat man den als feststehend vorgegebenen Sachverhalt zu ordnen, d. h. es ist zu prüfen, ob der konkrete Sachverhalt die abstrakten Anspruchsvoraussetzungen erfüllt. Diesen Vorgang bezeichnet man als <u>Subsumtion</u>. Wenn die Voraussetzungen zu bejahen sind, so besteht der Anspruch, hier auf Kaufpreiszahlung nach § 433 Abs. 2, anderenfalls ist er zu verneinen.

Lösungsvorschlag zu Fall 1

Lösung zum Ausgangssachverhalt:
V könnte gegen B nach § 433 Abs. 2 einen Anspruch auf Zahlung des Kaufpreises haben.

---

[59] vgl. dazu die umfassenden Vorbemerkungen zu Fall 6 („Geldsorgen eines Jurastudenten") in meinen Fällen zum reformierten Schuldrecht, S. 81-83

Dazu müsste zwischen V und B ein <u>wirksamer Kaufvertrag</u> zustande gekommen sein (= Voraussetzungen der Anspruchsnorm). V hat vorgetragen, dass mit B ein Kaufvertrag geschlossen wurde. B hat keinerlei Gegenrechte geltend gemacht. Somit hat V gegen B einen Anspruch auf Zahlung.

Lösung der 1. Variante:
Hier erscheint fraglich, ob ein wirksamer Kaufvertrag zustande gekommen ist. B hat wahrheitsgemäß die Annahme des Angebots bestritten. Ein <u>kaufvertraglicher Konsens</u> im Sinne von § 433 liegt folglich nicht vor.
Somit sind <u>schon die Entstehungsvoraussetzungen</u> des Anspruchs auf Kaufpreiszahlung <u>nicht erfüllt</u>. V kann von B keine Zahlung verlangen.

Lösung der 2. Variante:
Hier liegen zwar die auf einen Kaufvertrag gerichteten Erklärungen vor. Allerdings könnte die Annahmeerklärung des B nach § 105 Abs. 1 unwirksam sein (<u>rechtshindernde Einwendung</u>). B leidet nach seinem unbestrittenen Vortrag an einer schweren Geisteskrankheit. Die daraus resultierende <u>Geschäftsunfähigkeit hindert</u> folglich eine wirksame Annahme und mithin den <u>wirksamen Vertragsschluss</u>. Ein <u>Anspruch</u> des V gegen B auf Kaufpreiszahlung ist <u>nicht entstanden</u>.

Lösung der 3. Variante:
Diesmal ist zwar der Anspruch auf Zahlung des Kaufpreises nach § 433 Abs. 2 aufgrund eines wirksam geschlossenen Kaufvertrages zunächst entstanden. Allerdings könnte der <u>Anspruch nach § 362 Abs. 1 erloschen</u> sein. B hat die geschuldete Leistung bereits bewirkt. Damit sind die Voraussetzungen der Erfüllung (<u>rechtsvernichtende Einwendung</u>) hier gegeben. Ein <u>Anspruch des V besteht nicht (mehr)</u>.

Lösung der 4. Variante:
Aufgrund des Zeitablaufs könnte der Zahlungsanspruch nach §§ 194 Abs. 1, 195 verjährt sein. Laut Sachverhalt sind mehr als fünf Jahre seit Vertragsschluss vergangen. Damit ist die regelmäßige Verjährungsfrist, die nach § 195 drei Jahre beträgt, abgelaufen. B steht folglich das <u>Leistungsverweigerungsrecht der Verjährung</u> nach § 214 Abs. 1 (Einrede) zu. Auf dieses Gegenrecht hat er sich auch berufen, also die <u>Einrede erhoben</u>.
Der <u>Anspruch</u> nach § 433 Abs. 2 <u>besteht zwar fort, ist aber einredebehaftet</u> und infolgedessen <u>auf Dauer nicht mehr durchsetzbar</u>.

<u>Bitte beachten Sie</u>: <u>Gegennormen</u>, wie hier §§ 105 Abs. 1, 362 Abs.1 und § 214 Abs. 1, sind <u>nur zu prüfen</u>, wenn der zu beurteilende <u>konkrete Sachverhalt insoweit Probleme erkennen lässt</u>. Man hüte sich davor, sämtliche Gegenrechte stets blindlings abzuarbeiten.

2. Beweislastverteilung im Prozess

Nach der allgemeinen Beweisregel hat im Prozess grundsätzlich jeder die Tatsachen vorzutragen und im Bestreitensfalle zu beweisen, die die Voraussetzungen einer ihm günstigen Norm erfüllen[60].

Der Anspruchsteller/Kläger hat bei der Leistungsklage im Bestreitensfalle die Tatsachen zu beweisen, die nach der Anspruchsnorm für die Entstehung des Anspruchs notwendig sind. Den Anspruchsgegner/Beklagten trifft dagegen die Beweislast für solche Tatsachen, die nach der jeweils in Betracht kommenden Gegennorm ausnahmsweise die Entstehung des Anspruchs hindern oder dem Fortbestand oder der Durchsetzung des Anspruchs entgegenstehen. Kurz gesagt:
Bei der Leistungsklage muss der Kläger die Voraussetzungen der Anspruchsgrundlage darlegen und beweisen. Der Beklagte hat die den Gegennormen (Einwendungen und Einreden) zugrunde liegenden Tatsachen vorzutragen und zu beweisen.

Diese in der Praxis äußerst wichtige Verteilung der prozessualen Darlegungs- und Beweislast zwischen dem Kläger (Anspruchsteller) und dem Beklagten (Anspruchsgegner) orientiert sich somit an dem aus dem materiellen Recht entwickelten Prüfungsschema.

Stellen wir also die Frage: Wer müsste was beweisen, wenn in unserem Fall 1 „Grundbegriffe des BGB" die jeweils entscheidenden Tatsachen nicht feststehen, sondern bestritten werden?

In der 1. Variante wäre dann der kaufvertraglichen Konsens streitig.
Dieser stellt nach der Anspruchsgrundlage des § 433 Abs. 2 den für den Kläger günstigen Tatbestand der Anspruchsentstehung dar. Folglich muss nicht B (negativ) Tatsachen beweisen, denen zufolge ein Vertrag nicht zustande gekommen ist, sondern V als Anspruchsteller und Kläger muss (positiv) Tatsachen beweisen, die den Vertragsschluss begründen.

In der 2. Variante würde man über das Vorliegen der von B behaupteten dauerhaften, die freie Willensbestimmung ausschließenden Geisteskrankheit als Voraussetzung für die Geschäftsunfähigkeit (vgl. § 104 Nr. 2) streiten.
B beruft sich auf die rechtshindernde Einwendung der Geschäftsunfähigkeit, die nach § 105 Abs.1 zur Nichtigkeit führt[61]. Folglich muss B die Tatsachen nachweisen, die dem § 104 Nr. 2 zugrunde liegen. Dazu wird er in aller Regel bei Gericht die Einholung eines fachärztlichen Sachverständigengutachtens beantragen.

---

[60] zu Fällen der Beweislastumkehr sowie zu den Begriffen der Vermutung und der Fiktion vgl. unten, S. 57
[61] Beachte: Das Gesetz geht von voller Geschäftsfähigkeit als Regelfall aus. Wer sich auf die Ausnahmen der Geschäftsunfähigkeit oder der beschränkten Geschäftsfähigkeit beruft, muss diese folglich im Streitfall vor Gericht beweisen. Dass kann - anders als hier - nicht nur der Geschäftsunfähige sein, sondern durchaus auch sein Vertragspartner. Wenn zum Beispiel der Kaufvertrag für den Verkäufer ungünstig ist, wird der Käufer den Kaufpreis bezahlen und auf Übertragung des Kaufgegenstandes bestehen. In dieser Situation kann es vorkommen, dass sich der Verkäufer auf eine (etwaige) Geschäftsunfähigkeit des Gegners (Käufers) beruft. Dann müsste er - als Anspruchsgegner/Beklagter - diese jetzt als für ihn günstige Tatsache unter Beweis stellen. So ausdrücklich der Hinweis bei Peters, AT, S. 65 sowie Schapp, Grundlagen, Rdnr. 409

Zur <u>3. Variante</u>:
Die <u>Tatsache der Kaufpreiszahlung</u> ist Voraussetzung der für B günstigen <u>rechtsvernichtenden Einwendung der Erfüllung</u> nach § 362 Abs. 1. Sie <u>muss im Bestreitensfalle</u> somit <u>von B bewiesen werden</u>. Das kann etwa durch Vorlage von Urkunden (z.B. Quittung (§ 368)) oder im Wege der Zeugeneinvernahme geschehen.

Zur <u>4. Variante</u>:
Das <u>Verstreichen der</u> regelmäßigen <u>Verjährungsfrist des § 195</u> von drei Jahren ist <u>für B günstig</u> und folglich von ihm unter Beweis zu stellen.

Fragen zu Kapitel 2

1. Was versteht man unter einem Anspruch?

2. Welche Vorschrift erklärt den Begriff der schuldrechtlichen Forderung?

3. Was ist ein Rechtssatz und woran erkennt man eine Anspruchsgrundlage?

4. Was sind Hilfsnormen und wozu dienen sie?

5. Welche wichtigen Ansprüche aus dem Eigentum kennen Sie?

6. Welche drei Arten von Gegenrechten gibt es?

7. Was versteht man unter Stundung?

8. Welche beiden Zwecke verfolgt die Einrede des nicht erfüllten Vertrages?

9. Was muss man tun, um die Einrede in einem Rechtsstreit geltend zu machen?

10. Was versteht man unter Anspruchsaufbau und wie ist die Beweislast grundsätzlich verteilt?

Antworten (Kapitel 2)

zu Frage 1:
<u>Die Legaldefinition des Anspruchs findet sich in § 194 Abs 1</u>.
Danach unterliegt das Recht, von einem anderen ein Tun oder Unterlassen zu verlangen (Anspruch), der Verjährung.

zu Frage 2:

Nach § 241 Abs. 1 ist der Gläubiger berechtigt, kraft des Schuldverhältnisses von dem Schuldner eine Leistung zu fordern.
Dieses Forderungsrecht des Gläubigers bezeichnet den schuldrechtlichen Anspruch.

zu Frage 3:

Ein Rechtssatz hat eine sog. „Wenn-Dann-Struktur". Er hat also eine Voraussetzungs- und eine Rechtsfolgenseite: Wenn bestimmte Tatbestandsvoraussetzungen erfüllt sind, dann ergibt sich die angeordnete Rechtsfolge.
Rechtssätze, die als Rechtsfolge einen Anspruch gewähren, bezeichnet man als Anspruchsgrundlagen. Nehmen wir zum Beispiel § 823 Abs. 1: Wenn jemand vorsätzlich oder fahrlässig das Eigentum eines anderen widerrechtlich verletzt, dann ist er dem anderen zum Ersatz des daraus entstehenden Schadens verpflichtet.

zu Frage 4:

Hilfsnormen dienen in erster Linie dazu, entweder den Tatbestand oder die Rechtsfolge einer Anspruchsgrundlage zu konkretisieren.
Beispielsweise erklärt die Hilfsnorm des § 276 Abs. 2, was man unter Fahrlässigkeit zu verstehen hat: Wenn jemand die im Verkehr erforderliche Sorgfalt außer Acht lässt, dann handelt er fahrlässig. Sie konkretisiert damit ein Tatbestandsmerkmal, das zum Beispiel der Schadensersatzanspruch nach § 823 Abs. 1 voraussetzt.
Dagegen konkretisieren die §§ 249 ff. Art und Umfang der sehr häufigen Rechtsfolge „Schadensersatz".

zu Frage 5:

Ansprüche aus dem Eigentum sind im Sachenrecht geregelt, da Eigentum nur an Sachen bestehen kann. Hervorzuheben ist der wichtige Anspruch des Eigentümers gegen den unberechtigten Besitzer auf Herausgabe der Sache nach § 985. Überdies sieht das BGB in § 1004 einen Beseitigungs- und Unterlassungsanspruch vor. Danach kann der Eigentümer von dem Störer die Beseitigung der Beeinträchtigung verlangen, wenn das Eigentum in anderer Weise als durch Entziehung oder Vorenthaltung des Besitzes beeinträchtigt wird. Unter den Voraussetzungen des § 1004 Abs. 1 Satz 2 kann die Unterlassung drohender *„weiterer Beeinträchtigungen"* beansprucht werden. Dieser Unterlassungsanspruch entsteht nach allgemeiner Ansicht trotz des Wortlauts des § 1004 Abs. 1 Satz 2 auch im Falle einer erstmalig drohenden Beeinträchtigung.

zu Frage 6:

Erstens gibt es Gegennormen, die Einwendungen enthalten, welche schon die Entstehung des Anspruchs verhindern. Solche anspruchshindernden Einwendungen sind zum Beispiel die Geschäftsunfähigkeit (vgl. §§ 104, 105 Abs. 1) oder die Sittenwidrigkeit (vgl. § 138).
Davon zu unterscheiden sind anspruchsvernichtende Einwendungen, die, wie etwa die Erfüllung nach § 362 Abs. 1, einen zunächst entstandenen Anspruch nachträglich entfallen lassen.

Beide Arten von Einwendungen hat das Gericht von Amts wegen zu berücksichtigen.

Die dritte Gruppe von Gegenrechten bilden die Einreden. Sie können der Durchsetzbarkeit des Anspruchs entgegengehalten werden, lassen aber den Anspruch als solchen bestehen. So besteht zwar der verjährte Anspruch fort, kann aber auf Dauer nicht mehr durchgesetzt werden, wenn der Schuldner die Einrede der Verjährung erhebt. Diese begründet gemäß § 214 Abs. 1 ein dauerhaftes Leistungsverweigerungsrecht.

zu Frage 7:

Die Stundung ist in § 205 zwar nicht ausdrücklich als solche bezeichnet, aber vorausgesetzt. Unter Stundung versteht man die vertragliche Abrede, die Leistung solle trotz Fälligkeit erst zu einem späteren Zeitpunkt verlangt werden können. Demnach hindert die Stundung vorübergehend die Durchsetzbarkeit des Anspruchs. Sie gibt folglich ein zeitweiliges Leistungsverweigerungsrecht.

zu Frage 8:

Die Einrede des nicht erfüllten Vertrages nach § 320 verfolgt einen doppelten Zweck: Erstens soll sie - wie das allgemeine Zurückbehaltungsrecht des § 273 - den Gegenanspruch des Schuldners sichern. Zweitens soll sie Druck ausüben, dass die gegenseitigen Verpflichtungen alsbald erfüllt werden. Aufgrund dieser zweifachen Zielsetzung kann die Einrede des § 320 im Unterschied zum Zurückbehaltungsrecht des § 273 gemäß § 320 Abs. 1 Satz 3 nicht durch Sicherheitsleistung abgewendet werden.

zu Frage 9:

Dazu muss der Schuldner die Einrede entweder im Prozess als solche erheben oder er hat ein zuvor außerprozessual erfolgtes Erheben der Einrede durch entsprechenden Prozessvortrag zur Kenntnis des Gerichts zu bringen. Anders als bei den Einwendungen muss er also im Falle der Einreden nicht nur die Tatsachen, die sein Gegenrecht begründen, vortragen, sondern darüber hinaus die Tatsache der Einredeerhebung selbst.

zu Frage 10:

Anhand der Einteilung der Normen in Anspruchs- und Gegennormen hat sich folgende Prüfung des Anspruchs eingebürgert:

Erstens ist zu prüfen, ob der Anspruch entstanden, zweitens, ob er untergegangen und drittens, ob er durchsetzbar ist. Bei der Leistungsklage muss der Kläger die Voraussetzungen der Anspruchsgrundlage darlegen und beweisen, der Beklagte diejenigen der Gegennormen (Einwendungen und Einreden).

Dies entspricht der allgemeinen Beweislastregel, der zufolge im Bestreitensfalle jeder grundsätzlich die Tatsachen zu beweisen hat, welche die Voraussetzungen einer ihm günstigen Norm erfüllen.

Kapitel 3

Das gesetzliche Schuldverhältnis der unerlaubten Handlung

Privatpersonen gestalten ihre rechtlichen Verhältnisse vor allem, indem sie Verträge abschließen. Hierzu besagt § 311 Abs. 1, dass zur Begründung eines Schuldverhältnisses durch Rechtsgeschäft ein Vertrag erforderlich ist. Dieser kommt zwischen den Beteiligten, so formuliert in § 151 Satz 1, 1. Halbsatz, durch übereinstimmende Willenserklärungen (Angebot und Annahme) zustande. Um die Wirksamkeit eines Vertrages zu prüfen, muss man die Rechtsgeschäfts- und Vertragslehre[1] kennen. Auf sie ist an späterer Stelle bei den Willenserklärungen sowie im Kontext mit vertraglichen Schuldverhältnissen ausführlich einzugehen.

In Situationen, in denen eine vertragliche Verbindung nicht besteht, es aber dennoch geboten erscheint, zum Beispiel einen Schaden auszugleichen oder eine Vermögensverschiebung zurückzuführen, entstehen Schuldverhältnisse kraft Gesetzes.

In diesem Kapitel wollen wir uns auf das gesetzliche Schuldverhältnis der unerlaubten Handlung (§§ 823 ff.) konzentrieren. Dieses gewährleistet beispielsweise im Falle der Verletzung des Körpers oder des Eigentums einen Schadensausgleich, obwohl zwischen Schädiger und Geschädigtem oftmals keinerlei vertragliche Beziehungen bestehen. Die unerlaubte Handlung soll hier - abweichend von der Systematik des Gesetzes - aus didaktischen Gründen vorgezogen und in diesem Kapitel ihrer herausragenden Bedeutung wegen ausführlich behandelt werden. Auf diese Weise lassen sich juristische Arbeitstechniken sowie Fragestellungen von grundsätzlicher Bedeutung erörtern, ohne auf Einzelheiten der Rechtsgeschäfts- und Vertragslehre zurückgreifen zu müssen. Überhaupt eignet sich § 823 besonders gut zur Vermittlung von Grundwissen. Hierher gehören Informationen über den Aufbau von Rechtssätzen ebenso wie die Unterscheidung von absoluten und relativen Rechten. Ferner werden wir Einblick in die Kausalitäts- und Zurechnungslehren sowie in die Kategorien von Widerrechtlichkeit und Verschulden erhalten. Diese Inhalte sind für das gesamte Privatrecht wichtig.
Sie gelten - nebenbei bemerkt - in abgewandelter Form auch im öffentlichen Recht[2].

Das weitere gesetzliche Schuldverhältnis der ungerechtfertigten Bereicherung nach den §§ 812 ff., mit dessen Hilfe man rechtsgrundlose Vermögensverschiebungen rückgängig machen kann, wird an späterer Stelle darzustellen sein. Vor allem werden wir bei den Darlegungen zum Abstraktionsprinzip[3] sowie im Zusammenhang mit (wirksamen) Verfügungen an einen beschränkt geschäftsfähigen Minderjährigen[4] die grundlegende Leistungskondiktion des § 812 Abs. 1 Satz 1, 1. Alt. behandeln.

---

[1] Sie findet sich vornehmlich im 3. Abschnitt des AT. Vgl. S. 7
[2] Zu nennen ist etwa die im Sozialrecht verbreitete Lehre von der wesentlichen Bedingung, die vor allem bei Fragen der Entschädigung von Arbeitsunfällen auftritt und Ähnlichkeiten zur Adäquanztheorie aufweist.
[3] vgl. dazu S. 133/134
[4] vgl. dazu S. 150

I. Die Grundnorm des § 823 Abs. 1

Nach § 823 Abs. 1 ist derjenige, der vorsätzlich oder fahrlässig das Leben, den Körper, die Gesundheit, die Freiheit, das Eigentum oder ein sonstiges Recht eines anderen widerrechtlich verletzt (Voraussetzungsseite), dem anderen zum Ersatze des daraus entstehenden Schadens verpflichtet (Rechtsfolgenseite).

In § 823 Abs. 1 hat der Gesetzgeber die außervertragliche Ersatzpflicht auf die Verletzung ganz bestimmter Rechtsgüter und Rechte (Leben, Körper, Gesundheit, Freiheit, Eigentum sowie sonstige Rechte) beschränkt. Diese genießen absoluten, d. h. gegenüber jedermann wirkenden Schutz. Das Anknüpfen an die Verletzung absoluter Rechtsgüter oder Rechte, die in § 823 Abs. 1 aufgezählt sind (sog. Enumerationsprinzip[5]), macht die Unerlaubtheit der Handlung leicht feststellbar.

1. Die Voraussetzungsseite (= Tatbestand im weiteren Sinne)

§ 823 Abs. 1 gibt auf der Voraussetzungsseite - wenn auch in ungeordneter Form - einen dreistufigen Prüfungsaufbau vor:

Demzufolge erfordert die Haftung wegen unerlaubter Handlung erstens die Verletzung eines Rechts oder Rechtsguts (= Tatbestandsmäßigkeit im engeren Sinne). Dazu bedarf es einer Verletzungshandlung, die kausal für den Eintritt eines Verletzungserfolges ist. Diese Ursächlichkeitsbeziehung zwischen Handlung und Erfolg heißt haftungsbegründende Kausalität.

Die Verletzung muss zweitens widerrechtlich, also im Widerspruch zur Rechtsordnung geschehen. Dabei indiziert die tatbestandsmäßige Verletzung des Rechts oder Rechtsguts deren Widerrechtlichkeit. Sie entfällt, wenn ausnahmsweise Rechtfertigungsgründe wie etwa die Einwilligung in einen medizinischen Eingriff oder die Notwehr (§ 227) den Widerspruch zur Rechtsordnung in concreto aufheben.

Drittens muss zur Haftungsbegründung das Rechtsgut bzw. Recht vorsätzlich oder fahrlässig (= schuldhaft) verletzt worden sein (vgl. § 276). Es bedarf also des Verschuldens.

Damit setzt die unerlaubte Handlung nach § 823 Abs. 1 **zur Haftungsbegründung** folgenden **Tatbestand (im weiteren Sinne)** voraus:

(I). **Tatbestandsmäßigkeit** im engeren Sinne (vom Anspruchsteller nachzuweisen)
(Verletzungshandlung, haftungsbegründende Kausalität, Verletzungserfolg)

(II). **Widerrechtlichkeit** (wird indiziert)
(entfällt, wenn ausnahmsweise Rechtfertigungsgründe eingreifen)

(III). **Verschulden** (vom Anspruchsteller nachzuweisen)
1. Deliktsfähigkeit (§§ 827, 828[6])
2. Verschuldensformen: Vorsatz oder Fahrlässigkeit (§ 276)

---

[5] dazu Kallwass, Privatrecht, S. 137
[6] ausführlich Kapitel 9, S. 141/142

Anhand des folgenden Sachverhalts soll der **Prüfungsaufbau** eines Anspruchs aus unerlaubter Handlung im **Gutachtenstil** präsentiert sowie Grundlegendes zur **Falllösungstechnik** und zum Zusammenspiel von Anspruchsgrundlagen und Hilfsnormen vermittelt werden[7].

Fall 2: „Unfallchirurg Dr. med. Sorglos"

Sachverhalt:
Unfallchirurg C biegt bei seiner abendlichen Fahrrad-Tour mit hoher Geschwindigkeit um eine sehr unübersichtliche Hausecke. Dabei fährt er den Spaziergänger S an und verletzt ihn am Sprunggelenk. Auf dem Weg vom Unfallort zum Krankenhaus verunglückt der Krankenwagen, wobei S sich einen schmerzhaften Rippenbruch zuzieht. Im Krankenhaus angekommen, infiziert er sich überdies mit häufig vorkommenden Keimen, was dazu führt, dass S eine Woche länger behandelt werden muss. S, der nicht krankenversichert ist, verlangt von C die aufgewendeten Behandlungskosten (für Sachleistungen und Arzthonorare) in Bezug auf sämtliche Verletzungsfolgen (Sprunggelenkfraktur, Rippenbruch und Keiminfektion). Darüber hinaus fordert er Schmerzensgeld. Vor allem durch die Bewegungseinschränkung sei ihm in den vergangenen Monaten einiges an Lebensfreude entgangen. Insbesondere habe er seine langjährige Freizeitbeschäftigung, das Bergwandern, nicht mehr ausüben können. Schon diese immaterielle Einbuße rechtfertige - so meint S - die Zahlung von 50.000 Euro Schmerzensgeld.

C protestiert. Als erfahrener Unfallchirurg hätte er die Fraktur des Sprunggelenks in seiner nahe gelegenen Praxis ebenso gut behandeln können. Dies habe er dem S am Unfallort vergeblich vorgeschlagen. Zu dem Rippenbruch und der Keiminfektion hätte es nicht kommen müssen. Im Übrigen sei das von S begehrte Schmerzensgeld viel zu hoch.

1. Kann S von C <u>dem Grunde nach Schadensersatz</u> verlangen?

2. Wie sieht der <u>Ersatz des materiellen Schadens nach Art und Umfang</u> aus?

3. Kann S <u>wegen seines immateriellen Schadens Ersatz (Schmerzensgeld)</u> verlangen?

<u>Auszugehen ist von den Fallfragen.</u>

Hier ist konkret nach einem Anspruch auf Schadensersatz des S gegen C (1. Frage), nach dessen Art und Umfang (2. Frage) sowie nach Schmerzensgeld (3. Frage) gefragt. Wir benötigen also eine <u>auf Schadensersatz gerichtete Anspruchsgrundlage</u>. Darunter versteht man einen Rechtssatz[8], der einen Anspruch auf Schadensersatz gewährt[9].

---

[7] Ausführliche Hinweise zur „*Klausurtaktik und Gutachtentechnik*" gibt Wenzel, Fälle, S. 1 bis 10. Eine allgemeine Anleitung zur Lösung eines Zivilrechtsfalles findet man bei Dörrschmidt/ Metzler-Müller, Privatrechtsfall, S. 21 bis 37. Vgl. ferner Uthoff/Fischer, Schemata, S. 3 ff.

[8] Ein <u>Rechtssatz</u> ist eine Rechtsnorm, die eine <u>Wenn-Dann-Struktur</u>, also einen Tatbestand (Voraussetzungsseite) und eine Rechtsfolge aufweist. Neben der Gewährung eines Anspruchs

Eine vertragliche Haftung scheidet vorliegend ersichtlich aus[10]. In Betracht kommt eine Haftung aus unerlaubter Handlung nach § 823 Abs. 1.

Diese Norm ist - für einen Rechtssatz charakteristisch - abstrakt formuliert. Es ist die Aufgabe des Richters, die in § 823 Abs. 1 vom Gesetzgeber abstrakt getroffene Entscheidung zu konkretisieren. Dazu hat er zunächst den vorgetragenen Sachverhalt, soweit das beantragt und möglich ist, im Wege der Beweisaufnahme aufzuklären[11]. Im Anschluss daran ist der dann zur Überzeugung des Gerichts feststehende Sachverhalt unter die Tatbestandsmerkmale der in Betracht kommenden Anspruchsnorm(en) zu ordnen. Diesen Vorgang nennt man Subsumtion.

Auch Sie müssen hier zur Erstellung eines Rechtsgutachtens den Sachverhalt unter die (hoffentlich) als einschlägig erkannte Anspruchsgrundlage des § 823 Abs. 1 subsumieren. Somit ist der Frage nachzugehen, ob der konkrete Sachverhalt, der Ihnen in der Ausbildung als feststehend vorgegeben ist[12], die Anspruchsvoraussetzungen des § 823 Abs. 1 erfüllt. Am Anfang des Gutachtens steht der Obersatz, der unter genauem Zitieren der Anspruchsgrundlage das hypothetische Ergebnis im Konjunktiv formuliert.

Lösungsvorschlag zu Fall 2

1. Frage (Fall 2):
S könnte gegen C dem Grunde nach einen Anspruch auf Schadensersatz nach § 823 Abs. 1 haben (= Obersatz).

Dazu müsste der die Haftung begründende Tatbestand im Sinne dieser Anspruchsgrundlage erfüllt sein.

---

ist etwa die Nichtigkeit (vgl. §§ 105, 125, 138 etc.) eine häufige Rechtsfolge, die sich vor allem im AT des BGB findet.
[9] Neben dem Anspruch auf Schadensersatz sind als weitere wichtige Rechtsfolgen bzw. Anspruchsziele der Anspruch auf Herausgabe sowie der Anspruch auf Unterlassung bestimmter Handlungen zu nennen. Vgl. dazu ausführlich S. 22/23
[10] zur Konkurrenz vertraglicher und deliktischer Ansprüche vgl. unten, S. 57/58
[11] Lassen sich einzelne Fragen trotz erschöpfender Beweisaufnahme nicht (mehr) aufklären, so geht die verbleibende Unklarheit in der Praxis zu Lasten der beweispflichtigen Partei (sog. non-liquet Situation). Vgl. dazu auch meine Fälle zum reformierten Schuldrecht, Fall 8 („Die undichte Bauernmilchkanne"), S. 130 sowie zur Beweislastverteilung oben, S. 33/34
[12] Wichtig: Immer wieder werfen Studierende die Frage auf, ob der Anspruchsteller bestimmte Angaben des Sachverhalts überhaupt beweisen kann. Es ist unbedingt zu beachten, dass Sie es in der Ausbildung grundsätzlich mit einem sog. feststehenden Sachverhalt zu tun haben, und es deshalb auf das Ergebnis einer etwaigen Beweisaufnahme gerade nicht ankommt. Es ist ein schwerer Fehler, den vorgegebenen Sachverhalt durch Mutmaßungen über den Ausgang einer eventuellen Beweisaufnahme in Frage zu stellen oder gar abzuändern.

Kapitel 3 - Das gesetzliche Schuldverhältnis der unerlaubten Handlung

(A). Voraussetzungen des § 823 Abs. 1
(= Tatbestand im weiteren Sinne)

(I). Tatbestandsmäßigkeit im engeren Sinne (vom Ast. nachzuweisen)
§ 823 Abs. 1 setzt die Verletzung eines der aufgezählten Rechte oder eines sonstigen Rechts voraus. Damit knüpft der Haftungstatbestand, ohne das ausdrücklich zu formulieren, an ein gewillkürtes Verhalten[13] an, das kausal (ursächlich) zu einem Verletzungserfolg geführt hat. C müsste also erstens durch sein Verhalten eines der genannten absoluten Rechtsgüter[14], das Eigentumsrecht oder ein sonstiges Recht verletzt haben.
Indem C den S mit seinem Fahrrad angefahren (Verletzungshandlung) und ihm dadurch eine Sprunggelenkfraktur beigebracht hat, hat er dessen Körper verletzt (Verletzungserfolg). Dabei ist die haftungsbegründende Kausalität, d. h. die Ursächlichkeitsbeziehung zwischen dem verletzenden Verhalten und dem Verletzungserfolg hier (im Sinne der sog. Äquivalenz- und Adäquanztheorie[15]) ersichtlich gegeben.

(II). Widerrechtlichkeit (wird indiziert[16])
Die Rechtsgutsverletzung müsste zudem widerrechtlich sein.
Die tatbestandsmäßige Verletzung der aufgezählten absoluten Rechte und Rechtsgüter begründet die Vermutung, dass sie widerrechtlich geschah. Die Tatbestandsmäßigkeit indiziert also die Widerrechtlichkeit.
Dies gilt nicht, wenn ausnahmsweise ein Rechtfertigungsgrund eingreift. Die Rechtsgutsverletzung steht dann nicht im Widerspruch zur Rechtsordnung. So handelt zum Beispiel der Arzt, der mit Einwilligung des Patienten einen medizinischen Eingriff vornimmt, zwar tatbestandsmäßig aber nicht widerrechtlich. Weitere Rechtfertigungsgründe sind Notwehr und Notstand (lies dazu die §§ 227, 228, 904).

Vorliegend sind Rechtfertigungsgründe nicht ersichtlich[17].

---

[13] Ausgeschieden werden damit unwillkürliche Reflexbewegungen. Zur Einbeziehung des Unterlassens als eine unerlaubte Verhaltensweise vgl. unten S. 62 (Frage 8 des vorliegenden Kapitels)
[14] Die genannten Rechtsgüter Leben, Körper, Gesundheit und Freiheit sind höchstpersönlicher Natur und infolge dessen, anders als Rechte wie zum Beispiel das Eigentumsrecht, nicht übertragbar.
[15] Weil hier die Verletzungshandlung ersichtlich äquivalent und adäquat kausal für die Sprunggelenkfraktur als Verletzungserfolg war (haftungsbegründende Kausalität), sollte jedenfalls im vorliegenden Fall 2 die Kausalitätslehre der Äquivalenz und die Zurechnungslehre der Adäquanz beim Tatbestand (= Haftungsgrund) nicht dargelegt werden. Nur ganz selten gewinnt die Adäquanz bereits bei der haftungsbegründenden Kausalität eine Bedeutung (dazu Frage 7 des vorliegenden Kapitels, vgl. S. 61). Ihr Hauptanwendungsbereich liegt vielmehr bei der haftungsausfüllenden Kausalität. Vgl. dazu unten, S. 45-47 sowie Jauernig/Teichmann, § 823 Rdnr. 25)
[16] vgl. dazu Hohmeister, Grundzüge, S. 165/166
[17] Merke zur Schwerpunktbildung im Gutachten: Unproblematisches darf man nicht künstlich problematisieren. Eine ganz wesentliche Leistung bei der Erstellung eines Rechtsgutachtens ist es, sich auf das zu beschränken, was im konkreten Fall wirklich fraglich erscheint. Anderenfalls verlieren Sie wertvolle Zeit und erwecken den Eindruck, als seien Sie nicht im Stande, zu den eigentlich aufgeworfenen Fragen Stellung zu nehmen. Weniger ist also oftmals mehr! Die vor-

(III). Verschulden (vom Ast. nachzuweisen)

C müsste drittens die Rechtsgutverletzung schuldhaft[18] herbeigeführt haben. Verschulden besagt, dass dem Schädiger sein Verhalten persönlich vorgeworfen wird, weil er anders hätte handeln können und sollen. Erst der Verschuldensvorwurf rechtfertigt die persönliche Verantwortlichkeit. Die verschiedenen Verschuldensformen sind Vorsatz oder Fahrlässigkeit (vgl. § 276 Abs. 1 Satz 1). Hier kommt nur ein fahrlässiges Verhalten in Betracht. Nach § 276 Abs. 2 handelt fahrlässig, wer die im Verkehr erforderliche Sorgfalt außer Acht lässt[19]. C ist laut Sachverhalt beim Fahrradfahren *„mit hoher Geschwindigkeit"* um eine *„sehr unübersichtliche Ecke"* gebogen. Somit handelte er fahrlässig.

(IV). Ergebnis

Die die Haftung begründenden Voraussetzungen des § 823 Abs. 1 sind erfüllt. Folglich hat S gegen C dem Grunde nach einen Anspruch auf Schadensersatz.

Anmerkung[20]:

Der Vollständigkeit halber sollte man im Gutachten, wenn auch nur kurz, die eigenständige Anspruchsgrundlage des § 823 Abs. 2 i. V. m. einem Verstoß gegen ein Schutzgesetz prüfen. Nach § 823 Abs. 2 trifft *„die gleiche Verpflichtung"* wie nach Abs. 1 denjenigen, welcher gegen ein den Schutz eines anderen bezweckendes Gesetz verstößt. Schutzgesetze finden sich vor allem im Strafgesetzbuch (StGB). Es bleibt also zu prüfen, ob die Rechtsgutverletzung nicht nur die Voraussetzungen des § 823 Abs. 1 erfüllt, sondern zugleich gegen den Tatbestand eines Strafgesetzes verstößt.

---

liegenden Ausführungen zur Widerrechtlichkeit sind durchaus detailliert ausgefallen und könnten von einem erfahrenen Studenten sicherlich noch gestrafft werden.

[18] Der Verschuldensvorwurf setzt die Verschuldens- bzw. Deliktsfähigkeit im Sinne der §§ 827, 828 voraus. In einer Falllösung erwähnt man sie nur dann, wenn sie problematisch erscheint. Ausführlich dazu unten, S. 141/142

[19] Merke: § 276 Abs. 2 ist eine Definitions- bzw. Hilfsnorm, die das in der Anspruchsnorm verwendete Tatbestandsmerkmal der Fahrlässigkeit definiert (vgl. oben, S. 24). § 276 Abs. 2 gehört also nicht in den Obersatz (häufiger Anfängerfehler), sondern ist bei der Prüfung des Verschuldens zu zitieren.

[20] Anmerkungen gehören nicht in das Gutachten zur Lösung des jeweiligen Falles, sondern stellen vielmehr erläuternde Begleitüberlegungen dar.

Fahren wir also mit dem Lösungsvorschlag fort:

(B). Anspruch nach § 823 Abs. 2 i. V. m. § 230 StGB

Indem C den S angefahren und verletzt hat, hat er eine fahrlässige Körperverletzung nach § 230 StGB begangen[21]. Bei diesem Straftatbestand handelt es sich auch um ein Schutzgesetz im Sinne des § 823 Abs. 2[22], denn § 230 StGB gewährt im Hinblick auf die körperliche Integrität erkennbar einen individuellen und nicht nur einen allgemeinen (reflexartigen) Schutz der verletzten Person[23].

Auch nach dieser Vorschrift besteht ein Anspruch auf Schadensersatz dem Grunde nach.

Somit haben wir die Frage 1 zum Haftungstatbestand abschließend beantwortet.

Anmerkung:

Das Zusammenspiel zwischen § 823 Abs. 2 und einigen Straftatbeständen als Schutzgesetze darf aber nicht darüber täuschen, dass die Haftung aus unerlaubter Handlung allein den zivilrechtlichen Schadensausgleich bezweckt.

Das Strafrecht, das zum öffentlichen Recht (Über- und Unterordnung![24]) gehört, verfolgt vollkommen andere Zwecke als das Bürgerliche Recht. Im Strafrecht als ultima ratio geht es darum, jemanden zur Abschreckung (Prävention) und Sühne zu bestrafen. Im Strafprozess wird der Angeklagte „vom Podest herab" bestraft. Im Zivilprozess streiten Kläger und Beklagter dagegen „auf gleicher Augenhöhe" um Schadensersatz. Kurz gesagt: Das Strafrecht gleicht keine Schäden aus und das Zivilrecht verhängt keine Strafe.

Bei der Trennung in Tatbestand und Rechtsfolge ist scharf zu unterscheiden zwischen der für die Haftung begründenden Rechtsgutsverletzung einerseits und dem die Haftung ausfüllenden Schaden andererseits.

Der primäre (= erste) Verletzungserfolg, hier die Sprunggelenkfraktur, gehört zum haftungsbegründenden Tatbestand. Diesem Primärverletzungserfolg entspringt in aller Regel ein Erstschaden, das sind die infolge der primären Verletzung anfallenden Behandlungskosten[25]. Sie sind als erste Schadensposition bereits Teil der angeordneten Rechtsfolge[26].

---

[21] Die kurze Prüfung des § 823 Abs. 2 darf hier getrost im Urteilsstil erfolgen. Ein im Konjunktiv des Gutachtenstils hypothetisch formuliertes Ergebnis erschiene dagegen unangemessen, weil „überproblematisiert".

[22] Beachte: Anders als bei der Körperverletzung oder beim Totschlag gibt es bei der Sachbeschädigung keine fahrlässige Begehungsmodalität (vgl. § 15 StGB). Demzufolge ist im Falle einer nur fahrlässigen Eigentumsverletzung zwar Abs. 1, mangels Schutzgesetzverstoßes nicht aber Abs. 2 des § 823 erfüllt. Vgl. das Beispiel unten, S. 57 (Fn. 76)

[23] zur Qualifizierung einer Norm als Schutzgesetz Jauernig/Teichmann, § 823 Rdnr. 43; zu den einzelnen Schutzgesetzen in alphabetischer Reihenfolge Palandt/Sprau, § 823 Rdnrn. 61-68

[24] so die Subordinationstheorie; vgl. zu den Abgrenzungstheorien S. 1-3

[25] Das muss aber nicht immer so sein, denn es ist denkbar, dass bei einer Bagatellverletzung keine Behandlungskosten entstehen.

[26] Wenn dagegen bisweilen formuliert wird, dass die Frage, ob überhaupt ein ersatzfähiger Schaden entstanden ist, zum Tatbestand der Anspruchsnorm gehöre und der Erstschaden den „Voraussetzungen des § 823 Abs. 1" zugeschlagen wird, so ist das unscharf. Dies würde in der

2. Die Rechtsfolge des § 823 Abs. 1 und das allgemeine Schadensrecht

§ 823 Abs. 1 verpflichtet „zum *Ersatze des daraus entstehenden Schadens*". Als Norm des <u>Besonderen</u> Schuldrechts enthält § 823 Abs. 1 selbst keine weiteren Angaben darüber, was dies im Einzelnen bedeutet.

Zu Art und Umfang des zu ersetzenden Schadens gibt - systematisch konsequent - das <u>Allgemeine</u> Schuldrecht Auskunft. Der Gesetzgeber hat die Regelungen dazu in den §§ 249 bis 255 für <u>alle</u> Schadensersatzansprüche des BGB vor die Klammer gezogen[27]. Danach ist der Ersatz von Vermögensschäden (= materielle Schäden) von einem solchen wegen eines Schadens, der nicht Vermögensschaden ist (immaterieller Schaden), zu unterscheiden.

a. Der Ersatz des Vermögensschadens (= materieller Schaden)

Die 2. Frage von Fall 2 betrifft <u>Art und Umfang</u> der zu ersetzenden Behandlungskosten, also <u>den Vermögensschaden</u>. Fahren wir also mit der Lösung unseres Falles fort.

2. Frage (Fall 2):

(A). Rechtsfolge des § 823 Abs. 1
(hier: Ersatz des <u>materiellen</u> Schadens)

Zu klären bleibt vorliegend die **Art** des Schadensersatzes (**I.**) sowie der **Umfang** der dem S zu ersetzenden Schäden (**II.**).

(I). Naturalrestitution oder Geldersatz (§ 249)?
Nach § 249 Abs. 1 hat der zum Schadensersatz Verpflichtete den Zustand herzustellen, der bestehen würde, wenn der zum Ersatz verpflichtende Umstand nicht eingetreten wäre. Schadensersatz ist danach grundsätzlich in Form der sog. <u>Naturalrestitution</u> zu leisten.

Allerdings kann nach § 249 Abs. 2 Satz 1 im Falle der Verletzung einer Person oder wegen Beschädigung einer Sache statt dessen <u>der zur Herstellung erforderliche Geldbetrag</u> verlangt werden. Hier kann S folglich Ersatz der Behandlungskosten fordern. Dies hat er offenbar schon am Unfallort getan. Schon deswegen konnte C also nicht darauf bestehen, S in seiner Praxis medizinisch zu versorgen. Er hat somit Geldersatz zu leisten.

Konsequenz bedeuten, dass sich das Verschulden auf den Primärschaden beziehen müsste. Das mag zwar praktisch durchweg zu bejahen sein, widerspricht aber der Formulierung des § 823 Abs. 1 sowie den Grundsätzen des allgemeinen Schadensrechts (so Schapp, Grundlagen, Rdnrn. 138, 239; Erman/Kuckuk, vor § 249 Rdnr. 29): Vgl. zu dieser Problematik auch Medicus, Bürgerliches Recht, Rdnr. 815
[27] vgl. oben, S. 24/25

(II). Ersatz des Primärschadens und der Folgeschäden?

Es verbleibt die Frage nach dem Umfang des Schadensersatzes, also danach, inwieweit der begründete Haftungsrahmen ausgefüllt ist.

Fraglich ist, ob C nur die Behandlungskosten ersetzen muss, die auf die Sprunggelenkfraktur zurückzuführen sind (= Primärschaden) oder ob er darüber hinaus auch die durch den Rippenbruch und die Keiminfektion entstandenen Kosten (= Folgeschäden) ausgleichen muss.

Einschub zur haftungsausfüllenden Kausalität[28]:

§ 823 Abs. 1 formuliert, dass der daraus entstehende, also aus der unerlaubten Handlung resultierende Schaden zu ersetzen ist. Die Rechtsgutsverletzung muss also kausal für den Schaden sein. Diese „zweite Kausalbeziehung" zwischen dem primären Verletzungserfolg - hier Sprunggelenkfraktur - und dem Schaden, also Erst- wie Folgeschaden, bezeichnet man als haftungsausfüllende Kausalität[29].

Dazu muss der Verletzungserfolg conditio sine qua non für die Schäden sein (natürliche Kausalität im Sinne der Bedingungs- oder Äquivalenztheorie). Danach sind solche Bedingungen kausal, die nicht hinweggedacht werden können, ohne dass der Schaden entfiele. Das ist eine wirkliche Ursächlichkeitsfrage. Sie ist deshalb bei feststehendem Sachverhalt rechtlich leicht zu entscheiden und legt gewissermaßen das Mindest-(kausalitäts-)erfordernis fest[30]. Käme es ausschließlich auf die äquivalente Kausalität an, würde die Haftung sich stets auf sämtliche Folgeschäden erstrecken, mag ihr Eintritt auch noch so unwahrscheinlich sein.

Beispiel: Der (erste) Schädiger würde dann - ggf. nach § 840 Abs. 1 als Gesamtschuldner mit anderen - haften für die Infektion mit einem äußerst seltenen Tropenvirus, zu der es obendrein nur deshalb kommen konnte, weil die behandelnden Ärzte leichtfertig Quarantänebestimmungen nicht beachtet haben[31]. Weiteres Beispiel: Der Schädiger müsste für immense Folgeschäden einstehen, zu denen es deswegen gekommen ist, weil ein Binnenschiffer nach einer Kollision mit nur provisorischer Leckabdichtung seine Fahrt fortgesetzt hatte, obwohl ihm bewusst war, dass diese Abdichtung vollkommen unzureichend war[32].

In beiden Beispielen wird eine Haftung abgelehnt, weil es inadäquat erscheint, dem (als ersten handelnden) Schädiger eine derart weitgehende Haftung aufzubürden. Zur Begrenzung der Haftung hat der BGH die sog. Adäquanzformel herausgebildet, wonach ein *„Ursachenzusammenhang im Rechtssinne"* nur dann zu bejahen ist, wenn die Bedingung - also der (primäre) Verletzungserfolg - im Allgemeinen (positiv) und nicht (negativ) nur unter besonders eigenartigen, ganz unwahrscheinlichen und nach dem

---

[28] Einschübe gehören ebenso wie Anmerkungen nicht in das Gutachten!

[29] Einen instruktiven Überblick zur Kausalität und Adäquanz gibt Kallwass, Privatrecht, S. 151.

[30] Palandt/Heinrichs, vor § 249 Rdnr. 57

[31] Zwar werden dem Schädiger grundsätzlich auch Fehler der Personen zugerechnet, die der Geschädigte zur Abwicklung oder Beseitigung des Schadens hinzuzieht. Daher haftet der Schädiger auch für Folgeschäden, die z. B. während einer Behandlung durch ärztliche Kunstfehler entstehen. Allerdings entfällt der Adäquanzzusammenhang ausnahmsweise bei ungewöhnlich grobem Fehlverhalten, so etwa bei schweren Kunstfehlern des behandelnden Arztes. Palandt/Heinrichs, vor § 249 Rdnr. 73 m.w.N.

[32] Haftung abgelehnt von BGH, VersR 1977, 325; Adäquanz ferner von BGH verneint bei der ungewöhnlichen Häufung unglücklicher Umstände im sog. Schleusenfall (BGHZ 3, 261)

regelmäßigen Verlauf der Dinge ganz außer Betracht zu lassenden Umständen zur Herbeiführung des Erfolges - hier der Folgeschäden - geeignet war[33].

Da es nach der Adäquanztheorie unter Umständen sein kann, dass auch ein unwahrscheinlicher Schaden zu ersetzen ist, hat sich ergänzend die Lehre vom Schutzzweck der Norm als weitere normative Zurechnungslehre herausgebildet. Danach sind nur solche Schadensfolgen zu ersetzen, vor deren Eintritt die verletzte Norm schützen soll. So sollen etwa die Schutzgesetze der Straßenverkehrsordnung (StVO) die Verletzung anderer Verkehrsteilnehmer verhindern, nicht aber davor schützen, dass bei einer Unfalloperation eine verborgene, die Dienstunfähigkeit begründende Krankheit entdeckt wird[34].

Umgekehrt kann sich aus dem Schutzzweck ausnahmsweise auch eine Haftung für inadäquate Folgen ergeben, zum Beispiel wenn ein Schaden aus einem Beurkundungsmangel und einem groben Fehler des Gerichts resultiert[35].

Fahren wir mit der Lösung der Frage 2 fort:

> Damit C vorliegend für die Schäden haftet, müssten diese durch den primären Verletzungserfolg (Sprunggelenkfraktur) äquivalent und adäquat kausal herbeigeführt worden sein (haftungsausfüllende Kausalität)[36].

(1). Äquivalente Kausalität (conditio sine qua non)

„Hier kann die Sprunggelenkfraktur (Verletzungserfolg) nicht hinweggedacht werden, ohne dass die mit ihr verbundenen Behandlungskosten (Erstschaden) entfielen. Gleiches gilt für die Kosten der Behandlung des Rippenbruchs und der Keiminfektion (Folgeschäden). Auch sie würden entfallen, wenn man den Verletzungserfolg in Form der Sprunggelenkfraktur hinwegdenkt. Die von C als (erstem) Schädiger herbeigeführte Sprunggelenkfraktur ist also conditio sine qua non, d. h. äquivalent kausal, für sämtliche der geltend gemachten Schadenspositionen.

(2). Adäquate Kausalität

Fraglich ist aber, ob der Verletzungserfolg für sämtliche Schäden überdies auch adäquat kausal ist. Das richtet sich nach der vom BGH entwickelten Adäquanzformel. Diese Lehre von der Adäquanz betrifft eigentlich gar keine Kausalfragen, vielmehr stellt sie eine normative Zurechnungslehre dar, die wertend zwar die meisten, aber nicht alle Folgen als (noch) adäquat

---

[33] so die ständige Rspr, vgl. etwa BGHZ 79, 259 (261); unterschieden werden eine positive, eine negative und die hier verwendete gemischte Formel, um die Adäquanz zu beschreiben. Vgl. dazu Jauernig/Teichmann, vor §§ 249 bis 253 Rdnr. 28

[34] so BGH, NJW 1968, 2287; Die Einzelheiten zu der Lehre vom Schutzzweck der Norm sind umstritten, insbesondere auch ihr Verhältnis zur Adäquanz. Vgl. dazu Jauernig/Teichmann, vor §§ 249-253, Rdnrn. 31 und 34 sowie Palandt/Heinrichs, vor § 249, Rdnrn. 62 ff.

[35] Palandt/Heinrichs, vor § 249 Rdnr. 61

[36] Diese Frage wird prüfungstechnisch bisweilen auch als Teil eines *„haftungsausfüllenden Tatbestandes"* eingeordnet. Eine solche Etikettierung erscheint indes zweifelhaft, denn die haftungsausfüllende Kausalität ist auf der Rechtsfolgenseite des § 823 Abs. 1 angesiedelt.

verursacht ansieht. Die äquivalente Bedingung (hier Sprunggelenkfraktur) ist dann als eine auch adäquate zu bewerten, wenn sie zur Herbeiführung des Schadens im Allgemeinen und nicht nur unter ganz unwahrscheinlichen und nach dem regelmäßigen Verlauf der Dinge ganz außer Betracht zu lassenden Umständen geeignet war.

Dass eine Sprunggelenkfraktur im vorgenannten Sinne adäquat kausal zu entsprechenden Kosten für ihre Behandlung führt (= Erst- bzw. Primärschaden) liegt auf der Hand.

Fraglich ist aber, ob die Sprunggelenkfraktur überdies eine adäquate Bedingung für die Folgeschäden, d. h. für die aufgrund des Rippenbruchs und der Keiminfektion entstandenen Behandlungskosten ist.

Eine Fraktur des Sprunggelenks ist im Allgemeinen dazu geeignet, einen Transport im Krankenwagen sowie eine Krankenhausbehandlung notwendig werden zu lassen. Dass ein Krankenwagen verunfallt und man sich dabei einen Rippenbruch zuzieht, ist zudem keineswegs als ganz unwahrscheinlich zu bewerten. Vielmehr besteht bei Fahrten mit dem Krankenwagen gegenüber Fahrten mit herkömmlichen Verkehrsmitteln statistisch sogar ein erhöhtes Unfallrisiko.

Auch die Infektion mit einem üblichen Krankenhauskeim kann nach dem regelmäßigen Verlauf der Dinge nicht ganz außer Betracht gelassen werden. Das Gegenteil ist der Fall: Die Ansteckungsgefahr ist wegen der typischen Krankenhauskeime sowie infolge eines meist erkrankungsbedingt geschwächten Immunsystems bei Krankenhausaufenthalten gegenüber derjenigen im täglichen Leben bekanntlich erhöht.

(B). Ergebnis[37]
Damit sind die durch den Rippenbruch und die Keiminfektion entstandenen Behandlungskosten (Folgeschäden) ebenfalls als adäquat kausal verursacht dem C zuzurechnen und folglich zu ersetzen[38].

Die Wiederherstellung der absolut geschützten körperlichen Unversehrtheit und Gesundheit durch die Inanspruchnahme ärztlicher Hilfe verursacht entsprechende Kosten und führt somit bei dem nicht krankenversicherten S zu Vermögensschäden, d. h. Behandlungskosten für Sachleistungen und Arzthonorare. Dieser Schaden ist dem C, wie dargelegt, nach § 249 Abs. 2 durch Geldersatz auszugleichen.

---

[37] Bitte bei der Gliederung stets daran denken: Wer A sagt, muss auch B sagen.
[38] Ob im Hinblick auf den Rippenbruch etwa der Fahrer des Krankenwagens oder andere, am Unfall beteiligte Verkehrsteilnehmer neben S als Gesamtschuldner nach § 840 Abs. 1 haften, und wie sich ggf. der Ausgleich im Innenverhältnis (vgl. dazu § 426) gestaltet, ist nicht Gegenstand der Fallfrage!

b. Ersatz des Schadens, der nicht Vermögensschaden ist
(= immaterieller Schaden)

Es bleibt der Frage nachzugehen, ob und inwieweit über den Ersatz der Vermögens-schäden (= materielle Schäden) hinaus, insbesondere wegen von S erduldeter Schmer-zen, <u>Ersatz immaterieller Schäden (= Schmerzensgeld)</u> beansprucht werden kann.

Nach § 253 Abs. 1 kann wegen eines Schadens, der nicht Vermögensschaden ist (immaterieller Schaden), Entschädigung in Geld <u>ausschließlich in den durch das Gesetz bestimmten Fällen</u> gefordert werden. Ein Nichtvermögensschaden soll nur in beson-deren Situationen ersetzt werden, um einer <u>zu weitgehenden Kommerzialisierung immaterieller Interessen entgegenzuwirken</u>[39]. § 253 Abs. 2 enthält sodann die *„durch Gesetz bestimmten Fälle"*, wonach wegen Verletzung des Körpers, der Gesundheit, der Freiheit oder der sexuellen Selbstbestimmung auch wegen des Schadens, der nicht Vermögensschaden ist, eine billige Entschädigung in Geld gefordert werden kann[40].
Angesichts der systematischen Stellung im <u>Allgemeinen</u> Schuldrecht wird Schmerzens-geld nunmehr <u>unabhängig vom Haftungsgrund</u> gewährt. Anders als vor Streichung des § 847 BGB a. F. und Änderung des § 253 im Jahre 2001 entsteht jetzt der Anspruch auf Ersatz des immateriellen Schadens (allgemein) unter den Voraussetzungen des § 253 Abs. 2 nicht nur im Falle unerlaubter Handlung, sondern vor allem auch bei der Haftung aufgrund von Vertragsverletzungen, d. h. in Fällen des Schadensersatzes wegen Pflicht-verletzung nach § 280 Abs. 1 Satz 1[41]. Diese Gleichbehandlung mit Schadensersatz-ansprüchen aus unerlaubter Handlung erscheint zutreffend, setzt doch die Haftung nach § 280 ebenso wie die deliktische ein - wenn auch vermutetes - Verschulden voraus[42].

Bereits die Formulierung *„Entschädigung"* in § 253 Abs. 1 signalisiert, dass offenbar kein vollständiger Ausgleich und keine vollkommene Genugtuung[43] für die immate-riellen Einbußen gewährt werden soll. Die Entschädigung ist vielmehr nach Billigkeit festzusetzen[44], sie muss also *„billig"* sein[45].
Bei der Bemessung des Schmerzensgeldes sind zahlreiche Gesichtspunkte zu berück-sichtigen. Dazu zählen vor allem Art und Dauer der Schäden, die individuellen

---

[39] <u>Anderenfalls</u> <u>könnte</u> etwa der Mieter einer Wohnung im Falle eines vom Vermieter zu vertretenden verzögerten Einzugs neben materiellem Verzögerungsschaden eine *„billige Ent-schädigung"* dafür verlangen, dass ihm Lebensfreunde entgeht, weil er einige Wochen länger in seiner bisherigen, weniger komfortablen Wohnung bleiben musste.
<u>Zur Kommerzialisierung von Nichtvermögensgütern</u> vgl. Medicus, Bürgerliches Recht, Rdnrn. 822 ff.
[40] <u>Merke: § 253 Abs. 2 nennt nicht das Eigentum.</u> Der Eigentümer eines seltenen Brillantrings kann mithin nicht etwa Ersatz immaterieller Schäden mit der Begründung fordern, der zerstörte Brillantring sei ein altes Familienerbstück gewesen und habe für ihn einen besonderen Erin-nerungswert verkörpert.
[41] dazu ausführlich Anwaltkommentar/Huber, § 253 Rdnrn. 8 bis 11; ferner ist jetzt sogar in Fällen der Gefährdungshaftung Schmerzensgeld zu zahlen. Vgl. Kapitel 13 S. 210; Ausführlich zur Reform des Schmerzensgeldes Huber, Schadensrecht, S. 115 ff. m.w.N.
[42] so Anwaltkommentar/Huber, § 253 Rdnr. 9
[43] zu den <u>Funktionen des Schmerzesgeldes</u> vgl. Jauernig/Teichmann, § 253 Rdnr. 3 sowie Erman/Kuckuk, § 253 Rdnr. 17; ferner unten, S. 62 (Frage 10 des vorliegenden Kapitels)
[44] so Palandt/Heinrichs, § 253 Rdnr. 14
[45] zur sog. Billigkeitsschranke Erman/Kuckuk, § 253 Rdnr. 19

Verhältnisse des Geschädigten sowie die wirtschaftlichen Belange des Ersatzpflichtigen[46].

Um die individuelle Festsetzung nach Billigkeitsgesichtspunkten in der täglichen Praxis leichter bzw. überhaupt handhabbar zu machen, arbeitet man zur Bemessung des Schmerzengeldes mit Tabellen[47]. Diese fassen eine Vielzahl von Schmerzensgeld-Urteilen zusammen.

So werden in der Rubrik *„Fußgelenk- bzw. Sprunggelenkfrakturen"* Beträge zwischen rund 1.250 Euro (Fraktur des rechten oberen Sprunggelenkes und Unterschenkelfraktur, operative Versorgung und Nachoperation wegen Implantatentfernung[48]) und ca. 5.000 Euro (komplizierte Frakturen mit mehrwöchigen stationären Aufenthalten und Gehgips sowie längerer Heilungsverlauf[49]) aufgeführt.

Unter *„Rippenfrakturen"* finden sich Beträge von ca. 500 Euro (Zwei Wochen Bettruhe und insgesamt sechs Wochen Schmerzen[50]) bis zu ca. 2.500 Euro (Frakturen der 5. und 6. Rippe links sowie der 7. und 8. Rippe rechts[51]).

Bei Infektionen schließlich sind deren Folgen sowie der individuelle Verlauf maßgeblich. So führt zum Beispiel eine nicht erkannte Blinddarmentzündung mit nachfolgender schwerer Infektion der Bauchhöhle und einem sechswöchigen, komplizierten Heilungsverlauf zu einem Schmerzensgeld in Höhe von ca. 5.000 Euro[52].

---

[46] Überdies wird das Gefühl der Kränkung verschieden sein, je nachdem, ob der Schädiger (grob) fahrlässig oder vorsätzlich die Verletzungshandlung begangen hat. Infolgedessen kommt bei Vorsatztaten der Genugtuungsfunktion besonderes Gewicht zu (so Palandt/Heinrichs, § 253 Rdnr. 11). Ferner beeinträchtigt eine mutwillig schleppende Schadensregulierung den Verletzten regelmäßig zusätzlich in erheblicher Weise. Vgl. zu den mannigfaltigen Bemessungsfaktoren auf Seiten des Verletzten sowie auf Seiten des Schädigers Palandt/Heinrichs, § 253 Rdnrn. 19 und 20

[47] so etwa die Tabelle von Hacks/Ring/Böhm, Schmerzensgeldbeträge, die allerdings in erster Linie nicht nach Verletzungsarten, sondern nach der Höhe des Schmerzensgeldes geordnet ist. Das erschwert ihre Handhabung, da man nur sehr mühsam die mit dem jeweils zu beurteilenden Fall vergleichbare Verletzung ausfindig macht. Weit übersichtlicher ist dagegen die Beck`sche Schmerzensgeldtabelle *„von Kopf bis Fuß"*. Wie diese Formulierung bereits signalisiert, bringt die Beck`sche Tabelle *„die Schmerzensgeldentscheidungen von Kopf bis Fuß in eine anatomische Reihe"*(vgl. Beck`sche Schmerzensgeld-Tabelle, S. 1). Überdies ist eine ca. 90 Seiten umfassende Kommentierung des Anspruchs auf Schmerzensgeld vorangestellt, die auch zu den prozessualen Besonderheiten eines Schmerzensgeldantrages Auskunft gibt.

[48] vgl. Beck`sche Schmerzensgeld-Tabelle, S. 485 (Nr. 2485) = LG Bochum, Urteil vom 31.05.1995 - 10 S 41/95 (unveröffentlicht)

[49] vgl. Beck`sche Schmerzensgeld-Tabelle, S. 486 (Nrn. 575, 1980, 2186) sowie S. 487 (Nr. 2504), Fundstellen ebenda

[50] vgl. Beck`sche Schmerzensgeld-Tabelle, S. 299 (Nr. 230) = AG Duisburg, Urteil vom 29.10.1979 - 5 C 187/79, veröffentlicht in Deutsches Autorecht 1980, 88

[51] vgl. Beck`sche Schmerzensgeld-Tabelle, S. 300 (Nr. 2193) = AG Villingen-Schwenningen, Urteil vom 15.04.1992 - 6 C 18/92, veröffentlicht in Zeitschrift für Schadensrecht, 1992, 406

[52] vgl. Beck`sche Schmerzensgeld-Tabelle, S. 346 (Nr. 598) = Kammergericht, Urteil vom 19.01.1988 - 9 U 4028/85, veröffentlicht in Zeitschrift für Schadensrecht 1988, 131

Auf den Fall bezogen ergibt sich:

3. Frage (Fall 2):

(A). Rechtsfolge des § 823 Abs. 1[53]
  (hier: Ersatz des <u>immateriellen</u> Schadens)

Zu klären bleibt vorliegend, ob und in welcher Höhe dem S ein Geldbetrag auch wegen solcher Schadensposten zusteht, die nicht Vermögensschäden sind.

Entschädigung in Geld wegen eines Nichtvermögensschadens (= Schmerzensgeld) kann nach § 253 Abs. 1 <u>nur in den durch das Gesetz bestimmten Fällen</u> gefordert werden. Welche Fälle das sind, bestimmt § 253 Abs. 2.
Hier liegt eine Verletzung des Körpers[54] vor, so dass nach § 253 Abs. 2 ein Anspruch auf eine *„billige Entschädigung"* in Form von Schmerzensgeld besteht.

Bei der Festsetzung eines angemessenen Schmerzensgeldbetrages sind vorliegend folgende Bemessungsfaktoren in Rechnung zu stellen:

<u>Auf Seiten des Verletzten</u>, also hier zugunsten des S, fällt ins Gewicht, dass C nicht allein für die Schmerzen der Sprunggelenkfraktur, sondern auch für den schmerzhaften Rippenbruch und die Keiminfektion haftet. Überdies bleibt es nicht ohne Auswirkung auf die Bemessung des Schmerzensgeldes, dass S über Monate hinweg seiner besonders gepflegten Freizeitbetätigung, dem <u>Bergwandern, nicht nachzugehen vermochte.</u> Das bedeutet für ihn eine empfindliche <u>Einbuße an Lebensfreude.</u> Dabei ist nicht der finanzielle Aufwand für das Hobby, sondern der <u>Stellenwert</u> maßgeblich, den es <u>in der Lebensgestaltung des Opfers</u> tatsächlich besessen hat[55].
Schließlich kann <u>auf Seiten des Schädigers</u> bei dem als Unfallchirurg tätigen Ersatzpflichtigen von guten wirtschaftlichen Verhältnissen ausgegangen werden.

Obwohl damit die Bemessungsfaktoren für S durchweg günstig ausfallen, erscheint der geforderte Betrag von 50.000 EUR erheblich zu hoch.
Letztlich wird man sich daran zu orientieren haben, welche Beträge in vergleichbaren Fällen bisher gewährt wurden. So dürfte - ausgehend von mittleren Schweregraden und „normalen" Heilungsverläufen - eine Sprunggelenkfraktur mit ca. 2.000 und eine Rippenfraktur mit ca. 1.000 Euro zu Buche schlagen. Bei der Infektion, die hier zu einer um eine Woche verlängerten Behandlung führte, dürfte ebenfalls ein Betrag von 1.000 Euro in Betracht kommen. Berücksichtigt man darüber hinaus die entgangene Lebensfreude sowie die wirtschaftlichen Verhältnisse des Schädigers, so

---

[53] <u>Achtung:</u> <u>§ 253 ist keine Anspruchsgrundlage</u>, sondern betrifft nur die Rechtsfolge und konkretisiert insoweit den Umfang des zu ersetzenden Schadens. Anspruchsgrundlage ist § 823!
[54] Die Verletzung des Körpers grenzt man von einer solchen der Gesundheit wie folgt ab: Körperverletzungen beruhen auf äußeren Ereignissen, wogegen die Gesundheit aufgrund innerlich wirkender Einflüsse verletzt wird.
[55] Erman/Kuckuk, § 253 Rdnr. 16

dürfte ein Schmerzensgeld in Höhe von insgesamt 5.000 Euro angemessen erscheinen[56].

(B). Ergebnis
S hat Anspruch auf die Gewährung eines <u>angemessenen</u> Schmerzensgeldes in Höhe von 5.000 Euro.

Zusammenfassung der Ergebnisse der Fragen 1 bis 3 (Fall 2)
S hat gegen C <u>dem Grunde nach</u> einen <u>Anspruch auf Schadensersatz nach § 823 Abs. 1</u> sowie nach <u>§ 823 Abs. 2</u> i. V. m. einem Verstoß gegen das <u>Schutzgesetz des § 230 StGB</u> (fahrlässige Körperverletzung).

Die <u>Behandlungskosten für sämtliche Folgen</u> (Sprunggelenkfraktur, Rippenbruch und Keiminfektion) sind <u>als äquivalent und adäquat verursachte Folgeschäden in Geld</u> (§ 249 Abs. 2) zu ersetzten.

Überdies steht S als Schadensersatz <u>ein Schmerzensgeld in angemessener Höhe</u> (hier 5.000 Euro) zu (vgl. § 253 Abs. 1 und 2).

---

[56] Letztlich ist dies jedoch eine Tatfrage. Das bedeutet, dass man angesichts der durchaus dürftigen Angaben zu den einzelnen Verletzungen vorliegend wohl nicht präzise zu sagen vermag, in welcher Höhe Schmerzensgeld letztlich zugesprochen werden wird. Das entspricht der Situation in der Praxis, da im voraus weder Kläger noch Beklagter zuverlässig beurteilen können, welchen Entschädigungsbetrag das Gericht für angemessen erachtet. Deswegen wird prozessual <u>ein unbezifferter Klageantrag, der die Höhe des Schmerzensgeldes in das Ermessen des Gerichts stellt, als zulässig erachtet.</u> Vgl. ausführlich dazu Beck'sche Schmerzensgeld-Tabelle, S. 73-75

II. Die „sonstigen Rechte" des § 823 Abs. 1

Auf der einen Seite beschränkt die Rechtsprechung die deliktische Haftung mit ihrer Zurechnungslehre, wie dargelegt, auf den Ersatz <u>adäquat</u> herbeigeführter Folgeschäden.

Auf der anderen Seite lässt sich mit Hilfe des unbestimmten Rechtsbegriffs des sonstigen Rechts eine allzu restriktive außervertragliche Haftung vermeiden.

Dabei ist man sich einig, dass <u>nicht jedes Recht ein sonstiges im Sinne des § 823 Abs. 1</u> sein kann, denn <u>anderenfalls würde § 823 Abs. 1 zu einer deliktischen Generalklausel</u>. Das widerspräche aber der Intention des Gesetzgebers, durch die Enumeration bestimmter Rechte und Rechtsgüter in § 823 Abs. 1 die Uferlosigkeit einer außervertraglichen Haftung zu verhindern. Aus der (systematischen) Stellung des *„sonstigen Rechts"* unmittelbar nach dem Eigentum ergibt sich nach allgemeiner Meinung vielmehr, dass <u>ausschließlich absolute, d. h. gegenüber jedermann wirkende Rechte erfasst</u> sein sollen.

1. Überblick

Demzufolge zählen sämtliche absoluten Herrschaftsrechte, also insbesondere die beschränkt dinglichen Rechte (z. B. die schon erwähnten Grundpfandrechte, wie Grundschuld und Hypothek), Immaterialgüterrechte und gewerbliche Schutzrechte (z.B.: Patent-, Urheber-, Warenzeichen- oder Musterschutzrechte) sowie Mitgliedschaftsrechte (z.B.: Aktien, Geschäftsanteile an GmbH) zu den sonstigen Rechten im Sinne des § 823 Abs. 1.

Darüber hinaus hat die Rechtsprechung das sog. <u>Recht am eingerichteten und ausgeübten Gewerbebetrieb</u> als Schutzposition im Sinne von § 823 Abs. 1 entwickelt. Sollte nach dem Reichsgericht (RG) zunächst allein die Unternehmenssubstanz geschützt werden, so ist nach der Fortführung der Rechtsprechung durch den BGH der Gewerbebetrieb in seinem Bestand und in seinen Ausstrahlungen (Kundenstamm, guter Firmenruf) geschützt. Um in Bezug auf das Recht am eingerichteten und ausgeübten Gewerbebetrieb einer uferlosen außervertraglichen Haftung entgegenzuwirken, stellt die Rechtsprechung gewisse Hürden auf. So ist erforderlich, dass die Verletzung <u>betriebsbezogen</u> ist, d. h. sie muss sich <u>gegen den Betrieb selbst</u> richten. Das ist vor allem bei <u>scharfer Kritik an einem bestimmten Unternehmen</u> sowie bei <u>Blockaden</u> und <u>Boykottaufrufen anzunehmen</u>[57].
Die eigentliche Entscheidung über eine Haftung fällt allerdings erst im Rahmen einer Güter- und Interessenabwägung[58].

Überdies hat der BGH <u>das allgemeinen Persönlichkeitsrecht als sonstiges Recht</u> im Sinne des § 823 Abs. 1 anerkannt[59]. Dem Schutz des allgemeinen Persönlichkeitsrechts

---

[57] vgl. Jauernig/Teichmann, § 823 Rdnrn. 95 ff.
[58] vgl. dazu die Ausführungen zur Güter- und Interessenabwägung beim allgemeinen Persönlichkeitsrecht, die hier sinngemäß heranzuziehen sind, S. 55
[59] kritisch <u>zu dieser Einordnung Medicus</u>, der die Herleitung des Persönlichkeitsrechts als sonstiges Recht ablehnt. Dabei handele es sich um eine *„juristische Missgeburt"*: Vielmehr sollte der umfassende Schutz der Persönlichkeit <u>durch eine Analogie</u> zum Schutz der vier in § 823 Abs. 1 aufgezählten Rechtsgüter begründet werden (Medicus, Bürgerliches Recht,

kommt <u>in der heutigen Mediengesellschaft immense Bedeutung</u> zu. Folgerichtig löst seine Verletzung nicht nur die deliktische Schadensersatzpflicht aus, sondern führt überdies analog § 1004 zu Unterlassungs- und Beseitigungsansprüchen[60].

Es erscheint lohnenswert, dieses besonders wichtige sonstige Recht herauszugreifen und seine Entwicklung und Ausprägung nachzuzeichnen.

2. Das allgemeine Persönlichkeitsrecht als sonstiges Recht

a. Einfach-gesetzlicher Befund: (Nur) Fragmentarischer Schutz der Persönlichkeit

Als geschützte Rechtsgüter <u>der Person</u> zählt § 823 Abs. 1 Leben, Körper, Gesundheit und Freiheit auf (<u>Enumerationsprinzip</u>).

Überdies sind <u>einzelne personenbezogene Rechte</u>, wie etwa das <u>Namensrecht in § 12</u> oder das <u>Recht am eigenen Bild in § 22 KunstUrhG</u>[61], gesetzlich fixiert[62].

Zum <u>Schutze des Namens</u> gewährt das BGB Beseitigungs- und Unterlassungsansprüche (vgl. § 12 Satz 2). Einen Ausgleich für erlittene Vermögensschäden oder gar für immaterielle Einbußen ist in § 12 nicht vorgesehen. Zwar schaffen die Straftatbestände der Beleidigung und Verleumdung (vgl. §§ 185 bis 187 StGB) bedingt Abhilfe, denn sie stellen Schutzgesetze im Sinne des § 823 Abs. 2 dar. Allerdings erfüllen fahrlässige Ehrverletzungen sowie Berichterstattungen, die keine falschen Tatsachen enthalten (keine Verleumdung oder üble Nachrede) oder die unterhalb der Schwelle der Beleidigung bleiben, keine Straftatbestände und begründen mithin keine Verstöße gegen Schutzgesetze.

Das KunstUrhG sanktioniert mit seinem Straftatbestand in § 33 nur den Fall, dass ein <u>Bildnis</u> ohne die nach den §§ 22, 23 KunstUrhG erforderliche Einwilligung des Abgebildeten <u>verbreitet</u> oder <u>öffentlich zur Schau gestellt</u> wird. Die Verbreitung von Berichten ohne Bilder oder das Aufhängen heimlich angefertigter Bildnisse in Räumen, die lediglich einem begrenzten Personenkreis zugänglich sind (z. B. private Wohnräume), wird von § 33 KunstUrhG dagegen nicht erfasst. <u>Insoweit fehlt die Möglichkeit</u>, über § 823 Abs. 2 i. V. m. § 33 KunstUrhG als Schutzgesetz Schadensersatz zu beanspruchen.

Zwar stellt neuerdings das <u>StGB in § 201 a</u> die Verletzung des höchstpersönlichen Lebensbereichs durch Bild<u>aufnahmen</u> unter Strafe[63]. § 201 a Abs. 1 lautet wie folgt:
„Wer von einer anderen Person, die sich in einer Wohnung oder einem gegen Einblick besonders geschützten Raum befindet, unbefugt Bildaufnahmen herstellt oder überträgt und dadurch deren höchstpersönlichen Lebensbereich verletzt, wird mit Freiheitsstrafe

---

Rdnr. 615). <u>Im praktischen Ergebnis</u> macht die abweichende dogmatische <u>Ableitung allerdings keinen Unterschied</u>.
[60] ausführlich zu § 1004 bereits oben, S. 22/23
[61] Gesetz betreffend das Urheberrecht an Werken der bildenden Künste und der Fotografie vom 9. Januar 1907 (RGBl. S. 7, BGBl. III 440-3)
[62] Zu dem bürgerlich-rechtlichen Namensschutz des § 12 tritt <u>im Handelsrecht nach § 37 HGB</u> der Firmenschutz, wobei die <u>Firma</u> nichts anderes ist, als - so die Formulierung in § 17 HGB - der <u>Name, unter dem der Kaufmann seine Geschäfte betreibt und die Unterschrift abgibt</u>.
[63] vgl. dazu BT-Drucksache 15/2466 i.d.F. der BT-Drucksache 15/2995

bis zu einem Jahr oder Geldstrafe bestraft". Aber dieser strafrechtliche Schutz am Bild ist ersichtlich nicht umfassend. Das zeigt schon die *„bisher so noch nie in Erscheinung getretene Reichhaltigkeit an unbestimmten Tatbestandsmerkmalen in einer Strafrechtsnorm"*[64]. Ein vollumfänglicher strafbewehrter Schutz wäre im Übrigen mit dem ultima ratio Prinzip des Strafrechts nicht vereinbar.

Der dargelegte einfach-gesetzliche Befund zeigt, dass nur einzelne Ausprägungen der Persönlichkeit (Namensrecht, Recht am eigenen Bild) geregelt sind und ihr Schutz zudem lückenhaft ausgestaltet ist.

Ein underfassender Schutz der Persönlichkeit, insbesondere der Freiheit, persönlich zu entscheiden, ob und welche Informationen aus dem Intim- und Privatbereich nach außen gelangen, ist einfach-gesetzlich nicht normiert.

b. Das Konstrukt der Rechtsprechung:
Offener Tatbestand ohne Indikationswirkung

aa. Tatbestandlicher Schutzbereich

Angesichts von Art. 1 Abs. 1 GG, in dem die Würde des Menschen für unantastbar erklärt ist und wegen Art. 2 Abs. 1 GG, demzufolge jedem das Recht auf freie Entfaltung seiner Persönlichkeit garantiert wird, hat die Rechtsprechung 1954 die Initiative ergriffen und das allgemeine Persönlichkeitsrecht als ein durch § 823 Abs. 1 geschütztes sonstiges Recht[65] auf Achtung seiner Menschenwürde und auf Entfaltung seiner individuellen Persönlichkeit anerkannt[66].

In den damit gewährleisteten umfassenden Schutzbereich des allgemeinen Persönlichkeitsrechts fällt neben der Verbreitung und der öffentlichen Zurschaustellung von Fotomaterial generell die Anfertigung und Veröffentlichung von Informationen aus dem Privat- und Intimleben, wie etwa die Wiedergabe heimlich aufgezeichneter Telefonate, die Mitteilungen aus Briefen, Tagebüchern oder sonstigen Schriften.

---

[64] so die Formulierung von Kraenz, NJW-aktuell Heft 48/2004, S. XVI

[65] Der BGH hat sich gescheut, das allgemeine Persönlichkeitsrecht (vgl. dazu unten, S. 53-56) gewissermaßen als „Freiheit im Geistigen" unter den Freiheitsbegriff zu subsumieren. Auf diese Weise hätte man den Wortlaut des § 253 Abs. 2 für die Zuerkennung von Schmerzensgeld bei Verletzungen des allgemeinen Persönlichkeitsrechts auf elegantere Weise als durch Analogie „umschiffen" können.

[66] gefestigte Rechtsprechung seit BGHZ 13, 334 (338 ff.); In dieser sog. Schachtbrief-Entscheidung aus dem Jahre 1954 ging es um die veränderte Wiedergabe eines Leserbriefes. Der BGH erkannte darin erstmals das allgemeine Persönlichkeitsrecht an und folgerte daraus, *„dass grundsätzlich dem Verfasser eines Briefes allein die Befugnis zusteht, darüber zu entscheiden, ob und in welcher Form seine Aufzeichnungen der Öffentlichkeit zugänglich gemacht werden"*.

bb. Feststellung der Widerrechtlichkeit durch Interessen- und Güterabwägung[67]

Allerdings setzt eine Schadensersatzhaftung nach § 823 bekanntlich[68] die Widerrechtlichkeit des tatbestandlichen Eingriffs voraus.

Das allgemeine Persönlichkeitsrecht weist aber einen <u>offenen</u> Tatbestand auf, der nur einen Rahmen absteckt (<u>Rahmenrecht</u>)[69]. Anders als Leben, Körper, Gesundheit und Eigentum hat das allgemeine Persönlichkeitsrecht keine *„gegenständliche Verkörperung"* gefunden, die seinen Inhalt so konturiert, dass schon von dem Eingriff in den Schutzbereich auf dessen <u>widerrechtliche</u> Verletzung geschlossen werden könnte[70]. Der Eingriff in den tatbestandlichen Schutzbereich des allgemeinen Persönlichkeitsrechts, dem eine klare Abgrenzung fehlt, <u>indiziert</u> folglich <u>mitnichten die Widerrechtlichkeit</u> desselben. Infolge dessen ist die <u>Widerrechtlichkeit ausdrücklich (positiv) festzustellen.</u>

Denn die Entfaltungsfreiheit <u>des einen</u> beeinträchtigt nicht selten die des anderen. Die anderen, meist die Medien (Fernsehen und Presse), können ebenfalls verfassungsrechtlich geschützte Positionen geltend machen, nämlich insbesondere die Grundrechte der Meinungs- und Pressefreiheit des Art. 5 GG. Diese <u>Grundrechte entfalten eine sog. mittelbare Drittwirkung</u>[71]. D. h. die in ihnen enthaltenen objektiven Wertentscheidungen strahlen hier über den unbestimmten Rechtsbegriff der Widerrechtlichkeit des § 823 Abs. 1 in das zwischen den Bürgern geltende Privatrecht ein. Es kann also zu einer Kollision widerstreitender Verfassungswerte kommen, die <u>nach den Grundsätzen praktischer Konkordanz</u>[72] <u>mit Hilfe einer umfassenden Güter- und Interessenabwägung zum Ausgleich zu bringen</u> sind[73]. Zu erreichen ist ein möglichst umfassender Persönlichkeitsschutz einerseits und eine möglichst freiheitliche Berichterstattung andererseits.

Geht es zum Beispiel einer Zeitung in erster Linie um Information und Meinungsbildung und kommt es dabei zur Mitveröffentlichung privater Umstände oder Vorkommnisse, so wird der damit verbundene Eingriff in das Persönlichkeitsrecht oftmals nicht als widerrechtlich zu bewerten sein. Stehen indes Sensationsgier und Profitinteressen im Vordergrund, so dürfte nicht selten eine widerrechtliche Verletzung anzunehmen sein.

Freilich sind stets <u>Art und Schwere des Eingriffs</u> in das <u>Persönlichkeitsrecht im konkreten Einzelfall maßgeblich.</u>

Hierzu unterscheidet man verschiedene Sphären. Die <u>Intimsphäre</u> umfasst die innere Gedanken- und Gefühlswelt. Sie schlägt sich in besonders vertraulichen Äußerungen, Tagebüchern und persönlichen Briefen nieder und genießt absoluten Schutz. Die <u>Privatsphäre</u> betrifft den Bereich des häuslichen Familienlebens und steht gewisser-

---

[67] dazu eingehend, Ehmann, JuS 1997, 193 (197)

[68] vgl. dazu oben, S. 41

[69] zur generalklauselartigen Weite eines Rahmenrechts, vgl. Ehmann, JuS 1997, 193 ff.

[70] Ehmann, JuS 1997, 193 (195) m.w.N. und folgendem Hinweis: Das gleiche Problem besteht seit jeher in Bezug auf den <u>Begriff der Freiheit</u>, weshalb man den Freiheitsbegriff des § 823 Abs. 1 interpretativ auf den Bedeutungsgehalt der *„körperlichen Bewegungsfreiheit"* bezieht. Dazu S. 59 (Frage 4 des vorliegenden Kapitels)

[71] <u>Grundrechte sind in erster Linie Abwehrrechte des Bürgers gegen staatliche Eingriffe.</u> Bisweilen haben sie den <u>Charakter von Teilhabe- oder Leistungsrechten</u> (Art. 6 Abs. 4 GG; Art. 1 Abs. 1 i. V. m. dem Sozialstaatsprinzip), also von Ansprüchen gegen den Staat. Gegenüber Dritten (Privatpersonen) wirkt <u>unmittelbar nur die Koalitionsfreiheit des Art. 9 Abs. 3 Satz 2 GG</u> (unmittelbare Drittwirkung). Allerdings können Grundrechte wie hier <u>mittelbar über Generalklauseln oder unbestimmte Rechtsbegriffe Wirkungen gegenüber Dritten entfalten (mittelbare Drittwirkung).</u>

[72] dazu Erman/H. Ehmann, Anhang zu § 12 Rdnr. 14

[73] so zum Beispiel BGHZ 13, 334 (338); 35, 363 (368)

maßen „im Mittelfeld". Die Individualsphäre schließlich hat die persönliche Eigenart des Menschen in seinen weiteren Beziehungen zur Umwelt - insbesondere im Hinblick auf die Tätigkeit im Beruf oder in Bezug auf eine Betätigung im öffentlichen (z. B. politischen) Leben - zum Gegenstand. Sie verdient den geringsten Schutz.

Zu beachten ist ferner das Verhalten des Beeinträchtigten. Wer Anlass dazu gibt, muss sich dementsprechend scharfe Gegenrede gefallen lassen. So sind etwa im politischen Meinungskampf auch aus dem Kontext gerissene, irreführende Wiedergaben von Äußerungen und abwertende Kritik der Person hinzunehmen.

cc. Sanktionen

Die Verletzung des allgemeinen Persönlichkeitsrechts ist zivilrechtlich mit der Haftung auf Ersatz des materiellen Schadens sanktioniert.

Darüber hinaus hat der BGH in seiner sog. Herrenreiter-Entscheidung[74] im Jahre 1958 in rechtsfortbildender Weise und entgegen dem damaligen § 847 (heutiger § 253 Abs. 2) dem Kläger wegen der schwerwiegenden Verletzung seines allgemeinen Persönlichkeitsrechts ein Schmerzensgeld in Höhe der damals doch beträchtlichen Summe von 10.000 DM zugesprochen[75].

Überdies werden Störungen oder drohende Beeinträchtigungen mit Hilfe einer analogen Anwendung von § 1004 durch Beseitigungs-[76] und Unterlassungsansprüche[77] abgewehrt.

---

[74] BGHZ 26, 349 (354); s. dazu auch Jauernig/Teichmann, § 253 Rdnr. 7 m.w.N.

[75] Erwähnenswert erscheint ein weiterer Fall, in dem eine Nacktaufnahme aus einem Biologieschulbuch ohne Zustimmung des Abgebildeten für wenige Sekunden im Fernsehen gezeigt wurde. Schon darin sah der BGH eine schwerwiegende Verletzung des Persönlichkeitsrechts, für die es eine Entschädigung durch Gewährung von Schmerzensgeld zusprach. Vgl. BGH, NJW 1985, 1617

[76] Beseitigung ist inhaltlich vor allem auf Widerruf von unwahren Tatsachenbehauptungen gerichtet. Der Form nach hat der Widerruf u. U. durch Veröffentlichung am selben Platz zu erfolgen. Daneben kann nach den Pressegesetzen der Länder ein Recht zur Gegendarstellung bestehen. Dadurch kann der Betroffene aus seiner Sicht der Dinge die Veröffentlichung richtigstellen. Vgl. dazu Jauernig/Teichmann, § 823 Rdnr. 82 m.w.N.

[77] dazu Kapitel 13, S. 215

III. Konkurrenz vertraglicher und deliktischer Ansprüche

Denkbar ist, dass vertragliche und deliktische Schadensersatzansprüche zusammentreffen. Dazu kommt es, wenn man nicht lediglich gegen die (allgemeine) außervertragliche Pflicht des § 823 Abs. 1 verstößt, absolute Rechtsgüter und Rechte des anderen nicht zu verletzen, sondern durch dieselbe Handlung zugleich vertragliche Schutz- und Sorgfaltspflichten (vgl. § 311 Abs. 1, § 241 Abs. 2) verletzt.

Nehmen wir beispielsweise den Fall, dass der Taxifahrer T fahrlässig einen Verkehrsunfall verursacht und dabei das Eigentum seines Fahrgastes F schädigt.

Das Fehlverhalten des Taxifahrers verletzt erstens die Sorgfaltspflichten des Beförderungsvertrags. Uno actu ist darüber hinaus eine unerlaubte Handlung nach § 823 Abs. 1 gegeben. Folglich kann der geschädigte Fahrgast seinen Anspruch auf Schadensersatz zum einen wegen Verletzung einer vertraglichen Sorgfaltspflicht (s. § 241 Abs. 2) auf § 280 Abs. 1 stützen, zum anderen kann er sich auf die deliktische Anspruchsgrundlage des § 823 Abs. 1 berufen. Das bezeichnet man als Anspruchskonkurrenz. Es konkurrieren die materiellen Anspruchsgrundlagen des § 823 Abs. 1[78] und des § 280 Abs. 1 (bisherige positive Vertragsverletzung[79]). Auf beide Normen kann der Geschädigte im Falle des Rechtsstreits seine Schadensersatzklage (materiell) stützen.
Prozessual handelt es sich freilich um ein und denselben Streitgegenstand[80], so dass der Schadensbetrag selbstverständlich nicht doppelt zugesprochen wird. Allerdings bleibt es dem Richter überlassen, mit welcher der vorgetragenen materiellen Anspruchsgrundlagen er sein stattgebendes Urteil begründet.

Der Vorteil der Anspruchskonkurrenz liegt im gewählten Beispiel für den Geschädigten in erster Linie darin, dass der vertragliche Schadensersatzanspruch mit einer Verschuldensvermutung ausgestattet ist.
Nach § 280 Abs. 1 Satz 2 entfällt („gilt nicht") die vertragliche Schadensersatzhaftung des § 280 Abs. 1 Satz 1, wenn der Schuldner die Pflichtverletzung nicht zu vertreten hat. Diese negative Formulierung besagt, dass bei der Verletzung der vertraglichen Pflicht solange ein Verschulden des Schädigers vermutet wird, bis dieser das Gegenteil bewiesen hat, d. h. bis er die Verschuldensvermutung des § 280 Abs. 1 Satz 2 widerlegt hat. Der Schädiger muss sich also exkulpieren, indem er konkrete Entlastungsmomente vorträgt und diese im Bestreitensfalle unter Beweis stellt[81]. In Bezug auf den vertraglichen Anspruch müsste hier folglich der Taxifahrer darlegen und ggf. beweisen, dass er nach § 276 Abs. 2 die erforderliche Sorgfalt beachtet hat, dass er also vor allem die zulässige Geschwindigkeit nicht überschritten und auch sonst nicht unsorgfältig gehandelt hat. Gelingt ihm ein solcher Nachweis nicht, haftet er kraft vermuteten Verschuldens. § 280 Abs. 1 Satz 2 führt also zu einer Beweislastumkehr, wonach bei

---

[78] Da fahrlässige Sachbeschädigung nicht strafbar ist, ist hier kein Straftatbestand und mithin auch kein Schutzgesetz erfüllt. Anders verhielte es sich im Falle der Körperverletzung (§ 230 StGB) des Fahrgastes. Dann wäre nicht nur der Grundtatbestand des § 823 Abs. 1, sondern zusätzlich der Haftungstatbestand des § 823 Abs. 2 in Verbindung mit einem sog. Schutzgesetz erfüllt.
[79] dazu Jauernig/Jauernig, § 280 Rdnr. 1
[80] zum prozessualen Streitgegenstandsbegriff vgl. S. 209
[81] dazu meine Fälle zum reformierten Schuldrecht, Fall 1 („Späte Schäden an Außenbordmotoren"), S. 7 ff. sowie Fall 6 („Geldsorgen eines Jurastudenten"), S. 81 ff.

der Verletzung <u>vertraglicher</u> Pflichten nicht der Anspruchsteller das Verschulden, sondern der in Anspruch Genommene sein Nichtverschulden zu beweisen hat.

Bei der <u>außervertraglichen Haftung nach § 823 Abs. 1</u> gibt es eine solche Verschuldens-vermutung dagegen nicht. Hinsichtlich der unerlaubten Handlung muss folglich <u>der Anspruchsteller das Verschulden</u> als drittes Merkmal des haftungsbegründenden Tat-bestandes nach der allgemeinen Beweislastregel[82] <u>zur Überzeugung des Gerichts nach-weisen</u>. Demzufolge müsste der Fahrgast F beweisen, dass der Taxifahrer T zu schnell gefahren ist oder andere Sorgfaltspflichtverstöße begangen hat, <u>wenn er seinen An-spruch allein auf § 823 Abs. 1 stützt</u>.

<u>Anmerkung:</u> <u>Im Gutachten</u> prüft man <u>Ansprüche aus unerlaubter Handlung immer nach vertraglichen Ansprüchen</u>, denn <u>das spezielle vertragliche Band geht</u> dem generellen gesetzlichen Schuldverhältnis <u>vor</u>. Nach dem Vertrag kann etwas Besonderes gelten. So kann sich aus dem Vertrag etwa ein milderer Haftungsmaßstab - zum Beispiel Haftung nur für grobe Fahrlässigkeit - ergeben (vgl. etwa § 690), der dann auch bei der unerlaubten Handlung anzulegen ist[83]. Anderenfalls würden nämlich <u>vertragliche Haf-tungserleichterungen</u> über die außervertragliche Haftung beseitigt.

Fragen zu Kapitel 3

1. Wie unterscheiden sich die Begriffe Tatbestand und Sachverhalt?

2. Was hat der deutsche Gesetzgeber nach § 823 Abs. 1 tatbestandsmäßig als unerlaubt eingestuft? Geben Sie dazu eine Bewertung ab.

3. Sind schuldrechtliche Forderungen sonstige Rechte im Sinne des § 823 Abs. 1?

4. Erfüllt die bloße Schädigung des Vermögens den Tatbestand des 823 Abs. 1?

5. Was versteht man unter der die Haftung <u>begründenden</u>, was unter der sie <u>ausfüllenden</u> Kausalität?

6. Was bezeichnet der Begriff der äquivalenten Kausalität?

7. Wann könnte es zum Beispiel (ausnahmsweise) an der haftungsbegründenden Kausalität fehlen?

8. Steht ein Unterlassen dem positiven Tun als Verletzungsverhalten gleich?

9. S beschädigt bei einem Auffahrunfall den 12 Jahre alten PKW des G. Die Reparatur des PKW würde 2.250 Euro kosten. S weigert sich, die Reparaturkosten zu zahlen, da der Wiederbeschaffungswert nur 1.500 Euro beträgt. Zu Recht?

10. Welche zwei Funktionen kommen der Gewährung von Schmerzensgeld zu?

---

[82] dazu oben, S. 33
[83] vgl. etwa Jauernig/Stadler, § 690 Rdnr. 1

Antworten (Kapitel 3)

zu Frage 1:

Mit <u>Tatbestand bezeichnet</u> man die <u>Voraussetzungsseite eines Rechtssatzes</u>. So setzt der dreistufige Tatbestand (im weiteren Sinne) des § 823 Abs. 1 erstens eine Rechtsgutsverletzung, zweitens dessen Widerrechtlichkeit und drittens Verschulden voraus.

<u>Unter Sachverhalt versteht man dagegen</u> den <u>konkreten Lebenssachverhalt</u>. Ihn hat man unter die einzelnen Tatbestandsmerkmale der einschlägigen Norm zu subsumieren.

zu Frage 2:

Das deutsche Deliktsrecht kennt im Gegensatz zum französischen Code Civil <u>keine generalklauselartige Bestimmung</u>, wonach <u>jedes</u> fahrlässige und vorsätzliche menschliche Verhalten, das das Vermögen eines anderen schädigt, zum Ersatz verpflichtet. Dies hätte eine uferlose außervertragliche Haftung zur Folge, die für eine Vielzahl von sozial und wirtschaftlich gewollten Interaktionen nicht förderlich wäre.
Deshalb hat der deutsche Gesetzgeber in § 823 Abs. 1 die Ersatzpflicht auf die Verletzung solcher Rechte und Rechtsgüter begrenzt, die einen <u>absoluten, d. h. gegenüber jedermann wirkenden Schutz</u> genießen. Dies macht die <u>Unerlaubtheit der Handlung</u> und mit ihr die Tatbestandsmäßigkeit im engeren Sinne <u>leicht feststellbar</u>.

zu Frage 3:

Die Antwort lässt sich am besten <u>anhand eines Beispiels</u> geben:

Nehmen wir an, M hat von Vermieter V eine Wohnung gemietet. Bevor M einzieht, überredet der Dritte D den V, die Wohnung nicht M zu überlassen, sondern diese an ihn zu vermieten und zu überlassen. V geht darauf ein.

Durch sein Verhalten - Überreden des V - hat D dem V die Erfüllung der mietvertraglichen Pflicht aus § 535 Abs. 1, die V bereits dem M gegenüber übernommen hat, nachträglich unmöglich gemacht. V kann seine Leistungspflicht aus § 535 Abs. 1 gegenüber M nicht mehr erfüllen. Infolgedessen ist sie nach § 275 Abs. 1 entfallen (*„ausgeschlossen"*). Dennoch hat D dadurch kein sonstiges Recht im Sinne des § 823 Abs. 1 verletzt, denn darunter fallen <u>nur absolute, d. h. gegenüber jedermann bestehende Rechte</u>. Das Forderungsrecht des M aus dem Mietvertrag besteht aber nur gegenüber V, d. h. in der Relation M zu V. Es handelt sich also um ein <u>relatives Recht</u>. <u>Forderungen sind</u> aber <u>keine sonstigen Rechte im Sinne des § 823 Abs. 1</u>.
M muss sich also an seinen Vertragspartner V halten. Gegen diesen hat er wegen der nachträglichen Unmöglichkeit einen <u>vertraglichen</u> Anspruch auf Schadensersatz statt der Leistung gemäß §§ 280 Abs. 1 und 3, 283.

Eine <u>außervertragliche</u> Haftung gegen D nach § 823 Abs. 1 besteht hingegen nicht.

zu Frage 4:

Es reicht für eine unerlaubte Handlung nach § 823 Abs. 1 nicht aus, wenn zwar ein Vermögensschaden eintritt, es aber an der Verletzung eines absoluten Rechts oder Rechtsguts fehlt. Dazu folgendes Beispiel:

S befindet sich auf der Autobahn und fährt aus Unachtsamkeit auf den PKW des G auf. Dem am Unfall nicht beteiligten X entgeht ein lukratives Geschäft, weil er in dem unfallbedingten Stau stecken bleibt.

Ohne Zweifel ist X wegen des entgangenen Gewinns erheblich in seinen Vermögensinteressen verletzt. Es ist aber kein absolutes Recht des X verletzt, denn das Eigentum des X wurde nicht beschädigt. Insbesondere stellt das Vermögen als Ganzes, also die Summe aller Aktiva (Geschäftsanteile, Forderungen etc.), kein absolutes Recht dar.

Eine derart weitreichende allgemeine Haftung für bloße Vermögensschäden wäre sozialen und ökonomischen Aktivitäten abträglich.

Eine Verletzung der in § 823 Abs. 1 ebenfalls genannten Freiheit liegt nicht vor. Zwar wurde X in der Freiheit, die Fahrt mit dem Auto fortsetzen zu können, eingeschränkt. Dabei handelt es sich aber nicht um eine Ausprägung der Freiheit im Sinne des § 823 Abs. 1. Letztere ist vielmehr eng als körperliche Bewegungsfreiheit der Person selbst zu verstehen. Darin war X nicht eingeschränkt. Würde man bei § 823 Abs. 1 einen extensiven Freiheitsbegriff etwa im Sinne der allgemeinen Handlungsfreiheit annehmen, so würde über das Tatbestandsmerkmal der Freiheitsverletzung in der Sache entgegen der gesetzgeberischen Intention dann doch eine deliktische Generalklausel geschaffen. Dies ist nicht vertretbar.

Im Ergebnis fehlt es also sowohl an einer Eigentums- als auch an einer Freiheitsverletzung. Somit ist hier „das Tor der Verletzung eines absoluten Rechts" nicht durchschritten. Ein Anspruch des X aus Delikt besteht nicht[84].

zu Frage 5:

Der Haftungstatbestand des § 823 Abs. 1 setzt voraus, dass zwischen der Verletzungshandlung und dem (ersten) Verletzungserfolg ein Ursächlichkeitszusammenhang besteht. Diesen bezeichnet man als haftungsbegründende Kausalität.

Sie ist streng zu unterscheiden von der haftungsausfüllenden Kausalität, die zwischen dem Verletzungserfolg und den zu ersetzenden (Folge-)Schäden bestehen muss.

zu Frage 6:

Ausgehend von den naturwissenschaftlichen Gesetzmäßigkeiten ist zu prüfen, ob ein Ereignis bzw. ein Umstand für den Eintritt eines Erfolges ursächlich ist. Dies ist der Fall, wenn das Ereignis (z.B. die Verletzungshandlung) oder der Umstand (z. B. der Verletzungserfolg) nicht hinweggedacht werden kann, ohne dass der konkret eingetretene Erfolg entfiele (sog. conditio-sine-qua-non-Formel). Diese Kausalität bezeichnet man als äquivalente Kausalität, weil nach ihr alle Ursachen (Bedingungen) gleichwertig sind. Die äquivalente Kausalität ist zwar notwendiges, aber nicht ausreichendes Kriterium für die Zurechnung des die Haftung begründenden Verletzungserfolgs bzw. des die Haftung ausfüllenden Schadens.

Sie bedarf vielmehr der normativen Einschränkung. Diese hat der BGH mit Hilfe der von ihm entwickelten Adäquanzformel sowie mit der Schutzzwecklehre vorgenommen.

---

[84] Ein vertraglicher Anspruch kommt ersichtlich nicht in Betracht.

zu Frage 7:

Der BGH hat die haftungsbegründende Kausalität zwischen dem Verletzungsverhalten und dem Verletzungserfolg in seltenen Fällen verneint.

So etwa, wenn jemand in einem öffentlichen Verkehrsmittel einem anderen Fahrgast, wie es häufiger vorkommt, versehentlich auf den Fuß tritt und dieser infolgedessen wegen einer vorbestehenden seltenen Venenerkrankung eine Schädigung des Oberschenkels erleidet, die schließlich sogar zur Amputation des Oberschenkels führt[85]. Zwar wäre es hier ohne den leichten Fußtritt zu dem konkreten Verletzungserfolg (Schädigung des Oberschenkels) nicht gekommen (äquivalente Kausalität ist somit gegeben!), aber das alltägliche Auf-den-Fuß-Treten war nur unter ganz unwahrscheinlichen Umständen (vorbestehende sehr seltene Venenerkrankung) zur Herbeiführung eines solchen Verletzungserfolgs geeignet. Dieser konnte somit als inadäquater Verletzungserfolg nicht zugerechnet werden. Adäquate Bedingung für die Oberschenkelschädigung war nicht das Verhalten des Fahrgastes (= der leichte Tritt mit dem Fuß), sondern die schwerwiegende und seltene Vorerkrankung des Geschädigten.

Beachte: Dem vom BGH zu beurteilenden Fall lag eine seltene Ausnahmesituation zugrunde.

Grundsätzlich gilt dagegen: Wenn eine zum Schaden neigende Konstitution des Geschädigten - etwa bei älteren Menschen oder bei häufigeren Krankheitsbildern - erst den Schaden ermöglicht oder wesentlich verschlimmert, schließt das nicht den adäquaten Zurechnungszusammenhang aus. Wer (tatsächlich) einen Geschwächten oder Kranken verletzt, kann nicht verlangen, rechtlich so behandelt zu werden, als habe er einen Gesunden verletzt[86]. Abweichendes kann, wie gezeigt, nur in seltenen Ausnahmesituationen gelten.

zu Frage 8:

Ein verletzendes Verhalten kann auch in einem Unterlassen bestehen. Allerdings steht eine als möglich vorgestellte unterlassene Handlung nur dann einem positiven Tun gleich, wenn eine Rechtspflicht zu ihrer Vornahme besteht. Dabei handelt es sich häufig um sog. Verkehrssicherungspflichten, wie etwa die winterliche Streupflicht.

Die Kausalität eines solchen Unterlassens für die Rechts(-guts)verletzung lässt sich naturgemäß nur hypothetisch beurteilen. Dem gemäß ist das Unterlassen kausal, wenn die unterlassene Handlung nicht hinzugedacht werden kann, ohne dass der Verletzungserfolg mit an Sicherheit grenzender Wahrscheinlichkeit entfiele.

Beispiel: Hätte X gestreut, wäre Y mit an Sicherheit grenzender Wahrscheinlichkeit (hypothetisch!) nicht gestürzt.

---

[85] vgl. dazu und zu weiteren, vergleichbaren Fällen, in denen ein inadäquater Erfolg eintritt (geringfügige Ehrverletzung führt zur Gehirnblutung, verbale Auseinandersetzung oder Beinaheunfall führen zum Herztod), Palandt/Heinrichs, vor § 249 Rdnr. 68

[86] Palandt/Heinrichs, vor § 249 Rdnr. 67 m.w.N.

zu Frage 9:

§ 249 Abs. 1 setzt den <u>Grundsatz der Naturalrestitution</u> an die Spitze des allgemeinen Schadensrechts. Durch die Wiederherstellung des Zustands, der bestehen würde, wenn der zum Ersatz verpflichtende Umstand nicht eingetreten wäre, wird also die <u>Integrität der Rechte bzw. Rechtsgüter</u> des Geschädigten geschützt. Somit besteht grundsätzlich ein Anspruch auf Reparatur.

Auch die Zahlung des zur Wiederherstellung erforderlichen Geldbetrages (= <u>Reparaturkosten!</u>) nach § 249 Abs. 2 Satz 1, die der Geschädigte meist wählen wird, schützt das <u>Integritätsinteresse</u> des Geschädigten. Dahinter steht nämlich der Gedanke, dass das <u>Vermögen</u> des Geschädigten <u>in seiner konkreten Zusammensetzung</u> erhalten bleiben soll. Danach müsste S die Reparaturkosten in Höhe von 2.250 Euro zahlen.

Allerdings lässt <u>§ 251 davon Ausnahmen</u> zu.
Einschlägig ist hier § 251 Abs. 2 Satz 1. Danach kann der Ersatzpflichtige den Gläubiger in Geld entschädigen, wenn die Herstellung nur mit unverhältnismäßigen Aufwendungen möglich ist. <u>Vorliegend würde die Herstellung den Wiederbeschaffungswert des PKW um 50 % (= 750 Euro) überschreiten.</u>
Der <u>BGH</u> hat die Aufwendungen der Herstellung regelmäßig dann als <u>unverhältnismäßig</u> angesehen, wenn sie <u>mehr als 130 % des Wiederbeschaffungswertes</u> ausmachen[87]. Vorliegend belaufen sich die Aufwendungen für die Herstellung sogar auf 150 %. Damit ist § 251 Abs. 2 Satz 1 erfüllt. S kann den G folglich mit dem <u>Wertinteresse</u>, d. h. dem Interesse des Geschädigten an der Erhaltung seines Vermögens <u>nur dem Werte und nicht seiner konkreten Zusammensetzung nach</u>, entschädigen.
S muss hier also nur den Wiederbeschaffungswert in Höhe von 1.500 Euro zahlen.

zu Frage 10:

Unbestritten ist, dass dem Schmerzensgeld eine <u>Ausgleichsfunktion</u> zukommt. Ausgeglichen werden sollen vor allem die entgangene Lebensfreude und die durch Schmerz mitunter dauerhaft verursachten „Unlustgefühle". Zudem kommt seit der Entscheidung des Großen Zivilsenats in BGHZ 18, 149 (154) dem Schmerzensgeld <u>ergänzend eine Genugtuungsfunktion</u> zu. Insoweit stellt das Schmerzensgeld eine Sanktion für die erlittene seelische Kränkung dar und kommt damit einer Privatstrafe mit Sühnefunktion nahe. Wenn auch diese Genugtuungsfunktion inzwischen wohl als richterrechtlich gefestigt bezeichnet werden muss, so stehen Teile der Literatur dem kritisch gegenüber[88]. Sie ist insbesondere dann problematisch, wenn der Geschädigte wegen einer Schwerstschädigung Genugtuung nicht mehr zu empfinden vermag.

---

[87] Jauernig/Teichmann, § 249 Rdnr. 3
[88] dazu etwa Jauernig/Teichmann, § 253 Rdnr. 3 m.w.N.

Kapitel 4

Personen (Rechtssubjekte)

Im Bürgerlichen Recht begründen Privatpersonen auf der Ebene der Gleichordnung oftmals Rechte und Pflichten. Beispielsweise gewährt § 433 Abs. 1 dem Käufer als Gläubiger (= Rechtssubjekt) das subjektive Recht, von dem Verkäufer (= Rechtssubjekt) Übereignung der Kaufsache (= Rechtsobjekt) zu fordern. Der Käufer ist demzufolge Träger eines Rechts, der Verkäufer Träger einer Pflicht und die Sache Rechtsobjekt. Im Bürgerlichen Recht geht es also darum, dass Personen als Rechtssubjekte Rechtsgeschäfte über Sachen und Forderungen (= Rechtsobjekte) schließen.

Dieses Kapitel ist den Personen gewidmet.

Personen sind mit eigener Rechtspersönlichkeit ausgestattet. Sie sind fähig, Träger von subjektiven Rechten und Pflichten zu sein. Das bezeichnet man als Rechtsfähigkeit.
Diese ist nicht damit zu verwechseln, ob jemand zu seinen Lasten (gesetzliche) Haftungsfolgen auszulösen oder (vertragliche) Verpflichtungen zu begründen vermag. Letzteres richtet sich nach den beiden Arten der Handlungsfähigkeit, d. h. der Delikts- und der Geschäftsfähigkeit. Auf sie wird an späterer Stelle einzugehen sein[1].

Über die Rechtsfähigkeit von Personen gibt Abschnitt 1 des ersten Buches des BGB, der mit *„Personen"* überschrieben ist, Auskunft. Dabei werden die natürlichen (Titel 1, §§ 1 bis 14) von den juristischen Personen unterschieden. Letzteren ist der umfangreiche Titel 2 (§§ 21 bis 89) gewidmet, in welchen in erster Linie das Vereinsrecht Aufnahme gefunden hat.

I. Natürliche Personen

§ 1 besagt, dass die Rechtsfähigkeit des Menschen mit der Vollendung der Geburt (= vollständige Trennung des Kindes vom Mutterleib[2]) beginnt. Ab diesem Zeitpunkt geht das BGB von der unabdingbaren Rechtsfähigkeit des Menschen aus, ohne sie von weiteren Voraussetzungen abhängig zu machen. Sie hängt folglich von nichts anderem ab, als vom Menschsein. Rechtsfähig ist man ohne Rücksicht auf die jeweiligen geistigen und körperlichen Fähigkeiten, das Alter, das soziale Herkommen oder die Religion. Alles andere widerspräche Art. 1 des Grundgesetzes, der die Würde des Menschen als unantastbar verfassungsrechtlich garantiert.

Das Ende der Rechtsfähigkeit regelt das BGB nicht, denn die unantastbare Menschenwürde gebietet es, dass die Rechtsfähigkeit mit dem Tod des Menschen und nur mit diesem endet. Das ist unstrittig, mag man auch aus medizinischer Sicht darüber streiten, in welchem Zeitpunkt der Tod eintritt. Stellte man früher für den Todeszeitpunkt noch

---

[1] Die Regelungen über die Delikts- und Geschäftsfähigkeit dienen vor allem dem Schutz von Minderjährigen und geisteskranken Menschen. Vgl. hierzu Kapitel 9, S. 141 ff.
[2] Einzelheiten dazu bei Palandt/Heinrichs, § 1 Rdnr. 2 sowie MünchKomm/Schmitt, § 1 Rdnrn. 15-17

auf den Herz- und Atemstillstand ab, so ist angesichts der Fortschritte der Medizin (Herz-Lungenmaschine u.s.w.) heute <u>der Eintritt des Gehirntodes maßgeblich</u>[3], d. h. der irreversible Ausfall bestimmter Hirnfunktionen[4].

Mit dem <u>Tode einer Person</u> (<u>Erbfall</u>) - so ordnet es § 1922 Abs. 1 an - geht deren <u>Vermögen (Erbschaft) als Ganzes</u> auf eine oder mehrere andere Personen (Erben) über. Dadurch verhindert man, dass mit dem Tode eines Menschen Rechte und Pflichten subjektlos werden. Aufgrund dieser erbrechtlichen <u>Universalsukzession</u> gehen auch die Verpflichtungen über, die der Erblasser eingegangen ist, aber nicht (mehr) erfüllt hat[5]. Für diese und andere durch den Erbfall entstehenden Nachlassverbindlichkeiten haftet der Erbe nach den §§ 1967 ff.[6].

II. Juristische Personen

Nicht nur der einzelne Mensch ist rechtsfähig. Vielmehr stattet unsere Rechtsordnung <u>bestimmte Personenzusammenschlüsse</u>, ja sogar Zusammenfassungen von zweckgebundenem Vermögen als sog. selbständige <u>Stiftungen</u>[7] mit eigener Rechtspersönlichkeit, d. h. mit Rechtsfähigkeit aus. Diese Zusammenschlüsse bzw. Vermögensmassen erlangen im Gegensatz zu den natürlichen Personen Rechtsfähigkeit jedoch erst, wenn sie bestimmte, rechtlich normierte Voraussetzungen erfüllen[8]. Man bezeichnet sie (deswegen) als juristische Personen.

Neben juristischen Personen des Privatrechts gibt es auch solche des öffentlichen Rechts. Mit Letzteren wollen wir uns vorab kurz befassen.

1. Juristische Personen des öffentlichen Rechts

Wichtige juristische Personen des öffentlichen Rechts sind <u>Sozialversicherungsträger</u> (Allgemeine Ortskrankenkassen, Berufsgenossenschaften, Rentenversicherungsanstalt), <u>Kammern</u> (z.B.: Handwerks-, Rechtsanwalts- und Ärztekammern), die <u>Hochschulen</u> sowie <u>Bund, Länder und Gemeinden</u> als sog. Gebietskörperschaften. Sie alle dienen <u>Zwecken des Gemeinwohls</u> und sind dazu mit besonderen, hoheitlichen Befugnissen ausgestattet, welche juristischen Personen des Privatrechts in aller Regel[9] nicht zuste-

---

[3] Palandt/Heinrichs, § 1 Rdnr. 3

[4] Entscheidend ist, dass dauerhaft keine Hirnkurven mehr geschrieben werden können und eine Reanimation ausgeschlossen ist.

[5] Palandt/Edenhofer, § 1922 Rdnr. 12

[6] <u>Beachte</u> in diesem Zusammenhang: <u>Nach § 1942 Abs. 1 geht die Erbschaft</u> auf den berufenen Erben <u>unbeschadet des Rechtes über, sie auszuschlagen</u>. Wichtig sind dabei die §§ 1943 und 1944 Abs. 1. Nach der letztgenannten Vorschrift kann die Ausschlagung nur binnen sechs Wochen erfolgen. Nach § 1943 a. E. gilt die Erbschaft mit dem Ablaufe dieser Frist als angenommen. Vgl. dazu bereits das 1. Kapitel, S. 12

[7] Stiftungen, wie z.B. die <u>Stiftung preußischer Kulturbesitz</u> oder die <u>Volkswagen Stiftung</u>, dienen meist der <u>gemeinnützigen Verwaltung eines Sondervermögens</u>, um <u>einen bestimmten Zweck nach dem Willen des Stifters zu erreichen</u>. Informationen zu den Stiftungen findet man in den §§ 80 bis 88.

[8] Das bezeichnet man als Normativsystem. Dazu S. 69

[9] <u>In Ausnahmefällen</u> können juristischen Personen des Privatrechts <u>Hoheitsbefugnisse</u> zustehen (sog. <u>Beliehene</u>). Hauptbeispiel ist der <u>Technische Überwachungsverein</u> (<u>TÜV</u>).

hen. Zu diesen Hoheitsbefugnissen gehören etwa die Beitragshoheit der gesetzlichen Krankenkassen, das Prüfungsrecht der Hochschulen, das Recht zur Verleihung des Dr.-Titels durch die Universitäten sowie die Steuerhoheit und Gesetzgebungskompetenz von Bund und Ländern.

Wie wir bereits im Kapitel 1 erfahren haben, begeben sich juristische Personen des öffentlichen Rechts bisweilen auf die Ebene der Gleichordnung und handeln privatrechtlich, indem sie zum Beispiel Grundeigentum erwerben, Darlehen aufnehmen oder andere Verträge schließen[10]. Weitere Einzelheiten dazu entnehmen Sie bitte spezieller Literatur zum öffentlichen Recht.

2. Juristische Personen des Privatrechts

Juristische Personen des Privatrechts dienen dagegen den Zwecken der Bürger, privaten Zwecken eben. Zu ihnen zählen rechtsfähige Vereine sowie Kapitalgesellschaften, wie zum Beispiel die Aktiengesellschaft (AG) und die Gesellschaft mit beschränkter Haftung (GmbH)[11].

Vor allem die Kapitalgesellschaften spielen im Wirtschaftsleben eine große Rolle. Bei ihnen steht der Zweck der Gewinnerzielung im Vordergrund.
Die eingetragene Genossenschaft (e.G.)[12], die ebenfalls eine Kapitalgesellschaft ist, verfolgt dagegen in erster Linie (bisweilen sogar ausschließlich) die Förderung ihrer Mitglieder und weniger das Erzielen von Gewinnen[13]. Das trifft beispielsweise für viele Volks- und Raiffeisenbanken als ländliche Kredit- und Einkaufsgenossenschaften zu.

Bei den Vereinen sind wirtschaftliche Vereine (§ 22) und sog. Idealvereine, deren Zweck - so die Formulierung in § 21 - auf einen nicht wirtschaftlichen Geschäftsbetrieb gerichtet ist, zu unterscheiden. Allerdings darf man den Begriff des Idealvereins nicht allzu wörtlich nehmen[14]. Nicht selten sind Arbeitgeberverbände und Gewerkschaften sowie Fußballvereine als rechtsfähige Idealvereine nach § 21 organisiert. Vor allem bei den Profifußballvereinen, die trotz ihrer Millionenumsätze (Gehälter, Transfergeschäfte, Kartenverkauf und Werbung) zum Teil immer noch als rechtsfähige Idealvereine geduldet werden[15], erscheint die Bezeichnung mindestens unpassend.

Keine juristischen Personen sind dagegen die sog. Personengesellschaften. Bei ihnen stehen (idealtypisch) die einzelnen natürlichen Personen so sehr im Vordergrund, dass der Zusammenschluss als solcher keine eigene Rechtspersönlichkeit besitzt. Zu den Personengesellschaften zählen die Offene Handelsgesellschaft (OHG), die Kommandit-

---

[10] dazu oben, S. 2
[11] vgl. § 1 AktG sowie § 13 Abs. 1 GmbHG (zum GmbH-Gesetz vgl. Kapitel 1, S. 5 Fn. 27)
[12] vgl. § 17 Abs. 1 des Gesetzes betreffend die Erwerbs- und Wirtschaftsgenossenschaften (GenG) in der Fassung der Bekanntmachung vom 19. August 1994 (BGBl. S. 2202)
[13] Seit 1972 existiert in Deutschland eine einheitliche Genossenschaftsorganisation mit dem Dachverband *„Deutscher Genossenschafts- und Raiffeisenverband e.V. "*.
[14] Larenz, AT, § 10 I. 2. (S. 147)
[15] kritisch dazu Westermann, Grundbegriffe, Kapitel 4 I. 1. (S. 34). Allerdings haben sich inzwischen einige Fußballvereine der 1. Bundesliga als GmbH oder AG konstituiert. Vgl. Schack, AT, § 5 II. 4. (Rdnr. 94) m.w.N.

gesellschaft (KG)[16], die für Freiberufler gedachte Partnerschaftsgesellschaft[17] und die Gesellschaft bürgerlichen Rechts (GbR[18]). Diese auf eine kleine Mitgliederzahl zugeschnittenen Gesellschaften werden als „Kleingruppen" bezeichnet und den Vereinen und Kapitalgesellschaften (GmbH, AG, Genossenschaft) als den „Großgruppen" gegenübergestellt[19]. Ihnen kommt, obwohl sie keine juristischen Personen sind, nach allgemeiner Meinung allerdings eine sog. Teilrechtsfähigkeit zu[20]. Das gilt nach neuerer Rechtsprechung des BGH ausdrücklich auch im Hinblick auf die BGB-Gesellschaft[21].

Im Folgenden wollen wir uns ansehen, wie die „Großgruppen", also die juristischen Personen des Privatrechts, gegründet werden und wodurch sie Rechtsfähigkeit erlangen. Die Prüfung dieser Fragen wird für die wichtigsten juristischen Personen des Privatrechts „durchzuspielen" sein. Beginnen wollen wir mit dem rechtsfähigen Verein. Im Anschluss sind die wichtigen Kapitalgesellschaften AG und GmbH zu behandeln, deren Rechtsgrundlagen spezielle gesellschaftsrechtliche Gesetze - das Aktiengesetz (AktG) und das GmbH-Gesetz (GmbHG) - regeln. Für den angehenden Wirtschaftsjuristen sind Grundkenntnisse hierzu unabdingbar.

a. Der rechtsfähige Idealverein (§ 21)

Wie bereits erwähnt, hat das Vereinsrecht in den AT des BGB (§§ 21 bis 79) Aufnahme gefunden. Im Hinblick auf Idealvereine sieht § 21 ein Normativsystem vor, das grundlegende Bedeutung auch für die Entstehung von GmbH und AG hat.

aa. Gründung und Eintragung des (Ideal-)Vereins

Die Entstehung eines rechtsfähigen Idealvereins läuft in zwei Stufen ab:
Es bedarf erstens eines privaten Gründungsakts sowie zweitens der staatlichen Eintragung in das Vereinsregister. Das lässt sich am besten an einem Beispiel veranschaulichen.

Fall 3: „Der Altenburger Numismatikerverein"

Sachverhalt:
Zwölf Münzenfreunde treffen sich allwöchentlich im Altenburger Parkhotel am Teich und frönen dort ihrer Sammelleidenschaft. Eines Tages im Mai beschließen sie, sich zu den „Altenburger Numismatikern" zusammen zu tun und legen in einer Satzung fest, dass der Zusammenschluss ohne Rücksicht auf einen etwaigen Wechsel im Mitgliederbestand und auf unbestimmte Zeit dem Tausch von Münzen und dem Austausch numismatischen Fachwissens dienen solle. Ferner regelt die Satzung die Voraussetzungen für die Mitgliedschaft und die Beitragspflichten und sieht die Bildung eines Vorstands sowie die Einberufung einer Mitgliederver-

---

[16] §§ 105 ff. sowie §§ 161 ff. HGB
[17] vgl. §§ 7 und 8 des Partnerschaftsgesellschaftsgesetzes (PartGG) vom 25. Juli 1994 (BGBl. I S. 1744); dazu auch K. Schmidt, NJW 1995, 1 ff.
[18] Die GbR wird auch als BGB-Gesellschaft bezeichnet.
[19] dazu die instruktive Gegenüberstellung bei Kallwass, Privatrecht, S. 380/381
[20] Die Teilrechtsfähigkeit etwa der OHG ist aus § 124 HGB zu entnehmen.
[21] Nach BGHZ 146, 41 ff. ist die Außengesellschaft bürgerlichen Rechts teilrechtsfähig.

sammlung vor. Im August will man ein Grundstück erwerben, um darauf ein Vereinsheim zu errichten. Die Sammlerfreunde fragen, <u>ob der Verein als solcher als Eigentümer dieses Grundstücks im Grundbuch eingetragen werden kann</u>.
Sollte dies noch nicht möglich sein, <u>wollen sie wissen, was sie dazu weiter unternehmen müssen</u>.

Lösungsvorschlag zu Fall 3

(A). Eintragung des Vereins in das Grundbuch?
Der Verein als solcher kann nur dann als Eigentümer in das Grundbuch eingetragen werden, wenn er Träger des Eigentumsrechts sein kann. Dazu müsste ihm <u>eigene Rechtspersönlichkeit</u> zukommen, d. h. er müsste <u>rechtsfähig sein</u>.

<u>Hier könnte § 21 einschlägig sein</u>. Nach dieser Vorschrift erlangt ein Verein, dessen Zweck <u>nicht</u> auf einen wirtschaftlichen Geschäftsbetrieb gerichtet ist (= Idealverein), Rechtsfähigkeit durch Eintragung in das Vereinsregister des zuständigen Amtsgerichts. Die Entstehung des nicht wirtschaftlichen Vereins vollzieht sich danach in <u>zwei Stufen</u>: Erstens muss der <u>nicht</u> auf einen wirtschaftlichen Geschäftsbetrieb gerichtete Verein als Personenverband gegründet werden (<u>privater Gründungsakt</u>).
Zweitens muss ihm die Rechtsfähigkeit durch den <u>staatlichen Akt der Eintragung ins Vereinsregister</u> zuerkannt werden.

(I). Gründung eines nicht wirtschaftlichen Vereins
Vorschriften, die sich ausdrücklich mit der Gründung eines Vereins befassen, enthält das BGB nicht. Daraus, dass es sich um einen privatrechtlichen Verein handelt und aus den gesetzlichen Bestimmungen über die Verfassung eines solchen in den §§ 25 ff., hat man folgende Erfordernisse für seine Gründung hergeleitet:
Sie setzt den <u>freiwilligen Zusammenschluss von Personen</u> dergestalt voraus, dass eine <u>körperschaftliche Verfassung</u> geschaffen wird, die den dauerhaften Bestand des Vereins unabhängig von der Individualität der ihm jeweils angehörenden Mitglieder gewährleistet[22]. Dazu ist nach § 25 das <u>Aufstellen einer Satzung</u> erforderlich, die die Verfassung des Vereins in einer für die Mitglieder verbindlichen Weise festlegt. Sie muss eine körperschaftliche Organisation, d. h. einen <u>Vorstand</u> als Geschäftsführungs- und Vertretungsorgan (vgl. § 26) sowie die <u>Mitgliederversammlung</u> als das oberste Willensbildungsorgan des Vereins (vgl. § 32) vorsehen[23].

Vorliegend haben sich die Altenburger Münzenfreunde im Mai freiwillig *„auf unbestimmte Zeit"* zusammengeschlossen, wobei der Bestand dieses Zusammenschlusses unabhängig von den jeweiligen Mitgliedern gewährleistet sein soll. Dazu haben sie eine Satzung erstellt, in welcher vor allem

---

[22] so etwa Larenz, AT, § 10 I. a. (S. 142); zur <u>Unterschreitung der Mindestmitgliederzahl § 73</u>
[23] dazu Schack, AT, § 5 I. 1. (Rdnr. 72) sowie II. 5. (Rdnr. 95) mit Hinweis auf Grundmann/Terner, JA 2002, 689 ff.

der Zweck der Vereinigung festgelegt ist und als Organe Vorstand und Mitgliederversammlung vorgesehen sind.

Ferner sind die zwölf Sammlerfreunde ihrem Zusammenschluss als erste Mitglieder beigetreten. Die Voraussetzungen für die Gründung eines Vereins (freiwilliger Zusammenschluss, körperschaftliche Verfassung, mitgliederunabhängiger Fortbestand) sind somit erfüllt. Damit stellt der Zusammenschluss der *„Altenburger Numismatiker"* einen Verein dar.

Dieser müsste nach § 21 überdies ein solcher sein, der nicht auf einen wirtschaftlichen Geschäftsbetrieb gerichtet ist.

Dass sich hier durch den Tausch von Münzen gewisse wirtschaftliche Vorteile für die Mitglieder der Vereinigung untereinander ergeben mögen, steht dem nicht entgegen. Ein wirtschaftlicher Geschäftsbetrieb liegt vielmehr erst dann vor, wenn der Verein selbst mit Gewinnerzielungsabsicht am Rechtsverkehr teilnimmt. Letztlich sollen nur solche Zusammenschlüsse, die in größerem Umfang am allgemeinen Rechtsverkehr partizipieren, den Normen des Rechts der Handelsgesellschaften unterworfen werden, um so vor allem den strengeren Vorgaben des AktG und GmbHG über Aufbringung und Erhaltung eines Mindestkapitals (vgl. § 5 Abs. 1 GmbHG, § 7 AktG) zu unterliegen. Der Zusammenschluss der Altenburger Numismatiker ist nicht auf einen wirtschaftlichen Geschäftsbetrieb gerichtet. Vielmehr handelt es sich hier um ein klassisches Beispiel für einen nicht wirtschaftlichen Verein (= Idealverein).

Allein der private Gründungsakt genügt für die Erlangung der Rechtsfähigkeit indes nicht. Wir haben es bei dem Zusammenschluss der *„Altenburger Sammlerfreunde"* also (noch) mit einem nicht rechtsfähigen Verein zu tun. Auf diesen sind nach § 54 Satz 1 die Vorschriften der §§ 705 ff. über die BGB-Gesellschaft anzuwenden[24]. Da das Vereinsvermögen nicht dem Verein als solchem, sondern allen Mitgliedern „zur gesamten Hand" (vgl. § 719) zusteht, müssten bei Erwerb eines Grundstücks sämtliche Mitglieder (der „Großgruppe" Verein) in das Grundbuch eingetragen werden[25]. Der nichtrechtsfähige Verein ist als solcher nicht grundbuchfähig.

Zu prüfen bleibt, was die zwölf Vereinsmitglieder zu veranlassen haben, damit der Verein Rechtsfähigkeit erlangt und in das Grundbuch eingetragen werden kann.

---

[24] kritisch dazu Peters, AT, S. 171/172, der die Bestimmung des § 54 als eine *„unangemessene und benachteiligende Regelung"* qualifiziert. Die BGB-Gesellschaft beruhe auf dem persönlichen Zusammenwirken ihrer - meist wenigen - Gesellschafter (Kleingruppe), wogegen der nichtrechtsfähige Verein oft zahlreiche Mitglieder habe (Großgruppe). Der Verweis auf die Vorschriften über die Gesellschaft passe nicht. Allerdings liege darin kein unbedachter Fehlgriff, als vielmehr der Versuch, durch den benachteiligenden Verweis auf das Recht der BGB-Gesellschaft die Vereine zur Eintragung in das Vereinsregister zu bewegen, um so das Wachstum der Vereine zu verhindern und eine gewisse Kontrolle zu erreichen. Dieses gesetzgeberische Anliegen müsse aber als gescheitert angesehen werden. Bis zum heutigen Tage sind Vereinigungen von großer sozialer und politischer Bedeutung, wie Gewerkschaften und politische Parteien, als nicht rechtsfähige Vereine organisiert. Zustimmend Kallwass, Privatrecht, S. 387/388

[25] Merke: Dieses Hindernis umgeht man in der Praxis durch die Eintragung eines Treuhänders zum Beispiel in Form einer GmbH.

(II). Erlangung der Rechtsfähigkeit durch Eintragung nach § 21 (sog. Normativsystem)

Bei Idealvereinen sieht § 21 die Mitwirkung des Staates durch Eintragung in das Vereinsregister vor. Erst diese Eintragung begründet die Rechtsfähigkeit des Vereins und macht ihn damit zu einem eigenständigen Rechtssubjekt, sie wirkt also konstitutiv, d. h. rechtsbegründend[26].

Um dem Verein Rechtsfähigkeit zu verschaffen, muss ihn der Vorstand unter Beifügen der Satzung *„zur Eintragung ins Vereinsregister anmelden"* (vgl. § 59). Über einen solchen Antrag kann der Staat, genauer das zuständige Amtsgericht, nicht einfach nach Gutdünken befinden. Im Rahmen des § 21, also bei nichtwirtschaftlichen Vereinen, gilt vielmehr das sog. Normativsystem. Dieses stellt eine Synthese von Freiheits- und Ordnungsprinzip dar. Zwar wird durch die Ordnungsvorschriften der §§ 56 ff. in die Vereinigungsfreiheit des Art. 9 GG eingegriffen, dieser Eingriff ist aber im Interesse Dritter und des Staates verhältnismäßig und damit gerechtfertigt[27]. Wenn der Verein Altenburger Numismatiker die gesetzlichen Vorgaben der §§ 56 ff. erfüllt, dann ist er (zwingend) antragsgemäß ins Vereinsregister einzutragen. Ein Ermessen steht dem Amtsgericht, d. h. der betreffenden Unterabteilung des Amtsgerichts, dem sog. Registergericht, nicht zu.

Vorliegend erfüllt der Verein mit seinen zwölf Mitgliedern die Mindestmitgliederzahl des § 56 von sieben. Ferner ist davon auszugehen, dass die Anforderungen, die § 57 an die Vereinssatzung stellt, hier ebenfalls eingehalten sind, da sie insbesondere Zweck und Namen des Vereins enthält. Auch die Sollinhalte der Vereinssatzung nach § 58 (bitte lesen!) liegen laut Sachverhalt vor[28].

Demzufolge kann das zuständige Amtsgericht die Anmeldung zur Eintragung nicht nach § 60 BGB zurückweisen. Der Verein ist also ins Vereinsregister einzutragen und wird dadurch zur juristischen Person. Mit der Eintragung enthält der Name des Vereins nach § 65 den Zusatz eingetragener Verein (e.V.).

(B). Ergebnis

Als juristische Person kann jetzt der Verein aufgrund seiner rechtlichen Verselbständigung Träger des Eigentumsrechts sein und demzufolge als (Allein-)Eigentümer des Vereinsgrundstücks ins Grundbuch eingetragen werden. Das hat vor allem den Vorteil, dass nicht sämtliche Mitglieder als Eigentümer „zur gesamten Hand" (vgl. §§ 54 Satz 1, 719) im Grundbuch

---

[26] Darin liegt der wichtigste Unterschied zur natürlichen Person, bei welcher allein schon das Menschsein und nicht erst ein staatlicher Akt die Rechtsfähigkeit begründet. Die Eintragung des Kindes in das Personenstandsregister zum Beispiel verlautbart bzw. deklariert nur das Dasein des Menschen und dient seiner Identifizierung. Sie wirkt also lediglich deklaratorisch (erklärend). Unabhängig davon ist der Mensch nach § 1 mit der Vollendung der Geburt rechtsfähig. Daran ändert sich nichts, wenn die Eintragung ins Personenstandsregister unterbleibt oder irrtümlich gelöscht wird.

[27] dazu ausführlich Schack, AT, § 5 II. 3. (Rdnr. 90) m.w.N.

[28] vgl. dazu auch die Ausführungen zu Frage 7 des vorliegenden Kapitels, S. 78

eingetragen werden müssen. Letzteres wäre äußerst umständlich, denn das Grundbuch müsste bei jedem Mitgliederwechsel berichtigt werden. Schon aus Gründen der erleichterten Teilnahme am Rechtsverkehr ist es somit empfehlenswert, dass ein Verein Rechtsfähigkeit erwirbt.

bb. Handlungsfähigkeit des rechtsfähigen Vereins und anderer juristischer Personen durch Organe

Anhand des vorstehenden Sachverhalts haben wir die zweistufige Entstehung (Gründung und Eintragung) eines rechtsfähigen Idealvereins nach § 21 eingehend betrachtet und im Ergebnis dessen erleichterte Teilnahme am Rechtsverkehr herausgestellt.

Zu erläutern bleibt, wie der Verein im Rechtsverkehr handelt. Zwar ist der eingetragene Verein wie andere juristische Personen mit eigener Rechtspersönlichkeit ausgestattet. Dennoch sind juristische Personen künstliche Konstrukte, die real nicht handlungsfähig sind. Insbesondere können sie selbst keine Rechtsgeschäfte vornehmen. Dazu benötigen sie Organe, die mit Menschen besetzt sind und die für sie handeln[29]. So hat der Verein einen Vorstand, der ihn gemäß § 26 Abs. 2 gerichtlich und außergerichtlich vertritt. Dem entspricht bei der GmbH der Geschäftsführer (§ 35 GmbHG). Die Aktiengesellschaft wiederum wird von ihrem Vorstand gerichtlich und außergerichtlich vertreten (§ 78 Abs. 1 AktG).

Werfen wir nochmals einen Blick auf unsere Altenburger Numismatiker. Zwar kann der rechtsfähige Verein als solcher in das Grundbuch eingetragen werden, die für den Abschluss des Kaufvertrags über das Grundstück nötigen Erklärungen (s. §§ 433, 311 b, 145 ff.) kann der Verein als solcher aber nicht selbst abgeben. Das können nur natürliche Personen. Der rechtsfähige Verein ist also darauf angewiesen, durch seinen mit natürlichen Personen besetzten Vorstand als Vertretungsorgan die für den Kauf nötigen Erklärungen abzugeben bzw. entgegenzunehmen. Sodann kann der Vorstand zur Erfüllung des Kaufvertrages (vgl. § 362) aus dem Vereinsvermögen im Namen des Vereins den Kaufpreis an den Verkäufer zahlen. Im Gegenzug wird der Verkäufer zur Übereignung des Grundstücks an den Verein die Auflassung (vgl. § 925) gegenüber dem Vorstand (Fall der Passivvertretung) erklären, der wiederum sein Einverständnis damit erklärt (= sachenrechtliche Einigung nach § 873 Abs. 1). Schließlich wird der Verein mit Hilfe seiner Organe beantragen, vom Grundbuchamt[30] als neuer Eigentümer in das Grundbuch eingetragen zu werden (vgl. § 873).

Nehmen wir als weiteres Beispiel für die Teilnahme am Rechtsverkehr an, dass ein Hausmeister zur Pflege des Vereinsheim angestellt werden soll. Hier kann der Verein, vertreten durch seinen Vorstand, mit dem Bewerber den Arbeitsvertrag (vgl. §§ 611 ff.) abschließen. Der Arbeitsvertrag braucht also nicht (umständlich) mit allen Mitgliedern geschlossen zu werden.

Der rechtsfähige Verein kann schließlich nicht nur vertraglich Rechte und Pflichten eingehen, sondern Rechte und Pflichten aller Art erwerben bzw. haben, nur solche nicht,

---

[29] Diese Organe können selbstverständlich auch mit Nichtmitgliedern besetzt werden.
[30] Nach § 1 Abs. 1 Satz 1 der Grundbuchordnung (GBO) vom 24. März 1897 (RGBl. S. 139) werden die Grundbücher von den Amtsgerichten geführt (Grundbuchämter). Diese sind für die in ihrem Bezirk liegenden Grundstücke zuständig (vgl. § 1 Abs. 1 Satz 2 GBO). Zum Grundbuchsystem vgl. etwa Jauernig/Jauernig, § 873 Rdnrn. 8 ff.

die menschliche Eigenschaften voraussetzen[31]. Wenn zum Beispiel ein Dritter das später errichtete Vereinsheim beschädigt, dann ist der Verein und nicht die Gesamtheit der Mitglieder Träger bzw. Inhaber des Anspruchs auf Schadensersatz nach § 823 Abs. 1, denn das Eigentum des Vereins ist verletzt.

Die eigenständige Teilnahme am Rechtsverkehr durch Organe hat allerdings auch eine Kehrseite: Der Verein haftet für seine Organe. Zentrale Bestimmung für diese Haftung ist § 31.

cc. Haftung des rechtsfähigen Vereins und anderer juristischer Personen für die Organe nach § 31

Der Verein haftet als solcher nach § 31 für seine Organe. Danach ist *„der Verein für den Schaden verantwortlich, den der Vorstand, ein Mitglied des Vorstands oder ein anderer verfassungsmäßig berufener Vertreter durch eine in Ausführung der ihm zustehenden Verrichtungen begangene, zum Schadensersatz verpflichtende Handlung[32] einem Dritten zufügt"*. So haftet der Verein nach den §§ 823 Abs. 1, 31 etwa dann, wenn eine der in § 31 genannten Personen eine unerlaubte Handlung im Sinne des § 823 Abs. 1, also zum Beispiel eine widerrechtliche und schuldhafte Eigentumsschädigung begeht[33]. Bei dieser deliktischen Haftung greift § 831 mit der darin vorgesehenen Exkulpationsmöglichkeit (vgl. § 831 Abs. 1 Satz 2) nicht ein[34].

Bei den zum Schadensersatz verpflichtenden Handlungen i. S. d. § 31 kann es sich ferner um Vertragsverletzungen[35], ja sogar um die Verletzung vorvertraglicher Pflichten[36] und um verschuldensunabhängig konzipierte Haftungstatbestände[37] handeln. All diese Haftungsgründe werden nach § 31 dem Verein als juristische Person wie eigene zugerechnet.
§ 31 ist also eine Zurechnungsnorm, keine (eigenständige) Anspruchsgrundlage[38].

Herauszustellen ist schließlich, dass § 31 nach allgemeiner Meinung ungeachtet seines Wortlauts und seiner systematischen Stellung nicht auf rechtsfähige Vereine beschränkt ist, sondern auf alle juristischen Personen, auch auf die des öffentlichen Rechts (so ausdrücklich § 89), anzuwenden ist[39].

---

[31] Zum Beispiel können Rechte und Pflichten nach dem Familienrecht weitgehend nur natürlichen Personen zustehen.

[32] Hervorhebung durch Verf.

[33] Diese Haftung des Vereins schließt die Eigenhaftung der handelnden Person nicht aus, die sich vor allem bei unerlaubten Handlungen ergeben kann. Im Außenverhältnis haften beide als Gesamtschuldner (vgl. § 840 Abs. 1). Im Innenverhältnis trifft die Haftung analog § 840 Abs. 2 meist allein die handelnde Person. Bei ihr kann der Verein folglich nach § 426 (oftmals vollen) Regress nehmen.

[34] Jauernig/Jauernig, § 31 Rdnr. 1; vgl. dazu ferner Palandt/Heinrichs, § 31 Rdnr. 6

[35] vgl. S. 18/19

[36] Die Haftung wegen Verschuldens bei Vertragsschluss, die sog. culpa in contrahendo (c. i. c.), beruht auf den §§ 280 Abs.1, 311 Abs. 2, 241 Abs. 2; vgl. zur c. i. c. meine Fälle zum reformierten Schuldrecht, Fall 1 („Späte Schäden an Außenbordmotoren"), S. 15

[37] Gemeint ist etwa der Ersatz des Vertrauensschadens nach § 122, vgl. Kapitel 14, S. 224-226

[38] so ausdrücklich BGHZ 99, 298 (302), wonach § 31 nicht haftungsbegründend, sondern haftungszurechnend wirkt; vgl. ferner Jauernig/Jauernig, § 31 Rdnr. 1

[39] statt vieler Peters, AT, S. 166

Auf weitere Details zur Organhaftung nach § 31 muss in diesem Grundriss verzichtet werden[40].

Anhand des <u>nicht</u> wirtschaftlichen Vereins (= Idealverein) haben wir die Entstehung (aa.), Handlungsfähigkeit (bb.) und Haftung (cc.) einer juristischen Person des Privatrechts erörtert. Wenden wir uns nun den <u>wirtschaftlichen</u> Vereinen zu. Deren Rechtsgrundlage findet sich in § 22.

b. Die Entstehung des rechtsfähigen <u>wirtschaftlichen</u> Vereins (Konzessionssystem nach § 22)

Die <u>Gründung eines wirtschaftlichen Vereins</u> setzt <u>ebenfalls</u> den freiwilligen, von einem Wechsel der Mitglieder unabhängigen Zusammenschluss von Personen sowie eine körperschaftliche Verfassung voraus. Insoweit kann <u>auf die vorhergehenden Ausführungen zu § 21 verwiesen</u> werden.

<u>Unterschiedliches</u> sieht das Vereinsrecht aber <u>hinsichtlich der Erlangung der Rechtsfähigkeit</u> vor.

Während dazu bei Idealvereinen gemäß § 21 - wie gezeigt - die konstitutive Eintragung in das Vereinsregister nach einem Normativsystem nötig ist, erhalten wirtschaftliche Vereine nach § 22 Satz 1 Rechtsfähigkeit <u>durch staatliche Verleihung</u>. Der staatliche Mitwirkungsakt besteht beim wirtschaftlichen Verein also in einer <u>Konzession</u>, deren Erteilung <u>in - wenn auch pflichtgemäßen - Ermessen</u> einer Verwaltungsbehörde steht.
Das bezeichnet man als <u>Konzessionssystem</u>. Die Zahl der wirtschaftlichen Vereine, die Rechtsfähigkeit durch Verleihung erworben haben, ist indes gering, denn das Konzessionssystem gilt nach § 22 nur *„in Ermangelung reichsgerichtlicher Vorschriften"*. Solche Reichsgesetze waren das Genossenschaftsgesetz (GenG) von 1889[41] sowie das GmbHG von 1892[42]. Mit Gründung der Bundesrepublik Deutschland sind diese zu Bundesgesetzen geworden. Somit müsste es in § 22 jetzt folglich statt *„reichsgesetzlicher"* richtig *„bundesgesetzlicher"* Vorschriften heißen. Ein weiteres Bundesgesetz, das dem Konzessionssystem vorgeht, ist das AktG von 1969[43].

Falls man für einen wirtschaftlichen Zusammenschluss eine Konzession nach § 22 beantragt, wird die zuständige Behörde folglich auf die Rechtsformen der Genossenschaft sowie der GmbH und AG verweisen. Diese Kapitalgesellschaften gewährleisten die Aufbringung und Erhaltung eines Mindestkapitals und stellen den notwendigen Gläubigerschutz sicher. Sollte ein Antrag auf Verleihung einer Konzession dennoch aufrecht erhalten werden, wird er nach pflichtgemäßem Ermessen zurückzuweisen sein, hat doch die in früheren Zeiten großzügigere Vergabe von Konzessionen nach § 22 zur Entstehung juristischer Personen geführt, die nicht selten unterkapitalisiert waren.
Eine Verleihung nach § 22 kommt nur dann in Betracht, wenn es für eine Vereinigung wegen besonderer Umstände unzumutbar erscheint, sich als AG, GmbH oder Genossenschaft zu organisieren. Beispielhaft sei insofern die <u>G</u>esellschaft für <u>m</u>usikalische <u>Auf</u>führungen und mechanische Vervielfältigungsrechte (GEMA) genannt.

---

[40] ausführlich dazu der Grundriss von Schack, AT, § 6 II. (Rdnrn. 112- 122) m.w.N.
[41] Fundstelle vgl. bereits Fn. 12 des vorliegenden Kapitels. Es handelt sich um die Neubekanntmachung des GenG von 1. Mai 1889 (RGBl. S. 55)
[42] Fundstelle vgl. Kapitel 1, S. 5 (Fn. 31)
[43] Fundstelle vgl. Kapitel 1, S. 5 (Fn. 31)

Mithin benötigt der angehende Wirtschaftsjurist keine vertieften Kenntnisse über das historisch überkommene Konzessionssystem des § 22, sondern über die vorrangigen bundesgesetzlichen Vorschriften. Sehen wir uns also an, unter welchen Voraussetzungen die praktisch wichtigsten Kapitalgesellschaften der GmbH und der AG entstehen.

c. Die Entstehung von Kapitalgesellschaften

aa. Die Entstehung einer GmbH

Nach § 1 GmbHG können Gesellschaften mit beschränkter Haftung zu jedem gesetzlich nicht unzulässigen Zweck durch eine oder mehrere Personen errichtet werden. Zur Gründung bedarf es nach § 2 GmbHG eines Gesellschaftsvertrages in notarieller Form, der unter anderem den Betrag des Stammkapitals enthalten muss (vgl. § 3 GmbHG). Das muss nach § 5 Abs. 1 GmbHG mindestens 25.000 Euro betragen. Vor der Eintragung in das Handelsregister des Sitzes der Gesellschaft besteht die Gesellschaft mit beschränkter Haftung als solche nicht (§ 11 Abs. 1 GmbHG). Nach Eintragung hat die GmbH als solche selbständig ihre Rechte und Pflichten; sie kann Eigentum und andere dingliche Rechte an Grundstücken erwerben, vor Gericht klagen und verklagt werden (§ 13 Abs. 1 GmbHG). Die Eintragung in das Handelsregister hat somit konstitutive Bedeutung für die Erlangung der Rechtsfähigkeit.

bb. Die Entstehung einer AG

Bei der AG gilt Vergleichbares. Nach § 2 AktG müssen sich als Gründer eine oder mehrere Personen an der Feststellung des Gesellschaftsvertrags (der Satzung) beteiligen, welche die Aktien gegen Einlagen übernehmen. Nach § 7 AktG beträgt der Mindestbetrag des Grundkapitals 50.000 Euro. § 41 Abs. 1 Satz 1 AktG bestimmt, dass die AG vor der Eintragung in das Handelsregister als solche nicht besteht. Damit also die AG als Gesellschaft mit eigener Rechtspersönlichkeit (vgl. § 1 Abs. 1 Satz 1 AktG) entsteht, bedarf es der rechtsbegründenden Eintragung ins Handelsregister. Die dazu erforderliche Anmeldung der Gesellschaft von allen Gründern und Mitgliedern des Vorstandes und Aufsichtsrates regeln die §§ 36 ff. AktG. Sind diese Voraussetzungen erfüllt, darf die Eintragung nicht verweigert werden (Normativsystem).

cc. Allgemeine Prinzipien:
Konstitutive Eintragung und Normativsystem

Zusammenfassend ist herauszustellen:

Die Kapitalgesellschaften der AG und der GmbH erlangen eigene Rechtspersönlichkeit mit Eintragung in das Handelsregister. Das entspricht dem allgemeinen Prinzip des deutschen Rechts, dass privatrechtliche Vereinigungen Rechtsfähigkeit durch konstitutive Eintragung in ein Register erlangen, sei es das Vereins-, das Handels- oder das Genossenschaftsregister.

Die Eintragung ist zwingend von dem zuständigen Amtsgericht vorzunehmen, sobald die vorstehend skizzierten normativen Anforderungen des Vereinsrechts, des AktG oder des GmbHG erfüllt sind. Somit unterliegen die GmbH und die AG ebenso wie der nichtwirtschaftliche Verein (= Idealverein) einem Normativsystem.

Die Ausführungen zur Handlungsfähigkeit durch Organe sowie zur Haftung für diese nach § 31 gelten, wie bereits im Vorhergehenden erwähnt, für sämtliche juristische Personen, mithin auch für die GmbH und die AG.

d. Grundlegende Unterschiede gegenüber den Personengesellschaften

Zum Schluss bietet sich ein kurzer Vergleich von rechtsfähigen Körperschaften (Vereine, Kapitalgesellschaften) und Personengesellschaften an, die auch als „Großgruppen" und „Kleingruppen" gegenübergestellt werden.

Zwar ergibt sich aufgrund der bereits erwähnten Teilrechtsfähigkeit von Personengesellschaften eine gewisse rechtliche Selbständigkeit. Diese beschreibt § 124 HGB exemplarisch für die OHG. Danach kann die OHG unter ihrer Firma (= ihrem Namen, vgl. § 17 HGB) Rechte erwerben und Verbindlichkeiten eingehen, Eigentum und andere dinglichen Rechte an Grundstücken erwerben sowie vor Gericht klagen und verklagt werden.

Dennoch bleiben wichtige Unterschiede bestehen.

aa. Haftungsbeschränkung durch Bildung von Kapitalgesellschaften

Herauszustellen ist insoweit die Haftungsregelung in § 13 Abs. 2 GmbHG. Danach haftet für die Verbindlichkeit der Gesellschaft den Gläubigern derselben nur das Gesellschaftsvermögen. Der oder die Gesellschafter einer GmbH können folglich daneben - abgesehen von den Ausnahmesituationen der sog. Durchgriffshaftung[44] - nicht persönlich in Anspruch genommen werden. In dieser Haftungsbeschränkung liegt das vorherrschende Motiv für die Gründung einer GmbH, ja von juristischen Personen im Handelsrecht überhaupt. Im Falle der Insolvenz der juristischen Person können die Gesellschafter zwar das zur Verfügung gestellte Kapital, nicht aber ihr davon getrenntes Privatvermögen verlieren. Darin besteht der wohl wirkungsvollste Unterschied der GmbH als Kapitalgesellschaft etwa gegenüber der OHG als Personengesellschaft, denn bei der OHG ordnet § 128 Satz 1 HGB eine persönliche Haftung der Gesellschafter an, welche die in § 124 HGB aufgrund der Teilrechtsfähigkeit vorgesehene Haftung der OHG ergänzt. Danach haften die Gesellschafter für die Verbindlichkeiten der Gesell-

---

[44] In seltenen Ausnahmefällen nimmt der BGH eine Durchgriffshaftung des Gesellschafters an, was vor allem bei der sog. Ein-Mann-GmbH vorkommt. Damit wird der „Haftungsschirm der GmbH" durchstoßen, wenn die Haftungsbeschränkung anderenfalls zu Ergebnissen führen würde, die mit Treu und Glauben nicht im Einklang stehen, und wenn die Ausnutzung der rechtlichen Verschiedenheit zwischen der juristischen Person und der hinter ihr stehenden natürlichen Person einen Rechtsmissbrauch bedeuten würde. Niemand soll sich in sittenwidriger Weise hinter einer zahlungsunfähigen juristischen Person verschanzen dürfen. Das wird u. a. aus § 826 hergeleitet. Dies gilt vor allem, wenn nach den besonderen Umständen des Einzelfalles eine Aufklärung über die (prekäre) wirtschaftliche Lage der juristischen Person erwartet werden durfte. Vgl. Peters, AT, S. 164; ferner dazu etwa BGHZ 54, 222 (224); zur Durchgriffshaftung auch Westermann, JURA 1980, 532-538

schaft den Gläubigern als Gesamtschuldner[45] persönlich. Eine entgegenstehende Vereinbarung Dritten gegenüber erklärt § 128 Satz 2 HGB ausdrücklich für unwirksam.

Allerdings liegt in dieser unbeschränkten persönlichen Haftung der Gesellschafter auch eine Chance der Rechtsform der OHG, denn sie wird im Geschäftsleben oftmals einen sehr viel höheren Kredit genießen, als eine Firma, die sich der Rechtsform der GmbH bedient.

bb. Potentielle „Unsterblichkeit" von Kapitalgesellschaften

Die körperschaftliche Struktur von Vereinen und Kapitalgesellschaften macht diese unabhängig vom jeweiligen Bestand ihrer Mitglieder. In gewissem Sinne ist die Kapitalgesellschaft potentiell unsterblich. Mögen auch sämtliche Mitglieder im Laufe der Zeit gegen neue ausgewechselt sein, so existiert die juristische Person dennoch fort. Hier zeigt sich, dass die Kapitalgesellschaften trotz ihrer Bezeichnung keine auf „Gesellschafter" bezogene Gesellschaften, sondern in der Sache „*Vereine des Handelsrechts*" sind[46].

Dagegen weisen Personengesellschaften idealtypisch eine stark personalisierte Struktur auf, die sie von den körperschaftlich strukturierten Vereinen und Kapitalgesellschaften grundlegend unterscheidet[47]. Anders als der rechtsfähige Verein, die GmbH und die AG haben die GbR sowie die KG und OHG keine Organe. So steht bei der GbR nach § 709 die Geschäftsführung den Gesellschaftern im Zweifel (vgl. insoweit § 714) gemeinschaftlich zu; für jedes Geschäft ist grundsätzlich die Zustimmung aller Gesellschafter erforderlich. Überdies ist bei der GbR die Person eines jeden Gesellschafters so wichtig, dass sie nach § 727 durch den Tod eines der Gesellschafter im Zweifel aufgelöst wird.

Abschließend sei auf folgendes hingewiesen: Der Gegensatz zwischen den Personengesellschaften auf der einen und den Kapitalgesellschaften auf der anderen Seite ist hier etwas zugespitzt und wird nur bei den jeweiligen Prototypen so deutlich. Indes stellen die meisten Gesellschaftsarten Übergangsformen dar.

Hinzu kommt, dass zahlreiche Vorschriften über das Innenverhältnis bei Gesellschaften dispositiv sind, was in der Praxis zu weiterer Annäherung führt. Mit diesen groben Andeutungen soll es hier sein Bewenden haben. Wegen weiterer Einzelheiten muss auf spezielle Lehrwerke zum Handels- und Gesellschaftsrecht verwiesen werden[48].

---

[45] vgl. zur gesamtschuldnerischen Haftung die §§ 421 und 426
[46] so Westermann, Grundbegriffe, Kapitel 4 VI. 2. (S. 37) sowie Kapitel 4 I. (S. 35); zustimmend Kallwass, Privatrecht, S. 388
[47] zu den Unterschieden rechtsfähiger Körperschaften gegenüber den Personengesellschaften und den letztlich durchaus fließenden Übergängen, Peters, AT, S. 165/166; dazu ferner Westermann, Grundbegriffe, Kapitel 4 VI. (S. 37/38)
[48] instruktiv Kallwass, Privatrecht, S. 391 ff.

Fragen zu Kapitel 4

---

1. Was bedeutet Rechts-, was Handlungsfähigkeit?

2. Welche beiden Arten von Rechtssubjekten unterscheidet das Bürgerliche Recht?

3. Was besagt § 1 zur Rechtsfähigkeit eines Menschen?

4. Was ist eine juristische Person?

5. Wie entsteht ein <u>rechtsfähiger</u> nichtwirtschaftlicher Verein (= Idealverein)?

6. Inwieweit gilt im Vereinsrecht das Normativ-, inwieweit das Konzessionssystem?

7. Unter welchen Voraussetzungen ist der Idealverein in das Vereinsregister einzutragen?

8. Wie errichtet man eine Aktiengesellschaft?

9. Worin besteht im Handelsrecht das vorherrschende Motiv, die Rechtsform einer juristischen Person zu wählen?

10. Wie nehmen juristische Personen am Rechtsverkehr teil, obwohl sie real nicht handeln können?

Antworten (Kapitel 4)

zu Frage 1:
<u>Rechtsfähigkeit ist die Fähigkeit, Träger von Rechten und Pflichten zu sein.</u>
Sie ist streng <u>zu unterscheiden von der</u> Fähigkeit, Rechte und Pflichten zu begründen. Letztere bezeichnet man als <u>Handlungsfähigkeit</u>. Es werden zwei Arten der Handlungsfähigkeit unterschieden: Die Delikts- und die Geschäftsfähigkeit.

zu Frage 2:
Das BGB unterscheidet die Menschen als <u>natürliche Personen</u> von den <u>juristischen Personen</u>. Anders als die natürlichen Personen erlangen die juristischen Personen <u>Rechtsfähigkeit erst aufgrund einer Anordnung des positiven Rechts</u>.

zu Frage 3:

§ 1 bestimmt als <u>Zeitpunkt für den Beginn der Rechtsfähigkeit</u> die <u>Vollendung der Geburt</u>. Von weiteren Voraussetzungen macht das BGB die Rechtsfähigkeit eines Menschen nicht abhängig. Das Aufstellen zusätzlicher Voraussetzungen (bestimmtes Alter, Geschlecht etc.) wäre mit Art. 1 des GG, wonach die Würde des Menschen unantastbar ist, nicht vereinbar.

zu Frage 4:

Juristische Personen sind von der Rechtsordnung <u>mit eigener Rechtspersönlichkeit ausgestattete Personenvereinigungen</u> (z.B.: rechtsfähiger Verein, GmbH und AG) oder <u>Zusammenfassungen zweckgebundenen Vermögens</u> (sog. selbständige Stiftungen nach §§ 80 ff.).

zu Frage 5:

Die Entstehung eines rechtsfähigen Vereins, dessen Zweck <u>nicht</u> auf einen wirtschaftlichen Geschäftsbetrieb gerichtet ist (sog. <u>Idealverein</u>), vollzieht sich in <u>zwei Stufen</u>: Erstens muss der Verein als Personenverband gegründet werden (<u>privater Gründungsakt</u>). Zweitens ist zur Erlangung der Rechtsfähigkeit gemäß § 21 als <u>konstitutiver staatlicher Akt seine Eintragung ins Vereinsregister</u> erforderlich. Mit der Eintragung erhält der Name des Vereins nach § 65 den Zusatz *„eingetragener Verein"* (e.V.).

zu Frage 6:

Das Vereinsrecht behandelt den nichtwirtschaftlichen Verein und den wirtschaftlichen Verein in Bezug auf die Erlangung der Rechtsfähigkeit unterschiedlich.

Für den nichtwirtschaftlichen Verein gilt <u>nach § 21 ein Normativsystem</u>. Das bedeutet, wenn sämtliche (normativen) Voraussetzungen der §§ 55 bis 59 erfüllt sind, muss das zuständige Amtsgericht die für die Erlangung der Rechtsfähigkeit konstitutive Eintragung in das Vereinsregister vornehmen (<u>keine Ermessensentscheidung!</u>).

Der <u>wirtschaftliche Verein</u> dagegen erlangt <u>Rechtsfähigkeit nach § 22 durch staatliche Verleihung</u>, d. h. durch eine staatliche Konzession, deren Erteilung im pflichtgemäßen Ermessen steht. Dieses <u>Konzessionssystem</u> hat <u>heute keine nennenswerte Bedeutung mehr</u>, da die meisten wirtschaftlichen Zusammenschlüsse als Kapitalgesellschaften (GmbH, AG oder Genossenschaft) zu organisieren sind, weil die Regelungen des GmbHG, des AG sowie des GenG dem § 22 vorgehen.

zu Frage 7:

Zunächst schreibt § 59 bestimmte <u>Anmeldeformalitäten</u> vor. Nach § 59 Abs. 1 hat der Vorstand den Verein zur Eintragung anzumelden. Dieser Anmeldung sind nach § 59 Abs. 2 <u>bestimmte Urkunden - vor allem die Vereinssatzung - beizufügen</u>. Nach § 57 Abs. 1 muss die Satzung den Zweck, den Namen und den Sitz des Vereins enthalten und ergeben, dass der Verein eingetragen werden soll. Ferner soll der Name sich von den Namen der an demselben Orte oder in derselben Gemeinde bestehenden eingetragenen Vereine deutlich unterscheiden (§ 57 Abs. 2). Weitere Sollinhalte der Vereinssatzung regelt § 58. Dazu zählen Bestimmungen über den Eintritt und Austritt der Mitglieder sowie über die von den Mitgliedern zu leistenden Beiträge (§ 58 Nrn. 1 und 2). Ferner sollen die Bildung des Vorstands sowie bestimmte Fragen zur Mitgliederversammlung geregelt werden (§ 58 Nrn. 3 und 4). Nach § 56 schließlich soll der Verein mindestens sieben Mitglieder haben.

zu Frage 8:

Die Entstehung einer AG richtet sich ebenso wie die eines Idealvereins nach einem <u>Normativsystem</u> und ist ebenfalls zweistufig konzipiert. Nach den Vorgaben des AktG ist erstens die <u>Gründung</u> und zweitens die <u>konstitutive Eintragung in das Handelsregister</u> nötig. Zur Gründung ist nach § 2 AktG erforderlich, dass eine oder mehrere Personen (Gründer) sich an der Feststellung des Gesellschaftsvertrags (der Satzung) beteiligen, welche die Aktien gegen Einlagen übernehmen. § 41 Abs. 1 Satz 1 AktG bestimmt, dass die AG vor der Eintragung in das Handelsregister als solche nicht besteht. Damit also die AG als Gesellschaft mit eigener Rechtspersönlichkeit (lies § 1 Abs. 1 Satz 1 AktG) entsteht, bedarf es konstitutiv der Eintragung ins Handelsregister.

zu Frage 9:

Das <u>vorherrschende Motiv</u> für die Gründung von juristischen Personen besteht neben der erleichterten Teilnahme am Rechtsverkehr <u>im Handelsrecht</u> vor allem in der <u>Haftungsbegrenzung</u>. Die juristische Person kann aufgrund ihrer eigenständigen Rechtspersönlichkeit eigene Verbindlichkeiten haben, für die grundsätzlich <u>nur sie selbst</u> und nicht auch ihre Mitglieder bzw. die Gesellschafter haften. Dadurch ist die Haftung begrenzt auf die satzungsgemäß geleisteten Beiträge bzw. auf die Einlagen der Gesellschafter. Bekanntestes Beispiel ist die GmbH: Nach § 13 Abs. 2 GmbHG haftet für die Verbindlichkeiten der Gesellschaft den Gläubigern derselben nur das Gesellschaftsvermögen und nicht das davon getrennte Privatvermögen der Gesellschafter.

zu Frage 10:

<u>Juristische Personen handeln durch ihre mit Menschen besetzten Organe</u> (körperschaftliche Struktur). So hat der Verein einen Vorstand, der ihn gemäß § 26 Abs. 2 gerichtlich und außergerichtlich vertritt. Dem entspricht bei der GmbH der Geschäftsführer (§ 35 GmbHG). Die Aktiengesellschaft wiederum wird von ihrem Vorstand vertreten (§ 78 Abs. 1 AktG).

Kapitel 5

Sachen

Im Vorhergehenden haben wir uns mit den natürlichen und juristischen Personen als den Rechtssubjekten befasst. Im Folgenden soll es um die Sachen als eine wichtige Gruppe von Rechtsobjekten gehen.

I. Sachen und andere Rechtsobjekte

§ 90 definiert <u>Sachen</u> als <u>körperliche Gegenstände</u>[1]. Mit Körperlichkeit ist gemeint, dass der Gegenstand sinnlich wahrnehmbar im Sinne von tastbar ist. Folglich <u>sind zum Beispiel Gas und Elektrizität keine Sachen</u>. Soweit sie allerdings in Behältnissen gefüllt beherrschbar sind und Gegenstand des Rechtsverkehrs, wendet man die Regeln für Sachen an. Ein Vertrag mit den Stadtwerken über die Lieferung von Strom oder Fernwärme ist folglich <u>wie ein Kaufvertrag über bewegliche Sachen zu beurteilen</u>[2].

Die <u>Funktion des Sachbegriffs</u> liegt in der (mittelbaren) <u>Festlegung des Eigentumsbegriffs</u>, denn nach § 903 kann Eigentum im Sinne des BGB ausschließlich an Sachen bestehen. Das gilt auch für die anderen dinglichen Rechte, wie zum Beispiel die Grundpfandrechte. Nach § 854 Abs. 1 ist der Besitz ebenfalls nur an Sachen möglich.

<u>Tiere</u> sind übrigens seit 1990 gemäß § 90 a Satz 1 <u>keine Sachen mehr</u>[3]. Trotz dieser Regelung bleiben sie <u>aber Rechtsobjekte</u>. Dementsprechend ordnet § 90 a in Satz 3 an, dass auf Tiere die für Sachen geltenden Vorschriften grundsätzlich <u>entsprechend</u> anzuwenden sind. Beispielsweise übereignet man Tiere wie bewegliche Sachen nach § 929, also durch Einigung und Übergabe[4].

Neben den Sachen als körperliche Gegenstände gibt es <u>die unkörperlichen Gegenstände</u>. Sie bilden eine weitere große Gruppe von Rechtsobjekten - die <u>Rechte</u>[5].
Der Zweiteilung der Rechtsobjekte in Sachen und Rechte entspricht es, dass § 453 neben dem in den §§ 433 ff. geregelten Sachkauf ausdrücklich den <u>Rechtskauf</u> vorsieht.
<u>Man unterscheidet absolute und relative Rechte</u>. Zu den Erstgenannten gehören neben dem Eigentum die höchstpersönlichen Rechtsgüter Leben, Körper, Freiheit und Gesundheit. Sie wirken gegenüber jedermann. Zu den relativen Rechten zählen vor allem die Forderungen. So besteht die Forderung auf Zahlung des Kaufpreises nur <u>relativ, d. h.</u>

---

[1] Von diesem Sprachgebrauch ist der Gesetzgeber allerdings in § 119 Abs. 2 abgewichen. Der dort verwendete Begriff „Sache" umfasst auch unkörperliche Gegenstände, also insbesondere schuldrechtliche Forderungen und beschränkt dingliche Rechte. Vgl. oben, S. 8 und S. 9/10 sowie Jauernig/Jauernig, § 119 Rdnr. 12

[2] Hirsch, AT, Rdnr. 82

[3] § 90 a hat symbolische Bedeutung und beruht auf dem Gedanken, Tiere als schmerzempfindliche Mitgeschöpfe nicht mit Sachen gleichzusetzen. Vgl. dazu die Glosse von K. Schmidt, Sind Hunde Plastiktüten? Vgl. JZ 1989, 790

[4] dazu ausführlich unten, S. 113

[5] dazu statt vieler Schack, AT, § 8 I. 3. (Rdnr. 155)

zwischen Verkäufer und Käufer. Über die verschiedenen Forderungen wurde im Kapitel 2 bereits das Notwendige gesagt. In diesem Kapitel wollen wir uns auf die Sachen konzentrieren.

II. Einteilung der Sachen

1. Bewegliche und unbewegliche Sachen

Die wichtigste Unterscheidung ist die zwischen beweglichen und unbeweglichen Sachen, denn sie unterliegen vielfach grundlegend unterschiedlichen Regelungen[6].

Unbewegliche Sachen (= Immobilien) sind die Grundstücke im Rechtssinne. Es handelt sich dabei um einen räumlich begrenzten Teil der Erdoberfläche, der im Grundbuch als „ein" Grundstück eingetragen ist (vgl. § 890). Grundstücke sind bekanntlich als Grundlage der Kreditsicherung beliebt, da man sie mit den Grundpfandrechten Hypothek und Grundschuld (vgl. §§ 1113 ff. sowie §§ 1191 ff.) belasten kann[7].

Alle Sachen, die nicht Grundstück im Rechtssinne (negative Abgrenzung) sind, wie zum Beispiel der Grabstein und das Zirkuszelt[8], gehören zu den beweglichen Sachen (= Mobilien)[9].

2. Vertretbare und nicht vertretbare Sachen

Ferner unterscheidet das Gesetz vertretbare und nicht vertretbare Sachen.

Nach § 91 sind vertretbare Sachen bewegliche Sachen, die im Verkehr nach Zahl, Maß oder Gewicht bestimmt zu werden pflegen, also etwa Banknoten, ein (neuer) „Jauernig" oder „Palandt" sowie sämtliche serienmäßig gefertigten Sachen. Nicht vertretbar sind dagegen ihrer Individualität wegen beispielsweise der speziell gefertigte Maßanzug, gebrauchte Sachen sowie die Grundstücke.

Diese Unterscheidung spielt im Schuldrecht vor allem bei der Abgrenzung von Leihe (vgl. §§ 598, 604) und Sachdarlehen (§ 607 Abs. 1 Satz 1) sowie für die Frage eine Rolle, ob Werkvertrags- oder Kaufrecht (§ 651 Satz 3) anzuwenden ist[10].

---

[6] So richtet sich die Übereignung beweglicher Sachen nach § 929, die Übereignung von Grundstücken nach den §§ 925, 873; ausführlich zu diesen Bestimmungen unten, S. 113 ff.
[7] dazu schon oben, S. 10
[8] Dabei handelt es sich um sog. Scheinbestandteile nach § 95. Dazu sogleich, S. 84
[9] so Peters, AT, S. 178
[10] ausführlich dazu Hirsch, AT, Rdnr. 90

III. Eine Sache im Rechtssinne und Sachgesamtheiten

Die Eigentümerstellung kann sich immer nur auf jeweils eine Sache beziehen. Dies wirft, wenn keine natürliche Sacheinheit (z.B.: ein Stein) vorliegt, die Frage auf, wann im naturwissenschaftlichen Sinne mehrere Sachen eine Sache im Rechtssinne darstellen[11]. Das ist nach der Verkehrsanschauung zu beantworten, wobei eine feste körperliche Verbindung regelmäßig für die Annahme einer Sache im Rechtssinne spricht.

Zum Beispiel sind ein Fahrzeug und der darin befindliche Motor, der Autoschlüssel und das Auto, das Sauerkraut und die Konserve sowie das Bild und sein Rahmen aufgrund der Verkehrsauffassung eine Sache im Rechtssinne.

Dagegen sieht die Verkehrsanschauung etwa eine Vase und die darin befindliche Blume als mehrere Sachen an.

Auch die Bücher einer Bibliothek stellen nach der Verkehrsanschauung selbständige Sachen dar und sind folglich nicht als Bestandteile der Bibliothek zu werten. Allerdings tritt hier folgende Besonderheit hinzu: Die einzelnen Sachen (= Bücher) bilden eine sog. Sachgesamtheit[12], welche unter der Bezeichnung Bibliothek zusammengefasst ist. Die Sachgesamtheit besteht aus einer Mehrheit von Einzelsachen, die wirtschaftlich als Einheit erscheinen. Weitere Sachgesamtheiten sind etwa eine Viehherde, ein Warenlager, eine Sitzgruppe oder eine Kunstsammlung. Charakteristisch für Sachgesamtheiten ist, dass deren Wert aufgrund ihrer Vollständigkeit gegenüber den sie bildenden Einzelsachen oftmals höher sein wird[13].

Sachgesamtheiten können zwar Gegenstand eines schuldrechtlichen Geschäfts (z. B. Kauf oder Miete) sein. Sachenrechtlich kann aber nicht über die Sachgesamtheit als solche, sondern nur über jede ihrer „Sachen" einzeln verfügt werden. Nur die einzelne Sache, also etwa ein Buch, kann übereignet werden, nicht aber die Sachgesamtheit der Bibliothek als Ganze[14].

Kehren wir zurück zu der einen Sache im Rechtssinne.

IV. Die eine Sache
und ihre einfachen und wesentlichen Bestandteile (§ 93)

Wie dargelegt, ist zum Beispiel das Sauerkraut und die es konservierende Dose rechtlich eine Sache, die sich aber aus verschiedenen Bestandteilen zusammensetzt. Das wirft die Frage auf, ob das Sauerkraut und die Dose wesentliche oder einfache Bestandteile der einen Sache sind.

---

[11] Diese Frage stellt sich in den meisten Fällen, da viele Sachen aus deutlich unterscheidbaren Teilen zusammengesetzt sind.
[12] zu diesem Begriff, Erman/L. Michalski, vor § 90 Rdnr. 5a
[13] vgl. Palandt/Heinrichs, § 90 Rdnr. 4
[14] Jauernig/Jauernig, vor § 90 Rdnr. 5

Bestandteile einer Sache, die voneinander nicht getrennt werden können, ohne dass der eine oder der andere zerstört oder in seinem Wesen verändert wird (wesentliche Bestandteile), können gemäß § 93 nicht Gegenstand besonderer Rechte sein.
Anders gewendet: Nur Bestandteile, die keine wesentlichen im vorgenannten Sinne und somit einfache Bestandteile darstellen, können Gegenstand besonderer Rechte sein. Nur in diesem letztgenannten Fall kann man sie getrennt veräußern oder belasten.

Für die Trennung der Dose und ihres Inhalts muss sie geöffnet und dazu zerstört werden, so dass nach § 93 Sauerkraut und Dose wesentliche Bestandteile der zusammengesetzten Sache „Sauerkrautdose" sind.
Anders verhält es sich beim Bild und seinem Rahmen. Weder das Bild noch der Rahmen werden im Falle ihrer Trennung zerstört oder in ihrem Wesen verändert. Bild und Rahmen sind folglich einfache Bestandteile der zusammengesetzten Sache „gerahmtes Bild" und können somit Gegenstand besonderer Rechte sein.

§ 93 gewinnt seine eigentliche rechtliche Bedeutung erst im Falle der Verbindung beweglicher Sachen aufgrund der sachenrechtlichen Vorschrift des § 947.

V. Verbindung von beweglichen Sachen (§ 947)

Lassen Sie uns zu der zusammengesetzten Sache eines in einen PKW eingefügten Motors folgenden Fall bilden:
V hat an K einen Austauschmotor für dessen Mercedes 280 SEL verkauft und unter Eigentumsvorbehalt geliefert. K baut den Motor sofort in sein Fahrzeug ein, kommt aber einige Wochen später mit den Kaufpreisraten in Verzug. Kann V von K den Austauschmotor nach § 985 herausverlangen?

Dazu müsste V Eigentümer des Motors (geblieben) sein.

Rechtsgeschäftlich hat V das Eigentum nicht übertragen. Vielmehr hat er den Motor an K ausdrücklich unter Eigentumsvorbehalt, d. h. unter der aufschiebenden Bedingung vollständiger Kaufpreiszahlung (vgl. §§ 449 Abs. 1, 929, 158 Abs. 1[15]) veräußert.

Allerdings könnte V sein Eigentum kraft Gesetzes verloren haben.

Bei der vorliegenden Verbindung zweier beweglicher Sachen (Austauschmotor und PKW) könnten die Voraussetzungen des § 947 erfüllt sein.
Dieser lautet wie folgt: Werden bewegliche Sachen miteinander dergestalt verbunden, dass sie wesentliche Bestandteile einer einheitlichen Sache werden, so werden die bisherigen Eigentümer Miteigentümer dieser Sache (Abs. 1, 1. HS.). Wenn eine der Sachen als die Hauptsache anzusehen ist - so § 947 Abs. 2 -, dann erwirbt ihr Eigentümer das Alleineigentum an der einen einheitlichen Sache.
Zu prüfen ist also, ob Motor und PKW durch Verbindung (Einbau) zu wesentlichen Bestandteilen einer einheitlichen Sache geworden sind. Das setzt nach § 93 voraus, dass Motor und PKW nicht getrennt werden können, ohne dass der Motor oder der PKW zerstört oder in ihrem Wesen verändert werden.

Die Alternative der Zerstörung kommt hier nicht in Betracht.

---

[15] zum Eigentumsvorbehalt vgl. unten, S. 130

Fraglich ist, ob im Falle der Trennung eine „Wesensveränderung" stattfindet.

Grammatikalisch liegt es nahe, dass das Merkmal der Wesensveränderung eingreift, wenn der eine oder der andere Teil für die Sache so wichtig bzw. für das Ganze so typisch ist, dass er zu seinem „Wesen" gehört. Entgegen dem Wortlaut des § 93[16] kommt es darauf aber nicht an. Nach der Rechtsprechung ist vielmehr maßgeblich, ob der abgetrennte und der zurückbleibende Teil jeweils noch in der bisherigen Art - sei es auch erst nach Verbindung mit einer anderen Sache - wirtschaftlich genutzt werden können[17]. Die Subsumtion unter diesen Obersatz ergibt, dass der Austauschmotor hier nicht wesentlicher Bestandteil geworden ist. Es mag sein, dass ein Fahrzeug ohne Motor nach laienhafter Anschauung nicht als Fahrzeug angesehen wird. Rechtlich kommt es, wie erwähnt, indes nicht auf die Wichtigkeit der Bestandteile für die Sache als Einheit an. § 93 schützt nicht den in der zusammengesetzten Sache verkörperten wirtschaftlichen Wert, sondern stellt auf die Konsequenzen für die Bestandteile ab. Das zurückbleibende Auto kann, wenn auch erst nach Einfügen eines anderen Motors, wirtschaftlich weiterhin wesensgemäß im Sinne des § 93 genutzt werden. Gleiches gilt für den getrennten Austauschmotor, der ebenfalls serienmäßig gefertigt und beliebig austauschbar und wieder verwendbar ist. § 947 ist hier also eindeutig nicht erfüllt[18].
Folglich hat V sein Eigentum an dem Motor nicht verloren. Aufgrund des Eigentumsvorbehalts kann er von dem Besitzer K Herausgabe nach § 985 verlangen[19].

Ob der PKW gegenüber dem Motor als Hauptsache i. S. d. § 947 Abs. 2 anzusehen ist, kann hier somit dahinstehen[20]. Diese Frage stellt sich erst, wenn § 947 Abs. 1 erfüllt ist.

Heutzutage setzt sich eine Vielzahl von Sachen aus serienmäßig gefertigten, leicht austauschbaren und erneut verwendbaren Bestandteilen zusammen. Infolgedessen wird die Trennung der zusammengesetzten Sache nur selten zu einer „Wesensveränderung" führen. § 93 zieht den Kreis der wesentlichen Bestandteile für bewegliche Sachen insofern ziemlich eng[21]. Das schützt den sog. Warenkreditgeber. Bei Verbindung beweglicher Sachen kommt es, wie unser gebildeter Fall zeigt, meist nicht zum gesetzlichen Eigentumsverlust. Der Eigentumsvorbehalt bleibt also wirksam.

Allerdings ist die in § 93 zuerst genannte Alternative der Zerstörung häufiger erfüllt, so etwa bei den Seiten eines Buches, dem Lack auf einem Blech, den Tapeten an der Wand oder - wie schon erwähnt - dem Inhalt und seiner Konserve.
In diesen Fällen geht die Rechtsfolge des unabdingbaren § 947 dem vertraglich vereinbarten Eigentumsvorbehalt vor, so dass es zu einem Eigentumsverlust kraft Gesetzes kommt.

---

[16] Der Ausdruck „wesentlich" ist durchaus irreführend. Besser wäre wohl die direkte Bezeichnung „sonderrechtsfähiger" Bestandteil gewesen. So Kallwass, Privatrecht, S. 261
[17] dazu Palandt/Heinrichs, § 93 Rdnr. 3 m.w.N.
[18] so BGHZ 61, 81
[19] Wer zum Beispiel ein Kraftfahrzeug übereignet, wird zwar im Zweifel damit auch das Eigentum an den Rädern und dem Motor übertragen. Er kann aber auch, ohne die Teile voneinander zu trennen, etwa die Karosserie und das Fahrgestell unbedingt übereignen und sich an den Rädern und dem Motor das Eigentum nach § 449 vorbehalten.
[20] vgl. dazu Frage 10 des vorliegenden Kapitels, S. 90 sowie Hirsch, AT, Rdnrn. 109 und 112
[21] Ein (seltenes) Gegenbeispiel bilden der Autoschlüssel und das Auto (= nach der Verkehrsanschauung eine Sache im Rechtssinne). Hierbei handelt es sich um wesentliche Bestandteile: Zwar ist das Auto, nicht aber der Schlüssel anderweitig verwendbar.

VI. Wesentliche Bestandteile von Grundstücken (§ 94 Abs. 1)

§ 93 legt den Begriff wesentlicher Bestandteil allgemein fest, ob es sich nun um bewegliche oder unbewegliche Sachen handelt. § 94 regelt dagegen als Sondervorschrift, was wesentliche Bestandteile von Grundstücken oder Gebäuden sind.

Gemäß § 94 Abs. 1 Satz 1 gehören zu den wesentlichen Bestandteilen eines Grundstücks die mit dem Grund und Boden fest verbundenen Sachen, insbesondere Gebäude[22]. Dabei liegt eine feste Verbindung vor, wenn bei Entfernung erhebliche Kosten und Mühen aufgewendet werden müssten oder erhebliche Beschädigungen eintreten würden[23]. Demzufolge sind immerhin in über 90 % aller Fälle die Gebäude wesentliche Bestandteile des Grundstücks, auf dem sie errichtet sind[24]. Das gilt selbst dann, wenn ein Gebäude, wie z. B. das viele Millionen teure Hochhaus, erheblich wertvoller ist als das Grundstück, auf dem es steht.

Nur solche Gebäude, die - wie etwa eine anderweitig leicht wieder aufstellbare Baracke - keine feste Verbindung mit dem Grund und Boden aufweisen, sind keine wesentlichen Bestandteile.

Ferner muss man wissen: Bei Gebäuden, die nur *„zu einem vorübergehenden Zweck"* mit dem Grundstück verbunden sind (z.B.: Zirkuszelt, Grabstein, vom Mieter oder Pächter mit dem Grundstück fest verbundenes Garten- oder Gewächshaus[25]), handelt es sich um sog. Scheinbestandteile im Sinne des § 95 Abs. 1, die rechtlich gar keine Bestandteile[26] des Grundstücks darstellen.

Wenn die Voraussetzungen des speziellen § 94 Abs. 1 erfüllt sind, so tritt die Rechtsfolge des § 93 ein, d. h. die wesentlichen Bestandteile können nicht Gegenstand besonderer Rechte sein. Dies gilt auch, wenn der Tatbestand des § 93 nicht gleichzeitig verwirklicht ist[27].

Allerdings werden häufig die Voraussetzungen des § 93 ebenfalls erfüllt sein, da die meisten Gebäude, wie normale Wohn- und Geschäftshäuser sowie viele sonstige Bauwerke, wie Mauern und Straßen, bei Trennung im Sinne des § 93 zerstört würden (sog. „untrennbare" Bestandteile).

---

[22] Ferner gehören zu den wesentlichen Bestandteilen des Grundstücks die Erzeugnisse (vgl. § 99 Abs. 1), solange sie mit dem Boden zusammenhängen (vgl. § 94 Abs. 1 Satz 1 a. E.). Zu diesen Erzeugnissen zählt auch das „Holz auf dem Stamm". Dieses ist somit nach der Rechtsfolge des § 93 Abs. 1 dinglich nicht sonderrechtsfähig und kann vor der Trennung demnach nicht übereignet werden. Freilich kann man das gesamte Waldgrundstück übereignen. Das „Holz auf dem Stamm" zu verkaufen, ist ebenfalls zulässig. Vgl. auch Palandt/Heinrichs, § 94 Rdnr. 3 m.w.N.

[23] Eine feste Verbindung in diesem Sinne ist etwa gegeben bei eingegrabenem Holz- und Mauerwerk, nicht dagegen bei leicht wieder zu trennenden Stangen, wie Hopfenstangen und Weinbergpfählen; vgl. Erman/L. Michalski, § 94 Rdnr. 3

[24] Hirsch, AT, Rdnr. 131

[25] Insoweit besteht nach der Rspr. des BGH eine (widerlegbare) Vermutung, dass die Verbindung zu einem vorübergehenden Zweck erfolgt und somit nach § 95 Abs. 1 ein Scheinbestandteil vorliegt. Vgl. dazu den an BGH, NJW 1984, 2878 angelehnten Fall bei Hirsch, AT, Rdnrn. 128 und 129

[26] § 95 Abs. 1: *„Zu den Bestandteilen eines Grundstücks gehören solche Sachen nicht, die ..."*

[27] Erman/L. Michalski, § 94 Rdnr. 1

Insoweit stellt § 94 Abs. 1 eine den § 93 präzisierende Vorschrift dar[28].

Auch § 94 gewinnt seine wesentliche rechtliche Bedeutung aufgrund einer Norm des Sachenrechts, dem § 946.

VII. Verbindung beweglicher Sachen mit einem Grundstück (§ 946)

1. Wesentliche Bestandteile eines Grundstücks (§ 94 Abs. 1) und Rechtsverlust durch Verbindung nach § 946

Wird eine bewegliche Sache mit einem Grundstück dergestalt verbunden, dass sie wesentlicher Bestandteil des Grundstücks wird, so erstreckt sich nach § 946 das Grundeigentum auf diese Sache. Dies entspricht dem römisch-rechtlichen Grundsatz des „superficies solo cedit". Das bedeutet: Das Gebäude folgt (gehört zu) dem Grundstück. Das Grundstück wird gewissermaßen immer als Hauptsache - genauer Hauptbestandteil - angesehen[29]. Ein solches Primat des Grundeigentums schafft Klarheit vor allem für den Erwerbsinteressenten von Grundeigentum, der durch Augenschein leicht feststellen kann, was alles zu dem Grundstück gehört. Überdies bevorzugt das Primat des Grundeigentums die Kreditinstitute als Immobiliarkreditgeber[30] gegenüber den Baustofflieferanten. Das Eigentum an den beweglichen Sachen (Baustoffen) geht nämlich nach § 946 kraft Gesetzes infolge der Verbindung mit dem Grund und Boden auf den Grundstückseigentümer über, obwohl regelmäßig unter Eigentumsvorbehalt geliefert wird. § 946 ist unabdingbares Recht[31] und folglich stärker als Vertragsklauseln. Er geht somit dem Eigentumsvorbehalt vor[32].

Freilich hat der Baustofflieferant meist einen vertraglichen Anspruch auf Zahlung des Kaufpreises. Er verliert aber seine dingliche Sicherheit.

Sollte ausnahmsweise sogar ein vertraglicher Zahlungsanspruch fehlen - zum Beispiel beim eigenmächtigen Verwenden fremden Materials - so kann nach § 951 Abs. 1 Satz 1

---

[28] Eigenständige Bedeutung gewinnt § 94 Abs. 1 etwa bei folgendem Sachverhalt:
Eine feste Verbindung des Gebäudes nach § 94 Abs. 1 kann schon lediglich aufgrund der Schwerkraft gegeben sein, wenn es erst nach aufwändiger Zerlegung in kleine Einzelteile entfernt werden kann. Das wurde etwa im Hinblick auf eine Fertiggarage ohne Fundament und sonstige Verankerung angenommen. Vgl. Erman/L. Michalski, § 94 Rdnr. 4. In diesem Falle wird ausschließlich § 94 Abs. 1, nicht aber § 93 erfüllt sein.

[29] Eine andere Entscheidung des Gesetzgebers - etwa die Annahme von Miteigentum nach dem Wertverhältnis von Grund und Boden und den verbundenen beweglichen Sachen - wäre schlicht nicht praktikabel und realitätsfremd, da dann bereits bei geringfügigen Bauarbeiten das Grundbuch unrichtig würde.

[30] Kreditinstitute sichern die Darlehen, indem sie sich Pfandrechte an Immobilien einräumen lassen. Dies nennt man einen Immobiliarkredit, der neben dem Mobiliarkredit ein Unterfall des Realkredits ist. Im Gegensatz dazu ist der Personalkredit durch die zusätzliche Haftung eines Dritten, etwa durch Übernahme einer Bürgschaft (vgl. §§ 765 ff.), gesichert.

[31] zu den Begriffen des unabdingbaren (zwingenden) und abdingbaren (dispositiven) Rechts unten, S. 118 sowie S. 169

[32] so ausdrücklich Hirsch, AT, Rdnrn. 121 und 132

für den Rechtsverlust „*Vergütung in Geld*[33] *nach den Vorschriften über die Herausgabe einer ungerechtfertigten Bereicherung*" gefordert werden.

2. Wesentliche Bestandteile von Gebäuden (§ 94 Abs. 2) und Rechtsverlust nach § 946

Wesentliche Bestandteile eines Gebäudes sind nach § 94 Abs. 2 die zur Herstellung des Gebäudes eingefügten Sachen, ohne dass es auf eine feste Verbindung ankommt. Zur Herstellung dienen dabei nicht nur Wände, Böden und Decken - die im Übrigen meist bereits nach der allgemeinen Regel des § 93 wesentliche Bestandteile darstellen -, sondern alle Teile, ohne die das Gebäude nach der Verkehrsanschauung noch nicht als fertiggestellt angesehen wird. Dadurch erlangt die spezielle Regelung des § 94 Abs. 2 erhebliche selbständige Bedeutung gegenüber der allgemeinen Vorschrift des § 93. Dahinter steht der Leitgedanke, Gebäude als wirtschaftliche Einheit zu schützen. Was zum „fertigen" Gebäude gehört, ist vor allem unter Berücksichtigung seiner jeweiligen Zweckbestimmung zu beurteilen. So sind hierzulande zum Beispiel die Heizungsanlage wesentlicher Bestandteil eines Wohnhauses und die Zentrallüftungsanlage sowie das Notstromaggregat wesentliche Bestandteile eines modernen Großhotels[34].

Zusätzlich müssen die Teile „eingefügt", d. h. wenn auch lösbar, so doch fixiert (z. B.: verschraubt) sein. Die Einfügung kann dabei auch nachträglich, also bei Umbau oder Renovierung, erfolgen. Beispiele für eingefügte Sachen sind Fensterflügel, Heizkörper, Waschbecken. Keine eingefügten Sachen sind dagegen Wohn- und Büromöbel, weil sie nicht im Gebäude fixiert sind.

Mit dem Einfügen der erwähnten Heizungsanlage in das Wohnhaus oder des Notstromaggregaten in das Großhotel werden diese gemäß § 94 Abs. 2 wesentlicher Bestandteil des betreffenden Gebäudes, das wiederum nach § 94 Abs. 1 bzw. § 93 wesentlicher Bestandteil des Grundstücks ist. Somit sind die wesentlichen Bestandteile dieser Gebäude zugleich solche des Grundstücks. Nach § 946, also kraft zwingenden Rechts, verlieren die Bauhandwerker (Fliesenleger, Installateure, Schreiner) so ihr Eigentum an den zur Herstellung eingefügten Sachen an den Grundstückseigentümer und somit ihre dinglichen Sicherheiten.

Als Ausgleich für diesen Rechtsverlust stehen ihnen in aller Regel vertragliche Ansprüche auf Zahlung des Werklohns und bei deren Fehlen der auf Geld gerichtete Bereicherungsanspruch nach § 951 Abs. 1 Satz 1 zu.

---

[33] Es handelt sich also um einen gemäß § 818 Abs. 2 auf Wertersatz gerichteten Ausgleich. Die eingebauten Materialien können selbstverständlich auf dem Umweg des Bereicherungsanspruchs nicht heraus verlangt werden.
[34] dazu den an BGH, NJW 1987, 3178 angelehnten Fall bei Hirsch, AT, Rdnrn. 130 und 131

VIII. Zubehör (§ 97)

Eine lockere Form der Verbindung von Sachen liegt beim Zubehör vor.

Zubehör sind <u>bewegliche Sachen</u>, die, ohne Bestandteile der Hauptsache zu sein, ihrem <u>wirtschaftlichen Zweck dauerhaft zu dienen bestimmt</u> und <u>ihr räumlich zugeordnet</u> sind (§ 97 Abs. 1 Satz 1) <u>sowie nach der Verkehrsauffassung als Zubehör angesehen</u> werden (§ 97 Abs. 1 Satz 2). Hauptsache im vorgenannten Sinne kann dabei nicht nur eine bewegliche Sache, sondern auch ein Grundstück sein. Als Beispiele für Zubehör nennt § 98 u. a. die Maschinen einer Fabrik sowie das Vieh eines landwirtschaftlichen Betriebes.

Die Einstufung einer Sache als Zubehör hat <u>wichtige Rechtsfolgen</u>:

So erstreckt § 311 c die Verpflichtung zur Veräußerung oder Belastung der Hauptsache im Zweifel, also wenn nichts anderes vereinbart wird, auch auf das Zubehör. <u>Mit der Hauptsache wird folglich im Zweifel zugleich das Zubehör verkauft.</u>
Handelt es sich bei der Hauptsache um ein Grundstück, etwa im Falle der Veräußerung eines Bauernhofs mit Stallungen und Vieh, so ist darüber hinaus nach § 926 Abs. 1 Satz 2 im Zweifel anzunehmen, dass sich *„die Veräußerung auf das Zubehör erstrecken soll".* Anders gesagt: Mit dem Grundstück wird im Zweifel („<u>automatisch</u>") <u>auch das Grundstückszubehör übereignet.</u>

Die beiden Auslegungsregeln der §§ 311 c und 926 Abs. 1 Satz 2 führen dazu, dass das Zubehör nicht selten <u>das rechtliche Schicksal der Hauptsache teilt.</u>

Große Bedeutung hat das Zubehör ferner bei der Hypothek und der Grundschuld, denn <u>es fällt, soweit es dem Grundstückseigentümer gehört, in den Haftungsverband dieser Grundpfandrechte (vgl. §§ 1120 ff., 1192 Abs. 1).</u>

Fragen zu Kapitel 5

---

1. Was sind Sachen im Sinne des BGB?

2. Worin besteht die Funktion des Sachbegriffs?

3. Was sind unkörperliche Gegenstände?

4. Welche wichtige Einteilung nimmt das BGB bei Sachen vor?

5. Was sind wesentliche Bestandteile einer beweglichen Sache?

6. Was ist für eine Wesensveränderung im Sinne von § 93 maßgeblich ?

7. Wieso benachteiligt § 94 Abs. 1 i. V. m. § 946 die Baustofflieferanten?

8. Welche Rechtsfolge sieht § 947 Abs. 1 vor?

9. Verbietet § 93, dass eine aus <u>wesentlichen</u> Bestandteilen zusammengesetzte Sache, wie etwa die Sauerkrautdose, mehrere Miteigentümer hat?

10. Wann ist ein wesentlicher Bestandteil „Hauptsache"
    im Sinne des § 947 Abs. 2?

Antworten (Kapitel 5)

zu Frage 1:
<u>Sachen sind nach § 90 definiert als körperliche Gegenstände.</u>
Körperlichkeit meint sinnliche Wahrnehmbarkeit im Sinne von tastbar.

zu Frage 2:
<u>Die Funktion des Sachbegriffs</u> liegt vor allem in der (mittelbaren) <u>Festlegung des</u> <u>Eigentums</u>, denn Eigentum im Sinne des BGB kann nach § 903 ausschließlich an Sachen bestehen. Dieser Begriff des Sacheigentums ist wesentlich enger gefasst als der grundrechtliche Eigentumsbegriff des Art. 14 GG. Auch die übrigen dinglichen Rechte sowie der Besitz (§ 854) können sich nur auf Sachen beziehen.

zu Frage 3:

Unkörperliche Gegenstände bilden die zweite große Gruppe von Rechtsobjekten. Gemeint sind die Rechte.

Man unterscheidet absolute Rechte, die - wie zum Beispiel das umfassende Herrschaftsrecht des (Sach-)Eigentums - gegenüber jedermann wirken, von solchen, die nur relativ bestehen. Zu den relativen Rechten gehören vor allem die schuldrechtlichen Forderungen, die Rechte bzw. Pflichten nur inter partes, d. h. zwischen den Vertragsparteien begründen.

zu Frage 4:

Die wichtigste Unterscheidung im Hinblick auf Sachen ist die zwischen beweglichen und unbeweglichen, denn diese beiden Gruppen unterliegen oftmals - vor allem was ihre Übereignung anbetrifft - verschiedenen Regelungen.

Als unbewegliche Sache wird das Grundstück im Rechtssinne bezeichnet, d. h. der räumlich begrenzte Teil der Erdoberfläche, der im Grundbuch als „ein" Grundstück eingetragen ist.

Alle körperlichen Gegenstände (Sachen), die nicht Grundstück im Rechtssinne sind (negative Abgrenzung), zählen zu den beweglichen Sachen.

zu Frage 5:

Das richtet sich nach der allgemeinen Vorschrift des § 93. Danach sind Bestandteile einer Sache, die voneinander nicht getrennt werden können, ohne dass der eine oder der andere zerstört oder in seinem Wesen verändert wird, wesentliche Bestandteile. Sie können nicht Gegenstand besonderer Rechte sein.

zu Frage 6:

Maßgeblich für das Tatbestandsmerkmal der „Wesensveränderung" im Sinne des § 93 ist, ob die getrennten Teile noch in der bisherigen Art - sei es auch erst nach Verbindung mit einer anderen Sache - wirtschaftlich genutzt werden können.

Dagegen kommt es nicht darauf an, ob der eine oder der andere Teil für die ungetrennte Sache so wichtig ist, dass er für das Ganze typisch ist und also zu seinem „Wesen" gehört. Insoweit ist der Wortlaut des § 93 durchaus missverständlich. Folglich sind entgegen landläufiger Meinung selbst so wichtige und typische Bestandteile wie Motor und Räder eines Fahrzeugs - wenn sie serienmäßig gefertigt und also anderweitig verwendbar sind - rechtlich gesehen keine wesentlichen Bestandteile (häufiger Anfängerfehler!).

zu Frage 7:

Nach § 94 Abs. 1 sind mehr als 90 % der Gebäude wesentliche Bestandteile des Grundstücks, auf dem sie errichtet sind. Nach § 946 erstreckt sich, wenn eine bewegliche Sache mit dem Grundstück dergestalt verbunden wird, dass sie wesentlicher Bestandteil des Grundstücks wird, das Eigentum an dem Grundstück auf diese Sache. Da § 946 unabdingbar ist, geht er Vertragsklauseln vor. Dadurch bevorzugt das Gesetz die Grundstückseigentümer und damit letztlich die Kreditinstitute (sog. Immobiliarkreditgeber) gegenüber Lieferanten von Baustoffen (Warenkreditgeber), denn deren vertraglich nach § 449 vorbehaltenes Eigentum erlischt.

zu Frage 8:

Wenn bewegliche Sachen dergestalt verbunden werden, dass sie wesentliche Bestandteile einer einheitlichen Sache werden (Voraussetzungsseite des § 947 Abs. 1), so werden nach der Rechtsfolge des § 947 Abs. 1 die bisherigen Eigentümer Miteigentümer dieser einheitlichen Sache. Das bedeutet zugleich, dass das Eigentum an den Bestandteilen untergeht. Mittelbar ergibt sich das schon aus § 93, der ja bestimmt, dass wesentliche Bestandteile „nicht Gegenstand besonderer Rechte" sein können.

zu Frage 9:

§ 93 verbietet nur, dass dem einen - hier dem Lieferanten der Dosen - die Dose und dem anderen deren Inhalt (das Sauerkraut) gehört. In diesem Falle hätten die wesentlichen Bestandteile jeweils verschiedene Alleineigentümer und wären also - entgegen dem zwingenden Verbot des § 93 - „Gegenstand besonderer Rechte". Dagegen verbietet § 93 nicht, dass die ungeteilte Sache „Sauerkrautdose" mehrere Miteigentümer hat. Das ordnet § 947 Abs. 1 sogar ausdrücklich an, wenn keine der verbundenen Sachen als Hauptsache im Sinne des § 947 Abs. 2 anzusehen ist. Das ist hier der Fall, denn einerseits will man das Sauerkraut und nicht die Dose essen, andererseits verhilft aber die Dose dem Sauerkraut zur langen Haltbarkeit. Deshalb sind beide Bestandteile als gleich wichtig anzusehen. Es entsteht folglich Miteigentum entsprechend dem Wertverhältnis der Einzelsachen zur Zeit der Verbindung (vgl. § 947 Abs. 1, 2. HS.)[35].

zu Frage 10:

Hauptsache, genauer Hauptbestandteil, im Sinne des § 947 Abs. 2 ist ein Bestandteil der einheitlichen Sache, wenn er auch für sich allein funktionsfähig ist, d. h. er den anderen Teil - die Nebensache - ohne Beeinträchtigung seiner Funktion entbehren kann.

So ist selbst das vergleichsweise billige Gehäuse eines sehr teuren medizinischen Hochfrequenzgeräts dann nicht als Nebensache anzusehen, wenn das Hochfrequenzgerät aus Sicherheitsgründen ohne das Gehäuse nicht genutzt werden darf[36]. Weder das Hochfrequenzgerät ohne Gehäuse noch das Gehäuse sind Hauptsache im Sinne von § 947 Abs. 2.

Das Wertverhältnis der einzelnen Bestandteile ist für die Qualifizierung eines Bestandteils als Haupt- bzw. Nebensache nach § 947 Abs. 2 entgegen laienhafter Anschauung folglich nicht maßgeblich. Es entscheidet aber über die Miteigentumsanteile an einer Sache (vgl. die vorhergehende Frage).

---

[35] Palandt/Bassenge, § 947, Rdnr. 3
[36] dazu in Anlehnung an BGHZ 20, 159 den Fall bei Hirsch, AT, Rndrn. 111 und 112

Kapitel 6

Die Willenserklärung

I. Willenserklärung und Rechtsgeschäft

Den Begriff Rechtsgeschäft definiert das BGB nicht. Allerdings geben die Motive, die Begründungen des ersten Entwurfs des BGB von 1888, folgende Auskunft:
„Ein Rechtsgeschäft ... ist eine Privatwillenserklärung, gerichtet auf die Hervorbrin-gung eines rechtlichen Erfolges, der nach der Rechtsordnung deswegen eintritt, weil er gewollt ist. Das Wesen des Rechtsgeschäfts wird darin gefunden, dass ein auf die Her-vorbringung rechtlicher Wirkungen gerichteter Wille sich betätigt, ...[1]".
Die Willenserklärung, also die auf einen rechtlichen Erfolg gerichtete Willensäußerung, ist somit ein Rechtsgeschäft.

Nach dem soeben Zitierten tritt der rechtliche Erfolg deswegen ein, weil er gewollt ist. Das hebt die Bedeutung des Willens gegenüber der Erklärung[2] hervor. Die Willenser-klärung, mit der man zivilrechtliche Folgen herbeiführt, kann man als Instrument der „Selbstgesetzgebung" bezeichnen. Sie beruht auf dem Prinzip der Privatautonomie, die als Teil der allgemeinen Handlungsfreiheit durch Art. 2 Abs. 1 GG grundrechtlich abge-sichert ist.
Die privatautonome Gestaltung der eigenen Rechtsbeziehungen setzt allerdings die Fähigkeit zu vernünftigem Wollen und Handeln voraus. Diese Fähigkeit bezeichnet man in Bezug auf Rechtsgeschäfte als Geschäftsfähigkeit. Beim Volljährigen ist sie in den allermeisten Fällen gegeben. Das BGB regelt deswegen nur Ausnahmen, in denen jemand geschäftsunfähig oder - als Minderjähriger, der das siebente Lebensjahr voll-endet hat - beschränkt geschäftsfähig ist (vgl. §§ 105 ff.). Das wird an anderer Stelle zu vertiefen sein[3]. Hier ist Folgendes festzuhalten:

Nach den Motiven bedarf es mindestens einer Willenserklärung, damit ein Rechtsge-schäft vorliegt[4]. Zu den Rechtsgeschäften, die aus nur einer Willenserklärung bestehen, zählen beispielsweise die Kündigung eines Arbeits- oder Mietvertrages oder der Rück-tritt von einem Vertrag.
Das BGB fasst allerdings den Begriff des Rechtsgeschäfts weiter. Nach dem bereits angesprochenen § 311 Abs. 1 ist zur Begründung eines Schuldverhältnisses durch Rechtsgeschäft ein Vertrag zwischen den Beteiligten erforderlich. Demzufolge sind Verträge, d. h. Tatbestände, die aus mehreren, meist zwei übereinstimmenden Willens-erklärungen bestehen[5], ebenfalls Rechtsgeschäfte.

---

[1] Motive zu dem Entwurfe eines Bürgerlichen Gesetzbuchs für das Deutsche Reich 1888, Band I, S. 126, veröffentlicht in der Bearbeitung von Mugdan, Die gesamten Materialien zum Bürger-lichen Gesetzbuch für das Deutsche Reich 1899 (Neudruck 1979)
[2] zum Verhältnis von Wille und Erklärung vgl. insbesondere die Ausführungen zur Anfechtung von Erklärungen, die mit Willensmängeln behaftet sind, S. 224 sowie sogleich, S. 101, Fn. 35
[3] dazu unten, S. 143 ff.
[4] dazu Eisenhardt, Einführung, § 3 I. (Rdnr. 30)
[5] Wenn das BGB den Vertrag meint, so gebraucht es meist den Begriff des Rechtsgeschäfts (vgl. die §§ 125, 134 und 138). Meint das Gesetz dagegen die einzelne Willenserklärung, so

Überdies sieht das BGB Rechtsgeschäfte vor, die sich <u>aus Willenserklärungen und Realakt</u> zusammensetzen. Solche Rechtsgeschäfte kommen insbesondere im Sachenrecht vor. Zum Beispiel sind für die Übertragung des Eigentums an beweglichen Sachen nach § 929 Satz 1 die auf Eigentumsübertragung gerichtete <u>sachenrechtliche Einigung</u>, d. h. übereinstimmende Willenserklärungen[6], <u>und</u> zusätzlich die <u>Übergabe</u> der Sache (Realakt) erforderlich. Man bezeichnet das als <u>Doppeltatbestand</u>.

Bei diesem kurzen Überblick zu den verschiedenen Arten von Rechtsgeschäften wollen wir es in diesem Kapitel belassen[7] und uns auf die Willenserklärung als das gewissermaßen „kleinste" Rechtsgeschäft konzentrieren.

II. Anatomie der Willenserklärung

<u>Der rechtliche Erfolg tritt deswegen ein, weil er gewollt ist</u>. Auch wenn dem Willen damit eine besondere Bedeutung zugewiesen ist[8], vermag ein ausschließlich innerlich gebliebener Wille, also ein solcher, der zwar gedanklich gefasst, aber in keiner Weise nach außen kundgegeben (*„betätigt"*) wird, keine Rechtsfolgen herbeizuführen.

<u>Das subjektiv Gewollte ist vielmehr zu erklären</u>. Erst durch die <u>Kundgabe</u> wird aus dem inneren Wollen das äußere Sollen. <u>Es bedarf also stets eines objektiven Tatbestandes.</u> Demzufolge besteht die Willenserklärung aus der sinnlich <u>wahrnehmbaren äußeren Erklärungshandlung</u> (objektiver Tatbestand) und <u>dem zugrundeliegenden inneren Willen</u>, der auf den Eintritt eines rechtlichen Erfolges gerichtet ist (<u>subjektiver Tatbestand</u>).

Beginnen wir mit dem objektiven Tatbestand.

1. Der objektive Tatbestand

Der objektive Tatbestand stellt das <u>äußere Gewand des Willens</u> dar. Er besteht in der erkennbaren Kundgabe des Willens, <u>einen bestimmten rechtlichen Erfolg herbeizuführen</u>. Der Erfolg kann ein schuldrechtlicher sein, der auf die Begründung eines vertraglichen Schuldverhältnisses (vgl. § 311 Abs. 1) oder auf dessen Beendigung, etwa durch Kündigung oder Rücktritt, gerichtet ist. Gegenstand der Erklärung kann aber auch die Herbeiführung eines sachenrechtlichen Erfolges sein, wie es etwa bei der auf Übereignung gerichteten (dinglichen) Einigung des § 929 Satz 1 der Fall ist.

Im Hinblick auf die äußere Erklärung stellen sich folgende Fragen:

Auf welche <u>Art und Weise</u> ist der Willen zu äußern?

Hat dies <u>in einer bestimmten Form</u> zu geschehen?

<u>In welchem Sinne</u> (mit welchem Inhalt) ist die Willenserklärung <u>zu verstehen</u>?

---

spricht es in aller Regel von Willenserklärung (vgl. etwa §§ 167 Abs. 1, 349, 389). Ein davon abweichender Sprachgebrauch ist allerdings in § 142 Abs. 1 festzustellen. Dazu auch Schapp, Grundlagen, § 8 I. (Rdnr. 301)

[6] Der Veräußerer erklärt gegenüber dem Erwerber, das <u>Eigentum übertragen zu wollen.</u> Der Erwerber bekundet seinen <u>Eigentumserwerbswillen.</u> Diese Einigung erfolgt freilich nicht ausdrücklich, sondern durch schlüssiges Verhalten, d. h. konkludent. Vgl. unten, S. 113

[7] ausführlich dazu in Kapitel 7, S. 107 ff.

[8] dazu unten, S. 103

a. Art und Weise der Erklärung (Kundgabe)

Seinen rechtsgeschäftlichen Willen wird man überwiegend kundtun, indem man ihn in Worte gefasst ausdrücklich äußert. Allerdings sind vor allem bei alltäglichen Rechtsgeschäften schlüssige Erklärungen durchaus verbreitet. Sie liegen vor, wenn Verhaltensweisen eine bestimmte sozialtypische Bedeutung und dementsprechend einen bestimmten Erklärungswert haben. Wer zum Beispiel im Kiosk eine Zeitschrift auswählt und an der Kasse den passenden Geldbetrag (Kaufpreis) hinlegt, erklärt nicht ausdrücklich, sondern durch schlüssiges Verhalten (= konkludent), die Zeitschrift kaufen und das Eigentum an dem Geld als Kaufpreiszahlung übertragen zu wollen. Indem der Verkäufer sein Einverständnis mit dem Kaufangebot signalisiert und das Geld entgegennimmt, gibt er seinerseits schlüssige Annahmeerklärungen[9] ab und bekundet den Willen, das Eigentum an der Zeitschrift übertragen zu wollen. Der Erwerber wiederum bekundet (etwa durch Nicken) schlüssig seinen Eigentumserwerbswillen. Der Kaufvertrag nach § 433 sowie die sachenrechtlichen Einigungen im Sinne des § 929 Satz 1[10] kommen hier also nicht durch ausdrückliche, sondern durch konkludente Erklärungen zustande.

b. Form der Erklärung

Die Erklärung des Willens bedarf in aller Regel keiner bestimmten Form, denn es gilt der Grundsatz der Formfreiheit[11]. Zwar wählt man in der Praxis in erster Linie aus Beweisgründen nicht selten die schriftliche Form. Die meisten Erklärungen sind aber entgegen landläufiger Vorstellung auch mündlich wirksam.

Nur in bestimmten Fällen - etwa für die Kündigung eines Arbeitsvertrages (§ 623), für die Bürgschaftserklärung (§ 766) oder für Verträge, die zur Übertragung oder zum Erwerb des Eigentums an einem Grundstück verpflichten (§ 311 b Abs. 1), - schreibt der Gesetzgeber aus guten Gründen die Einhaltung bestimmter Formen zwingend vor. Deren Nichtbeachtung führt nach § 125 Satz 1 zur (Form-)Nichtigkeit[12].

c. Ermittlung des Inhalts der Erklärung durch Auslegung (§§ 133, 157)

Bei Willenserklärungen besteht die Gefahr, dass der innere Wille von der äußeren Erklärung abweicht. Das führt zu der Frage, ob die Willenserklärung mit dem Inhalt wirksam wird, den der Erklärende innerlich (subjektiv) ausdrücken wollte, oder ob das nach außen hin (objektiv) zum Ausdruck Gebrachte maßgeblich ist. Diese Frage tritt vor allem in Irrtumssituationen auf, also zum Beispiel beim Verschreiben oder Versprechen (man schreibt/sagt X, wollte aber Y schreiben/sagen). Welcher Inhalt (zunächst) zur Geltung gelangt, ergibt die Auslegung der Willenserklärung[13]. Auslegungsarbeit ist praktisch in allen juristischen Berufen zu leisten und hat an erster Stelle zu stehen.

---

[9] Es handelt sich dabei um die Annahme des Kaufangebots sowie die sachenrechtliche Erklärung im Sinne des § 929 Satz 1, das Eigentum an den Geldstücken erwerben zu wollen.

[10] eingehend unten, S. 113/114

[11] vgl. unten, S. 155

[12] vgl. dazu Kapitel 10, S. 155

[13] Beachte: Die Auslegung von Willenserklärungen und Verträgen ist von der Auslegung von Rechtsnormen, also vor allem von Gesetzen, zu unterscheiden. Gesetze gelten - anders als Willenserklärungen - generell, d.h. für eine unbestimmte Vielzahl von Personen gleichermaßen.

Ob eine Willenserklärung zum Beispiel wegen Irrtums nach § 119 Abs. 1 anfechtbar ist, lässt sich erst sagen, nachdem man den Inhalt der Erklärung durch Auslegung ermittelt hat. Die Auslegung geht folglich der Anfechtung vor.

Ferner gilt: Bevor man prüft, ob eine Willenserklärung bzw. ein Rechtsgeschäft gegen Verbotsgesetze (vgl. § 134) oder die guten Sitten (vgl. § 138) verstößt, hat man sich mit Hilfe der Auslegung über ihren Inhalt Klarheit zu verschaffen.

Ausgangspunkt und zugleich Grenze der Auslegung - soviel ist unstrittig - bildet der Wortlaut der Erklärung.

Regeln über die Auslegung von Rechtsgeschäften finden sich in den §§ 133 und 157. Nach § 133 ist bei der Auslegung von Willenserklärungen der wirkliche Wille zu erforschen und nicht an dem buchstäblichen Sinne des Ausdrucks zu haften. Dagegen bestimmt § 157, dass Verträge so auszulegen sind, wie Treu und Glauben mit Rücksicht auf die Verkehrssitte es erfordern. Demzufolge sind scheinbar unterschiedliche Maßstäbe anzulegen, je nach dem, ob man einzelne Willenserklärungen oder Verträge auszulegen hat. Im ersten Fall scheint der wirkliche Wille, im zweiten scheinen dagegen Treu und Glauben sowie die Verkehrssitte maßgeblich zu sein.

Gegen eine solche Differenzierung nach der Auslegung von Willenserklärungen einerseits und Verträgen andererseits spricht schon Folgendes:
Wenn es richtig wäre, dass bei Willenserklärungen immer der wirkliche Wille zur Geltung gelangt, so wäre der vom Gesetz in § 119 Abs. 1 vorgesehene Anfechtungsgrund nicht nachvollziehbar, da es einer Anfechtung von Willenserklärungen bei Erklärungs- und Inhaltsirrtümern nicht bedürfte[14].

Nach allgemeiner Auffassung wird für die Auslegung grundsätzlich nicht zwischen Verträgen und Willenserklärungen unterschieden, sondern zwischen solchen Willenserklärungen, die gegenüber einem Empfänger zu erklären, also empfangsbedürftig sind und solchen, die keinen Empfänger haben, die also nicht empfangsbedürftig sind.

aa. Auslegung empfangsbedürftiger Willenserklärungen (§ 157)

Anders als es die Formulierung des § 157 nahe zu legen scheint, sind die objektiven Auslegungsmaßstäbe von Treu und Glauben und Verkehrssitte keineswegs auf die Auslegung von Verträgen beschränkt. Der Grundsatz von Treu und Glauben gilt vielmehr für das gesamte Privatrecht, also auch für die Auslegung einzelner Willenserklärungen. Folglich greift § 157 nicht erst ein, wenn ein Vertrag zustande gekommen ist. Vielmehr werden schon die den Vertrag zustande bringenden Willenserklärungen[15],

---

Sie unterliegen daher anderen Auslegungsregeln. So wird der Inhalt von Rechtsnormen vor allem nach ihrem Sinn und Zweck (sog. teleologische Auslegung) sowie nach der Stellung im System, d. h. vor allem nach ihrem Zusammenhang zu anderen Normen (systematische Auslegung) ermittelt. Dagegen räumt man der historischen Auslegung anhand der Gesetzesbegründungen zunehmend geringere Bedeutung ein. Der Wortlaut freilich spielt auch bei der Auslegung von Gesetzen eine herausragende Rolle (sog. grammatikalische Auslegung). Vgl. zur Gesetzesauslegung ausführlich Kapitel 13, S. 207 ff.

[14] Larenz, AT, § 19 II. a. (S. 326); sowie Schapp, Grundlagen, Rdnr. 332
[15] beachte zur Auslegung von Verträgen: Die ergänzende Auslegung von Verträgen setzt erst ein, nachdem durch Auslegung der einzelnen Willenserklärungen ein Vertragsschluss bejaht

ja empfangsbedürftige Willenserklärungen überhaupt (z. B. Kündigungs- oder Rücktrittserklärungen), nach den Maßstäben des § 157 ausgelegt[16].

Demzufolge ist bei der Auslegung empfangsbedürftiger Willenserklärungen nicht maßgeblich, was der Erklärende wirklich gemeint hat. Die Auslegung kann nicht einseitig von dem Willen des Erklärenden ausgehen, denn das würde das Schutzinteresse des Empfängers missachten und überdies lähmende Unsicherheit für den Rechtsverkehr bedeuten.

Demgemäß sehen Rechtsprechung und Literatur das Ziel der Auslegung in einem wertenden Interessenausgleich und ermitteln bei empfangsbedürftigen Willenserklärungen normativ eine objektive Bedeutung, die beide, Erklärender und Empfänger, gelten lassen müssen. Dazu ist unter Beachtung des allgemeinen Sprachgebrauchs und der Verkehrssitte auf die Bedeutung abzustellen, die ein durchschnittlicher Empfänger bei hinreichender Aufmerksamkeit auf Grund aller ihm erkennbaren Umstände in der Situation des Empfängers als die vom Erklärenden gemeinte erkennen musste (sog. objektivierter Empfängerhorizont). Somit ist wegen der Empfangsbedürftigkeit die Auslegung zwar aus Sicht des Empfängers vorzunehmen. Allerdings wird diese Sicht normativ objektiviert und so von vermeidbaren Missverständnissen des Empfängers befreit[17].

Wie der Empfänger die Erklärung tatsächlich verstanden hat, ist demnach nicht maßgebend. Vielmehr hat der Empfänger nach Treu und Glauben die Pflicht, eine an ihn gerichtete Erklärung sorgfältig aufzufassen. Anderenfalls ist sein Vertrauen auf eine vermeidbar falsch aufgefasste Erklärung nicht schutzwürdig. Denn es ist nicht einzusehen, warum der Erklärende das Risiko aller erdenklichen Missverständnisse und Begriffsstutzigkeiten des Empfängers tragen sollte.

Die Auslegung empfangsbedürftiger Willenserklärungen - und sie machen den allergrößten Teil rechtsgeschäftlicher Erklärungen aus - richtet sich somit nach den objektiven Kriterien des § 157.

Allerdings kommt es auf den objektivierten Empfängerhorizont nicht an, wenn beide Vertragsparteien einen Begriff verwenden, der objektiv etwas anderes bedeutet, als sie meinen, sie ihn aber tatsächlich in dem gleichen Sinne, aber eben objektiv falsch, verstehen. Das klassische Beispiel hierzu ist der vom Reichsgericht entschiedene Fall, bei dem der Kläger vom Beklagten „Haakjöringsköd" - der norwegische Ausdruck für Haifischfleisch - gekauft hatte, beide Parteien aber Walfischfleisch meinten, weil sie beide über die Bedeutung des von ihnen verwendeten Ausdrucks irrten. In diesem Fall ist die übereinstimmend gemeinte Bedeutung die maßgebliche, denn die Rechtsordnung hat

---

worden ist. Sie ergänzt den Vertrag und geht somit weiter als die Auslegung der einzelnen Erklärungen, die den Vertrag zustande gebracht haben. Wenn jemand zum Beispiel ein 15 Jahre altes, stark gebrauchtes Auto zu einem sehr geringen Preis verkauft, wird man nicht selten aufgrund ergänzender Vertragsauslegung redlicherweise einen Ausschluss der Gewährleistungsrechte der §§ 434 ff. anzunehmen haben. Hier wird eine Regelungslücke nach dem hypothetischen Parteiwillen geschlossen, indem man den Vertrag als Sinnganzes auslegt und „zu Ende denkt", was die Parteien redlicherweise vereinbart hätten, wenn sie den nicht thematisierten Punkt bedacht hätten. So statt vieler Peters, AT, S. 83/84; dazu ausführlich auch Larenz, AT, § 29 (S. 527-541); zur Vertragsauslegung s. auch Erman (9. Auflage) /Brox, § 133 Rdnrn. 20-22

[16] BGHZ 47, 75 (78)

[17] dazu Larenz, AT, § 19 II. a. (S. 326-328)

keinen Anlass, den Beteiligten eine andere - wenn auch objektiv richtige - Bedeutung aufzunötigen, als die, die sie gemeint haben. Die falsche Bezeichnung schadet hier also nicht, was auf lateinisch heißt: „falsa demonstratio non nocet"[18].

bb. Auslegung nicht empfangsbedürftiger Willenserklärungen (§ 133)

Im Vorhergehenden wurde gezeigt, dass es für die Auslegung von Erklärungen, die gegenüber einem Empfänger abzugeben, d. h. empfangsbedürftig sind, auf den objektivierten Empfängerhorizont ankommt.

Anders verhält es sich mit Willenserklärungen, bei denen es an einem Empfänger fehlt (= nicht empfangsbedürftige Willenserklärung) und es folglich auf dessen Verstehenshorizont nicht ankommen kann. Als Paradebeispiel ist hier das Testament zu nennen. Für dessen Auslegung ist nach § 133 der „wirkliche Wille"[19] maßgeblich, während § 157 nicht heranzuziehen ist[20]. Freilich ist bei der Testamentsauslegung überdies die erbrechtliche Sonderregel des § 2084 zu berücksichtigen[21].

cc. Keine „Buchstabeninterpretation" juristischer Fachausdrücke (§ 133)

Die Bedeutung von § 133 erschöpft sich aber nicht darin, für die Auslegung nicht empfangsbedürftiger Willenserklärungen maßgeblich zu sein.

Die Norm stellt darüber hinaus klar, dass nicht an dem buchstäblichen Sinn juristischer Fachausdrücke zu haften ist. Beispiel: Das BGB versteht unter Miete die entgeltliche Gebrauchsüberlassung, wogegen der Ausdruck Leihe nach § 598 die unentgeltliche bezeichnet. An diesem „buchstäblichen Sinne" des Begriffs Leihe ist aber nicht zu haften, wenn es beispielsweise dem Inhaber einer Videothek schlechterdings nur um entgeltliche Gebrauchsüberlassung, also um Miete gehen kann, obwohl er den Begriff Leihe („Videoverleih") verwendet hat. In einem solchen Fall ist die Erklärung als auf den Abschluss eines Mietvertrages gerichtet auszulegen, denn nur so konnte und musste der Empfänger nach dem objektivierten Empfängerhorizont den Inhaber einer Videothek verstehen[22]. Insoweit hat man also bei der Auslegung empfangsbedürftiger Willenserklärungen die §§ 133, 157 „in einem Atemzug zu lesen" und sie zu kombinieren[23].

In unserem gebildeten Beispiel kommt demnach trotz des buchstäblich verwendeten Fachausdrucks der Leihe ein Mietvertrag zu Stande. Sollte sich der andere Teil, d. h. der Mieter, in einem Irrtum über die Bedeutung seiner Erklärung befunden haben und davon ausgegangen sein, einen Leihvertrag zu schließen, so mag er seine objektiv auf den Abschluss eines Mietvertrags gerichtete Erklärung aufgrund von § 119 Abs. 1 mit der Begründung anfechten, er habe das objektiv Erklärte (= Miete) gar nicht gewollt. In

---

[18] dazu Larenz, AT, § 19 II. a. (S. 327); ferner Hirsch, AT, Rdnr. 212 mit weiteren Beispielen
[19] dazu Schapp, Grundlagen, Rdnr. 329
[20] Larenz, AT, § 19 II. d. (S. 335/336)
[21] Larenz, AT, § 19 II. d. (S. 336/337)
[22] vgl. dazu Westermann, Grundbegriffe, Kapitel 6 II. 1. (S. 49)
[23] so Peters, AT, S. 81 sowie Westermann, Grundbegriffe, Kapitel 6 II. 1. (S. 49); ferner Petersen, JURA 2004, 526 (526)

diesem Falle hat er dem Inhaber der Videothek als Anfechtungsgegner freilich nach § 122 Abs. 1 den Vertrauensschaden zu ersetzen[24].

Die zuletzt skizzierte Anfechtungssituation zeigt einmal mehr, dass gerade in den Irrtumsfällen Wille und Erklärung voneinander abweichen.

Ferner stimmen Wille und Erklärung dann nicht überein, wenn jemand überhaupt nicht handeln will oder jedenfalls nichts rechtlich Relevantes erklären will, äußerlich betrachtet aber eine rechtsgeschäftliche Willenserklärung vorzuliegen scheint.

Demzufolge kommen unterschiedliche Situationen vor, in denen einer Erklärung kein oder ein vom objektiv erklärten Inhalt abweichender Wille zugrunde liegt. Um die unterschiedlichen Konstellationen differenziert und somit sachgerecht zu lösen[25], gilt es, den subjektiven Tatbestand einer Willenserklärung zu präzisieren. Das soll im Folgenden geschehen.

2. Der subjektive Tatbestand

Beim subjektiven Tatbestand hat man drei Arten des Willens zu unterscheiden:
Den Handlungs-, den Erklärungs- und den Geschäftswillen.

Nicht zum subjektiven Tatbestand gehören dagegen die Motive (= Beweggründe), denn sie betreffen die Bildung des Willens und gehen folglich der Willenserklärung voran.

Auf diese Willensbildung wollen wir sub a. eingehen, bevor wir sub b. die dreistufige Struktur des der Erklärung zugrundeliegenden Willens erläutern.

a. Die Motive im Vorfeld der Willenserklärung[26]

Wer beim Juwelier erklärt, einen Brillantring zu kaufen, den mag dazu bewogen haben, den Ring für sich selbst zu behalten, ihn als Geburtstags- oder Hochzeitsgeschenk zu verwenden oder ihn gewinnbringend weiter zu veräußern. All diese unterschiedlichen Motive spielen zwar eine maßgebliche Rolle bei der Bildung des Willens. Bestandteil der Willenserklärung selbst sind sie nicht. Denn Käufer und Verkäufer erklären nur, die gegenseitigen Verpflichtungen des § 433 (= rechtlicher Erfolg) einzugehen. Die Motive, die sie letztlich zum Kaufentschluss veranlasst haben, finden in die Erklärungen (grundsätzlich) keine Aufnahme und werden somit nicht Vertragsinhalt. Wenn zum Beispiel die Geburtstagsfeier entfällt und der Käufer infolgedessen keine Verwendung für den Kaufgegenstand hat, so ändert dies nichts an seinem fehlerfrei erklärten kaufvertraglichen Angebot. Das gilt selbst dann, wenn der Käufer sein Motiv bei dem Vertragsschluss erwähnt hat. Insbesondere wird der Vertrag grundsätzlich nicht unter der Bedingung geschlossen, den Kaufgegenstand entsprechend dem vorgestellten Motiv verwenden zu können. Dieses Risiko trägt vielmehr der Käufer, denn er hat - in aller Regel bedingungslos - erklärt, die Sache zu kaufen.

---

[24] dazu ausführlich unten, S. 224-226
[25] dazu unten, S. 101-103
[26] Die Unterscheidung von Motiv und Geschäftswille geht auf Ernst Zitelmann, den Begründer der modernden Rechtsgeschäftslehre, zurück. Vgl. dazu die Schrift Zitelmanns „Irrtum und Rechtsgeschäft" aus dem Jahre 1879

Da somit die Beweggründe lediglich bei der Bildung des Willens Bedeutung haben und nicht zum subjektiven Tatbestand zählen, beeinträchtigen Fehlvorstellungen in diesem motivatorischen Vorfeld die Wirksamkeit der Willenserklärung grundsätzlich nicht[27].

Das ist vor allem bei sog. Kalkulationsirrtümern bedeutsam. Wer ein verbindliches Angebot mit einem fixierten Preis erklärt, kann später nicht mit der Begründung anfechten, ihm sei bei der vorangegangenen internen Kalkulation der als Preis fixierten Summe ein Irrtum unterlaufen. Dieser Irrtum betrifft nämlich die Frage im Vorfeld der Erklärung, warum das Angebot zu diesem Preis erklärt wurde.

Anders kann es sich dagegen verhalten, wenn die Kalkulation oder deren Grundlagen in der Erklärung erkennbar gemacht wurden, so etwa, wenn die Einzelposten richtig eingestellt, aber am Ende falsch summiert worden sind. In solchen Fällen spricht man von einem externen bzw. offenen Kalkulationsirrtum, der die Erklärung auslegungsbedürftig und ggf. anfechtbar macht[28].

Auch das BGB erkennt Ausnahmen an, in denen Motivirrtümer beachtlich sind. Dazu zählen vor allem die Anfechtungsgründe nach § 119 Abs. 2 und § 123 Abs. 1[29]. In diesen Fällen des Irrtums über eine verkehrswesentliche Eigenschaft der Person oder Sache oder der Bestimmung zur Abgabe einer Willenserklärung durch arglistige Täuschung berechtigen Fehlvorstellungen, obwohl sie nur das motivatorische Vorfeld (Willensbildung) der Erklärung betreffen, ausnahmsweise zur Anfechtung. Darauf wird beim Recht der Anfechtung zurückzukommen sein[30].

Kommen wir hier aber zum eigentlichen subjektiven Tatbestand, d. h. dem Willen, welcher der Erklärung zugrunde liegt.

b. Die drei Arten des Willens

Wie schon erwähnt, unterscheidet man drei Arten des Willens.

aa. Der Handlungswille

Grundlage des subjektiven Tatbestandes ist der sog. Handlungs- bzw. Betätigungswille. Darunter versteht man den Willen, den Erklärungsakt vorzunehmen. Dieser fehlt insbesondere, wenn das Verhalten in einer Reflexbewegung besteht. In den allermeisten Fällen wird indes Handlungswille gegeben sein. Dieser Wille, überhaupt zu handeln, beschreibt die erste Stufe des subjektiven Tatbestandes.

---

[27] dazu Kallwass, Privatrecht, S. 71/72
[28] Solche und ähnliche Situationen wurden vom RG als „erweiterter Inhaltsirrtum" im Sinne des § 119 anerkannt. Kritisch dazu Jauernig/Jauernig, § 119 Rdnr. 10 m.w.N.
[29] Manche unterscheiden im Hinblick auf § 119 Abs. 2 zwischen geschäftlichen und außergeschäftlichen Irrtümern. So etwa Kallwass, Privatrecht, S. 78/79
[30] dazu unten Kapitel 14, S. 229 ff.

bb. Das Erklärungsbewusstsein

Wer eine Willenserklärung abgibt, dem ist in aller Regel zusätzlich bewusst, etwas rechtlich Relevantes zu erklären. Das nennt man Erklärungsbewusstsein. Denkbar ist, dass jemand mit Handlungswillen tätig wird, aber nicht das Bewusstsein hat, rechtlich Erhebliches zu erklären. Das trifft vor allem auf Erklärungen im gesellschaftlichen Bereich zu (Einladung, Glückwunschschreiben). Solchen Äußerungen fehlt das Erklärungsbewusstsein.

cc. Der Rechtsbindungs- und Geschäftswille

Die dritte Stufe des Willens bildet der sog. Rechtsbindungs- und Geschäftswille. Dieser liegt vor, wenn man nicht nur erstens überhaupt handeln will und zweitens etwas im rechtsgeschäftlichen Bereich erklären will, sondern drittens rechtlich bindend ein bestimmtes Rechtsgeschäft, zum Beispiel einen Kauf- oder Mietvertrag, abschließen will. Der Rechtsbindungs- und Geschäftswille ist also auf die verbindliche (Rechtsbindung) Herbeiführung eines bestimmten rechtlichen Erfolges (Geschäfts) gerichtet.

aaa. Rechtsbindungswille

Schon am Rechtsbindungswillen (und zwangsläufig auch an dem Geschäftswillen) fehlt es insbesondere in den Fällen der sog. invitatio ad offerendum. Solche Einladungen bzw. Aufforderungen, ein Angebot abzugeben, werden oftmals bei Zeitungsinseraten oder beim Zusenden von Werbekatalogen und Preislisten anzunehmen sein. Dadurch wird eine Vielzahl möglicher Kunden aufgefordert, sie mögen ihrerseits - meist durch Übersenden einer ausgefüllten Bestellkarte - Angebote erklären. Derartige Aufforderungen sollen keine Bindungswirkung entfalten, wie § 145 sie für den Antrag (= das Angebot) vorsieht. Dies ergibt sich schon aufgrund der begrenzten Menge der beim Verkäufer vorhandenen Waren. Würde man bereits in Zeitungsinseraten und Werbekatalogen verbindliche Angebote erblicken, könnten mehr Verträge geschlossen werden, als der Werbende zu erfüllen im Stande ist[31]. Überdies könnten Abschlüsse auch mit solchen Personen zustande kommen, die zahlungsunfähig und deshalb als Vertragspartner unerwünscht sind. Folglich handelt es sich bei Zeitungsinseraten, Werbekatalogen und Preislisten nicht um Angebote.
Entsprechende Erwägungen gelten für Schaufensterauslagen, die mit Preisauszeichnungen versehen sind. Ähnlich ist schließlich das Aufstellen von Waren in Selbstbedienungsläden zu beurteilen[32]. In all diesen Fällen fehlt somit der erforderliche Wille, sich rechtlich zu binden[33].

bbb. Geschäftswille

Denkbar ist ferner, dass man zwar mit Handlungswillen, Erklärungsbewusstsein, aber ohne Geschäftswillen handelt. Wenn jemand ein Vertragsangebot in der Meinung unterzeichnet, es handele sich um eine Quittung, so will er lediglich nach § 368 den Empfang

---

[31] zu der möglichen Schadensersatzpflicht nach den §§ 280 Abs. 1 und 3, 283 vgl. unten, S. 127/128
[32] so mit lehrreichen Argumenten Eisenhardt, Einführung, § 5 III. 3. c. (Rdnrn. 65 und 66)
[33] zur invitatio ad offerendum siehe auch S. 187

der Leistung schriftlich bestätigen, nicht aber neue rechtsgeschäftliche Folgen zum Beispiel in Form schuldrechtlicher Verpflichtungen begründen. Hier liegen zwar Handlungswillen und Erklärungsbewusstsein, aber kein Geschäftswille vor Die Annahme, im Falle der Quittungserklärung fehle es bereits an einem Rechtsbindungswillen, erscheint dagegen nicht besonders überzeugend, da der Quittierende zu Beweiszwecken rechtlich verbindlich den Empfang der Leistung nach § 368 schriftlich bestätigt.

Ähnlich verhält es sich, wenn man ein Kaufvertragsangebot in dem Glauben unterzeichnet, es handele sich um ein solches auf Abschluss eines Tauschvertrages oder wenn man objektiv Leihe, also unentgeltliche Gebrauchsüberlassung erklärt, aber Miete (= entgeltliche Gebrauchsüberlassung) meint oder wenn man sich schlicht verschreibt. In diesen Irrtumsfällen fehlt es zwar nicht überhaupt an einem Geschäftswillen, allerdings weicht der Geschäftswille von dem Erklärten ab. Man kann das als Erklärung ohne entsprechenden Geschäftswillen oder Erklärung mit abweichendem Geschäftswillen bezeichnen.

Welche Folgen sich daraus ergeben, wird sogleich eingehend zu erörtern sein. Folgendes Zwischenergebnis sei hier abgefasst:

c. Zusammenfassung

Festzuhalten ist, dass beim subjektiven Tatbestand drei Arten des Willens unterschieden werden: Erstens der Handlungswille, zweitens der Erklärungswille bzw. das Erklärungsbewusstsein und drittens der Rechtsbindungs- und Geschäftswille.

Folglich ist der subjektive Tatbestand nicht erfüllt, wenn jemand schon keinen Handlungswillen oder zwar Handlungswillen, aber kein Erklärungsbewusstsein oder zwar Handlungswillen und Erklärungsbewusstsein, aber keinen Rechtsbindungs- und/oder keinen Geschäftswillen bzw. einen vom objektiv Erklärten abweichenden Geschäftswillen hat.

3. Zurechenbarkeit von äußeren Erklärungstatbeständen

Wenn auch einzelne Bestandteile des subjektiven Tatbestands nicht erfüllt sind, so kann nach außen für den Empfänger gleichwohl der Anschein erweckt worden sein, als sei eine wirksame Willenserklärung bestimmten Inhalts abgegeben worden.

Das tritt vor allem in den zuletzt geschilderten Irrtumsfällen hervor: Aus Empfängersicht liegt also beispielsweise ein Angebot zur Leihe vor, obwohl ein darauf gerichteter Geschäftswille fehlt. Oder es hat objektiv den Anschein, als sei ein Kaufangebot gegeben, subjektiv wollte der Erklärende einen Tausch anbieten.

Ferner sind folgende Situationen denkbar:

Jemand hebt zum Beispiel infolge eines Insektenstiches unwillkürlich den Arm. Dies kann je nach den Begleitumständen dem objektiven Erklärungswert nach zum Beispiel als eine Bestellung oder als ein Ersteigerungsgebot durch schlüssiges Verhalten aufzufassen sein, obwohl kein Handlungswille zugrunde liegt[34].

Oder jemand setzt seine Unterschrift unter ein Vertragsangebot oder eine Bürgschaftserklärung, glaubt dabei aber irrtümlich, eine Einladung oder einen Glückwunsch zu unterzeichnen. Objektiv liegt der Anschein einer Willenserklärung vor, auch wenn der Erklärende nicht das Bewusstsein hatte, etwas rechtlich Relevantes zu erklären, also das Erklärungsbewusstsein fehlt.

Das führt uns zu der Frage, wie man diese Fälle rechtlich handhabt. Die Antwort ist für die verschiedenen Situationen jeweils gesondert zu geben.

Unstrittig ist dabei Folgendes:
Würde man immer dann, wenn eine oder mehrere Komponenten des Willens fehlen, zwangsläufig das Vorliegen einer Willenserklärung ablehnen, obwohl das Verhalten äußerlich auf eine wirksame Willenserklärung schließen lässt, so würde in sämtlichen Fällen das tatsächliche Vertrauen des Empfängers in das Erklärte enttäuscht. Die Frage ist also dahingehend zuzuspitzen, in welchem Umfang man sich ein „Erklärungs"-Verhalten trotz fehlenden oder abweichenden Willens als rechtlich relevant zurechnen lassen muss, wenn der Empfänger auf den äußeren Erklärungstatbestand vertraut hat[35].
Die Lösung richtet sich danach, inwieweit der subjektive Tatbestand erfüllt sein muss.
Darin liegt der Zweck, den subjektiven Tatbestand in dem dargelegten Sinne in drei verschiedene Willensarten zu untergliedern, obwohl diese in der Lebenswirklichkeit so nicht vorkommen.

a. Zurechenbarkeit bei fehlendem Handlungswillen?

Wenn schon kein Handlungswille gegeben ist, so hat nach einhelliger Auffassung das Vertrauen des Erklärungsempfängers hinter dem Schutz des nur scheinbar Handelnden zurückzustehen. Das vorhin erwähnte Beispiel der Reflexbewegung infolge eines Insektenstiches zeigt: Eine solche unwillkürliche Reflexbewegung legitimiert kein Vertrauen, denn es fehlt bereits an einem willensgetragenen Verhalten überhaupt und mithin auch an einem vertrauenerweckenden Verhalten.

b. Zurechenbarkeit trotz fehlenden Erklärungsbewusstseins?

Bei der Beurteilung der Fälle, in denen das Erklärungsbewusstsein fehlt, gehen die Ansichten auseinander.

Der BGH[36] und namhafte Vertreter des Schrifttums[37] sehen das Verhalten gemäß seines objektiven Erklärungswerts aus Gründen des Vertrauensschutzes bereits dann als Willenserklärung an, wenn der mit Handlungswillen Tätige bei Anwendung der im

---

[34] dazu Schapp, § 9 I. 2. c. (Rdnr. 338); Eisenhardt, Einführung, § 3 II. 3. a. (Rdnr. 36)

[35] Es geht also um das Verhältnis von Wille und Erklärung. Dahinter steht vor allem der Streit, ob und inwieweit das Vertrauen in den äußeren Tatbestand der Erklärung (Erklärungstheorie) oder - so der als Willensdogma bezeichnete Gegenstandpunkt - der abweichende innere Wille für den Eintritt und den Fortbestand der Rechtsfolge maßgeblich ist. Dieser Widerstreit von Wille und Erklärung tritt vor allem bei der Lösung von Irrtumsfällen zu Tage.

[36] BGHZ 91, 324 (329) sowie 109, 171 (177)

[37] Flume, Das Rechtsgeschäft, § 23 1.; Peters, AT, S. 76

Verkehr erforderlichen Sorgfalt hätte erkennen können und müssen, dass sein Verhalten als Willenserklärung aufgefasst wird, wenn er also Erklärungsbewusstsein hätte haben können (sog. potentielles Erklärungsbewusstsein). Handlungswille plus potentielles Erklärungsbewusstsein stellen aus Sicht des BGH einen ausreichenden vertrauenerweckenden Tatbestand dar, der die Zurechnung des Verhaltens als Willenserklärung rechtfertigt.

Hierher gehören die erwähnten Fälle, in denen jemand glaubt, eine Erklärung im gesellschaftlichen Bereich abzugeben, objektiv aber rechtsgeschäftlich agiert. Wer zum Beispiel irrtümlich meint, lediglich ein Glückwunschschreiben zu unterzeichnen, obwohl es sich tatsächlich um ein Vertragsangebot handelt, dem wird man in aller Regel vorhalten können, dass er bei Anwendung gehöriger Sorgfalt den objektiv rechtsgeschäftlichen Charakter seiner Erklärung hätte erkennen können und müssen.

Bekanntestes Beispiel ist der Trierer Weinversteigerungsfall[38]. Bei Anwendung der im Verkehr erforderlichen Sorgfalt wäre dem willentlich Handelnden erkennbar gewesen, dass sein Winken zur Begrüßung eines Freundes im Rahmen einer Versteigerung als nächsthöheres Gebot aufgefasst wird. Deswegen ist es gerechtfertigt, das Winken als konkludente Willenserklärung zuzurechnen.
Diesen zugerechneten Erklärungstatbestand kann der Betroffene allerdings nach § 119 Abs. 1 anfechten mit der Folge, dass er dem Anfechtungsgegner einen etwaigen Vertrauensschaden nach § 122 zu ersetzen hat[39].

Eine solche Zurechnung gesellschaftlichen Verhaltens als rechtsgeschäftliche Willenserklärung geht dagegen manchen zu weit. Wenn dem Handelnden das Erklärungsbewusstsein (aktuell) fehlt, so komme eine Zurechnung als Willenserklärung nicht in Frage. Einer Anfechtung bedürfe es folglich nicht. Dennoch billigen auch die Befürworter dieses Standpunkts dem „Erklärungsgegner" den Ersatz des Vertrauensschadens entsprechend § 122 zu[40]. Im praktischen Ergebnis unterscheiden sie sich damit nicht von der Rechtsprechung des BGH, so dass eine weitere Erörterung hier unterbleiben kann.

c. Zurechenbarkeit bei fehlendem Rechtsbindungswillen?

In den Fällen der invitatio ad offerendum (Zeitungsinserate, Versandkataloge, Preislisten, Schaufensterauslagen etc.) wird man nach Treu und Glauben und mit Rücksicht auf die Verkehrssitte auch aus objektiver Sicht nicht auf das Vorhandensein eines Rechtsfolgewillens schließen können. Für die Interessenten einer Zeitungsannonce oder die Empfänger von Werbekatalogen ist objektiv klar erkennbar, dass gerade keine bindenden Angebote ge-macht werden sollen. In den Konstellationen der invitatio ad offerendum fehlt also nicht nur der Rechtsbindungs- und Geschäftswille, sondern es wird durchweg auch der äußere Tatbestand einer Willenserklärung und damit der objektive Bezugspunkt für ein etwaiges Vertrauen nicht gegeben sein. Das macht die Beurteilung der invitatio unproblematisch: Die Frage der Zurechenbarkeit eines äußerlichen Erklärungstatbestandes stellt sich hier erst gar nicht.

---

[38] dazu Larenz/Wolf, AT, § 24 II. 2. (S. 437, Rdnr. 7)
[39] so statt vieler, Peters, AT, S. 76
[40] zu dieser Ansicht Engelhardt, Einführung, § 3 II. 3. b. (Rdnr. 37) sowie Schapp, Grundlagen, § 9 I. 2. c. (Rdnrn. 339 und 340) und Larenz/Wolf, AT, § 24 II. 2. Rdnr. 7 (S. 437)

d. Zurechnung bei abweichendem Geschäftswillen

Die häufigsten Konstellationen, in denen in der Praxis das objektiv Erklärte von dem Willen abweicht, stellen die erwähnten Irrtumsfälle des § 119 Abs. 1 dar. Man erklärt objektiv etwas anderes, als man erklären will, weil man sich z. B. verschreibt oder verspricht: Der Käufer schreibt 181 Euro statt 118 Euro in seine Angebotserklärung (Erklärungsirrtum, § 119 Abs. 1, 2. Alt.). Oder jemand erklärt zwar das, was er erklären (sagen) will, irrt aber darüber, was er damit zum Ausdruck bringt, weil er sich über die Bedeutung (= den Inhalt) des Gesagten irrt (sog. Inhalts- oder Bedeutungsirrtum, § 119 Abs. 1, 1. Alt.). Beispiel: X aus Süddeutschland bestellt in Köln einen *„halven Hahn"*, womit nach der dortigen Verkehrssitte ein Käsebrötchen bezeichnet wird. In diesem Fall wollte X erklären, was er auch erklärt hat, er irrte aber über dessen Bedeutung, weil er fälschlicherweise glaubte, die verwendete Formulierung *„halver Hahn"* bezeichne auch in Köln ein gebratenes halbes Hähnchen. In beiden Irrtumsfällen des § 119 Abs. 1 weicht das objektiv Erklärte irrtumsbedingt von dem subjektiv Gewollten ab. Es liegt also ein (objektiver) Erklärungstatbestand mit abweichendem Geschäftswillen vor. Immerhin sind aber Handlungswille und aktuelles Erklärungsbewusstsein gegeben. Dies rechtfertigt es, das objektiv Erklärte zuzurechnen und das Vertrauen des Erklärungsempfängers zu schützen. Dementsprechend sieht das BGB, wie sich aus den Vorschriften zur Anfechtung ergibt, die Erklärung im Sinne des objektiv zum Ausdruck gebrachten Erklärungswerts als (zunächst) wirksam an. Allerdings ist eine solche Erklärung wegen des Willensmangels nach § 119 Abs. 1 anfechtbar und folglich nach § 142 Abs. 1 rückwirkend vernichtbar.

Weitere Fälle von Bedeutungsirrtum im Sinne von § 119 Abs. 1 liegen in den erwähnten Situationen vor, dass jemand ein Kaufangebot unterzeichnet und glaubt, es handele sich um ein Angebot auf Abschluss eines Tauschvertrages[41] oder dass jemand ein Mietangebot unterschreibt, das er fälschlicherweise für das Angebot einer Leihe hält.

In den Irrtumsfällen des § 119 Abs. 1 setzt sich letztlich doch das Willensprinzip durch, dann nämlich, wenn der Irrende von seinem Anfechtungsrecht Gebrauch macht. Das hat freilich seinen Preis, denn nach § 122 muss der Anfechtende dem Anfechtungsgegner, hier dem Vertragspartner (vgl. § 143 Abs. 2), einen etwaigen Vertrauensschaden ersetzen[42]. Weitere Einzelheiten dazu bleiben der Darstellung der Anfechtung vorbehalten[43].

---

[41] Entsprechend verhält es sich, wenn man irrtümlich eine Quittungserklärung zu unterzeichnen glaubt, es sich tatsächlich aber um ein Vertragsangebot handelt.

[42] Das gilt nach § 122 Abs. 2 freilich dann nicht, wenn der Beschädigte die Anfechtbarkeit kannte oder in Folge von Fahrlässigkeit nicht kannte (kennen musste).

[43] vgl. Kapitel 14, S. 224-226

Fragen zu Kapitel 6

---

1. Was versteht man unter einer konkludenten Willenserklärung?

2. Wie sind empfangsbedürftige Willenserklärungen auszulegen?

3. In welchem Verhältnis steht die Anfechtung wegen Irrtums nach § 119 Abs. 1 zu der Auslegung?

4. Was besagt der Satz „falsa demonstratio non nocet"?

5. Welche nicht empfangsbedürftigen Willenserklärungen kennen Sie und wie sind diese auszulegen?

6. Gehören die Beweggründe, die zur Abgabe einer Willenserklärung geführt haben, bereits zum subjektiven Tatbestand?

7. Aus welchen drei Arten des Willens besteht der subjektive Tatbestand einer Willenserklärung?

8. Was bedeutet potentielles Erklärungsbewusstsein?

9. Was ist eine invitatio ad offerendum?

10. Wie verhalten sich die Begriffe Rechtsgeschäft und Willenserklärung zueinander[44]?

Antworten (Kapitel 6)

zu Frage 1:

Unter einer Willenserklärung versteht man eine auf den Eintritt eines rechtlichen Erfolges gerichtete Willensäußerung. Sie kann ausdrücklich als solche formuliert sein oder durch schlüssiges (konkludentes) Verhalten erfolgen. Der Kauf und die Eigentumsübertragung an der Kasse im Selbstbedienungsladen oder der Abschluss eines Beförderungsvertrages durch Lösen der Fahrkarte kommen typischerweise durch konkludente Erklärungen zustande.

zu Frage 2:

Willenserklärungen, die gegenüber einem anderen zu erklären sind (= empfangsbedürftige Willenserklärungen, wie etwa die Kündigung oder das Angebot auf Abschluss eines Vertrages, hat man nach den Maßstäben des § 157 (Treu und Glauben sowie Verkehrssitte) auszulegen. Maßgeblich ist somit, wie der Empfänger das Geäußerte verstehen musste und durfte.

---

[44] Eine detaillierte Übersicht zu den Begriffen Willenserklärung und Rechtsgeschäft findet sich etwa bei Klunzinger, Übungen im Privatrecht, S. 34/35.

Dazu ist nicht auf das (subjektive) Verständnis des Empfängers, sondern auf dasjenige eines vernünftigen Dritten in der Situation des Empfängers abzustellen (= objektivierter Empfängerhorizont).

zu Frage 3:
Zuerst ist durch Auslegung der Inhalt der Willenserklärung zu ermitteln.

Erst wenn die Auslegung ergeben hat, dass der Erklärende (subjektiv) etwas anderes gemeint hat, als nach dem objektivierten Empfängerhorizont als maßgeblich erklärt anzusehen ist, liegt eine Fehlvorstellung vor, die zur Anfechtung nach §§ 142 Abs. 1, 119 Abs. 1 berechtigt. Die Auslegung geht der Anfechtung somit vor.

zu Frage 4:
Der Satz „falsa demonstratio non nocet" betrifft die Situation, dass der Empfänger die Erklärung zwar objektiv falsch, aber subjektiv so versteht, wie der Erklärende sie gemeint hat, dass also beide über die richtige Bedeutung eines Begriffs irren. Das klassische Beispiel hierzu ist der vom Reichsgericht entschiedene Fall, bei dem der Kläger vom Beklagten „Haakjöringsköd" (der norwegische Ausdruck für Haifischfleisch) gekauft hatte, beide Parteien aber Walfischfleisch meinten, weil sie beide über die zutreffende Bedeutung des von ihnen verwendeten Ausdrucks irrten. In diesem Fall ist die übereinstimmend gemeinte Bedeutung die maßgebliche, denn die Rechtsordnung hat keinen Anlass, den Beteiligten eine andere - wenn auch objektiv richtige - Bedeutung aufzunötigen.

zu Frage 5:
Nicht empfangsbedürftige Willenserklärungen sind zum Beispiel das Testament, die Auslobung (§ 657) sowie die Eigentumsaufgabe bei beweglichen Sachen (§ 959). Da es in diesen Fällen an einem schutzwürdigen Vertrauen eines Adressaten fehlt, sind solche Erklärungen danach auszulegen, was der Erklärende „wirklich gewollt" hat (vgl. § 133).

zu Frage 6:
Die Beweggründe (Motive), die zur Abgabe einer Willenserklärung veranlasst haben, finden in die Erklärungen (grundsätzlich) keine Aufnahme. Somit zählen sie nicht zum subjektiven Tatbestand. Insbesondere wird ein Kaufvertrag grundsätzlich nicht unter der Bedingung geschlossen, den Kaufgegenstand entsprechend dem vorgestellten Motiv verwenden zu können. Dieses Risiko trägt vielmehr allein der Käufer, denn er hat - in aller Regel bedingungslos - erklärt, die Sache zu kaufen (*„Ich will, ohne Wenn und Aber, dieses Kaufangebot bindend abgeben* (Erklärung), *weil .... (Motiv)'*).
Allerdings lässt das BGB von dem dargelegten Grundsatz, insbesondere in den §§ 119 Abs. 2 und 123, Ausnahmen zu. So berechtigen der Irrtum über die verkehrswesentliche Eigenschaft der Person oder Sache sowie die Täuschung zur Anfechtung, obwohl sie zum sog. motivatorischen Vorfeld, d. h. zur Willensbildung gehören, die der Willenserklärung vorhergeht.

zu Frage 7:

Den subjektiven Tatbestand der Willenserklärung unterteilt man in erstens den Willen, überhaupt zu handeln (Handlungswille), zweitens das Bewusstsein, rechtlich Erhebliches zu erklären (Erklärungsbewusstsein) und drittens den Willen, bindend ein konkretes Geschäft vorzunehmen (Rechtsbindungs- und Geschäftswille). Kurz gesagt:
1. Jemand will den Arm heben (konkludent etwas erklären), sprechen, schreiben.
2. Jemand will etwas rechtlich Erhebliches erklären.
3. Jemand will diese bestimmte Rechtsfolge (verbindlich) eingehen.

zu Frage 8:

Das Erklärungsbewusstsein liegt vor, wenn sich der Erklärende bewusst ist, eine rechtserhebliche Erklärung abzugeben.
Man unterscheidet aktuelles und potentielles Erklärungsbewusstsein. So fehlte im Trierer Weinversteigerungsfall dem zur Begrüßung eines Freundes Winkenden das Bewusstsein, Rechtserhebliches zu erklären, also das (aktuelle) Erklärungsbewusstsein: Dieser hätte aber bei Anwendung der im Verkehr erforderlichen Sorgfalt (potentiell) erkennen und vermeiden können, dass sein Winken nach den objektiven Umständen als nächsthöheres Gebot aufgefasst werden musste. Es lag also potentielles Erklärungsbewusstsein vor, was nach Ansicht des BGH für die Annahme einer Willenserklärung ausreicht.

zu Frage 9:

In den Fällen der sog. invitatio ad offerendum wird eine Vielzahl möglicher Kunden aufgefordert, sie mögen ihrerseits - meist durch Übersenden einer ausgefüllten Bestellkarte - Angebote erklären. Eine solche invitatio wird etwa bei Zeitungsinseraten oder beim Zusenden von Werbekatalogen und Preislisten anzunehmen sein. Dass in diesen Situationen der Rechtsbindungswille fehlt, ergibt sich schon aufgrund der begrenzten Menge der beim Verkäufer vorhandenen Waren. Würde man in Zeitungsinseraten und Werbekatalogen bereits verbindliche Angebote erblicken, könnten mehr Verträge zustande kommen, als der Inserent/Werbende zu erfüllen vermag. Demzufolge kann man dem Inserenten/Werbenden einen Rechtsbindungswillen nicht unterstellen.

zu Frage 10:

Die einzelne Willenserklärung ist Mindestvoraussetzung für ein Rechtsgeschäft. So stellt zum Beispiel eine Kündigungserklärung ein Rechtsgeschäft (sog. einseitiges Rechtsgeschäft) dar. Der wohl wichtigste Rechtsgeschäftstyp ist der Vertrag, der (meist) durch zwei übereinstimmende Willenserklärungen zustande kommt.

Kapitel 7

Die verschiedenen Rechtsgeschäfte

Im Vorhergehenden haben wir uns ausführlich mit dem Aufbau der Willenserklärung als „kleinstes Rechtsgeschäft" beschäftigt. In diesem Kapitel wollen wir uns nun die verschiedenen Rechtsgeschäfte genauer ansehen.

Das Rechtsgeschäft lässt sich definieren als das von der Rechtsordnung zur Verfügung gestellte Mittel, um Rechtsfolgen privatautonom, d.h. aufgrund eigenen Willens, herbeizuführen. Das kann durch eine oder durch mehrere, übereinstimmende Willenserklärungen geschehen. Man unterscheidet einseitige und vertragliche Rechtsgeschäfte.

I. Einseitige Rechtsgeschäfte

Einseitige Rechtsgeschäfte führen einen rechtlichen Erfolg (Rechtsfolge) herbei, ohne dass es der Zustimmung des Gegenübers bedarf.

Wenn der rechtliche Erfolg darin besteht, in eine fremde Rechtssphäre einzugreifen, bezeichnet man das einseitige Rechtsgeschäft als Gestaltungsrecht[1].

1. Gestaltungsrechte

Zu den Gestaltungsrechten gehören insbesondere die Anfechtung (§ 143), die (fristlose) Kündigung (§ 314) und der Rücktritt (§ 349).

Sie sind durch Erklärung gegenüber dem anderen Teil, meist dem Vertragspartner, auszuüben. Es handelt sich also um empfangsbedürftige Willenserklärungen, die nach der allgemeinen Regel des § 130 Abs. 1 Satz 1 dem Adressaten zugehen müssen, damit sie wirksam werden[2]. Einer Zustimmung des Erklärungsempfängers bedarf es aber nicht.

Allerdings muss ein Grund hinzutreten, der den einseitigen Eingriff in die Rechtssphäre eines anderen (z. B. die Beendigung eines Vertragsverhältnisses) rechtfertigt.

So ist nach § 142 Abs. 1 nur die anfechtbare Willenserklärung im Falle ihrer Anfechtung als von Anfang an nichtig anzusehen[3]. Es muss also einer der in den §§ 119, 120 und 123 abschließend aufgezählten Anfechtungsgründe erfüllt sein[4].

---

[1] dazu Medicus, Grundwissen, Rdnr. 33
[2] zum Zugangsbegriff Kapitel 11, S. 180 ff.
[3] Merke zur Rechtsfolge im Falle der Anfechtung „eines Vertrages": Nicht selten findet sich die Formulierung, der „Vertrag" sei angefochten worden. Das ist unscharf, denn genau genommen ficht man nur die einzelne, mit einem Willensmangel behaftete Willenserklärung, d. h. das Angebot oder die Annahme, an. Das lässt freilich den vertraglichen Konsens insgesamt entfallen.
[4] dazu Kapitel 14, S. 220 ff.

Nach § 314 Abs. 1 kann ein Dauerschuldverhältnis[5], also beispielsweise ein Automaten-aufstellungsvertrag, ein Belegarztvertrag oder ein wettbewerbsrechtlicher Unterlassungsvertrag durch <u>fristlose Kündigung</u> mit Wirkung für die Zukunft nur beendet werden, wenn ein <u>wichtiger Grund</u> vorliegt.

Schließlich kann man nach § 346 Abs. 1 von einem Vertrag nur zurücktreten und ihn so aufgrund einseitiger Erklärung in ein Rückgewährschuldverhältnis umgestalten, wenn man sich entweder das <u>Recht dazu vertraglich vorbehalten</u> hat <u>oder</u> wenn das Gesetz in besonderen Situationen - etwa bei unbehebbaren Mängeln der Kaufsache (vgl. § 326 Abs. 5[6]) - ein <u>gesetzliches Rücktrittsrecht</u> einräumt.

Fehlt es an dem jeweiligen Grund für das Gestaltungsrecht, so bleibt die bloße Erklärung der Anfechtung, der Kündigung oder des Rücktritts ohne Wirkung.
Umgekehrt führt das bloße Bestehen eines Anfechtungs-, Kündigungs- oder Rücktrittsgrundes ebenso wenig dazu, dass das Vertragsverhältnis ohne Abgabe der entsprechenden Gestaltungserklärung automatisch beendet bzw. umgestaltet wird.

Weitere wichtige Gestaltungsrechte sind die <u>Aufrechnung</u> (§§ 387 ff.), der <u>Widerruf nach den §§ 355 ff.</u> sowie die <u>Minderung</u> (vgl. §§ 441, 536, 638).

2. Sonstige einseitige Rechtsgeschäfte

Nicht alle einseitigen Rechtsgeschäfte greifen rechtsgestaltend in eine fremde Rechtssphäre ein. Insofern sind die Vollmachtserteilung und das Testament herauszustellen. Sie sind keine Gestaltungsrechte im vorgenannten Sinne.

a. Die Vollmacht

Nach § 167 Abs. 1, <u>1. Alt.</u> räumt man rechtsgeschäftliche Vertretungsmacht (Vollmacht[7]) als sog. <u>Innenvollmacht</u> durch einseitige Erklärung gegenüber dem zu Bevollmächtigenden ein. Die bevollmächtigende Erklärung muss dem anderen also <u>lediglich zugehen</u>. <u>Einer Annahme bzw. einer Vereinbarung bedarf es</u> folglich <u>nicht</u>, denn dem Vertreter wird ausschließlich Rechtsmacht eingeräumt, d. h. die Macht, für einen anderen wirksam Willenserklärungen abzugeben.
<u>Eine Pflicht zum Tätigwerden entsteht</u> allein <u>aufgrund der Vollmacht</u> für den Bevollmächtigten <u>nicht</u>. Grund dafür ist die <u>Abstraktheit der Vollmacht</u>, d. h. ihre Losgelöstheit von dem zugrunde liegenden Rechtsverhältnis. Nicht die erteilte Vollmacht, sondern der in aller Regel <u>zugrunde liegende Geschäftsbesorgungs-, Auftrags- oder</u>

---

[5] Bei <u>Dauerschuldverhältnissen</u> wird eine Leistung dauerhaft geschuldet. Sie kann zum Beispiel in einem länger währenden Verhalten oder darin bestehen dass, über einen längeren Zeitraum Einzelleistungen zu erbringen sind. Abzugrenzen ist das Dauerschuldverhältnis vom Wiederkehrschuldverhältnis. Vgl. Jauernig/Vollkommer, § 311 Rdnr. 14

[6] Anwaltkommentar/Dauner-Lieb, § 326 Rdnr. 16; vgl. ferner meine Fälle zum reformierten Schuldrecht, Fall 7 („Der gestohlene Jollenkreuzer"), S. 104/105

[7] vgl. die Legaldefinition in § 168 Satz 1

Arbeitsvertrag[8] verpflichtet[9] den Bevollmächtigten dazu, von der Vollmacht Gebrauch zu machen[10].

b. Das Testament

Im Gegensatz zu den Gestaltungsrechten und anders als die Vollmachtserteilung muss das Testament, um wirksam zu sein, niemandem zugehen. Es ist nicht gegenüber einer bestimmten Person zu erklären bzw. zu errichten, es ist also nicht empfangsbedürftig.

Nach § 1937 kann der Erblasser durch einseitige Verfügung von Todes wegen den oder die Erben bestimmen. Er kann also die Erbfolge regeln, ohne dass er dazu das Einverständnis anderer - etwa seines Ehegattens[11] oder seiner Abkömmlinge als gesetzliche Erben der ersten Ordnung (§ 1924 Abs. 1) - einholen müsste. Zwar ändert der Erblasser durch das Testament in aller Regel die gesetzliche Erbfolge ab. Dadurch kommt es aber - anders als bei den Gestaltungsrechten - nicht zu einem Eingriff in die Rechtssphäre der gesetzlichen Erben, denn diese haben kein Recht, später einmal zu erben[12]. Vielmehr besteht lediglich eine tatsächliche Aussicht. Diese steht aber aufgrund der Testierfreiheit grundsätzlich zur freien Disposition des Erblassers. Die Testierfreiheit findet ihre Grenze freilich im Pflichtteilsrecht, welches das BGB nach §§ 2303 ff. für besonders nahestehende Personen (Abkömmlinge, Eltern und Ehegatten) vorsieht[13].

II. Verträge

Bei den skizzierten einseitigen Rechtsgeschäften ist es gerechtfertigt, eine Rechtsfolge ausnahmsweise aufgrund einseitiger Erklärung herbeizuführen, sei es, dass ein besonderer Grund zur einseitigen Gestaltung besteht, sei es, dass - wie mit dem Testament und der Vollmacht - in eine fremde Rechtssphäre nicht eingegriffen wird.

Bei Verträgen, die meist durch zwei übereinstimmende Willenserklärungen zustande kommen, ergibt sich die Rechtfertigung für die Rechtsgestaltung schon wesensgemäß aus dem Konsens (Konsens- bzw. Vertragsprinzip). Das entspricht dem Grundsatz der Privatautonomie.

Man unterscheidet Verpflichtungs- und Verfügungsverträge.

---

[8] vgl. § 675, §§ 662 ff. sowie die §§ 611 ff.

[9] ausführlich dazu etwa Hirsch, AT, S. 330 ff.; siehe ferner unten, S. 253/254

[10] Merke noch: Wenn der Vertreter tätig wird und Erklärungen abgibt, treffen die Rechte und Pflichten nicht ihn, sondern den von ihm Vertretenen. Deswegen kann nach § 165 auch derjenige Vertreter sein, der beschränkt geschäftsfähig ist. Vgl. dazu unten, S. 254

[11] zum gesetzlichen Erbrecht des Ehegatten vgl. § 1931 sowie § 1371 Abs. 1 (Zugewinnausgleich im Todesfall)

[12] Medicus, Grundwissen, S. 24

[13] Der Pflichtteil besteht in der Hälfte des gesetzlichen Erbteils (§ 2303 Abs. 1 Satz 2). Aus dem Pflichtteilsrecht folgt der Pflichtteilsanspruch gegen den Erben bzw. die Erbengemeinschaft (vgl. § 2303 Abs. 1). Erman/W. Schlüter, vor § 2303 Rdnr. 2 sowie Jauernig/Stürner, § 2317 Rdnr. 1

1. Verpflichtungsverträge

a. Durch Rechtsgeschäft begründete Schuldverhältnisse (§ 311 Abs. 1)

Nach § 311 Abs. 1 ist zur Begründung eines Schuldverhältnisses durch Rechtsgeschäft ein Vertrag erforderlich, soweit nicht das Gesetz etwas anderes vorschreibt.

Der einschränkenden Formulierung am Ende des § 311 Abs. 1, *„soweit nicht das Gesetz etwas anderes vorschreibt"*, ist zu entnehmen, dass Ausnahmen von dem Vertragsprinzip zulässig sind, wenn - wie etwa im Falle der Auslobung nach § 657 - dazu ein besonderes Bedürfnis besteht.

Aber Vorsicht: Keine Ausnahme vom Vertragsprinzip des § 311 Abs. 1 stellen die Gestaltungsrechte dar, denn sie begründen keine Schuldverhältnisse, sondern dienen meist deren Beendigung durch Kündigung, Anfechtung und Rücktritt.
Auch die Vollmacht begründet, wie zuvor dargelegt, wegen ihrer Abstraktheit kein Schuldverhältnis und erfüllt somit den „Ausnahmetatbestand" des § 311 Abs. 1 a. E. nicht. Einseitig begründete Schuldverhältnisse, wie die erwähnte Auslobung, kommen vielmehr äußerst selten vor und sind nicht zu verwechseln mit einseitigen Rechtsgeschäften.

Vertragliche Schuldverhältnisse im Sinne des § 311 Abs. 1 begründen meist wechselseitige, in einem Austauschverhältnis stehende Rechte und Pflichten und sind typischerweise im Besonderen Schuldrecht geregelt[14]. Man bezeichnet sie als Verpflichtungs- bzw. Schuldverträge, denn sie stellen den jeweiligen Schuldgrund dar[15], d. h. sie geben Auskunft darüber, aus welchem Grund der eine dem anderen etwas schuldet.

Als Paradebeispiel dient der Kaufvertrag. Nach § 433 Abs. 1 trifft den Verkäufer aufgrund des Kaufvertrages die Pflicht, dem Käufer die verkaufte Sache zu übergeben und das Eigentum an ihr zu verschaffen. Im Gegenzug ist der Käufer nach § 433 Abs. 2 verpflichtet, dem Verkäufer den vereinbarten Kaufpreis zu zahlen und die gekaufte Sache abzunehmen. Beim Kauf geht es also darum, welche Leistungen Verkäufer und Käufer in ihren wechselseitigen Rollen als Gläubiger und Schuldner auszutauschen haben.

Zum besonders wichtigen Schuldvertrag des Kaufes sei hier auf Folgendes aufmerksam gemacht:
1. Gemäß § 311 b Abs. 1 Satz 1 bedarf ein Kaufvertrag über eine unbewegliche Sache zu seiner Wirksamkeit der notariellen Beurkundung.
2. Ferner kennt das BGB nicht nur den Sachkauf. Vielmehr kann man *„Rechte oder sonstige Gegenstände"*[16] ebenfalls verkaufen. Auf einen solchen Rechtskauf finden gemäß § 453[17] die §§ 433 ff. über den Kauf von Sachen entsprechende Anwendung.

---

[14] dazu oben, S. 8/9
[15] Schuldgrund heißt auf lateinisch causa, sodass sich an Stelle von Schuldvertrag auch der Begriff des Kausalverhältnisses findet.
[16] Dem Begriff „sonstige Gegenstände" kommt eine Auffangfunktion zu. Nicht als Sache oder Recht zu qualifizierende Kaufgegenstände sind zum Beispiel immaterielle Güter (Geschäftsideen, Erwerbs- und Gewinnchancen) sowie mangels Körperlichkeit elektrische Energie und Wärme. Vgl. dazu Jauernig/Chr. Berger, § 453 Rdnr. 11
[17] Vorschrift bitte lesen!

Der Rechtskauf verpflichtet folglich dazu, die Forderung bzw. das Recht gegen Zahlung eines Kaufpreises zu übertragen[18]. Vor allem Forderungen gegen beharrlich säumige Schuldner werden nicht selten zu einem erheblich unter ihrem Nennwert liegenden Preis an Inkassounternehmen verkauft. Man spricht in diesem Zusammenhang von einem sog. echten Factoring[19].

Weitere wichtige Schuldverträge, die man in der Praxis ebenfalls häufig antrifft, sind der Darlehens-, der Miet- , der Werk-, der Geschäftsbesorgungs- sowie der Dienst- und Arbeitsvertrag. Ihre ausführliche Beschreibung muss spezielleren Darstellungen des Schuld- bzw. des Arbeitsrechts überlassen bleiben.

Hier wollen wir aber noch die allgemeine Frage erörtern:
Wie erfüllt man Verpflichtungen aus schuldrechtlichen Verträgen?

b. Erlöschen schuldvertraglicher Verpflichtungen durch Erfüllung (§ 362)

Gemäß § 362 Abs. 1 erlischt das Schuldverhältnis[20], *„wenn die geschuldete Leistung[21] an den Gläubiger bewirkt wird“.* Wenn zum Beispiel die verkaufte, bewegliche Sache übereignet und im Gegenzug - bei Barzahlung - das Eigentum an den Geldscheinen zur Begleichung des Kaufpreises übertragen wird, sind die kaufvertraglichen Hauptleistungen wechselseitig bewirkt. Dazu muss also die Zuordnung des Eigentums an der Kaufsache bzw. den Geldscheinen (solvendi causa[22]) geändert werden.
Auch der Rechtskauf wird gemäß § 362 Abs. 1 erfüllt, indem man die *„geschuldete Leistung an den Gläubiger bewirkt“.* Beim Rechtskauf muss also der Verkäufer entsprechend der eingegangenen Verpflichtung die verkaufte Forderung bzw. das verkaufte Recht dem Käufer übertragen.

Unbedingt zu merken ist hier: Allein aufgrund des Kaufvertrags geht (nach deutschem Recht) nicht bereits das Eigentum an der verkauften Sache bzw. an den als Kaufpreis zu zahlenden Geldscheinen über. Auch die Inhaberschaft der verkauften Forderung ändert sich nicht bereits durch den Abschluss des Rechtskaufs. Vielmehr entsteht nur die entsprechende Verpflichtung. Zu ihrer Erfüllung bedarf es der Verfügung[23].

Kommen wir also zu der zweiten großen Gruppe von Verträgen:

---

[18] Ein Beispiel für einen Rechtskauf finden Sie in meinen Fällen zum reformierten Schuldrecht, Fall 6 („Geldsorgen eines Jurastudenten“), S. 77 ff.
[19] zum Factoring Jauernig/Stürner, § 398 Rdnr. 29 ff. sowie Erman/H. P. Westermann, § 398 Rdnr. 24; ferner sogleich im Zusammenhang mit der Forderungsabtretung S.116
[20] gemeint ist die einzelne Forderung als sog. Schuldverhältnis im engeren Sinne, vgl. S. 8
[21] Unter Leistung versteht man die bewusste und gewollte Vermehrung fremden Vermögens.
[22] Diese lat. Bezeichnung bedeutet sinngemäß: Erfüllung des Schuldgrundes, d. h. des Kaufvertrages.
[23] Freilich bedarf es zur Erfüllung schuldrechtlicher Pflichten nicht immer einer Verfügung. So besteht die zu bewirkende Leistung bei der Erfüllung eines Dienstvertrages für den Dienstverpflichteten darin, die versprochenen Dienste zu erbringen. Zur Erfüllung eines Mietvertrages hat der Vermieter die Mietsache zum Gebrauch zu überlassen. Die Beispiele zeigen, dass die Leistung nicht selten durch die Vornahme rein tatsächlichen Verhaltens bewirkt wird.

2. Verfügungsverträge

Unter Verfügung versteht man die unmittelbare Änderung der rechtlichen Zuordnung eines Gegenstandes zu einer Person. Wie erwähnt, dient sie oftmals der Erfüllung von zuvor in einem Schuldvertrag begründeten Verpflichtungen. Verfügen kann man über Sachen und Rechte (Rechtsobjekte). Was bedeutet das im Einzelnen?

Die Verfügung kann inhaltlich auf die Übertragung des Vollrechts, wie zum Beispiel die Übereignung von Sachen oder die Abtretung von Rechten, gerichtet sein. Man bezeichnet das als Veräußerung.

Sie kann aber auch nur in einer Belastung, also in der Abspaltung einer Teilberechtigung (= teilweise Änderung der rechtlichen Zuordnung) bestehen. Solche Teilberechtigungen heißen - soweit sie an Sachen bestehen - beschränkt dingliche Rechte. Ein Beispiel dafür ist die Bestellung eines dinglichen Wegerechts an einem Grundstück. Das kann entweder als Grunddienstbarkeit nach § 1018 oder als beschränkt persönliche Dienstbarkeit nach § 1090 Abs. 1 geschehen[24]. Ferner ist die Belastung mit einem Pfandrecht, das ebenfalls ein beschränkt dingliches Recht ist, möglich. Vor allem das Grundstückseigentum (*„ein Grundstück"*) wird in der Praxis nach den §§ 873, 1190, 1113 ff. oft mit dem Pfandrecht der Grundschuld belastet, sodass bei Eintritt des Sicherungsfalles an denjenigen, zu dessen Gunsten die Belastung erfolgt, eine bestimmte Geldsumme aus dem Grundstück zu zahlen ist[25]. Freilich kann man ein Pfandrecht auch an beweglichen Sachen nach den §§ 1204 ff. oder an Rechten nach den §§ 1273 ff. bestellen.

Neben der Veräußerung und der Belastung liegt auch in der Aufhebung von Rechten eine Verfügung. Für die Aufhebung beschränkt dinglicher Rechte, wie zum Beispiel der erwähnten Grundschuld, ist nach § 875 die einseitige Aufhebungserklärung des Berechtigten sowie die Löschung des Rechts im Grundbuch erforderlich.

Schließlich stellt die inhaltliche Änderung eine Verfügung dar. Zu nennen ist hier beispielsweise die Änderung des Haftungsbetrags einer Grundschuld nach den §§ 877, 878.

Aus dem Vorstehenden ergibt sich folgende Konkretisierung des Begriffs Verfügung:

---

[24] Zur weiteren Information lesen Sie bitte die §§ 1018 und 1090. Das BGB ist eine überaus ergiebige Informationsquelle, die Ihnen in Klausuren zur Verfügung steht.

[25] Für besonders Interessierte: Die Zahlung der Geldsumme aus dem Grundstück erfolgt bei der Grundschuld im Gegensatz zur Hypothek (lies § 1113 Abs. 1!) nicht wegen einer Forderung. Denn die Grundschuld ist abstrakt, wogegen die Hypothek streng akzessorisch konzipiert ist. Dennoch wird es aufgrund eines schuldrechtlichen Sicherungsvertrages im Sinne des § 311 Abs. 1 nicht selten doch so sein, dass die Grundschuld zur Sicherung einer Forderung (meist einer Darlehensverpflichtung) dient. Selbst eine solche Sicherungsgrundschuld ist aber von der gesicherten Forderung unabhängig (sog. Nichtakzessorietät der Grundschuld), was sie von der streng akzessorisch konzipierten Hypothek grundlegend unterscheidet.

Allerdings können Einreden und Einwendungen, die gegen die gesicherte Forderung bestehen (z. B.: §§ 320, 362 Abs.1), über den Sicherungsvertrag auch der Grundschuld und deren Durchsetzung entgegengehalten werden.

Dies geschieht, da wegen des Anspruchs aus der Grundschuld in der Praxis meist ein Titel (vollstreckbare Urkunde nach § 794 Nr. 5 i. V. m. § 800 ZPO) auf Duldung der Zwangsvollstreckung (vgl. § 1147) existieren wird, nach § 767 ZPO im Wege der Vollstreckungsgegenklage.

Verfügung ist jede Veräußerung, Aufhebung, Belastung oder Inhaltsänderung eines Rechts[26] (Merkwort: VABI).

Verfügungen setzen im Grundsatz eine Einigung (= einen Verfügungsvertrag) voraus[27]. Es bedarf also - wie bei jedem Vertrag - übereinstimmender Willenserklärungen. Nur ausnahmsweise, etwa bei der erwähnten Aufhebung eines Rechts an einem Grundstück nach § 875 oder im Falle der Eigentumsaufgabe nach § 959, kann man einseitig verfügen.

Im Folgenden wollen wir auf die wichtigsten Verfügungen, nämlich die Übertragung von Sacheigentum sowie die Abtretung von Forderungen, genauer eingehen.

a. Übertragung von Eigentum an beweglichen Sachen

aa. Einigung und Übergabe nach § 929 Satz 1

Wie man Eigentum an einer Sache überträgt, regelt das Sachenrecht. Im Hinblick auf bewegliche Sachen ist dazu nach § 929 Satz 1 erforderlich, dass der Eigentümer die Sache dem Erwerber übergibt und beide darüber einig sind, dass das Eigentum übergehen soll. Es bedarf also erstens einer sachenrechtlichen Einigung. Diese ist von dem schuldrechtlichen Konsens beim Abschluss des Kaufvertrages streng zu unterscheiden. Während der kaufvertragliche Konsens die wechselseitigen Pflichten begründet, ist die sachenrechtliche Einigung Teil der Erfüllung dieser Pflichten. Zwar kommt sie ebenso wie der schuldrechtliche Vertrag durch übereinstimmende Willenserklärungen zustande. Folglich sind auf sie die allgemeinen Regeln der Rechtsgeschäftslehre anwendbar[28]. Inhaltlich ist die Einigung nach § 929 Satz 1 aber ausschließlich darauf gerichtet, *„dass das Eigentum übergehen soll"*. Der Veräußerer bietet also an, das Eigentum an der verkauften Sache zu übertragen. Der Erwerber nimmt dieses Angebot an. Freilich wird das in aller Regel so nicht ausdrücklich erklärt, sondern durch schlüssiges Verhalten zum Ausdruck gebracht.
Die sachenrechtliche Einigung im Sinne des § 929 Satz 1 stellt den Verfügungsvertrag dar, den manche auch als dinglichen Vertrag bezeichnen[29]. Er bildet den rechtsgeschäftlichen Teil der Übereignung.

Zusätzlich verlangt § 929 Satz 1 die Übergabe. Mit der Übergabe wird der Besitz an der Kaufsache, also die tatsächliche Sachherrschaft (§ 854 Abs.1) übertragen. Die Übergabe der Sache ist kein rechtsgeschäftlicher, sondern ein rein tatsächlicher Akt (= Realakt).

Da nach § 1006 Abs. 1 zugunsten des Besitzers einer beweglichen Sache vermutet wird, dass er Eigentümer ist, begründet die Übergabe nach außen den Rechtsschein dafür, dass sich die Eigentumsverhältnisse an der beweglichen Sache geändert haben. Die Übergabe lässt also die Verfügung nach außen sichtbar werden (Publizitätsmoment).

---

[26] Das Recht kann sich wie beim (Sach-)Eigentum auf eine Sache beziehen oder aber auf unkörperliche Gegenstände (Forderungen und andere Rechte).
[27] Damit ist nicht nur die sachenrechtliche Einigung wie etwa die nach § 929 Satz 1 gemeint, sondern auch der Abtretungsvertrag nach § 398 Satz 1. Siehe dazu sogleich, S. 115/116
[28] also etwa die §§ 119 ff., 130, 164 ff. etc.
[29] so zum Beispiel Eisenhardt, Einführung, § 11 II. (Rdnr. 127)

Die Übertragung des Eigentums an einer beweglichen Sache (= Verfügung) setzt somit erstens eine sachenrechtliche Einigung (= Verfügungsvertrag) und zweitens die Übergabe der Sache (= Realakt) voraus. Das bezeichnet man als einen Doppeltatbestand.

bb. Verfügungsberechtigung und Erwerb vom Nichtberechtigten (§§ 932, 935)

Eine Verfügung setzt zu ihrer Wirksamkeit des Weiteren grundsätzlich voraus, dass der Berechtigte verfügt hat. Dies ergibt sich im Hinblick auf die Übereignung beweglicher Sachen aus der Formulierung in § 929 Satz 1, wo von *„dem Eigentümer"* die Rede ist. Im Grundsatz ist nur der Eigentümer der Sache berechtigt, über das Eigentum zu verfügen.

Ausnahmsweise kann allerdings auch jemand, der nicht Eigentümer ist, als Nichtberechtigter wirksam verfügen, dann nämlich, wenn ihn der Eigentümer (= Berechtiger) dazu ermächtigt hat. Eine solche Ermächtigung kann nach § 185 Abs. 1 ex ante als Einwilligung oder nach Abs. 2 der Vorschrift ex post durch Genehmigung erteilt werden.

Überdies kennt das BGB beim Erwerb von Sachen aus Gründen des Verkehrsschutzes einen sog. gutgläubigen Erwerb vom Nichtberechtigten[30]. Dieser ist für bewegliche Sachen in den §§ 932-935 geregelt.

Folgendes Grundwissen sollte man sich dazu einprägen[31]:
Nach § 932 Abs. 1 Satz 1 wird der Erwerber durch eine nach § 929 erfolgte Veräußerung (Einigung und Übergabe) auch dann Eigentümer, wenn die Sache nicht dem Veräußerer gehört, es sei denn, dass er zu der Zeit, zu der er nach diesen Vorschriften das Eigentum erwerben würde, nicht in gutem Glauben ist.
Nach § 932 Abs. 2 ist der Erwerber nicht in gutem Glauben, wenn ihm bekannt oder infolge grober Fahrlässigkeit unbekannt ist, dass die Sache nicht dem Veräußerer gehört. Gemäß § 935 Abs. 1 Satz 1 tritt der Gutglaubenserwerb nach § 932 nicht ein, wenn die Sache dem Eigentümer gestohlen worden, verloren gegangen oder sonst abhanden gekommen[32] war. Dies gilt allerdings nach Abs. 2 des § 935 dann wiederum nicht, wenn es sich um Geld oder Inhaberpapiere (Theaterkarte, Lotterielos, Anteilsschein einer Kapitalanlagegesellschaft, Inhaberaktie[33]) oder um solche Sachen handelt, die im Wege öffentlicher Versteigerung veräußert werden. Vor allem an Geldscheinen und Münzen sowie an Inhaberpapieren ist folglich im Interesse erhöhter Verkehrsfähigkeit gutgläubiger Erwerb auch möglich, wenn sie gestohlen worden, verloren gegangen oder sonst abhanden gekommen sind.

---

[30] Der gutgläubige Erwerb geht auf das germanische Recht zurück (Vertrauensschutz). Er widerspricht dem Grundsatz des römischen Rechts, demzufolge niemand mehr Rechte übertragen könne, als er selbst hat (Nemo plus juris transferre potest, quam ipse habet.)

[31] Das steht im Übrigen alles auch im BGB, das Sie als Informationsquelle nicht ungenutzt lassen sollten.

[32] Abhandenkommen (Oberbegriff) = unfreiwilliger Besitzverlust durch Diebstahl, Verlieren oder etwa bei Weggabe aufgrund von Drohung (*„...sonst abhanden gekommen ... "*).

[33] Die Inhaberpapiere sind meist schon äußerlich dadurch gekennzeichnet, dass sie nicht den Namen des Gläubigers nennen, sondern lediglich auf den Inhaber ausgestellt sind.

b. Übereignung unbeweglicher Sachen gemäß den §§ 873, 925 sowie Gutglaubenserwerb nach § 892

Nach § 873 Abs. 1 erfordert die Übertragung des Eigentums an einem Grundstück die Einigung des Berechtigten und des anderen Teils über die Rechtsänderung und die Eintragung der Rechtsänderung in das Grundbuch[34]. Die Übereignung von Grundstücken (= unbeweglichen Sachen) stellt also ebenfalls einen Doppeltatbestand dar:
Erstens bedarf es der sachenrechtlichen Einigung (= Verfügungsvertrag). Diese heißt im Falle der Grundstücksveräußerung Auflassung und unterliegt den besonderen Anforderungen des § 925. Danach ist sie „bei gleichzeitiger Anwesenheit[35] beider Teile vor einer zuständigen Stelle[36] zu erklären" (Abs. 1). Zudem ist sie bedingungsfeindlich (Abs. 2).
Zweitens bedarf es der Eintragung des Eigentumsübergangs in das Grundbuch[37].

Anders als bei der Übereignung beweglicher Sachen muss ein Grundstück zur Eigentumsübertragung nicht übergeben werden, indem man also dem Erwerber den Besitz an dem Grundstück verschafft. Das liegt daran, dass die Eigentumsvermutung zugunsten des Besitzers nach § 1006 Abs. 1 nur bei beweglichen Sachen besteht. Folglich kommt beim Grundstückskauf der in § 433 vorgesehenen Verpflichtung zur Übergabe eine eigenständige Bedeutung neben der (Verpflichtung zur) Übereignung zu.

An die Stelle des Besitzes als Rechtsscheinsträger tritt hier die Eintragung in das Grundbuch, dessen Inhalt nach § 892 Abs. 1 zugunsten desjenigen, welcher ein Recht an einem Grundstück erwirbt, als richtig gilt. Dies ermöglicht einen Gutglaubenserwerb von dem unrichtiger Weise im Grundbuch eingetragenen Nichtberechtigten[38], es sei denn, dass ein Widerspruch gegen die Richtigkeit des Grundbuchs eingetragen, oder dessen Unrichtigkeit dem Erwerber bekannt ist. Beim Gutglaubenserwerb an Grundstücken macht also die grob fahrlässige Unkenntnis der Unrichtigkeit des Grundbuchs noch nicht bösgläubig.

Freilich kann man einen Nichtberechtigten auch gemäß § 185 zur Verfügung über ein Grundstück ermächtigen.

c. Übertragung von Forderungen und anderen Rechten (§§ 398, 413)

Verfügen kann man nicht lediglich über Sachen (= körperliche Gegenstände). Vor allem schuldrechtliche Forderungen, aber auch andere Rechte (Patentrechte, Mitgliedschaftsrechte an Kapitalgesellschaften etc.) können Gegenstand von Rechtsgeschäften sein.

---

[34] Dabei handelt es sich um ein beim Amtsgericht geführtes Register. Einzelheiten sind der Grundbuchordnung (GBO) zu entnehmen.
[35] Daraus folgt, dass zwar Botenschaft, nicht aber Stellvertretung ausgeschlossen ist.
[36] Zuständige Stellen sind in erster Linie die deutschen Notare (vgl. § 925 Abs. 1 Satz 2), ohne Rücksicht darauf, ob das Grundstück gerade in dem Amtsbezirk des konsultierten Notars liegt (§ 20 Abs. 2 Bundesnotarordnung (BNotO)).Vgl. Jauernig/Jauernig, § 925 Rdnr. 14 ff.
[37] zur Vertiefung: Zum Kauf und zur Übereignung von Grundstücken findet sich etwa bei Hirsch ein didaktisch gut aufbereitetes Beispiel. Hirsch, AT, S. 144-148
[38] In diesem Falle ist das Grundbuch, wie gesagt, unrichtig und bedarf der Berichtigung (vgl. dazu § 894). Der zu Unrecht Eingetragene ist nicht schon aufgrund dieser (formellen) Eintragung zum (materiell) Berechtigten geworden.

In Erfüllung des schon erwähnten Rechtskaufs ist zum Beispiel eine verkaufte schuldrechtliche Forderung auf den Käufer zu übertragen. Wie dies geschieht, ist systematisch zutreffend im Schuldrecht geregelt. Nach § 398 Satz 1 wird eine Forderung von dem Gläubiger durch Vertrag mit einem anderen auf diesen übertragen (Abtretung). Gemäß § 398 Satz 2 tritt mit dem Abschluss dieses Vertrages der neue Gläubiger an die Stelle des bisherigen Gläubigers. Der Abtretungsvertrag ändert also unmittelbar die Zuordnung (Inhaberschaft) der Forderung und stellt somit einen Verfügungsvertrag dar[39].

Herauszustellen ist in diesem Kontext das bereits erwähnte Factoring. Dabei tritt meist ein Unternehmer gegen seine Kunden (Abnehmer) bestehende Forderungen an den Factor - regelmäßig eine Bank - ab und erhält den Gegenwert der abgetretenen Forderungen unter Abzug von Gebühren gutgeschrieben. Dies bringt dem Unternehmer sofort verfügbares Kapital und erspart ihm Debitorenbuchhaltung und Mahnwesen. Beim sog. echten[40] Factoring handelt es sich um eine Abtretung aufgrund eines Forderungskaufs, wobei der Factor das Insolvenzrisiko trägt. Anders ausgedrückt, der Verkäufer der Forderung haftet nur für die Verität (den Bestand der Forderung), nicht aber für die Bonität (die Zahlungsfähigkeit der Kunden)[41].

Anders als bei der Übereignung von Sachen bedarf es zur Forderungsübertragung nicht zusätzlich eines Realakts. Wegen der vergeistigten Existenz der Forderung hat die Verlautbarung der Abtretung nur Rechtsscheinswirkung[42]. Die verfügende Wirkung, d. h. die Rechtsänderung, tritt allein aufgrund des Abtretungsvertrages ein.

Die Wirksamkeit des von dem bisherigen und dem neuen Gläubiger geschlossenen Abtretungsvertrages hängt nicht von der Zustimmung des Schuldners ab, obwohl dieser sich nach der Abtretung einem neuen Gläubiger gegenüber sieht. Für eine solche Zustimmung besteht kein Bedürfnis, denn das Gesetz gewährleistet einen umfassenden Schuldnerschutz. Insbesondere kann nach § 404 *„der Schuldner dem neuen Gläubiger die Einwendungen*[43] *entgegensetzen, die zur Zeit der Abtretung der Forderung gegen den bisherigen Gläubiger begründet waren"*. Er kann also dem neuen Gläubiger ebenso wie dem alten beispielsweise die Einwendung der (Teil-)Erfüllung (§ 362 Abs. 1[44]) oder die Einrede der Verjährung (§ 214 Abs. 1[45]) entgegenhalten.

---

[39] vgl. zur Prüfung von Ansprüchen aus abgetretenem Recht meine Fälle zum reformierten Schuldrecht, Fall 6 („Geldsorgen eines Jurastudenten"), S. 82/83

[40] Beim unechten Factoring liegt der Abtretung dagegen ein Kreditgeschäft (Darlehen) zugrunde. Das Insolvenzrisiko wird hier also nicht von der Bank, sondern vom Unternehmen getragen. Vgl. Jauernig/Stürner, § 398 Rdnr. 30 sowie Erman/H. P. Westermann, § 398 Rdnr. 25

[41] siehe Kallwass, Privatrecht, S. 127

[42] dazu Schapp, Grundlagen, Rdnr. 156; Zwar sieht § 409 die Abtretungsanzeige an den Schuldner vor. Anders als bei dem Anzeigeerfordernis für die Verpfändung einer Forderung nach § 1280 handelt es sich hierbei aber nicht um ein Wirksamkeitserfordernis für den Übergang der Forderung. Diese geht (nur) im Falle der Abtretung über (Jauernig/Stürner, § 409 Rdnr. 2). Die Abtretungsanzeige des Gläubigers gegenüber dem Schuldner kann aber einen Rechtsschein schaffen. Das hat zur Folge, dass die Leistung an den Scheingläubiger befreit (so BGHZ 145, 352 (355)). Bei der Anzeige handelt es sich um eine geschäftsähnliche Handlung (vgl. dazu S. 214).

[43] Der in § 404 verwendete Begriff der Einwendung umfasst sämtliche Gegenrechte. Darunter fallen sowohl rechtshindernde und rechtsvernichtende Einwendungen im „rechtstechnischen" Sinne als auch Einreden. Siehe ausführlich zu den Gegenrechten, S. 26 ff.

[44] vgl. dazu oben, S. 27

[45] vgl. dazu oben, S. 27/28

Überdies ist § 407 Abs. 1 herauszustellen, wonach der neue Gläubiger vor allem eine Leistung, die der Schuldner nach der Abtretung an den bisherigen Gläubiger bewirkt, gegen sich gelten lassen muss, es sei denn, dass der Schuldner die Abtretung bei der Leistung kennt[46].

Auf die Übertragung anderer Rechte, wie etwa die erwähnten Patentrechte, finden gemäß § 413 die Vorschriften der §§ 398 ff. über die Übertragung von Forderungen entsprechende Anwendung. Auch andere Rechte werden somit durch Abtretung übertragen, soweit nicht das Gesetz (ausnahmsweise) etwas anderes bestimmt[47].
Etwas anderes ist beispielsweise in § 38 für Mitgliedschaftsrechte an Vereinen sowie in § 719 Abs. 1 für solche an Personengesellschaften bestimmt. Diese sind grundsätzlich unübertragbar.

In Bezug auf den Erwerb von Forderungen und Rechten ist ein Gutglaubenserwerb grundsätzlich nicht möglich[48].

3. Vertragsfreiheit im Schuldrecht versus Typenzwang im Sachenrecht

Im Vorhergehenden haben wir Verpflichtungsverträge und Verfügungsverträge, die - soweit sie Sachen betreffen - im Sachenrecht geregelt sind, unter dem gemeinsamen Dach des Vertrages vorgestellt.

Herauszustellen ist aber ein ganz grundsätzlicher Unterschied:

Für die Verpflichtungsverträge des Schuldrechts gilt das Prinzip der Vertragsfreiheit. Im Sachenrecht herrscht dagegen der sog. Typenzwang.

a. Die Vertragsfreiheit im Schuldrecht

Das Prinzip der Vertragsfreiheit ist im BGB nicht ausdrücklich formuliert. Als Bestandteil der allgemeinen Handlungsfreiheit wird es aber durch Art. 2 Abs. 1 GG verbürgt. Demgemäß setzt das einfache Gesetzesrecht in § 311 Abs. 1 die Freiheit voraus, nach eigenem Belieben schuldvertragliche Abreden zu treffen. Die Vertragsfreiheit entspricht dem Grundsatz der Eigenverantwortlichkeit des Rechtssubjekts. Für die Marktwirtschaft der Bundesrepublik Deutschland ist sie unerlässlich, damit die Unternehmen am Markt optimal agieren können[49].

Die Vertragsfreiheit im Schuldrecht umfasst die Abschluss- und die Inhaltsfreiheit.

Abschlussfreiheit meint, dass man grundsätzlich frei in seiner Entscheidung ist, ob und mit wem man einen Schuldvertrag schließt. Sie gibt sowohl positiv das Recht, einen

---

[46] vgl. dazu meine Fälle zum reformierten Schuldrecht, Fall 6 („Geldsorgen eines Jurastudenten"), S. 83
[47] Darüber hinaus regelt das Gesetz mit seinen speziellen sachenrechtlichen Bestimmungen zur Übertragung des Sacheigentums und der abgeleiteten beschränkt dinglichen Rechte etwas anderes im Sinne von § 413. Vgl. dazu Schapp, Grundlagen, Rdnr. 160
[48] Von diesem Grundsatz macht § 405 (Abtretung unter Urkundenvorlegung) eine eng begrenzte Ausnahme. Vgl. dazu Palandt/Heinrichs, § 405 Rdnr. 1
[49] Anwaltkommentar/Krebs, § 311 Rdnr. 8

Vertrag abzuschließen als auch negativ die Freiheit, einen Vertrag nicht zu schließen (positive und negative Abschlussfreiheit).

Darüber hinaus können die Parteien frei entscheiden, welchen Inhalt sie einem schuldrechtlichen Vertrag geben (Inhaltsfreiheit). Dementsprechend sind die meisten gesetzlichen Bestimmungen im Schuldrecht nicht zwingend. Vielmehr stehen sie - wie etwa die Regelungen über den Leistungsort (§ 269) und die Leistungszeit (§ 271) oder die gewährleistungsrechtlichen Bestimmungen (vgl. §§ 434 ff., 536 ff., 633 ff.) - weitgehend zur Disposition der Vertragsparteien (= dispositives Recht). Die Parteien können also grundsätzlich von den „Vorschlägen des Gesetzgebers" Abweichendes vereinbaren.

Überdies sind die gesetzlich geregelten Vertragstypen, wie Kauf, Darlehen, Miete, Dienst-, Arbeits- und Werkvertrag, um nur die wichtigsten zu nennen, keinesfalls die allein zulässigen. Vielmehr kann man etwa mehrere Vertragstypen miteinander kombinieren (sog. typengemischte Verträge[50]). Dies geschieht beispielsweise beim Hotelaufnahmevertrag, der in der Regel Elemente eines Miet-, Dienst- und Kaufvertrages (Überlassung des Zimmers, Service und Warenverzehr) miteinander verbindet[51].
Darüber hinaus haben sich im täglichen Wirtschaftsleben „markttypische Verträge", wie zum Beispiel der Leasing- und der Factoringvertrag herausgebildet, die bislang zwar nicht gesetzlich fixiert[52], ökonomisch aber überaus bedeutsam sind.

Diese Großzügigkeit bei der Gestaltungsfreiheit im Schuldrecht erklärt sich vor allem daraus, dass durch den schuldrechtlichen Vertrag nur relative Rechte und Pflichten inter partes betroffen sind. Eine „Drittbetroffenheit" scheidet somit aus.

Dennoch kommt die dargelegte Abschluss- und Inhaltsfreiheit im Schuldrecht in einer sozialen Marktwirtschaft nicht ohne Einschränkung aus.

aa. Einschränkungen der Abschlussfreiheit im Schuldrecht

Die schuldrechtliche Abschlussfreiheit ist insoweit eingeschränkt, als Kontrahierungszwang besteht. Ein solcher Zwang zum Abschluss privatrechtlicher Verträge ist meist bei der Versorgung der Allgemeinheit mit wichtigen Gütern oder Leistungen vorgesehen. Insbesondere Versorgungsunternehmen mit Monopolcharakter oder marktbeherrschender Stellung im Bereich der Wasser-, Gas- und Elektrizitätsversorgung sowie im Personennahverkehr[53] sind bundesgesetzlich angeordneten Kontrahierungszwängen unterworfen[54]. Weitere Kontrahierungszwänge - etwa für Apotheken und Schlachthöfe - ergeben sich aus Landesgesetzen.

Überdies diskutiert man in jüngerer Zeit vor allem die Frage, ob Banken und Sparkassen verpflichtet sind, einen Girovertrag (vgl. §§ 676 f bis h) abzuschließen bzw. fortzuführen[55].

---

[50] Anwaltkommentar/Krebs, § 311, Rdnr. 13
[51] vgl. auch unten, S. 198/199
[52] ausführlich dazu Schapp, Grundlagen, Rdnr. 140
[53] Anwaltkommentar/Krebs, § 311 Rdnr. 11 m.w.N.; Eisenhardt, Einführung, § 2 II. 3. (Rdnr. 21); Hirsch, AT, Rdnr. 289; Schapp, Grundlagen, Rdnr. 140
[54] vgl. zum Beispiel § 6 Energiewirtschaftsgesetz und § 22 Personenbeförderungsgesetz
[55] dazu BGH, NJW 03, 1658; OLG Dresden, NJW 01, 1433

Häufiger als Kontrahierungszwänge, die als das Gegenteil der Abschlussfreiheit einen besonders intensiven Eingriff in das Grundrecht der allgemeinen Handlungsfreiheit des Art. 2 Abs. 1 bedeuten, kommen Beschränkungen der Inhaltsfreiheit vor.

bb. Grenzen der schuldrechtlichen Inhaltsfreiheit

Vor allem Großunternehmen, Banken und Versicherungskonzerne sind es, die den Verbraucher formularmäßig, d. h. unter Verwendung Allgemeiner Geschäftsbedingungen (AGB), in der Sache letztlich „einseitig" Vertragsbedingungen diktieren, ohne dass der andere Teil substantiellen Einfluss auf den Inhalt nehmen könnte. Hier wird angesichts höchst ungleicher wirtschaftlicher Machtverhältnisse das „freie Spiel der Kräfte" als nicht mehr angemessen empfunden. Insofern unterwirft das BGB nach den §§ 307 bis 309 Klauseln in AGB einer besonderen Inhaltskontrolle. Zum Beispiel ist nach § 309 Satz 1 Nr. 7 a eine AGB-Klausel unwirksam, welche die Haftung für Schäden aus der Verletzung des Lebens, des Körpers oder der Gesundheit ausschließt oder begrenzt, die auf einer fahrlässigen Pflichtverletzung des Verwenders der Klausel oder einer vorsätzlichen oder fahrlässigen Pflichtverletzung eines gesetzlichen Vertreters oder Erfüllungsgehilfen des Verwenders beruhen.

Allerdings steht es den Vertragsparteien frei, im Wege der Individualvereinbarung den Vertragsinhalt im Einzelnen auszuhandeln. Dann liegen nach § 305 Abs. 1 Satz 3 keine AGB vor, sodass die erwähnte besondere Inhaltskontrolle nicht greift[56]. Bei Individualvereinbarungen sind grundsätzlich nur die allgemeinen, sehr weit gezogenen Grenzen der Inhaltsfreiheit zu beachten, die erst bei Verstößen gegen gesetzliche Verbote (§ 134) oder bei Sittenwidrigkeit (§ 138) verletzt werden.

Überdies gibt es auch im Schuldrecht durchaus zwingende Normen. Diese sind vor allem in den sozial geprägten Rechtsgebieten des Miet- und des Arbeitsrechts (vgl. etwa § 557 Abs. 4 oder § 619) zu finden.

Entsprechende Tendenzen bestehen im Hinblick auf den Verbraucherschutz, der durch das Schuldrechtsmodernisierungsgesetz[57] ausdrücklich in das BGB eingefügt wurde (vgl. etwa § 475). Hiermit mögen nachträglich *„Tropfen sozialen Öls"* in das BGB eingeflossen sein, die Otto v. Gierke in seiner Kritik am 1. Entwurf des BGB[58] zur damaligen Zeit wenig erfolgreich einforderte[59].

b. Typenzwang des Sachenrechts

Weitaus stärker als im Schuldrecht ist das Prinzip der Vertragsfreiheit im Sachenrecht eingeschränkt. Das liegt daran, dass die dinglichen Rechte nicht relativ, sondern absolut wirken. Wenn sie also von jedermann zu beachten sind, hat der Gesetzgeber dafür Sorge zu tragen, dass die Rechtsverhältnisse an Sachen für jeden erkennbar sind.

---

[56] zur Prüfung der Inhaltskontrolle von AGB-Klauseln vgl. meine Fälle zum reformierten Schuldrecht, Fall 8 („Die undichte Bauernmilchkanne"), S.126/127
[57] dazu instruktiv die Einführung von Köhler in Beck-Texte BGB (dtv), S. XXVII-XXX
[58] vgl. Otto von Gierke, Der Entwurf eines Bürgerlichen Gesetzbuchs und das Deutsche Recht, 1889 sowie ders., Die soziale Aufgabe des Privatrechts, 1889
[59] dazu instruktiv Larenz, § 3 I. und II. (S. 48 ff. m.w.N.)

Zwar ist damit vereinbar, frei entscheiden zu können, ob und mit wem man überhaupt einen sachenrechtlichen Vertrag (= Verfügungsvertrag) schließt. Es herrscht somit zwar Abschlussfreiheit im Sachenrecht.

In Bezug auf die inhaltliche Gestaltung ist im Sachenrecht aber die Bindung an bestimmte Typen (sog. Typenzwang)[60] vorgeschrieben. Nur die vom Gesetz ausdrücklich zugelassenen Sachenrechte (Eigentum sowie die abschließend geregelten beschränkt dinglichen Rechte) stehen dem Bürger zur Verfügung. Man bezeichnet das als numerus clausus der Sachenrechte.

Hinzu tritt eine Typenfixierung in dem Sinne, dass das Sachenrecht etwaigen Gestaltungsmöglichkeiten - zum Beispiel inhaltlichen Änderungen beschränkt dinglicher Rechte[61] - enge Grenzen zieht, also weitgehend zwingendes Recht darstellt.

Im Sachenrecht gilt also Abschlussfreiheit, aber Typenzwang und Typenfixierung.

Auf diese Weise will man die an Sachen möglichen Berechtigungen leicht erkennbar und überschaubar halten, denn es entspricht dem Interesse des Rechtsverkehrs, Art und Inhalt der dinglichen Rechte schnell und zuverlässig einschätzen zu können. Das ließe sich nicht gewährleisten, wenn die Parteien beispielsweise gesetzlich nicht vorgesehene Grundpfandrechte kreieren oder die vorgesehenen Grundpfandrechte inhaltlich weitgehend modifizieren könnten. Dafür besteht auch kein Bedürfnis, genügen doch Hypothek und (vor allem) Grundschuld seit Jahrzehnten vollkommen den Belangen der Praxis.

---

[60] Vergleichbares läßt sich für das Familienrecht (vgl. etwa die §§ 1408 ff. mit den bestimmten Güterständen) sowie für das Erbrecht (nur bestimmte Formen letztwilliger Verfügungen sind möglich) feststellen. Auch auf diesen beiden Rechtsgebieten herrscht aus Gründen der Übersichtlichkeit Typenzwang. Allerdings besteht innerhalb der Typen eine größere Gestaltungsfreiheit als im Sachenrecht.

[61] dazu Schapp, Grundlagen, Rdnr. 141/142

Fragen zu Kapitel 7

---

1. Wie lässt sich der Begriff „Rechtsgeschäft" definieren?

2. Was versteht man unter einem Gestaltungsrecht?

3. Welche Rechtsfolge hat die Anfechtung und welche der Rücktritt?

4. Wie erteilt man eine Vollmacht?

5. Welche beiden großen Gruppen von Verträgen gibt es?

6. Was kennzeichnet den gegenseitigen Schuldvertrag?

7. Wie könnte man den Begriff Verfügung definieren?

8. Wie überträgt man das Eigentum an einer beweglichen Sache?

9. Ist es möglich, eine fremde bewegliche Sache zu übereignen?

10. Wie überträgt man ein Patentrecht?

Antworten (Kapitel 7)

zu Frage 1:
Rechtsgeschäft lässt sich definieren als das von der Rechtsordnung zur Verfügung gestellte Mittel, um Rechtsfolgen nach dem eigenen Willen herbeizuführen. Man unterscheidet einseitige Rechtsgeschäfte und Verträge.

zu Frage 2:
Mit Hilfe eines Gestaltungsrechts kann man einseitig in eine fremde Rechtssphäre eingreifen.

Wichtige Gestaltungsrechte sind die Anfechtung, die fristlose (außerordentliche) Kündigung und der Rücktritt. Sie sind durch Abgabe einer empfangsbedürftigen Willenserklärung - meist gegenüber dem Vertragspartner - auszuüben (vgl. §§ 143, 314, 349).
Allein die Erklärung führt die gestaltende Wirkung indes nicht herbei. Zusätzlich bedarf
es eines Anfechtungs-, Kündigungs- oder Rücktrittsgrundes, der den Eingriff in die
Rechtssphäre des Betroffenen ohne dessen Zustimmung rechtfertigt.

zu Frage 3:

Die <u>Anfechtung führt nach § 142 Abs. 1 dazu</u>, dass das angefochtene Rechtsgeschäft <u>als von Anfang an (= ex tunc) nichtig</u> anzusehen ist. Wird zum Beispiel die auf den Abschluss eines schuldrechtlichen Vertrages gerichtete Angebotserklärung wirksam angefochten, so ist sie rückwirkend unwirksam. Infolgedessen entfällt der für den Vertragsschluss notwendige Konsens ebenfalls von Anfang an.

Der <u>Rücktritt vom Vertrag</u> hat nach § 346 Abs. 1 zur Folge, dass die empfangenen Leistungen zurückzugewähren und die gezogenen Nutzungen herauszugeben sind. Der Rücktritt gestaltet also das vertragliche Schuldverhältnis ex nunc[62] in ein <u>Rückgewähr-schuldverhältnis</u> (vgl. §§ 346 ff.[63]) um.

zu Frage 4:

Die <u>Vollmacht wird</u> nach § 167 Abs. 1 Satz 1 <u>durch einseitige empfangsbedürftige Erklärung erteilt</u>. Das erfolgt in der Praxis meist gegenüber dem zu Bevollmächtigenden (sog. <u>Innenvollmacht nach der 1. Alt. des § 167 Abs. 1 Satz 1</u>). Einer Zustimmung des Bevollmächtigten oder eines Vollmachtsvertrages bedarf es nicht.

zu Frage 5:

<u>Unterschieden werden Verpflichtungs- und Verfügungsverträge.</u> Die zuerst genannten heißen auch Schuldverträge und begründen - meist wechselseitig - Rechte und Pflichten zwischen den Vertragsparteien. Verfügungsverträge dienen dagegen in aller Regel der Erfüllung (§ 362) solcher Verpflichtungen. Der Grund für eine bestimmte Verfügung liegt folglich in einer entsprechenden Verpflichtung. Aus Letzterer ergibt sich also, <u>warum</u> verfügt wird. So hat der Käufer nach § 433 Abs. 1 einen Anspruch auf Verschaffung des Eigentums, d. h. auf Vornahme der entsprechenden Verfügung nach § 929 Satz 1.

zu Frage 6:

Bei <u>gegenseitigen</u> Schuldverträgen steht eine <u>Leistung im Austauschverhältnis zur geschuldeten Gegenleistung.</u> Der eine Vertragsteil gibt eine Leistung, <u>damit</u> der andere Teil im Gegenzug die vereinbarte Gegenleistung erbringt. Dies kennzeichnet man mit der lateinischen Wendung „do ut des"[64]. Häufig vorkommende Austauschverträge sind der <u>Kauf</u> (Übergabe und Übereignung der Kaufsache, damit der andere Teil den Kaufpreis bezahlt), die <u>Miete</u> (Gebrauchsüberlassung der Mietsache auf Zeit, damit der andere Teil die Miete bezahlt) sowie der <u>Werkvertrag</u> (Herstellung des versprochenen Werkes, damit der andere den vereinbarten Werklohn entrichtet)[65].

---

[62] lat.: Von nun an, was <u>hier von der Zeit des Zugangs der Rücktrittserklärung an</u> (vgl. § 130 Abs. 1 Satz 1) bedeutet.

[63] dazu meine Fälle zum reformierten Schuldrecht, Fall 7 („Der gestohlene Jollenkreuzer"), S. 103 bis 108

[64] lat.: Ich gebe, damit du gibst.

[65] Die im Austauschverhältnis stehenden Hauptleistungspflichten erscheinen im Besonderen Schuldrecht meist <u>zu Beginn des jeweils einschlägigen Titels</u> (Titel 1, Kauf (§ 433); Titel 5, Mietvertrag (§ 535); Titel 9, Werkvertrag (§ 631 Abs. 1)) und <u>tauchen fettgedruckt in den redaktionellen Überschriften</u>[65] als vertragstypische Hauptpflichten auf.

zu Frage 7:

Verfügung kann man als unmittelbare Änderung der Rechtslage definieren. Gemeint ist die Änderung der rechtlichen Zuordnung eines Gegenstandes zu einer Person[66]. Zum Beispiel wird über das Eigentum an einer Sache verfügt, indem der Veräußerer A es auf den Erwerber B im Wege der Übereignung (vgl. § 929 bzw. § 873) überträgt. Diese Übertragung des Vollrechts Eigentum heißt Veräußerung. Allerdings bedeutet Verfügung nicht nur Veräußerung. Verfügung ist vielmehr jede Veräußerung, Aufhebung, Belastung oder Inhaltsänderung eines Rechts (Merkwort: VABI).

In der Abtretung nach § 398 liegt ebenfalls eine Verfügung, denn durch sie wird die Forderung von dem bisherigen (unmittelbar) auf den neuen Gläubiger übertragen (vgl. § 398 Satz 2).

zu Frage 8:

Zur Übertragung des Eigentums an einer beweglichen Sache ist nach § 929 Satz 1 erforderlich, dass der Eigentümer (= Berechtigter) dem Erwerber die Sache übergibt und beide darüber einig sind, dass das Eigentum übergehen soll. Zur Übereignung einer beweglichen Sache (= Verfügung) ist somit erstens die sachenrechtliche Einigung (= Verfügungsvertrag) und zweitens die Übergabe der Sache (= Realakt) erforderlich.

zu Frage 9:

Dies ist nach § 185 möglich, wenn die Verfügung durch den Nichtberechtigten mit Ermächtigung, d. h. Einwilligung (Abs. 1) oder Genehmigung (Abs. 2) des Berechtigten erfolgt.
Überdies besteht nach den §§ 932 bis 935 die Möglichkeit des gutgläubigen Erwerbs, sodass der Nichtberechtigte eine fremde bewegliche Sache an einen Gutgläubigen (vgl. dazu § 932 Abs. 2) übereignen kann.

zu Frage 10:

Nach § 413 finden die Vorschriften über die Übertragung von Forderungen auf die Übertragung anderer Rechte entsprechende Anwendung. Demzufolge werden Patentrechte durch Abtretung übertragen.

---

[66] Mit Änderung der Rechtslage ist also nicht schon die Begründung eines Schuldverhältnisses mit der Folge der Entstehung von Verpflichtungen gemeint!

Kapitel 8

Das Verhältnis von Verpflichtung und Verfügung

I. Das Trennungsprinzip

Wie dargelegt, unterscheidet man Verpflichtungs- und Verfügungsverträge.
Die Begründung von Pflichten und deren Erfüllung durch Vornahme einer entsprechenden Verfügung sind folglich rechtlich getrennt (Trennungsprinzip).

Nehmen wir das Besorgen einer Tageszeitung am Kiosk. Tatsächlich stellt das einen einheitlichen Vorgang dar. Dies darf aber nicht darüber hinwegtäuschen, dass wir es mit drei Rechtsgeschäften zu tun haben. Zum einen liegt ein formlos und konkludent geschlossener Kaufvertrag (§ 433) als Verpflichtungsgeschäft vor. Zum anderen erfolgen - ebenfalls durch schlüssiges Handeln - zwei Verfügungen nach § 929 Satz 1 zur Erfüllung der gegenseitigen kaufvertraglichen Pflichten, nämlich die Übereignung der Zeitung sowie die Übereignung der Geldstücke zur Kaufpreiszahlung.

Was hat den Gesetzgeber bewogen, einen solchen einheitlichen Lebensvorgang scheinbar künstlich in drei Rechtsgeschäfte aufzuspalten?

1. Gründe für die Trennung von Verpflichtung und Verfügung

Anders als bei dem alltäglichen Besorgen der Tageszeitung fallen der Verpflichtungsvertrag und dessen Erfüllung durch Verfügung nicht selten zeitlich erheblich auseinander. Vor allem bei Grundstücksgeschäften werden sich Eigentumsübertragung und Kaufpreiszahlung nicht nahtlos an den Abschluss des Kaufvertrags anschließen, weil man zur „Umschreibung des Grundstücks im Grundbuch[1]" nach der Grundbuchordnung einige Formalitäten beachten muss. Überdies wird der Käufer in aller Regel für die Zahlung des Kaufpreises ein Darlehen benötigen, was Verhandlungen und Absprachen mit einem Kreditinstitut erforderlich macht. Diese aufwendigen Vorbereitungen machen nur Sinn, wenn durch den Verpflichtungsvertrag bereits eine wechselseitige Bindung (pacta sunt servanda[2]) begründet wurde. Nur so ist gewährleistet, dass die Vertragspartner auf Erfüllung der Leistungspflichten bestehen und diese notfalls einklagen können. Sollte der Schuldner nicht vertragsgemäß (schlecht)[3] oder überhaupt nicht leisten, so haftet er dem Gläubiger nach den §§ 280 Abs. 1 und 3, 281 auf Schadens-

---

[1] Das Grundbuch besteht aus den Bestandsverzeichnissen I und II. Das Bestandsverzeichnis I enthält die tatsächlichen Angaben über das Grundstück. Das Bestandsverzeichnis II gibt Auskunft über die rechtlichen Verhältnisse und zerfällt in drei Abteilungen: In der ersten Abteilung stehen der oder die Eigentümer, in der zweiten die Belastungen bis auf die Grundpfandrechte, die in der dritten Abteilung aufgeführt sind.

[2] lat.: Verträge sind zu halten.

[3] vgl. meine Fälle zum reformierten Schuldrecht, Fall 8 („Die undichte Bauernmilchkanne"), S. 113 ff.; der dortige Fall betrifft kaufrechtliches Gewährleistungsrecht, sodass man über die Norm des § 437 zu den Anspruchsnormen des allgemeinen Schuldrechts gelangt, mit der praktisch bedeutsamen Folge, dass die speziellen Verjährungsfristen des § 438 einschlägig sind.

ersatz statt der Leistung[4]. Im Falle nicht rechtzeitiger Leistung hat <u>er nach den §§ 280 Abs. 1 und 2, 286 den Verzögerungsschaden</u> zu ersetzen[5]. Wenn der Schuldner Schutz- und Rücksichtnahmepflichten im Sinne des § 241 Abs. 2 verletzt, so hat er nach § 280 Abs. 1 bekanntlich[6] den Schaden <u>neben</u> der Leistung zu ersetzen. Zu denken ist etwa daran, dass der Schuldner bei der Leistungserbringung den Rechtsgütern des Gläubigers Schaden zufügt.

Ein weiterer Beweggrund des Gesetzgebers für die Trennung von Verpflichtung und Verfügung ist der Schutz des Dritterwerbers im Falle eines Weiterverkaufs gewesen. Darauf werden wir zurückkommen.

2. Die Folgen des Trennungsprinzips

Zu den Folgen des Trennungsprinzips folgender Fall:

Fall 4: „Der doppelte Verkauf"

Sachverhalt:
A verkauft montags dem B ein gebrauchtes Fahrrad zu dem günstigen Preis von 200 Euro. Man vereinbart, dass A das Fahrrad am nächsten Tag liefern soll, was er aber aus Nachlässigkeit unterlässt. Mittwochs erhält A überraschend Besuch von C. Dieser benötigt dringend ein Fahrrad und bietet A 300 Euro. A geht auf das Angebot ein und verkauft an C, der bar bezahlt und im Einverständnis mit A das Rad sogleich mitnimmt.
Donnerstags erscheint B und erkundigt sich nach dem Fahrrad. A meint, er sei an dem Geschäft nicht mehr interessiert. B erfährt, was geschehen ist und verlangt erstens Herausgabe des Fahrrads von C, mit der Begründung, dass er es schon montags von A gekauft hat.
Alternativ fordert er von A Übergabe und Übereignung des Fahrrads.
Notfalls will B von A 150 Euro Schadensersatz, da er für ein vergleichbares Fahrrad jetzt 350 Euro bezahlen muss. Sind B's Forderungen berechtigt?

<u>Hinweis</u>: Es ist davon auszugehen, dass C das Fahrrad unbedingt behalten will.

Im Obersatz ist bekanntlich das <u>hypothetische Ergebnis unter Angabe der Anspruchsgrundlage voranzustellen</u>. Die Anspruchsgrundlage muss die begehrte Rechtsfolge enthalten. Laut Sachverhalt geht es B erstens um die Herausgabe des Fahrrads von C. Da zwischen B und C keine vertraglichen Pflichten bestehen, kann nur ein Anspruch aufgrund eines <u>gesetzlichen Schuldverhältnisses</u> in Frage kommen, nämlich der Herausgabeanspruch aus dem sog. <u>Eigentümer-Besitzer-Verhältnis</u>[7] nach § 985.

---

[4] zu den §§ 281 und 283 vgl. meine Fälle zum reformierten Schuldrecht, Fall 4 („Marksburg in Flammen"), S. 48/49
[5] dazu eingehend meine Fälle zum reformierten Schuldrecht, Fall 9 („Verspätete Heimkehr eines Anglers"), S. 147/148
[6] dazu oben, S. 19
[7] dazu S. 21 sowie ausführlich Kindl, JA 1996, 23 ff.

Lösungsvorschlag zu Fall 4

(A). Das Herausgabebegehren des B gegen C

B könnte gegen C einen Anspruch auf Herausgabe des Fahrrads <u>nach § 985</u> haben. Dazu müsste <u>B Eigentümer und C Besitzer</u> des Fahrrads sein.

(I). Besitz des C

C hat das Fahrrad mitgenommen und hat also die tatsächliche Gewalt über die Sache erworben (vgl. § 854 Abs. 1). Er ist Besitzer des Fahrrads[8].

(II.) Eigentum des B?

Zweifelhaft erscheint aber, ob B Eigentümer des Fahrrads (geworden) ist. <u>Ursprünglich</u> (sog. historischer Aufbau) war A Eigentümer.

A hat montags einen Kaufvertrag mit B geschlossen. Dieser <u>Schuldvertrag begründet nach § 433 Abs. 1 lediglich</u> die <u>Verpflichtung</u> A's, dem B das Fahrrad zu übergeben und ihm das Eigentum daran zu verschaffen.

Für die <u>Übereignung</u> ist nach § 929 Satz 1 nötig, dass der Eigentümer die Sache dem Erwerber übergibt (Realakt) und beide darüber einig sind (Verfügungsvertrag), <u>dass das Eigentum übergehen soll</u>. Weder haben sich A und B hier über den Eigentumsübergang geeinigt, noch hat A dem B das Fahrrad übergeben. B ist somit nicht Eigentümer des Fahrrads geworden[9]. Die Voraussetzungen des § 985 sind nicht erfüllt.

B hat somit gegen C keinen Herausgabeanspruch aus Eigentum.

(B). Anspruch des B gegen A auf Übereignung des Fahrrades?

B könnte gegen A einen Anspruch auf Übergabe und Übereignung des Fahrrads <u>nach § 433 Abs. 1</u> haben.

(I). Wirksamer Kaufvertrag

Zu dieser Leistung hat A sich montags aufgrund des Kaufvertrags gegenüber B bindend verpflichtet.

(II). Anspruch nach § 275 Abs. 1 ausgeschlossen

Allerdings könnte der Anspruch gemäß § 275 Abs. 1 ausgeschlossen sein. Nach dieser Vorschrift ist der Anspruch auf die Leistung ausgeschlossen, soweit diese für den Schuldner (subjektiv) oder für jedermann (objektiv) unmöglich ist. Hier könnte A die Erfüllung seiner Pflicht aus § 433 Abs. 1 unmöglich sein. A hat das Fahrrad bereits mittwochs <u>dem C</u> übergeben und sich dabei mit diesem schlüssig geeinigt, dass das Eigentum übergeht. Das

---

[8] <u>Unproblematische Tatbestandsmerkmale</u> darf man prüfungstechnisch <u>vorziehen</u>.

[9] Das <u>liegt fast schon auf der Hand</u>. Deswegen wäre es für den Vorgerückten durchaus legitim gewesen, § 985 <u>ganz kurz abzulehnen</u>. Das ist <u>hier aber aus didaktischen Gründen nicht geschehen</u>.

hat A als Eigentümer (= Berechtigter) getan[10]. A hat also sein Eigentum an dem Fahrrad mittwochs nach § 929 Satz 1 an C verloren. C will laut Sachverhalt das Fahrrad unbedingt behalten. Für A besteht folglich keine Möglichkeit, sich von C Besitz und Eigentum am Fahrrad - etwa durch Rückübereignung - wieder zu beschaffen, um so die gegenüber B eingegangene Verpflichtung doch noch zu erfüllen.

Somit ist hier nachträglich, d. h. nach Abschluss des Vertrages mit B[11] Unmöglichkeit eingetreten. § 275 Abs. 1 ist hier demnach erfüllt.
Der Anspruch des B auf Übergabe und Übereignung ist wegen Unvermögens des A (= subjektiver Unmöglichkeit) ausgeschlossen[12].

(C). Das Schadensersatzbegehren des B gegen A
B könnte gegen A einen Anspruch auf 150 EUR Schadensersatz statt der Leistung gemäß § 280 Abs. 1 und 3 i. V. m. § 283 haben.

(I). Voraussetzungen der Grundnorm des § 280 Abs. 1
Dazu müsste A nach § 280 Abs. 1 Satz 1 eine Pflicht aus dem Schuldverhältnis verletzt haben.

A hat die aus dem mit B geschlossenen Kaufvertrag resultierende Pflicht des § 433 Abs. 1 verletzt, indem er die am Dienstag fällige Leistung nicht erbracht hat. Dies geschah aus Nachlässigkeit, also fahrlässig (§ 276 Abs. 1 Satz 1). Es wird A folglich nicht gelingen, die Verschuldensvermutung des § 280 Abs. 1 Satz 2 zu widerlegen.

Überdies hat A seine Leistungstreuepflicht, alles zu unterlassen, was den Vertragszweck gefährdet, vorsätzlich[13] verletzt, indem er mittwochs das bereits verkaufte Fahrrad dem C übereignet hat.

---

[10]Wichtig: Folglich kommt es auf die Voraussetzungen des Gutglaubenserwerbs nach § 932 nicht an. Insoweit schützt bereits das Trennungsprinzip den Rechtsverkehr.
Nebenbei bemerkt: Ob C Kenntnis davon hatte, dass A montags das Fahrrad bereits an B verkauft hat, ist schon deswegen unbeachtlich, weil der Kaufvertrag keine Auswirkungen auf die Eigentumslage hat und A als Eigentümer folglich verfügungsberechtigt bleibt.
[11] In den Fällen anfänglicher Unmöglichkeit ist Schadensersatz statt der Leistung nach § 311 a zu gewähren. Vgl. Anwaltkommentar/Dauner-Lieb, § 283 Rdnr. 5; vgl. ferner meine Fälle zum reformierten Schuldrecht, Fall 3 („Die spontane Examensfeier"), S. 34 bis 37 sowie zur Dogmatik des § 311 a und zur sog. anfänglichen qualitativen Unmöglichkeit, Fall 2 („Das ungewollte Meerschweinchenmännchen"), S. 19-26
[12] Beachte: Da es sich hier um ein gebrauchtes Fahrrad handelt, liegt eine Stückschuld vor. A ist folglich unvermögend, dieses gebrauchte Fahrrad an B zu übereignen. Im Falle einer Gattungsschuld (neues, serienmäßig gefertigtes Fahrrad) müsste A sich dagegen ein anderes Fahrrad der Gattung beschaffen. Vgl. zur Gattungsschuld meine Fälle zum reformierten Schuldrecht, Fall 5 („Die verkorkste Weinlieferung"), S. 68 sowie 70/71
[13] d. h. mit Wissen und Wollen (vgl. oben, S. 23/24)

(II). Zusätzliche Voraussetzungen[14] (§ 280 Abs. 3) des 283

B macht den sog. Schadensersatz statt der Leistung, d. h. statt der Übergabe und Übereignung des Fahrrades, geltend.

Nach § 280 Abs. 3 kann dieser nur unter den zusätzlichen Voraussetzungen der §§ 281, 282 oder 283 verlangt werden. Hier ist § 283 Satz 1 einschlägig. Danach kann der Gläubiger unter den Voraussetzungen des § 280 Abs. 1 Schadensersatz statt der Leistung verlangen, wenn der Schuldner nach § 275 Abs. 1 bis 3 nicht zu leisten braucht. Vorliegend braucht A, wie ausgeführt, nach § 275 Abs. 1 wegen nachträglicher subjektiver Unmöglichkeit nicht zu leisten. Aufgrund der Rückverweisung auf § 280 Abs. 1 müsste A diese zu vertreten haben, was gemäß § 280 Abs. 1 Satz 2 vermutet wird[15]. Hier hat A sein Unvermögen sogar vorsätzlich herbeigeführt, indem er das bereits an B verkaufte Fahrrad mittwochs dem C verkauft und übereignet hat.

(III). Rechtsfolge des § 283: Schadensersatz statt der Leistung

Nach alledem kann B Schadensersatz statt der Leistung fordern. Darunter ist das sog. positive Interesse zu verstehen[16]. B ist also so zu stellen, wie er im Falle ordnungsgemäßer Erfüllung durch A stehen würde. Hätte A erfüllt, so müsste B sich nicht zu einem Mehrpreis von 150 Euro ein vergleichbares Fahrrad beschaffen.

B kann somit von A diese Mehrkosten in Höhe von 150 Euro fordern.

Die Lösung veranschaulicht im Wesentlichen folgende Auswirkungen der Trennung von Verpflichtung und Verfügung:

1. Durch den Kaufvertrag erwirbt man noch nicht das Eigentum.

2. Zwar ist es möglich, über dieselbe Sache mehrere wirksame Kaufverträge zu schließen, von denen man aber nur einen erfüllen kann.

3. Wegen Nichterfüllung eines Vertrages haftet man auf Schadensersatz.

---

[14] Kritisch demgegenüber Anwaltkommentar/Dauner-Lieb, § 283 Rdnr. 4, wonach man in der nachträglichen Unmöglichkeit „nur schwer eine zusätzliche Voraussetzung" entdecken könne, da die Unmöglichkeit den notwendigen gedanklichen Anknüpfungspunkt bilde, um überhaupt eine Pflichtverletzung im Sinne des § 280 Abs. 1 bejahen zu können. Diese Argumentation berücksichtigt m. E. nicht ausreichend, dass die bloße Nichtleistung trotz Fälligkeit schon eine Pflichtverletzung darstellt. Zweitens kann man durchaus zwischen dem die Unmöglichkeit herbeiführenden Verhalten (hier Leistungstreuepflichtverletzung) und dem Eintritt der Unmöglichkeit selbst unterscheiden. Vgl. auch meine Fälle zum reformierten Schuldrecht, Fall 4 („Marksburg in Flammen"), S. 48-52

[15] Das Vertretenmüssen ist in Bezug auf die Unmöglichkeit erneut zu prüfen, da § 283 auf § 281 Abs. 1 zurückverweist! Dazu eingehend meine Fälle zum reformierten Schuldrecht, Fall 4 („Marksburg in Flammen"), S. 48/49

[16] Bis zum Inkrafttreten des Schuldrechtsmodernisierungsgesetzes war dafür der Begriff des Schadensersatzes wegen Nichterfüllung geläufig.

3. Das Trennungsprinzip beim Eigentumsvorbehalt (§ 449)

Das Trennungsprinzip wirkt sich ferner beim Eigentumsvorbehalt aus[17]. Behält sich der Verkäufer einer beweglichen Sache das Eigentum bis zur Zahlung des Kaufpreises vor, so ist nach § 449 Abs. 1 im Zweifel, d. h. sofern nichts anderes bestimmt ist, anzunehmen, dass das <u>Eigentum unter der aufschiebenden Bedingung (vgl. § 158 Abs. 1) voll-ständiger Zahlung des Kaufpreises übertragen</u> wird.

Der <u>Kaufvertrag</u>, also das Verpflichtungsgeschäft, wird <u>unbedingt geschlossen</u>, während die <u>sachenrechtliche Einigung des § 929 Satz 1 unter</u> der genannten <u>aufschiebenden Bedingung</u> steht[18]. Erst mit vollständiger Zahlung des Kaufpreises tritt nach § 158 Abs. 1 die Bedingung für den Eigentumsübergang ein; das Eigentum geht dann automatisch auf den Vorbehaltskäufer über, ohne dass die Parteien noch einmal Erklärungen austauschen müssen.

Der Eigentumsvorbehalt <u>hat für den Verkäufer und Warenkreditgeber den Vorteil</u>, dass er solange Eigentümer der verkauften Sache bleibt, bis sein Zahlungsanspruch vollständig erfüllt ist. Bis dahin haben also die Gläubiger des Käufers keinen Vollstreckungszugriff auf das Eigentum, da die Sache weiterhin dem Verkäufer gehört[19].

---

[17] Dies hebt Medicus, Grundwissen, S. 26 hervor; dazu auch Flume, Das Rechtsgeschäft, § 12 III. 1. (S. 174); Petersen titelt in JURA 2004, 98 (99) sogar wie folgt: *„Der Vorbehaltskauf als Paradigma des Trennungsprinzips"*

[18] <u>Beachte zum Eigentumsvorbehalt:</u> Der <u>Realakt der Übergabe ist einer Bedingung nicht zugänglich.</u> Entweder man überträgt den Besitz, indem man dem anderen die tatsächliche Gewalt über die Sache einräumt oder man tut dies nicht. Aufgrund des (unbedingt) geschlossenen Kaufvertrages wird also die Sache übergeben und (zunächst) nur bedingtes Eigentum übertragen. <u>Nur dazu verpflichten sich die Parteien in dem Kaufvertrag, wenn sie einen Eigentumsvorbehalt vereinbaren.</u>

[19] Allerdings erwirbt der Käufer eine Anwartschaft auf das Eigentum, die mit Bedingungseintritt zum Eigentum (Vollrecht) erstarkt. Dieses <u>Anwartschaftsrecht ist ein dem Vollrecht wesensgleiches Minus, das als eigentumsähnliches Recht anerkannt</u> ist und <u>das der Käufer übertragen oder verpfänden kann.</u> Ferner kann es im Wege der Zwangsvollstreckung gepfändet werden. Vgl. Palandt/Putzo, § 449 Rdnr. 9; zur Abhängigkeit der Anwartschaften von ihrem „schuldrechtlichen Bestandteil" vgl. Medicus, Bürgerliches Recht, Rdnrn. 479-481

II. Das Abstraktionsprinzip

Das Abstraktionsprinzip gehört zu den wichtigsten Grundprinzipien des deutschen Zivilrechts. Mit ihm und seinen Folgen sollte man gut vertraut sein, denn Verstöße gegen dieses Prinzip und Unschärfen im Umgang mit ihm unterlaufen leicht und wiegen schwer[20]. Vor allem gilt es, eine pauschale Gleichsetzung von Trennungs- und Abstraktionsprinzip zu vermeiden.

Das dargelegte Trennungsprinzip besagt, dass streng zwischen Verpflichtung und Verfügung zu unterscheiden ist.
Das Abstraktionsprinzip geht darüber hinaus. Nach ihm ist die Wirksamkeit der Verfügung abstrahiert[21], d. h. losgelöst von derjenigen der zugrunde liegenden Verpflichtung, denn die Verfügung soll nicht an der Unwirksamkeit der Verpflichtung scheitern[22].

1. Die Folgen der Abstraktion

Aufgrund der Abstraktion treffen Nichtigkeits- und Anfechtungsgründe oftmals nur die Verpflichtung. Dagegen ist die Verfügung trotz der Unwirksamkeit oder Vernichtbarkeit des ihr zugrunde liegenden Verpflichtungsvertrages wirksam. Dazu folgendes Beispiel:

Fall 5: „Echte Dame mit Fächer"

Sachverhalt:
V bietet das Ölgemälde „Dame mit Fächer", das er für eine billige Kopie hält, dem K am Montagmorgen zum Preis von 200 Euro an. Nach einem Verkaufsgespräch nimmt K das Angebot an. Nachmittags holt K das Bild ab und zahlt den Kaufpreis.

Einige Tage später erfährt V, dass es sich bei dem Ölbild um einen echten Jawlensky handelt, dessen Wert sich auf rund 20.000 Euro beläuft. Ohne Zeit zu verlieren, erklärt V dem K, dass er sich über die Echtheit des Bildes geirrt habe und sich deshalb „an das Geschäft nicht gebunden fühle."

K meint, V`s Irrtum gehe ihn nichts an. V sei selbst schuld, wenn er sich vorab nicht sorgfältig über die Echtheit des Bildes informiere. Im Übrigen habe V ihm das Gemälde wirksam übereignet. V begibt sich zu seinem Anwalt und möchte wissen, ob zwischen ihm und K trotz des Irrtums ein wirksamer Kaufvertrag besteht und ob K Eigentümer des Bildes geworden ist.

---

[20] vgl. die Hinweise von Petersen, JURA 2004, 98 (102)

[21] lat.: abstrahere = wegziehen, abziehen

[22] vgl. dazu Mugdan, Die gesamten Materialien zum Bürgerlichen Gesetzbuch - 1899/1900 (Fundstelle oben, S. 91, Fn. 1), Band I, S. 422: „*Die Parteien mögen bei einem dinglichen Vertrage verschiedene Rechtsgründe vorausgesetzt haben oder der von ihnen vorausgesetzte Rechtsgrund mag nicht vorhanden oder ungültig sein, die Wirksamkeit des dinglichen Vertrages wird dadurch nicht ausgeschlossen*".

Lösungsvorschlag zu Fall 5

(A). Wirksamer Kaufvertrag?

(I). Angebot und Annahme
Dazu müssten K und V übereinstimmende Willenserklärungen zum Abschluss eines Kaufvertrages (Angebot und Annahme) abgegeben haben.
V hat das Gemälde „Dame mit Fächer" dem K zum Preis von 200 Euro angeboten. Dieses Angebot hat K angenommen.

Allerdings könnte V seine Angebotserklärung wirksam angefochten haben, mit der Folge, dass der kaufvertragliche Konsens ebenfalls ex tunc entfallen ist.

(II). Unwirksamkeit des Angebots infolge Anfechtung (§ 142 Abs. 1)
Nach § 142 Abs. 1[23] ist ein anfechtbares Rechtsgeschäft als von Anfang an nichtig anzusehen, wenn es angefochten wird. Es müssten also eine fristgerechte Anfechtungserklärung sowie ein Anfechtungsgrund vorliegen.

(1). Anfechtungserklärung (§ 143)
V hat zum Ausdruck gebracht, dass er an den Kaufvertrag nicht mehr gebunden sein will. Dies ist als Anfechtungserklärung im Sinne des § 143 Abs. 1 gegenüber dem Vertragspartner zu verstehen.

(2). Anfechtungsfrist (hier: § 121)
Die Anfechtung erfolgte laut Sachverhalt „ohne Zeit zu verlieren" und somit ohne schuldhaftes Zögern, d. h. unverzüglich im Sinne des § 121 Abs. 1. Damit hat V die Anfechtung fristgerecht erklärt.

(3). Anfechtungsgrund (hier: § 119 Abs. 2)
Des Weiteren müsste das Angebot des V anfechtbar sein, d. h. in Bezug auf diese Willenserklärung müsste ein Anfechtungsgrund vorliegen. V hat sich über die Echtheit (Originalität) des Gemäldes, also über ein wertbildendes Merkmal, das der Sache dauerhaft innewohnt (= Eigenschaft), geirrt. Dieses ist überdies für die Verkaufsentscheidung verkehrswesentlich, sodass der Anfechtungsgrund nach § 119 Abs. 2 erfüllt ist[24].

---

[23] § 142 Abs. 1 enthält die Rechtsfolge des Gestaltungsrechts und gehört an den Anfang der Anfechtungsprüfung.

[24] Anders läge der Fall, wenn V sich nicht über die Echtheit, sondern lediglich über den Wert des ihm als echt bekannten Bildes geirrt hätte, weil er sich nicht vorab darüber informiert hat, dass die Gemälde von Jawlensky sehr wertvoll sind. Ein solcher Irrtum über den Wert stellt keinen Eigenschaftsirrtum im Sinne des § 119 Abs. 2 dar, denn er wird von äußeren Faktoren, wie Nachfrage und Marktentwicklung, bestimmt und stellt somit, anders als die Echtheit, keine Eigenschaft, d. h. keinen wertbildenden Faktor dar, welcher der Sache selbst auf Dauer innewohnt. Vgl. zur Anfechtung wegen Eigenschaftsirrtums ausführlich unten, S. 229 ff.

(4). Ausschluss des Anfechtungsrechts?

Die Anfechtung ist schließlich auch nicht dadurch ausgeschlossen, dass hier nicht nur V, sondern - wahrscheinlich - auch K das Gemälde für eine Kopie hielt. In solchen Fällen eines beiderseitigen Irrtums halten zwar manche die Anfechtung wegen der mit ihr verbundenen Schadensersatzpflicht nach § 122[25] für unbillig und deshalb ausgeschlossen. Die Anfechtungsfolge des § 122 passe nicht, da der Zufall darüber entscheide, welcher der beiden Irrenden anfechten und dem anderen Schadensersatz leisten müsse. Deshalb müsse man einen solchen Fall über den Wegfall der Geschäftsgrundlage (§ 313) lösen[26].

Diese Ansicht überzeugt aber nicht, denn erstens findet ein solcher Ausschluss im Gesetz keine Stütze und zweitens hat trotz des formal gemeinschaftlichen Irrtums hier nur der Verkäufer ein Interesse, den Vertrag anzufechten[27]. Deswegen ist vorliegend die Anfechtung nach § 119 Abs. 2 ebenso wie bei dem einseitigen Eigenschaftsirrtum zulässig und die Verpflichtung des anfechtenden Verkäufers zum Ersatz des Vertrauensschadens nach § 122 gerechtfertigt.

V hat somit sein Angebot zum Abschluss des Kaufvertrages wirksam angefochten.

(III). Ergebnis

Dieses Angebot ist folglich nach der in § 142 Abs. 1 angeordneten Rechtsfolge als von Anfang an nichtig anzusehen, was wiederum dazu führt, dass der kaufvertragliche Konsens rückwirkend entfällt.

Zwischen V und K besteht demnach kein Kaufvertrag (mehr).

Wie aber steht es mit der Wirksamkeit der Eigentumsübertragung?

(B). Wirksame Übereignung des Gemäldes?

(I). Einigung und Übergabe (§ 929 Satz 1)

Dazu müsste V nach § 929 Satz 1 die Sache K übergeben haben und beide müssten einig gewesen sein, dass das Eigentum übergehen soll.

Diese Voraussetzungen sind vorliegend erfüllt.

(II). Wegfall der dinglichen Einigung infolge Anfechtung?

Fraglich erscheint, ob die Einigung im Sinne des § 929 Satz 1 (Verfügungsvertrag) ebenso wie der Kaufvertrag von der Anfechtung betroffen und rückwirkend entfallen ist. Dazu müsste V`s Erklärung, das Eigentum an dem Gemälde auf K übertragen zu wollen, nach § 142 Abs. 1 anfechtbar sein.

---

[25] zu diesem Anspruch auf Ersatz des sog. Vertrauensschadens vgl.´unten, S. 224-226

[26] so Schack, AT, Rdnr. 271

[27] zum gemeinschaftlichen Motivirrtum Schapp, Grundlagen, Rndr. 386

Inhaltlich ist das sachenrechtliche Übereignungsangebot ausschließlich auf die Eigentumsübertragung gerichtet. Allein darüber einigen sich der Veräußerer und der Erwerber nach § 929 Satz 1. Über die Eigenschaften des Gemäldes wird beim Verfügungsvertrag nichts vereinbart[28]. Dies ist vielmehr bereits beim Abschluss des Kaufvertrags geschehen. Anläßlich des Kaufs werden sich die Parteien in aller Regel über die Eigenschaften des Bildes und insbesondere über dessen Echtheit unterhalten. Folglich ist die auf die sachenrechtliche Einigung gerichtete Erklärung des V am Montagnachmittag[29] nicht irrtumsbehaftet und mithin nicht anfechtbar.

Die Anfechtung des V erfasst also nur den Kaufvertrag, wohingegen der Verfügungsvertrag (Einigung nach § 929 Satz 1) von ihr unberührt bleibt.

(III). Ergebnis
K ist also gemäß § 929 Satz 1 Eigentümer des Gemäldes geworden.

Anmerkung: Obwohl im Fall 5 der rechtliche Grund für den Erwerb, also der Schuldvertrag, infolge der erklärten Anfechtung rückwirkend unwirksam („geworden") ist, bleibt der Eigentumserwerb wirksam. V hat also sein Eigentum verloren. Das bedeutet, dass V keinen Herausgabeanspruch aus Eigentum nach § 985 hat.

Allerdings ist der rechtliche Grund (= Kaufvertrag) für den Eigentumserwerb, der als Behaltensgrund dient, ex tunc entfallen. K hat somit Besitz und Eigentum an dem Gemälde zweckgerichtet, d. h. durch Leistung und ohne Rechtsgrund (= sine causa) erlangt. Dieser rechtsgrundlose Empfang begründet zwischen V und K das gesetzliche Schuldverhältnis der ungerechtfertigten Bereicherung. Aufgrund dessen kann V das Erlangte (= Besitz und Eigentum an dem Jawlensky) nach § 812 Abs. 1 Satz 1, 1. Alt. herausverlangen (Leistungskondiktion). Es kommt also - jedenfalls zum Teil - zu einer „Rücknahme der Wirkungen des Abstraktionsprinzips" mit Hilfe des Bereicherungsrechts. Damit wollen wir uns im Folgenden genauer beschäftigen.

2. Teilweise Rücknahme der Abstraktionsfolgen durch die §§ 812 ff.

Im Fall 5 muss V also sein Recht beim Vertragspartner suchen, indem er Besitz und Eigentum an der Kaufsache nach § 812 Abs. 1 Satz 1, 1. Alt. bei K kondiziert. So kann man einen infolge der Abstraktion eingetretenen Eigentumsverlust mit Hilfe des Instituts der ungerechtfertigten Bereicherung „auf schuldrechtlicher Ebene" revidieren. Die Verfügung ist von der zugrunde liegenden Verpflichtung zwar abstrakt, sie ist aber wegen der Unwirksamkeit der Verpflichtung nicht kondiktionsfest.

Allerdings sind Ansprüche aus ungerechtfertigter Bereicherung schuldrechtlicher Natur und bestehen folglich nur relativ, d. h. zwischen dem Leistenden und dem Leistungs-

---

[28] in diesem Sinne etwa Petersen, JA 2004, 98 (100) m.w.N., der das Argument anführt, dass Eigenschaften der beteiligten Personen bzw. solche des Gegenstandes, über den verfügt wird, im Hinblick auf die Verfügung kaum je verkehrswesentlich sein dürften.

[29] Selbst wenn die Übereignung im unmittelbaren Anschluss an den Kauf oder sogar uno actu erfolgt wäre, würde dies nichts daran ändern, dass die sachenrechtliche Einigung ein eigenständiges Rechtsgeschäft bildet, das inhaltlich ausschließlich auf die Übertragung des Eigentums gerichtet ist.

empfänger (inter partes). Sobald K den Jawlensky an einen Dritten übergibt, besteht der Anspruch, die Sache nach § 812 Abs. 1 Satz 1, 1. Alt. herauszugeben, gegen den ursprünglichen Empfänger nicht mehr.

Anders als der Anspruch des § 985, der aus dem absoluten Recht des Sacheigentums resultiert[30], kann man mit der Leistungskondiktion nicht gegen jedermann - d. h. nicht gegen den jeweiligen Besitzer - vorgehen.

In Betracht kommt dann nur noch ein Wertersatz.
§ 818 Abs. 2 sieht einen solchen vor, wenn die Herausgabe wegen der Beschaffenheit des Erlangten nicht möglich oder der Empfänger aus einem anderen Grund zur Herausgabe außerstande ist.

Der Wertersatz unterliegt aber nach § 818 Abs. 3 dem Einwand der Entreicherung.
Wenn K das Gemälde beispielsweise verschenkt hat, ist er entreichert[31]. Darin liegt die wesentliche Schwäche des Kondiktionsanspruchs. An einem Wegfall der Bereicherung fehlt es allerdings dann, wenn der Leistungsempfänger (hier K) Aufwendungen erspart hat, weil er zum Beispiel anderenfalls das üblicherweise vorgesehene Geburtstagsgeschenk hätte kaufen müssen.

Überdies kann sich auf Entreicherung nach § 819 Abs. 1 vor allem derjenige nicht berufen, der Kenntnis vom Mangel des rechtlichen Grundes - d. h. im Fall 5 Kenntnis vom Anfechtungsgrund - hat, denn danach greift gemäß § 819 Abs. 1 die verschärfte Haftung ein. Der Leistungsempfänger haftet dann für jedes Verschulden auf Schadensersatz nach §§ 819 Abs. 1, 818 Abs. 4, 292, 989 (Rechtsfolgenverweisung[32]).
Diese Kenntnis müsste der anspruchstellende V hier beweisen. Das macht den Einwand der Entreicherung in der Praxis gefährlich.

Das Bereicherungsrecht vermag, wie dargelegt, somit einige, aber nicht sämtliche Folgen der Abstraktion zu beseitigen.

3. Schutz des Dritterwerbers aufgrund der Abstraktion

In unserem Fall 5 kann K als Eigentümer, d. h. als Berechtigter über den Jawlensky verfügen. Auf die Voraussetzungen des Erwerbs vom Nichtberechtigten, d. h. auf den guten Glauben des Dritterwerbers (vgl. dazu § 932 Abs. 2[33]), kommt es also nicht an. Selbst wenn ein Dritterwerber um die Nichtigkeit des Kaufvertrags zwischen V und K wusste, erwirbt er das Eigentum. In diesem Schutz des Rechtsverkehrs liegt ein wesentlicher Sinn des Abstraktionsprinzips.

Das entspricht dem Grundsatz der Relativität von Schuldverhältnissen, wonach man deren Mängel - in unserem Beispiel die Anfechtbarkeit des Kaufvertrags zwischen K

---

[30] vgl. oben, S. 21/22
[31] Allerdings kommt nach § 822, der einen Fall der Nichtleistungskondiktion besonders regelt, ein Kondiktionsanspruch gegen einen Beschenkten in Betracht. § 822 lässt lediglich im Falle unentgeltlichen Erwerbs einen Bereicherungsanspruch gegen einen Dritten zu. Dahinter steht der Gedanke, dass der Erwerber, der keine Gegenleistung aufgewendet hat, weniger schutzwürdig ist als derjenige, der etwas rechtsgrundlos verloren hat.
[32] Bitte lesen Sie diese Paragraphenkette nach!
[33] dazu die Ausführungen oben, S. 114

und V - einem Dritterwerber nicht entgegenhalten kann. Würde hier bereits der Irrtum über eine verkehrswesentliche Eigenschaft der Sache zur Anfechtung auch des Verfügungsgeschäfts berechtigen, könnte ein Dritterwerber das Eigentum nur gutgläubig erwerben. Anderenfalls wäre er Herausgabeansprüchen des Erstverkäufers aus § 985 ausgesetzt, ohne dass ihm ein Schadensersatzanspruch nach § 122 gegen den anfechtenden Erstverkäufer zustünde[34]. Das wird aufgrund der Abstraktion vermieden.

4. Folgen der Abstraktion in der Zwangsvollstreckung und bei Insolvenz

Dass die Anfechtung des Kausalgeschäfts die Eigentumsübertragung als abstraktes Rechtsgeschäft unberührt lässt, ist nicht nur für den Dritterwerber bedeutsam. Vielmehr profitieren davon auch die Gläubiger des Käufers. Da der Käufer aufgrund der Geltung des Abstraktionsprinzips das Eigentum erwirbt, können seine Gläubiger im Wege der Zwangsvollstreckung Befriedigung suchen, ohne dass diese von *„sämtlichen Fragwürdigkeiten des Kausalgeschäfts"* abhängig ist[35].

Dies hat des Weiteren zur Folge, dass im Falle der Insolvenz des Käufers der Verkäufer kein Aussonderungsrecht an der gelieferten Sache nach § 47 Insolvenzordnung (InsO)[36] hat. Nur wer aufgrund eines dinglichen Rechts geltend machen kann, dass ein Gegenstand nicht zur Insolvenzmasse gehört - so § 47 Satz 1 InsO -, ist kein Insolvenzgläubiger[37]. Vorliegend entfällt indes mit der Übereignung an den Käufer infolge der Abstraktion das Eigentum des Verkäufers und die Kaufsache fällt in die Masse, sodass der Verkäufer als „normaler" Insolvenzgläubiger wegen seiner Forderung nur mit der Insolvenzquote zu befriedigen ist[38].

In der Insolvenz zeigt sich somit einmal mehr, dass nicht sämtliche Folgen des Abstraktionsprinzips mit Hilfe des Bereicherungsausgleichs zu korrigieren sind.

5. Fälle von Fehleridentität

Im Vorstehenden wurde gezeigt, dass die Wirksamkeit der Verfügung grundsätzlich[39] nicht an der Unwirksamkeit der Verpflichtung scheitert, die Wirksamkeit des Verfügungsgeschäfts wird aber nicht um jeden Preis erhalten. Vielmehr gibt es Fälle, in denen der Fehler des Verpflichtungsgeschäfts auch das Verfügungsgeschäft erfasst (sog. Fehleridentität).

a. Geschäftsunfähigkeit (§§ 104, 105 Abs. 1)

Wenn beispielsweise der Verkäufer sowohl beim Abschluss des Kaufvertrages als auch bei der Eigentumsübertragung geschäftsunfähig ist, dann ist sowohl seine kaufvertragliche Erklärung als auch die sachenrechtliche Einigungserklärung im Sinne des § 929

---

[34] Dies stellt Flume heraus. Vgl. Das Rechtsgeschäft, § 12 III. 3. (S. 177)

[35] Flume, Das Rechtsgeschäft, § 12 III. 3. (S. 176)

[36] Insolvenzordnung (InsO) vom 5. Oktober 1994 (BGBl. I S. 2866)

[37] Sein *„Anspruch auf Aussonderung"* bestimmt sich dann gemäß § 47 Satz 2 InsO *„nach den Gesetzen, die außerhalb des Insolvenzverfahrens gelten".*

[38] eingehend dazu Kallwass, Privatrecht, S. 445 ff.

[39] Der Jurist weiß: Kein Grundsatz ohne Ausnahme.

Satz 1 von dem gleichen Fehler - der Geschäftsunfähigkeit des Verkäufers - betroffen. Hier findet die Abstraktion also eine Grenze. Beide Rechtsgeschäfte sind folglich nach § 105 Abs. 1 nichtig. Der „Käufer" erlangt somit kein Eigentum.

Den Besitz an der Sache, d. h. die tatsächliche Sachherrschaft (vgl. § 854 Abs. 1) kann indessen auch der Geschäftsunfähige übertragen, denn anders als die rechtsgeschäftliche Einigung erfordert der faktische Akt der Übergabe nur einen sog. natürlichen Handlungswillen. Demnach erlangt der Käufer hier lediglich den Besitz. Der Anspruch des Verkäufers aus der Leistungskondiktion des § 812 Abs. 1 Satz 1, 1. Alt ist also auf den erlangten Besitz gerichtet[40].

Darüber hinaus kann der Verkäufer die Herausgabe seiner Sache angesichts des bei ihm verbliebenen Eigentums freilich auch auf § 985 stützen (materielle Anspruchskonkurrenz). Dieser Herausgabeanspruch aus dem absoluten Eigentumsrecht wirkt gegenüber jedermann. Selbst wenn der Käufer die Sache an einen Dritten weitergegeben hat, kann der Verkäufer diesen nach § 985 aus seinem Eigentum auf Herausgabe in Anspruch nehmen.

Der Anspruch aus § 985 entfällt allerdings, wenn ein Dritter von dem Käufer nach § 932 Abs. 1 Satz 1 gutgläubig das Eigentum erwirbt, denn dann verliert der Verkäufer trotz der beschriebenen Fehleridentität sein Eigentum an den gutgläubigen Dritten. Damit geht die wichtigste Voraussetzung des Herausgabeanspruchs „aus Eigentum" verlustig.

b. Anfechtung wegen Täuschung oder Drohung (§ 123)

Im Falle der Anfechtung wegen arglistiger Täuschung oder widerrechtlicher Drohung aufgrund von § 123 Abs. 1 liegt regelmäßig Fehleridentität vor. Eine Täuschung beim Verpflichtungsvertrag und ebenso eine Drohung werden in aller Regel auch einen entsprechenden Willensmangel in Bezug auf den Verfügungsvertrag bedeuten, sodass auch die verfügende Erklärung, d. h. bei der Übereignung beweglicher Sachen etwa die des § 929 Satz 1, wegen der Täuschung bzw. Drohung anfechtbar ist.

c. Verstoß gegen ein gesetzliches Verbot (§ 134)

Anders als im Falle der Geschäftsunfähigkeit begründet der Verstoß gegen ein gesetzliches Verbot im Sinne von § 134 nicht immer Fehleridentität. Nur dann, wenn durch das Verbotsgesetz nicht allein der Inhalt des Verpflichtungsgeschäfts missbilligt wird, sondern es darüber hinaus auch eine Verschiebung der Güter untersagt[41], liegt ein Fall von Fehleridentität vor.

d. Sittenwidrige, insbesondere wucherische Rechtsgeschäfte (§§ 138 Abs. 1 und 2)

Im Falle der Sittenwidrigkeit nach § 138 Abs. 1 wird oftmals keine Fehleridentität anzunehmen sein, da Verfügungen meist als „sittlich neutral" zu qualifizieren sind.

---

[40] Vermeiden Sie also die zumindest vorliegend ungenaue Formulierung, der Verkäufer könne „die Sache" herausverlangen.
[41] dazu BGHZ 11, 61

Anders verhält es sich indes, wenn gerade die Verfügung selbst als sittenwidrig einzustufen ist. Dies wird verneint für die Zahlung des Dirnenlohns an die Prostituierte[42]. Dagegen wird Sittenwidrigkeit bejaht für die Zahlung der Bestechungssumme, weil gerade dadurch der andere Teil in seiner Willensbildung beeinflusst wird[43].

Für den Fall des Wuchers sieht § 138 Abs. 2 eine den Abs. 1 konkretisierende Sonderregelung vor.

Danach ist insbesondere ein Rechtsgeschäft nichtig, durch das jemand unter Ausbeutung der Zwangslage, der Unerfahrenheit, des Mangels an Urteilsvermögen oder der erheblichen Willensschwäche eines anderen sich oder einem Dritten für eine Leistung Vermögensvorteile versprechen oder gewähren lässt, die in einem auffälligen Missverhältnis zur Leistung stehen. Nach dem Wortlaut des § 138 Abs. 2 - *„versprechen oder gewähren lässt* (Hervorhebung durch Verf.)" - ist nicht nur das wucherische Verpflichtungsgeschäft nichtig, sondern auch das Verfügungsgeschäft des Bewucherten, wenn dabei die Wuchervoraussetzungen vorliegen. Der Bewucherte kann eine von ihm geleistete Sache folglich auch nach § 985 zurückfordern und ist nicht auf den wegen § 818 Abs. 3 schwächeren Bereicherungsausgleich nach § 812 ff. angewiesen.

Das Verfügungsgeschäft des Wucherers ist dagegen wirksam, da sich § 138 Abs. 2 nur auf die Leistung des Bewucherten, nicht aber auf die des Wucherers bezieht[44].

---

[42] BGHSt 6, 379
[43] Peters, AT, S. 115
[44] Jauernig/Jauernig, § 138 Rdnr. 25

Fragen zu Kapitel 8

1. Wie viele Rechtsgeschäfte tätigen Sie beim Brötchenkauf?

2. Was besagt das Trennungsprinzip, was das Abstraktionsprinzip?

3. Was versteht man unter Eigentumsvorbehalt?

4. Was bedeutet der Begriff Kausalgeschäft?

5. Was bezeichnet man als rechtsgrundlosen Erwerb und
   welchen Weg sieht das Gesetz vor, um diesen rückgängig zu machen?

6. Welche Nachteile hat der Herausgabeanspruch nach § 812 Abs. 1 Satz 1, 1. Alt.
   gegenüber dem Herausgabeanspruch aus Eigentum nach § 985?

7. Was versteht man unter Fehleridentität?

8. Handelt es sich bei einem Erklärungsirrtum in Bezug auf den Kaufpreis um
   einen Fall von Fehleridentität?

9. Begründet ein Eigenschaftsirrtum nach § 119 Abs. 2 Fehleridentität?

10. Liegt in den Fällen des § 123 Abs. 1 Fehleridentität vor?

Antworten (Kapitel 8)

zu Frage 1:
Der „Brötchenkauf" besteht aus drei zweiseitigen Rechtsgeschäften. Neben einem formlos und konkludent geschlossenen Kaufvertrag (§ 433) als Verpflichtungsgeschäft
werden - ebenfalls durch schlüssiges Verhalten - zwei Verfügungen nach § 929 Satz 1
zur Erfüllung der gegenseitigen kaufvertraglichen Pflichten vorgenommen, nämlich die
Übereignung der Brötchen sowie der Geldstücke oder -scheine zur Kaufpreiszahlung.
Insgesamt werden also sechs Willenserklärungen abgegeben. Hinzu kommen nach
§ 929 Satz 1 zwei Realakte, nämlich die Übergabe der Brötchen sowie die des Geldes.

zu Frage 2:
Das erstgenannte Prinzip hebt die Trennung von Verpflichtung und Verfügung hervor.
Es betont also, dass nicht bereits mit dem Kaufvertrag das Eigentum an der Kaufsache
oder im Falle des Rechtskaufs das Recht übergeht.
Demgegenüber stellt das Abstraktionsprinzip die Unabhängigkeit (Abstraktheit) der
Wirksamkeit von Verpflichtung und Verfügung heraus. Infolgedessen sind Fehler des
schuldrechtlichen Verpflichtungsvertrages vielfach auf diesen beschränkt und schlagen
grundsätzlich nicht auf das Verfügungsgeschäft durch. So ist zum Beispiel aufgrund
eines Eigenschaftsirrtums nach § 119 Abs. 2 die Verpflichtung anfechtbar, die Verfügung dagegen nicht (vgl. dazu auch Frage 9 des vorliegenden Kapitels).

zu Frage 3:

Den Eigentumsvorbehalt regelt § 449 Abs. 1. Danach schließen die Beteiligten den Kaufvertrag über eine bewegliche Sache unbedingt.

Die dingliche Einigung des § 929 Satz 1 ist dagegen im Sinne des § 158 Abs. 1 aufschiebend bedingt, mit der Folge, dass erst im Zeitpunkt vollständiger Zahlung des Kaufpreises (= Eintritt der Bedingung) das Eigentum an der Kaufsache auf den Käufer „ohne weiteres", d. h. automatisch, übergeht.

zu Frage 4:

Den Verpflichtungsvertrag bezeichnet man auch als Kausalgeschäft, denn er ist der Rechtsgrund (= die causa) für die Verfügung. Aus ihm ergibt sich, warum verfügt wird. So verfügt der Verkäufer, um seine zuvor nach § 433 Abs. 1 eingegangene Verpflichtung durch Bewirken der Leistung (§ 362) zu erfüllen.

zu Frage 5:

Aufgrund des Abstraktionsprinzips kommt es vielfach vor, dass die Verfügung - also etwa die Eigentumsübertragung - wirksam ist, obwohl die zugrunde liegende Verpflichtung (= causa) zum Beispiel infolge einer Anfechtung nach § 119 Abs. 1 (etwa Erklärungsirrtum bei Kaufpreis) als von Anfang an nichtig anzusehen ist.

Die Abstraktheit der Verfügung kann also einen Erwerb ohne Rechtsgrund (= sine causa) nach sich ziehen.

Diese Folge lässt sich auf schuldrechtlicher Ebene mit Hilfe des Instituts der ungerechtfertigten Bereicherung rückgängig machen, indem man das ohne Rechtsgrund (= ohne wirksamen schuldrechtlichen Vertrag als Behaltensgrund) durch Leistung (d. h. durch zweckgerichtete Mehrung fremden Vermögens) Erlangte (hier Eigentum und Besitz) als ungerechtfertigte Bereicherung nach § 812 Abs. 1 Satz 1, 1. Alt. (Leistungskondiktion) herausverlangt.

zu Frage 6:

Anders als der Herausgabeanspruch des § 985, der auf dem absoluten Eigentumsrecht beruht und also gegen den jeweiligen Besitzer der Sache besteht, wirkt der schuldrechtliche Anspruch aus § 812 Abs. 1 Satz 1, 1. Alt. nur relativ. Demzufolge kann das Erlangte nur vom Leistungsempfänger herausverlangt werden. Sobald der Leistungsempfänger die erlangte Sache an einen Dritten veräußert, haftet er nach § 818 Abs. 2 auf Wertersatz. Dieser Wertersatzanspruch unterliegt allerdings gemäß § 818 Abs. 3 dem Einwand der Entreicherung. Darin liegt in der Praxis die besondere Schwäche des bereicherungsrechtlichen Anspruchs (vgl. dazu auch Frage 9 von Kapitel 9, S. 154).

zu Frage 7:

Bei der Fehleridentität betrifft derselbe Unwirksamkeitsgrund ausnahmsweise sowohl das (kausale) Verpflichtungs- als auch das Verfügungsgeschäft.

So geht beispielsweise im Falle der Geschäftsunfähigkeit des Verkäufers beim Sachkauf das solvendi causa geleistete Eigentum nicht über, da nicht nur der kaufvertragliche Konsens, sondern auch die Einigung im Sinne des § 929 Satz 1 an dem gleichen Fehler - nämlich der Geschäftsunfähigkeit des Verkäufers - leiden. Kondiziert werden kann in diesem Falle nach § 812 Abs. 1 Satz 1, 1.Alt. nur der Besitz.
Der Verkäufer kann die weiterhin in seinem Eigentum stehende Sache zudem nach § 985 herausverlangen (materielle Anspruchskonkurrenz).

zu Frage 8:

Die sachenrechtliche Einigung nach § 929 Satz 1 ist inhaltlich ausschließlich auf den Eigentumsübergang gerichtet. Bei der Übereignung besteht kein Anlass, (erneut) über den Kaufpreis zu sprechen. Über ihn hat man sich bereits bei Abschluss des Verpflichtungsgeschäfts nach § 433 verständigt. Erklärungsirrtümer im Sinne des § 119 Abs. 1 (z. B.: Versprechen, Verschreiben) in Bezug auf den Kaufpreis betreffen folglich nur den kaufvertraglichen Konsens. Sie stellen damit keinen Fall von Fehleridentität dar und berechtigen somit nicht zur Anfechtung auch der sachenrechtlichen Einigung. Die abstrakte Übereignung nach § 929 Satz 1 bleibt wirksam, auch wenn der Irrende seine kaufvertragliche Erklärung mit Erfolg anficht.

zu Frage 9:

Sowohl die sachenrechtliche Einigung nach § 929 Satz 1 als auch die Abtretung nach § 398 Satz 1 sind inhaltlich nur auf den Übergang des Eigentums bzw. der Forderung gerichtet. Deswegen wird ihre Wirksamkeit von einem Irrtum über Eigenschaften der Kaufsache bzw. der Forderung (z. B.: Höhe, Bonität) nicht berührt. Es liegt also keine Fehleridentität vor.

zu Frage 10:

Im Falle der Anfechtung wegen arglistiger Täuschung oder widerrechtlicher Drohung aufgrund von § 123 Abs. 1 liegt regelmäßig Fehleridentität vor. Eine Täuschung beim Verpflichtungsvertrag und ebenso eine Drohung werden in aller Regel auch einen entsprechenden Willensmangel in Bezug auf den Verfügungsvertrag bedeuten, sodass auch die verfügende Erklärung im Sinne des § 929 Satz 1 wegen der Täuschung bzw. Drohung anfechtbar ist.

Kapitel 9

Die Delikts- und die Geschäftsfähigkeit

Mit seinem Handeln kann man einen <u>tatsächlichen</u> <u>oder</u> einen <u>rechtlichen Erfolg herbei-</u><u>führen</u>. Zum Beispiel knüpft die unerlaubte Handlung im Sinne des § 823 Abs. 1 an ei-nen tatsächlichen Verletzungserfolg an, wohingegen Rechtsgeschäfte - etwa der Vertrag oder die Kündigung desselben - auf einen rechtlichen Erfolg gerichtet sind.

Für die Folgen seines Handelns kann man aber <u>nur verantwortlich sein, wenn man</u> die entsprechende <u>Handlungsfähigkeit besitzt</u>. Unterschieden werden <u>zwei Arten</u> der Hand-lungsfähigkeit. So setzt die Haftung wegen unerlaubter Handlungen <u>Delikts- bzw.</u> <u>Verschuldensfähigkeit</u> voraus. Um rechtsgeschäftlich wirksam zu handeln, bedarf es der <u>Geschäftsfähigkeit</u>.

I. Die deliktische Handlungsfähigkeit (Deliktsfähigkeit)

Mit einer Rechts(guts)verletzung im Sinne des § 823 Abs. 1 verstößt man gegen die Verhaltensregel, es zu unterlassen, den anderen in seinen absolut geschützten Rechts-gütern bzw. Rechten zu verletzen. Damit bleibt man hinter der <u>allgemeinen, von jeder-</u><u>mann zu beachtenden Verhaltensanforderung des alterum non laede</u>[1] zurück. Aus einem solchen delictum[2] erwächst eine Haftung auf Schadensersatz, ohne dass es einer irgend-wie gearteten Willensäußerung oder gar Zustimmung des Schädigers bedarf. Es handelt sich folglich um eine <u>außervertragliche</u> Haftung.

Allerdings begründet diese Haftung nicht allein der <u>tatsächliche</u> Verletzungserfolg, sondern erst der widerrechtlich und schuldhaft herbeigeführte. Es bedarf also vor allem eines Verschuldensvorwurfs. Dieser setzt die Fähigkeit voraus, das Unrecht seines Tuns einzusehen (= Deliktsfähigkeit). Eine solche Einsichtsfähigkeit nimmt das Gesetz grundsätzlich an und normiert in den §§ 827 und 828 <u>Ausnahmen, in denen die Delikts-</u><u>bzw. Verschuldensfähigkeit ausgeschlossen oder entsprechend der individuellen Ein-</u><u>sichtsfähigkeit eingeschränkt ist</u>[3].

So ist nach § 827 Abs. 1 für den Schaden nicht verantwortlich, wer im Zustand der „Bewusstlosigkeit" (Unfallschock, Volltrunkenheit, Fieberdelirium) oder in einem die freie Willensbestimmung ausschließenden Zustande krankhafter Störung der Geistes-tätigkeit einem anderen Schaden zufügt (<u>Deliktsunfähigkeit</u>).

---

[1] lat. = Verletze den anderen nicht!
[2] lat. = Vergehen, Verstoß, Fehler
[3] Die <u>Delikts- bzw. Verschuldensfähigkeit ist</u> als eine <u>dem Verschulden vorgelagerte Kategorie</u> üblicherweise eingangs des Verschuldens, also des dritten Merkmals des haftungsbegründenden Tatbestandes von § 823 Abs. 1 zu prüfen. Im Gutachten sollte man die Deliktsfähigkeit nur problematisieren, wenn der Sachverhalt dazu Anlass gibt (vgl. dazu oben, S. 42). Wenn man vorhat, sie zu verneinen, darf man sie ganz an den Anfang der Prüfung stellen.

Deliktsunfähig ist ferner nach § 828 Abs. 1 der Minderjährige, der nicht das siebente Lebensjahr vollendet hat. Er ist ebenfalls für einen Schaden, den er einem anderen zufügt, nicht verantwortlich zu machen.

Dagegen stellt § 828 Abs. 3 für Kinder und Jugendliche, die das siebte, aber nicht das 18. Lebensjahr vollendet haben, für die Annahme der Deliktsfähigkeit darauf ab, ob sie bei der Begehung der schädigenden Handlung die zur Erkenntnis der Verantwortlichkeit erforderliche Einsicht hatten (eingeschränkte Deliktsfähigkeit). Maßgeblich ist also, ob der Täter nach seiner individuellen geistigen Entwicklung im Zeitpunkt der schädigenden Handlung in der Lage ist einzusehen, dass seine Tat allgemein gefährlich ist, ein Unrecht darstellt und er daher irgendwie für sie einzustehen hat[4].

Eine Sonderregel enthält schließlich der seit dem 1. August 2002 geltende § 828 Abs. 2. Danach ist ein Kind, welches das siebente, aber noch nicht das zehnte Lebensjahr vollendet hat, (u. a.) für den Schaden, den es bei einem Unfall mit einem Kraftfahrzeug einem anderen zufügt, nicht verantwortlich, es sei denn, es handelt vorsätzlich. Sinn dieser Vorschrift ist nicht so sehr, Kinder im Straßenverkehr vor Haftungsansprüchen zu schützen, als vielmehr zu verhindern, dass der Anspruch des geschädigten Kindes gegen den Autofahrer aufgrund eines Mitverschuldens (§ 254) gekürzt wird. Mitverschulden setzt nämlich Zurechnungsfähigkeit voraus. Diese ist gesetzlich nicht geregelt, so dass sie sich in analoger Anwendung nach den §§ 827, 828 richtet. Wenn die Deliktsfähigkeit nach § 828 Abs. 2 ausgeschlossen ist, besteht folglich auch keine Zurechnungsfähigkeit für ein Mitverschulden des Kindes[5]. Wer nicht verschuldensfähig ist, ist auch nicht mitverschuldensfähig[6].

II. Die rechtsgeschäftliche Handlungsfähigkeit (Geschäftsfähigkeit)

Zur wirksamen Vornahme von Rechtsgeschäften bedarf es ebenfalls der Einsichtsfähigkeit. Dabei geht es allerdings um die vernunftsmäßige Willensbildung und die Einsicht in die rechtlichen und wirtschaftlichen Folgen seiner Erklärungen. Diese Willens- und Einsichtsfähigkeit heißt Geschäftsfähigkeit. Das BGB kennt drei Abstufungen: Die volle Geschäftsfähigkeit (arg. aus § 106 i. V. m. § 2), die beschränkte Geschäftsfähigkeit (§§ 106 bis 113) sowie die Geschäftsunfähigkeit (§ 104).

1. Volle Geschäftsfähigkeit[7]

Unter Geschäftsfähigkeit versteht man die Fähigkeit, Rechtsgeschäfte selbstständig mit voller Wirksamkeit vorzunehmen[8].

---

[4] Erman/G. Schiemann, § 828 Rdnr. 4
[5] dazu Klunzinger, Übungen im Privatrecht, Fall 27, S. 32
[6] Kallwass, Privatrecht, S. 58
[7] Die verfahrensrechtliche Parallele zur Geschäftsfähigkeit ist die Prozessfähigkeit, d. h. die Fähigkeit, Prozesshandlungen wirksam vorzunehmen, also Anträge zu stellen, Rechtsmittel einzulegen etc.
[8] Jauernig/Jauernig, § 104 Rdnr. 1

Geschäftsfähigkeit kann als Eigenschaft naturgemäß nur einer <u>natürlichen</u>, nicht aber einer juristischen Person zukommen[9]. Das BGB <u>vermutet</u>, dass man <u>mit Eintritt der Volljährigkeit (§ 2) voll geschäftsfähig</u> ist.

Die §§ 104 und 106 regeln, wann jemand (<u>ausnahmsweise</u>) geschäftsunfähig <u>oder beschränkt geschäftsfähig</u> ist.

2. Geschäftsunfähigkeit (§ 104)

<u>Nach § 104 Nr. 1</u> ist geschäftsunfähig, <u>wer nicht das siebente Lebensjahr vollendet hat</u>. Insofern besteht eine Parallele zur Deliktsunfähigkeit nach § 828 Abs. 1.

<u>Geschäftsunfähig ist ferner</u>, wer sich in einem die freie Willensbestimmung <u>ausschließenden</u> Zustande krankhafter Störung der Geistestätigkeit befindet, sofern <u>nicht</u> der Zustand seiner Natur nach ein <u>vorübergehender</u> ist (<u>§ 104 Nr. 2</u>). Bloße Willensschwäche oder gar leichte Beeinflussbarkeit reichen für § 104 Nr. 2 nicht aus. Der Zustand muss vielmehr dem eines Kindes unter sieben Jahren gleichkommen.

Die <u>Geschäftsunfähigkeit</u> hat nach § 105 Abs. 1 zur Folge, dass abgegebene <u>Willenserklärungen nichtig</u> sind.
Willenserklärungen, die gegenüber einem Geschäftsunfähigen abzugeben sind, werden erst wirksam, wenn sie seinem gesetzlichen Vertreter zugehen (§ 131 Abs. 1).

<u>Schließt die krankhafte Störung</u> der Geistestätigkeit zwar die <u>freie Willensbildung aus</u>, ist der Zustand jedoch <u>nicht dauerhaft</u>, liegt keine Geschäftsunfähigkeit vor. Allerdings kommt dann die <u>Nichtigkeit der Willenserklärung nach § 105 Abs. 2</u> wegen vorübergehender Störung der Geistestätigkeit in Betracht. Unter § 105 Abs. 2 fallen ferner Erklärungen, die im Zustande der Bewusstlosigkeit abgegeben werden (Parallele zu § 827). Bewusstlosigkeit in diesem Sinne kann etwa bei Vollrausch oder Drogeneinfluss vorliegen. Fällt das Bewusstsein hingegen völlig aus, so wird es an einem Verhalten, das als Willenserklärung verstanden werden kann, gänzlich fehlen.

Andererseits ist ein <u>dauernd</u> Geisteskranker, z. B. jemand, der unheilbar an Schizophrenie erkrankt ist, <u>während sog. intervalla lucida</u> (= lichter Momente) <u>geschäftsfähig</u>, da während dieser Intervalle der Wille frei bestimmt werden kann.

Für Volljährige, die gemäß § 104 Nr. 2 geschäftsunfähig sind, ändert <u>die Sonderregel in § 105 a</u> die in § 105 Abs. 1 angeordnete Nichtigkeit für ein „*Geschäft des täglichen Lebens, das mit geringwertigen Mitteln bewirkt werden kann*" ab. In diese Kategorie fallende Verträge <u>gelten in Ansehung von Leistung und, soweit vereinbart, Gegenleistung als wirksam, sobald Leistung und Gegenleistung bewirkt sind</u>. Darunter fallen vor allem der Erwerb einfacher, zum alsbaldigen Verbrauch bestimmter Produkte (Lebensmittel, Zahnpasta, Halsschmerztabletten) sowie einfache Dienstleistungen (Billighaarschnitt, Fahrten im Personennahverkehr). Durch § 105 a soll die Eigenverantwortlichkeit behinderter Menschen gestärkt und ihre soziale Integration gefördert werden[10].

---

[9] zur <u>Handlungsfähigkeit juristischer Personen</u> vgl. unten, S. 70/71
[10] <u>kritisch dazu Jauernig</u>, der § 105 a für „*überflüssig*" hält: Wem es zum Beispiel gelinge, an einem Fahrkartenautomaten den gewünschten Fahrschein zu ziehen, der handele mit Sicherheit

3. Die beschränkte Geschäftsfähigkeit (§§ 106 bis 113)

Gemäß § 106 ist der <u>Minderjährige, der das siebente Lebensjahr vollendet hat</u>, nach Maßgabe der §§ 107 ff. in seiner Geschäftsfähigkeit beschränkt. Das bedeutet, dass er nach § 107 zu einer Willenserklärung, durch die er nicht lediglich einen rechtlichen Vorteil erlangt, der Einwilligung seines gesetzlichen Vertreters, also in aller Regel seiner Eltern, bedarf.

Das Gesetz knüpft somit die beschränkte <u>Geschäftsfähigkeit starr an objektive Altersgrenzen</u>, ohne dass es auf die individuelle Einsichtsfähigkeit ankommt. Darin liegt ein <u>wichtiger Unterschied zur eingeschränkten Deliktsfähigkeit</u> nach § 828 Abs. 3:
Der Jugendliche, der das Verbotene und die Tragweite seines Handelns bereits einsieht, haftet aus Delikt. Dagegen ist er nach der strikten Altersgrenze des § 106 in der Geschäftsfähigkeit beschränkt, mag er auch aufgrund spezieller Kenntnisse und Erfahrungen die Folgen eines konkret getätigten Rechtsgeschäfts noch so gut zu überschauen. Hinter dieser „Ungleichbehandlung" steht der Gedanke, dass es dem Jugendlichen <u>in aller Regel leichter</u> fallen wird, <u>die Gefährlichkeit und das Verbotene einer unerlaubten Handlung einzusehen</u>, als die rechtlichen und wirtschaftlichen Folgen von nicht selten komplizierten Vertragswerken zu überblicken.

Für bestimmte Geschäfte muss überdies die Genehmigung des Gerichts eingeholt werden. Nach § 1643 Abs. 1 bedürfen die Eltern zu Rechtsgeschäften für das Kind der Genehmigung des Familiengerichts in den Fällen, in denen nach § 1821 und nach § 1822 Nr. 1, 3, 5, 8 bis 11 ein Vormund der Genehmigung (des Vormundschaftsgerichts) bedarf. Darunter fallen vor allem Verfügungen über Grundstücke, die Ausschlagung einer angefallenen Erbschaft sowie Kreditaufnahmen und Bürgschaften. Nimmt <u>der Minderjährige</u> solche Geschäfte vor, so ist <u>die Zustimmung der Eltern (gerichtlich) genehmigungsbedürftig</u>.

Im Falle beschränkter Geschäftsfähigkeit sind die Willenserklärungen anders als im Falle der Geschäftsunfähigkeit nicht (automatisch) nach § 105 Abs. 1 nichtig. Vielmehr kann der <u>beschränkt Geschäftsfähige nach den §§ 107 ff. unter bestimmten Voraussetzungen rechtsgeschäftlich wirksam handeln</u>.

Zu diesen auch in der Praxis wichtigen Einzelheiten folgender Fall:

Fall 6: „Heimlicher Mofakauf"

Sachverhalt:
Der 16-jährige M trägt mit Zustimmung der Eltern zur Aufbesserung seines monatlichen Taschengeldes Zeitschriften aus. Um diese Arbeit, die er mit seinem Fahrrad ausführt, schneller erledigen zu können, will er sich ein Mofa zulegen. Seinen Eltern erzählt er davon nichts, denn sie haben in der Vergangenheit mehrfach Vorbehalte gegen motorisierte Fahrzeuge geäußert. Der Zweiradhändler Klingel (K) bietet M das Sondermodell „Blue

---

in einem lichten Moment, sodass der Vertrag schon deswegen wirksam sei. Das gelte - so wie die Praxis verfahre - insgesamt für einfache, „vernünftige" Geschäfte des täglichen Lebens von Personen, die im Rechtsverkehr nicht als behindert im Sinne von § 104 Nr. 2 auffallen, und damit ohnehin wie geistig Normale behandelt werden. Vgl. Jauernig/Jauernig, § 105 a Rdnrn. 3 und 6

*Arrow" für 999,-- Euro an. M ist sofort einverstanden, denn dieser Preis
ist im Vergleich zu den Angeboten der Konkurrenz sagenhaft günstig.*

*Kurz darauf liefert K das Mofa an M aus, dessen Eltern aber nicht zu
Hause sind. M zahlt nur 899 Euro, die er von seinem Taschengeld gespart
hat. Die restlichen 100 Euro, so beteuert M, werde er in vier Wochen
zahlen. K willigt ein und wünscht M viel Spaß mit dem neuen Mofa. Wegen
des restlichen Kaufpreises habe er volles Vertrauen. M könne das Mofa
jetzt schon als sein Eigentum betrachten.*

*Ist zwischen K und M ein <u>wirksamer Kaufvertrag zustande gekommen?</u>
Hat <u>K gegen M</u> einen <u>Anspruch auf Herausgabe des Mofas?</u>*

Lösungsvorschlag zu Fall 6

(A). Wirksamer Kaufvertrag?
Das Zustandekommen eines Kaufvertrages zwischen K und M setzt ein
wirksames Angebot sowie dessen wirksame Annahme voraus.

(I). Angebot
K hat M das Mofa vom Typ „Blue Arrow" zum Preis vom 999,- Euro zum
Kauf angeboten. Ein wirksames Angebot im Sinne von § 145 liegt damit
vor.

(II). Wirksame Annahme?
Zwar hat M sich mit diesem Angebot einverstanden erklärt und folglich eine
Annahmeerklärung abgegeben.

Ob diese Erklärung wirksam ist, erscheint angesichts M´s Minderjährigkeit
jedoch zweifelhaft. Nach § 106 ist ein Minderjähriger, der das siebente Lebensjahr vollendet hat, <u>nach Maßgabe der §§ 107 bis 113 in der Geschäftsfähigkeit beschränkt</u>. Das trifft auf den 16-jährigen M zu.

Allerdings könnte M gemäß § 113 für den eingegrenzten Bereich seiner Tätigkeit als Zeitungszusteller teilgeschäftsfähig sein.

(1). Teilgeschäftsfähigkeit nach § 113[11]?
<u>Ermächtigt der gesetzliche Vertreter den Minderjährigen, in Dienst oder Ar-
beit zu treten</u>, so ist nach § 113 Abs. 1 Satz 1 der Minderjährige für solche
Rechtsgeschäfte <u>unbeschränkt</u> geschäftsfähig, welche die Eingehung oder
Aufhebung eines Dienst- und Arbeitsverhältnisses der gestatteten Art oder
die Erfüllung der sich aus einem solchen Verhältnis ergebenden Verpflichtungen betreffen.

---

[11] Im Gutachten ist, falls der Sachverhalt dazu Anlass gibt, <u>zunächst die Frage der Teilrechtsfähigkeit nach § 112 (Handelsmündigkeit)</u> oder <u>§ 113 (Arbeitsmündigkeit) zu prüfen. Im Anschluss daran ist mit den §§ 107 bis 110 in nummerischer Reihenfolge fortzufahren</u>. Dazu
Schapp, Grundlagen, § 11 III.(Rdnr. 408)

Eine <u>Ermächtigung im Sinne von § 113 ist hier anzunehmen</u>, da M die Zeitungen mit Zustimmung seiner Eltern als gesetzliche Vertreter (§ 1629 Abs. 1 Sätze 1 und 2) austrägt. Sie begründet volle Geschäftsfähigkeit jedoch nur insoweit, als die Vornahme des Rechtsgeschäfts zur Erfüllung der Verpflichtungen aus dem Arbeitsverhältnis benötigt wird. Das trifft für den Kauf des Mofas nicht zu. Zwar mag ein Mofa das Austragen der Zeitungen erleichtern, <u>notwendig</u> ist es dazu aber nicht. M kann die Zeitungen wie bisher mit seinem Fahrrad ausliefern. <u>M´s Teilgeschäftsfähigkeit nach § 113 deckt somit den Kauf des Mofas nicht ab.</u>

(2). Wirksamkeit der Willenserklärung nach § 107?
Der beschränkt geschäftsfähige A bedarf nach § 107 zu einer Willenserklärung, durch die er nicht lediglich einen rechtlichen Vorteil erlangt, der Einwilligung seines gesetzlichen Vertreters.
Dem ist umgekehrt zu entnehmen: Ein <u>lediglich rechtlich vorteilhaftes Rechtsgeschäft ist zustimmungsfrei wirksam</u>.

Ob eine Willenserklärung lediglich rechtlich vorteilhaft ist, richtet sich allein nach den <u>rechtlichen</u> Wirkungen, nicht jedoch nach den wirtschaftlichen Folgen des Geschäfts. Der Gesetzgeber wollte nämlich die mit einer wirtschaftlichen Beurteilung typischerweise verbundenen Unsicherheiten vermeiden[12]. Entscheidend ist daher, ob durch die Willenserklärung <u>rechtliche Verpflichtungen</u> des Minderjährigen begründet <u>oder sonst unmittelbare Beeinträchtigungen seiner Rechtsstellung</u> hervorgerufen würden.
Die auf den Abschluss eines Kaufvertrages gerichtete Annahmeerklärung würde A (<u>rechtlich</u>) <u>zur Zahlung des Kaufpreises verpflichten</u> und <u>ist somit nicht lediglich rechtlich vorteilhaft</u>. Dass der Kauf angesichts des sagenhaft günstigen Preises rein wirtschaftlich betrachtet offenbar besonders vorteilhaft ist, ändert daran nichts[13].
Vorliegend hätte es also für eine wirksame <u>Annahme nach § 107 der Einwilligung</u>, d. h. der <u>vorherigen</u> Zustimmung (Legaldefinition in § 183 Satz 1), bedurft.

(3). Wirksamkeit des Vertrages nach § 108?
<u>Schließt der Minderjährige</u>, wie hier, ohne die nach § 107 erforderliche Einwilligung des gesetzlichen Vertreters <u>einen Vertrag</u>, so ist nach § 108 Abs. 1 die <u>Wirksamkeit des Vertrages von der Genehmigung</u>, also von der <u>nachträglichen</u> Zustimmung (Legaldefinition in § 184 Abs. 1) <u>abhängig</u>. Bis zur Erteilung oder Verweigerung der Genehmigung hängt die Wirksamkeit in der Schwebe. Der Vertrag ist schwebend unwirksam. Mit der Erteilung der Genehmigung wird er nach § 184 Abs. 1 rückwirkend wirksam, mit ihrer Verweigerung wandelt sich die schwebende in eine endgültige Unwirksamkeit.
Da es bislang an einer Genehmigung durch die Eltern fehlt, ist der <u>Kaufvertrag schwebend unwirksam</u>.

---

[12] Erman/H. Palm, § 107 Rdnr. 3; Peters, AT, S. 67
[13] vgl. dazu Klunzinger, Übungen im Privatrecht, Fall 13, S. 24/25

(4). Wirksamkeit des Vertrages nach § 110?
(sog. Taschengeldparagraph)

Der Vertrag könnte hier aber nach § 110 als von Anfang an wirksam gelten, da A 899 Euro und damit den größten Teil des Kaufpreises von seinem gesparten Taschengeld bezahlt hat. Ein von dem Minderjährigen ohne (ausdrückliche[14]) Zustimmung des gesetzlichen Vertreters geschlossener Vertrag gilt nach § 110 als von Anfang an wirksam, wenn der Minderjährige die vertragsmäßige Leistung mit Mitteln bewirkt hat[15], die ihm zu diesem Zweck oder zur (grundsätzlich) freien Verfügung von dem Vertreter oder mit dessen Zustimmung von einem Dritten überlassen worden sind. Zur Wirksamkeit des Vertrages muss somit nach allgemeiner Meinung die gesamte Leistung bewirkt sein. Damit will man vermeiden, dass der beschränkt Geschäftsfähige wirksam Kreditverpflichtungen eingehen kann, die nicht selten seine finanziellen Möglichkeiten übersteigen[16]. Vorliegend müsste M also den gesamten Kaufpreis bezahlt haben. Das ist nicht der Fall. Die hier erbrachte Teilleistung stellt keine (ausreichende) Leistungsbewirkung im Sinne des § 110 dar, so dass der Vertrag nicht wirksam ist, auch nicht teilweise[17].

Hinzu kommt noch Folgendes: Zwar sind vorliegend die Mittel (= das Taschengeld) ohne besondere Zweckbindung und mithin grundsätzlich zur „freien Verfügung" überlassen. Dennoch ist ein erkennbar dem Geschäft entgegenstehender Wille der Eltern zu beachten[18]. Diese hatten gegenüber M wiederholt Vorbehalte gegen motorisierte Fahrzeuge geäußert. Man wird folglich nicht zuletzt aus Gründen des Erziehungsrechts der Eltern doch insoweit eine schlüssige Beschränkung hinsichtlich des Verwendungszwecks des Taschengeldes annehmen müssen[19].

Mithin sind die Voraussetzungen des § 110 hier aus doppeltem Grunde nicht erfüllt.

(5.) Zusammenfassung

Der schuldrechtliche Mofakauf ist erstens nicht von M`s Teilgeschäftsfähigkeit nach § 113 gedeckt, zweitens nicht lediglich rechtlich vorteilhaft im Sinne von § 107, drittens nicht nach § 108 Abs. 1 genehmigt und schließlich auch nicht aufgrund des Taschengeldparagraphen (§ 110) wirksam[20].

---

[14] Nach h. M. ist bei § 110 trotz seines Wortlauts („ohne Zustimmung") davon auszugehen, dass die Überlassung eigener Mittel eine stillschweigende Einwilligung bedeutet. So statt vieler: Peters, AT, S. 71; ebenso Schapp, Grundlagen, § 11 III. 3. (Rdnr. 426) m.w.N.

[15] Der Wortlaut des § 110 ist also um das Wort „hat" zu ergänzen.

[16] statt vieler: Kallwass, Privatrecht, S. 57

[17] Palandt/Heinrichs, § 110 Rdnr. 4; Allerdings wird Teilwirksamkeit angenommen, wenn Leistung und Gegenleistung teilbar sind, was etwa bei dem in zeitliche Abschnitte (Monate) teilbaren Mietvertrag gegeben ist. So Peters, AT, S. 71

[18] dazu Erman/H. Palm, § 110 Rdnr. 3

[19] Die Überlassung zur „freien" Verfügung umfasst auch den (nur) weit begrenzten Zweck. Jauernig/Jauernig, § 110 Rdnr. 4

[20] Beachte die Beschränkung der Minderjährigenhaftung nach § 1629 a (bitte ganz lesen!): Trotz der zahlreichen Schutzvorschriften kann der Minderjährige Schaden erleiden, wenn seine Eltern für ihn Geschäfte abschließen, die ihn übermäßig verpflichten. Um zu verhindern, dass der Minderjährige bei Erlangen seiner Volljährigkeit bereits hoch verschuldet ist, beschränkt die

Es verbleibt somit bei der schwebenden Unwirksamkeit des Vertrages nach § 108 Abs. 1[21].

(III). Ergebnis
Ein wirksamer Kaufvertrag besteht zwischen K und M nicht.

(B). Herausgabe des Mofas?

(I). Ein Herausgabeanspruch des K könnte sich aus § 985 ergeben.

Dazu müsste K Eigentümer und M Besitzer sein.

(1). Besitz des M
M ist als Inhaber der tatsächlichen Sachherrschaft (vgl. § 854 Abs. 1) Besitzer des Mofas.

(2). Eigentum des K?
Fraglich erscheint, ob K Eigentümer des Mofas ist. Zwar war K ursprünglich Eigentümer des Mofas, er könnte sein Eigentum aber nach § 929 Satz 1 an M verloren haben[22]. Dazu müsste K dem M das Mofa übergeben haben und beide einig darüber gewesen sein, dass das Eigentum auf M übergehen soll.

K hat hier das Mofa an M ausgeliefert, so dass die Übergabe erfolgt ist.

Fraglich ist aber, ob sie sich wirksam im Sinne des § 929 Satz 1 geeinigt haben.
Zwar haben beide mindestens durch schlüssiges Verhalten entsprechende Erklärungen abgegeben. Insbesondere hat K sich das Eigentum nicht bis zur vollständigen Zahlung des Kaufpreises vorbehalten (*„M könne das Mofa schon jetzt als sein Eigentum betrachten"*). Die sachenrechtliche Einigung ist somit nicht aufschiebend bedingt (vgl. §§ 449 Abs. 1, 158 Abs. 1).

Allerdings bedarf M als beschränkt Geschäftsfähiger nach § 107 zu einer Willenserklärung, durch die er nicht lediglich einen rechtlichen Vorteil erlangt, der Einwilligung seines gesetzlichen Vertreters.

Vorschrift des § 1629 a die Haftung auf den Bestand des in diesem Zeitpunkt vorhandenen Vermögens des Kindes.
[21] Im Übrigen dürfte angesichts der generellen Vorbehalte, die die Eltern des M gegen motorisierte Fahrzeuge haben, vorliegend wohl eher mit einer Verweigerung der Genehmigung zu rechnen sein.
[22] Das bezeichnet man als sog. historischen Aufbau, der vor allem der Prüfung von Eigentumsverhältnissen dient. Vgl. bereits oben, S. 126

Die Einigung zur Übertragung des Eigentums hat man nach h. M. wegen der Abstraktion des Verfügungsgeschäfts[23] getrennt von dem schuldrechtlichen Kausalgeschäft zu betrachten[24]. Zu prüfen ist also, ob die Übereignung des Mofas an den Minderjährigen und mithin die von M abgegebene Einigungserklärung lediglich rechtlich vorteilhaft ist. Das richtet sich danach, ob durch sie rechtliche Verpflichtungen des Minderjährigen begründet oder sonst unmittelbare Beeinträchtigungen seiner Rechtsstellung hervorgerufen würden. Aufgrund der Übereignung nach § 929 Satz 1 erwirbt M ausschließlich ein Recht, nämlich das Eigentum an dem Mofa. Weder resultiert daraus eine Verpflichtung, noch kommt es zu sonst einer Beeinträchtigung der Rechtsstellung.

Eine solche ergibt sich vor allem nicht daraus, dass das Eigentum zum Zwecke der Erfüllung eines schuldrechtlichen Anspruchs übertragen wird, mit der Folge, dass dieser Anspruch erloschen sein könnte. Zwar hat K hier zur Erfüllung des Kaufvertrags an M geleistet. Da aber, wie zuvor dargelegt, der Kaufvertrag schwebend unwirksam ist, sind bislang keine schuldrechtlichen Ansprüche des M entstanden, die erlöschen könnten[25].

Dass mit dem Erwerb des Mofas Folgekosten, wie Steuern und Ausgaben für Benzin, einhergehen, führt ebenfalls (wertungsmäßig[26]) nicht zu einem rechtlichen Nachteil im Sinne von § 107, weil die Steuern so bemessen sind, dass sie den Wert der Sache nicht einmal ansatzweise aufzehren und die Benzinkosten vom Minderjährigen reduziert, ja sogar auf Null gesenkt werden können.

Schließlich sind die mit dem Benutzen des Mofas verbundenen tatsächlichen Gefahren[27], wie etwa ein gegenüber der Fortbewegung mit dem Fahrrad gesteigertes Verletzungsrisiko, nicht als rechtlich nachteilig zu werten.

Es bleibt also dabei:
Die Übereignung des Mofas an den Minderjährigen ist lediglich rechtlich vorteilhaft im Sinne von § 107 und somit zustimmungsfrei wirksam.
Folglich hat K nach § 929 Satz 1 durch Einigung und Übergabe das Eigentum an M verloren.

(3). Ergebnis
Ein Herausgabeanspruch aus Eigentum nach § 985 besteht somit nicht.

---

[23] vgl. zum Abstraktionsprinzip oben, S. 130 ff.
[24] so die allgemeine Meinung, vgl. Jauernig/Jauernig, § 107 Rdnr. 2 m.w.N.
[25] Im Übrigen würde eine solche Leistung auch im Falle des Bestehens eines schuldrechtlichen Anspruchs diesen nicht nach § 362 zum Erlöschen bringen, weil dem beschränkt Geschäftsfähigen für die Entgegennahme der Leistung die Empfangszuständigkeit fehlt. Dazu Larenz, AT, § 6 III. 1. (S. 103) sowie Fn. 30 des vorliegenden Kapitels
[26] Wann „lediglich" ein rechtlicher Vorteil besteht, ist letztlich eine Wertungsfrage. Es gibt kein Rechtsgeschäft, das nicht für irgend einen (rechtlichen) Nachteil kausal ist oder sein kann. Daher ist eine normative Grenzziehung zwischen „unmittelbaren" und demzufolge ins Gewicht fallenden Nachteilen und solchen Folgen nötig, die unmaßgeblich sein sollen.
Vgl. Jauernig/Jauernig, § 107 Rdnr. 2 sowie die Fragen 7 und 8 dieses Kapitels, S. 153/154
[27] dazu Schapp, Grundlagen, § 11 III. 1.(Rdnr. 411)

(II). Herausgabeanspruch nach § 812 Abs. 1 Satz 1, 1. Alt.

Ein Anspruch auf Rückübertragung des Erlangten könnte sich aus § 812 Abs. 1 Satz 1, 1. Alt. ergeben.

(1). Dazu müsste M **etwas erlangt** haben.
M hat Eigentum und Besitz an dem Mofa erlangt (s.o.).

(2.) Dies müsste **durch Leistung** des K geschehen sein.
Leistung ist jede bewusste und zweckgerichtete Mehrung fremden Vermögens. K hat M das Mofa zur Erfüllung des - vermeintlich wirksamen - Kaufvertrags, d. h. solvendi causa, übereignet und damit geleistet.

(3.) M müsste Eigentum und Besitz **ohne Rechtsgrund (sine causa)** erlangt haben. Als solcher kommt hier nur der schuldrechtliche Kaufvertrag in Betracht. Dieser ist aber, wie dargelegt, schwebend unwirksam. Damit fehlt es jedenfalls solange an dem Rechtsgrund für das Behaltendürfen, bis die Eltern eine Genehmigung erteilt haben[28].

(4.) Ergebnis
K hat also einen Herausgabeanspruch nach § 812 Abs. 1 Satz 1, 1. Alt[29].

Er muss das Erlangte (Besitz und Eigentum an dem Mofa) herausgeben.

Zur Rückübereignung des Mofas ist die Mitwirkung der Eltern erforderlich, da sie für den beschränkt Geschäftsfähigen rechtlich nachteilig ist.

---

[28] Um sich Klarheit zu verschaffen, könnte der Verkäufer K hier nach § 108 Abs. 2 vorgehen und die Eltern zur Erklärung über die Genehmigung auffordern. Zudem steht ihm nach § 109 grundsätzlich ein Widerrufsrecht zu.
[29] Der Fall zeigt, dass mit Hilfe des Bereicherungsrechts die Folgen des Abstraktionsprinzips (jedenfalls zum Teil) revidiert werden. Vgl. dazu ausführlich oben, S. 133/134

Fragen zu Kapitel 9

1. Wann ist jemand deliktsfähig?

2. Was bedeutet Geschäftsfähigkeit?

3. Spielt bei der Geschäftsfähigkeit der Schwierigkeitsgrad des Rechtsgeschäfts eine Rolle?

4. Schützt das BGB den guten Glauben an die volle Geschäftsfähigkeit?

5. Wie definiert das BGB die Begriffe Zustimmung, Einwilligung und Genehmigung?

6. A verspricht notariell beurkundet dem 17-jährigen M ein Grundstück zu schenken. M ist einverstanden. Ist der Schenkungsvertrag wirksam?

7. Später überträgt A dem M das Eigentum an dem schenkweise versprochenen Grundstück, das mit einer Grundschuld belastet ist. Ist die Übereignung wirksam?

8. Macht es die Übereignung in Frage 7 rechtlich nachteilig, dass die Gemeinde für das Grundstück jährlich 380 Euro Grundsteuern erhebt?

9. X zahlt zur Erfüllung einer bestehenden Darlehensschuld 500 Euro an den beschränkt geschäftsfähigen B, ohne dass dessen Eltern davon wissen. B verjubelt das Geld auf der Kirmes. Hat B Eigentum an dem Geld erworben? Muss X noch einmal zahlen?

10. Der 17-jährige J kündigt einen Vertrag ohne Einwilligung seiner Eltern. Diese erklären sich nachträglich damit einverstanden. Ist die Kündigung wirksam?

Antworten (Kapitel 9):

zu Frage 1:
Delikts- bzw. Verschuldensfähigkeit ist Voraussetzung dafür, dass jemand wegen einer unerlaubten Handlung (= delictum) auf Schadensersatz haftet.
Sie stellt eine dem Verschulden vorgelagerte Kategorie dar. Nach dem BGB ist man grundsätzlich deliktsfähig, es sei denn, die in §§ 827 und 828 geregelten Ausnahmen greifen ein.

Danach sind das Kind unter sieben Jahren und derjenige, der sich in einem die freie Willensbestimmung ausschließenden Zustand krankhafter Störung der Geistestätigkeit befindet sowie der Bewusstlose deliktsunfähig (§§ 827, 828 Abs. 1). Kinder und Jugendliche, die das siebente, aber noch nicht das achtzehnte Lebensjahr vollendet haben, sind nach § 828 Abs. 3 eingeschränkt deliktsfähig. Nach dieser Norm ist die individuelle Einsichtsfähigkeit in das Gefährliche und Verbotene der Tat (flexibler Maßstab!) für die Frage maßgeblich, ob jemand für eine unerlaubte Handlung verantwortlich ist.

zu Frage 2:

Geschäftsfähigkeit bedeutet, dass man im Stande ist, Rechtsgeschäfte wirksam vorzunehmen, dass man also insbesondere durch Willenserklärungen wirksam Rechte und Pflichten zu begründen vermag.

zu Frage 3:

Eine Abstufung der Geschäftsfähigkeit nach dem Schwierigkeitsgrad des vorzunehmenden Rechtsgeschäfts sieht das BGB nicht vor. Maßgeblich sind vielmehr starre Altersgrenzen:
Wer das siebente, aber noch nicht das 18. Lebensjahr vollendet hat, ist gemäß § 106 beschränkt geschäftsfähig, mag der Inhalt eines Vertrages im Einzelfall, wie zum Beispiel beim Kauf einer Jugendzeitschrift, auch noch so leicht zu überschauen sein.
Andererseits gilt: Der Volljährige, der geschäftsfähig ist, ist dies auch im Hinblick auf den Abschluss spezieller und komplizierter Verträge, deren Risiken er nicht einmal ansatzweise einzuschätzen vermag.
Hinter dem Anknüpfen an starre Altersgrenzen steht zum einen der Gedanke, dass auch rechtlich ganz einfache Geschäfte mitunter erhebliche finanzielle Risiken für den Minderjährigen mit sich bringen können und es zum anderen dem Volljährigen freisteht, rechtlichen Rat einzuholen und wirtschaftlichen Sachverstand hinzuzuziehen.

zu Frage 4:

Das Vertrauen auf die bestehende Geschäftsfähigkeit des Vertragspartners wird nach dem BGB nicht geschützt. Zwar kann man durchaus über das Alter seines Geschäftspartners und erst Recht über das Nichtvorhandensein einer Geisteskrankheit irren. Dennoch räumt das Gesetz dem Schutz des beschränkt geschäftsfähigen Minderjährigen sowie des Geschäftsunfähigen absoluten Vorrang ein. Vor dem Abschluss von Geschäften mit Minderjährigen kann man sich nämlich leicht schützen, indem man auf Vorlage des Personalausweises besteht. Wer das nicht selten des Umsatzes wegen unterlässt, hat das Risiko eines (schwebend) unwirksamen Vertragsschlusses und einer späteren bereicherungsrechtlichen Rückabwicklung (§ 818 Abs. 3!) zu tragen. Es bleibt also die Gefahr, mit einem unerkannt Geisteskranken zu paktieren. Dieser geistert zwar häufig in juristischen Lehrbüchern herum, dürfte aber in der Wirklichkeit eher selten sein. Wenn es indes gelingt, dass jemand im Streitfall seine Geisteskrankheit (gerichtsförmig) unter Beweis stellt, dann ist er schutzwürdiger als sein enttäuschter Vertragspartner.

zu Frage 5:

Zustimmung ist der Oberbegriff. Er umfasst die Einwilligung, die nach § 183 Satz 1 als vorherige Zustimmung legal definiert ist, sowie die Genehmigung, die § 184 Abs. 1 als nachträgliche Zustimmung definiert. Die Zustimmung stellt eine empfangsbedürftige Willenserklärung dar, die im vorliegenden Kontext entweder dem beschränkt Geschäftsfähigen oder dem anderen Teil gegenüber zu erklären ist (vgl. § 182 Abs. 1).

zu Frage 6:

A und M haben die Erklärungen für einen schuldrechtlichen Schenkungsvertrag in Form einer sog. Versprechensschenkung ausgetauscht. A`s Schenkungsversprechen unterliegt nach § 518 Abs. 1 Satz 1 dem Erfordernis notarieller Beurkundung. Diese Form ist hier eingehalten. Eine Formnichtigkeit nach § 125 Satz 1 scheidet somit aus.

Zweifel an der Wirksamkeit könnten sich daraus ergeben, dass der 17-jährige M nach § 106 beschränkt geschäftsfähig ist. Indes ist aus § 107 im Umkehrschluss zu entnehmen, dass eine Willenserklärung des beschränkt Geschäftsfähigen auch ohne Zustimmung seiner gesetzlichen Vertreter wirksam ist, wenn er durch sie lediglich einen rechtlichen Vorteil erlangt. Maßgeblich ist dafür, ob durch die Willenserklärung rechtliche Verpflichtungen des Minderjährigen begründet würden oder sonst unmittelbare Beeinträchtigungen seiner Rechtsstellung entstünden. Durch den Abschluss des Schenkungsvertrags werden keinerlei Verpflichtungen des M begründet und auch sonst keine rechtlichen Beeinträchtigungen verursacht, vielmehr erwirbt M ausschließlich einen Anspruch auf unentgeltliche Zuwendung des geschenkten Gegenstandes.
Der Schenkungsvertrag als einseitig verpflichtendes Geschäft ist somit zustimmungsfrei wirksam.

zu Frage 7:

Verpflichtungs- und Verfügungsgeschäft sind aufgrund des Abstraktionsprinzips jeweils gesondert auf ihre rechtliche Vorteilhaftigkeit hin zu untersuchen. Zu prüfen ist jetzt also, ob die Erfüllung des Schenkungsvertrages durch Übereignung des Grundstücks nach den §§ 925, 873 lediglich rechtlich vorteilhaft ist. Die Übereignung an den beschränkt Geschäftsfähigen ist lediglich rechtlich vorteilhaft, weil er dadurch ausschließlich ein Recht, hier das Eigentum an dem Grundstück, erwirbt. Verpflichtungen oder Beeinträchtigungen der Rechtsstellung sind nicht erkennbar.

Insbesondere beinhaltet die Übereignung nicht schon deswegen einen rechtlichen Nachteil, weil sie zum Zwecke der Erfüllung des schuldrechtlichen Anspruchs (§ 362) aus dem Schenkungsvertrag erfolgt. Dem beschränkt Geschäftsfähigen fehlt nämlich - so die herrschende Argumentation - die für die Entgegennahme der Erfüllungsleistung nötige Empfangszuständigkeit. Der schuldrechtliche Anspruch erlischt folglich nicht[30], sodass der Minderjährige nichts verliert.

Überdies führt auch die Belastung des Grundstücks mit einem beschränkt dinglichen Recht (hier eine Grundschuld) nicht zu einer unmittelbaren Beeinträchtigung der Rechtsstellung des M. Wenn es infolge der Grundschuld zu einer Befriedigung im Wege der Zwangsvollstreckung (vgl. §§ 1192 Abs. 1, 1147) kommt, wird allenfalls das Grundstück verwertet, d. h. dessen Wert wird „aufgebraucht", eine persönliche Haftung des M, die dieser aus seinem sonst vorhandenen Vermögen erfüllen müsste, ergibt sich daraus aber nicht. Dingliche Lasten mindern also nur den Wert des Erlangten. Sie stellen also nur eine Minderung des Vorteils dar, sind aber ansonsten für das Vermögen des Erwerbers ungefährlich[31].

---

[30] vgl. dazu Klunzinger, Übungen im Privatrecht, Fall 29, S. 33: Dass die wirksame Annahme einer geschuldeten Leistung nicht lediglich rechtlich vorteilhaft ist, liegt auf der Hand, da der Gläubiger im Falle ihrer Wirksamkeit den Anspruch auf die Leistung verlöre. Allerdings ist § 107 nicht unmittelbar anwendbar, da nach der h. M. für den Eintritt der Erfüllung keine weitere Willenserklärung (d. h. kein Erfüllungsvertrag) des Gläubigers erforderlich ist („Theorie der realen Leistungsbewirkung"). Folglich ist der Minderjährige nicht über § 107 geschützt. Nur dadurch, dass ihm die Empfangszuständigkeit fehlt, wird der beschränkt Geschäftsfähige optimal geschützt.
[31] Larenz, AT, § 6 III. 1. (S. 103/104)

zu Frage 8:

Die Belastung mit gemeindlichen Grundsteuern oder anderen öffentlich-rechtlichen Abgaben bedeutet nach h. M ebenfalls wertungsmäßig keinen rechtlichen Nachteil. Auch wenn man für sie persönlich haftet, so sind <u>derartige Abgaben</u> jedoch <u>so bemessen, dass sie aus den laufenden Erträgen gedeckt werden können</u> und daher <u>lediglich den Wert des Grundstückseigentums mindern</u>[32]. Als weiteres Argument wird angeführt, dass öffentlich-rechtliche Lasten nicht unmittelbar aus den Willenserklärungen der dinglichen Einigung (vgl. § 929) folgen[33].
Letzteres ließe sich übrigens auch im Hinblick auf privatrechtliche Belastungen (Hypothek, Grundschuld) anführen.

zu Frage 9:

Die Übereignung der 500 Euro von X an den beschränkt geschäftsfähigen B wäre rechtlich nachteilig und damit (schwebend) unwirksam, wenn sie nach § 362 Abs. 1 zum Erlöschen der Darlehenserstattungsforderung aus § 488 Abs. 1 Satz 2 führen würde. Das ist aber nicht der Fall, weil dem beschränkt Geschäftsfähigen, wie schon zur Frage 7 dargelegt, <u>für die Entgegennahme der Leistung die Empfangszuständigkeit fehlt.</u> Damit ist die <u>Übereignung des Geldes an B</u> lediglich rechtlich vorteilhaft <u>und zustimmungsfrei wirksam.</u>

Der Schuldner X bleibt zur Rückzahlung des Darlehens nach § 488 Abs. 1 Satz 2 verpflichtet. Hinsichtlich der geleisteten 500 Euro hat X zwar einen Rückzahlungsanspruch nach §§ 812 Abs. 1 Satz 2, 2. Alt.(!), 818 Abs. 2 gegen B. <u>Dem steht hier aber der Einwand der Entreicherung nach § 818 Abs. 3 entgegen.</u> Aufgrund dessen hat X keinen bereicherungsrechtlichen Gegenanspruch und folglich keine Möglichkeit, nach §§ 387, 389 aufzurechnen. <u>X muss somit ein zweites Mal zahlen.</u> Dieses Ergebnis ist nicht unbillig, da *„Minderjährigen das Geld leicht unter den Händen zerrinnt"*[34].

zu Frage 10:

Bei der Kündigung handelt es sich um ein einseitiges Rechtsgeschäft. Nach § 111 Satz 1 ist ein <u>einseitiges Rechtsgeschäft</u>, das der <u>Minderjährige ohne die erforderliche Einwilligung</u> (= <u>vorherige</u> Zustimmung) vornimmt, <u>unwirksam.</u>
Daran ändert auch die Genehmigung (= <u>nachträgliche</u> Zustimmung) der Eltern nichts, da das BGB eine <u>Genehmigungsfähigkeit</u> nach § 108 <u>nur bei Verträgen</u> vorsieht. Bei einseitigen Rechtsgeschäften, wie zum Beispiel Kündigung, Rücktritt und Anfechtung, will man im Interesse der Rechtssicherheit einen Schwebezustand vermeiden. Entweder ist das einseitige Rechtsgeschäft von vornherein wirksam oder das ist nicht der Fall. Es soll für den anderen Teil von Anfang an Klarheit bestehen, denn anders als einen Vertrag, kann man ein einseitiges Rechtsgeschäft mit einem beschränkt Geschäftsfähigen nicht ablehnen, da es ja gerade nicht der Mitwirkung bedarf[35]. Die Kündigung ist hier somit unwirksam.

---

[32] Larenz, AT, § 6 III. 1. (S. 103/104)
[33] dazu Klunzinger, Übungen im Privatrecht, Fall 16. S. 16
[34] so Peters, AT, S. 68; vgl. dazu auch Schapp, Grundlagen, § 11 III. 1 (Rdnr. 416)
[35] Peters, AT, S. 70

Kapitel 10

Nichtigkeit wegen Formmangels sowie Nichtigkeit des Scheingeschäfts

Rechtsgeschäfte, die nicht mit dem Mangel beschränkter Geschäftsfähigkeit oder gar dem der Geschäftsunfähigkeit behaftet sind[1], können gegen besondere gesetzliche Anforderungen verstoßen.

Nach § 125 Satz 1 ist ein Rechtsgeschäft nichtig, welches der durch Gesetz vorgeschriebenen Form ermangelt. Die Nichtbeachtung gesetzlichen Formzwangs ist damit ebenso wie der Verstoß gegen ein gesetzliches Verbot (§ 134) oder gegen die guten Sitten (§ 138)[2] sanktioniert.

Überdies ordnet § 117 für Scheingeschäfte ebenfalls die Rechtsfolge der Nichtigkeit an.

I. Die Nichtigkeit wegen Formmangels nach § 125

Ausgehend von dem Grundsatz der Formfreiheit wollen wir uns sodann mit den verschiedenen Formen und ihren Voraussetzungen sowie mit den von gesetzlichen Formvorgaben betroffenen Rechtsgeschäften vertraut machen.

1. Der Grundsatz der Formfreiheit

Der rechtsgeschäftliche Wille muss, damit er rechtliche Wirkungen hervorbringt, notwendigerweise nach außen treten, d. h. erklärt werden. Die Erklärung bedarf aber grundsätzlich keiner bestimmten Form[3]. Die laienhafte und leider nicht selten auch die studentische Vorstellung, die meisten Rechtsgeschäfte seien nur schriftlich wirksam, ist definitiv falsch. Müsste man sämtliche Verträge des täglichen Lebens, etwa über den Kauf einer Kinokarte, in Schriftform tätigen, würde der Rechtsverkehr rasch zum Erliegen kommen. Darüber hinaus werden vor allem im Wertpapierhandel der Banken sowie im Rohstoffhandel tagtäglich Geschäfte über Millionenbeträge am Telefon oder am Bildschirm geschlossen[4]. Es gilt der Grundsatz der Formfreiheit[5]. Der rechtsgeschäftliche Wille muss somit nicht schriftlich, oder gar in notarieller Form erklärt werden, sondern kann auch mündlich, und übrigens der Art und Weise nach durch schlüssiges Verhalten oder in Ausnahmefällen sogar durch bloßes Schweigen[6] zum Ausdruck gebracht werden.

---

[1] Damit beschäftigte sich das vorhergehende Kapitel. Vgl. S. 143 ff.

[2] dazu die kurzen Hinweise auf S. 136/137

[3] dazu bereits die Ausführungen im Kontext mit dem objektiven Tatbestand der Willenserklärung, S. 93

[4] vgl. Hirsch, AT, Rdnr. 511

[5] statt vieler: Anwaltkommentar/Noack, § 126 Rndr. 4

[6] zum Schweigen als Annahme vgl. S. 205 (Kapitel 12, Frage 8)

2. Die Funktionen gesetzlicher Formzwänge

In einigen Fällen macht das Gesetz <u>Ausnahmen vom Grundsatz der Formfreiheit</u> und ordnet die Einhaltung einer bestimmten Form an. Das hat unterschiedliche Gründe.
Im Wesentlichen verfolgen gesetzliche Formzwänge - nicht selten nebeneinander[7] - <u>drei Funktionen</u>.

a. Klarstellungs- und Beweisfunktion

Die erste Funktion, gewissermaßen die „<u>Basisfunktion</u>" von Formerfordernissen, besteht darin, <u>Inhalt</u> und <u>Abschlusszeitpunkt</u> des betreffenden Rechtsgeschäfts <u>klarzustellen sowie deren Beweisbarkeit sicherzustellen</u> (Klarstellungs- und Beweisfunktion). Vor allem im Hinblick auf eventuelle gerichtliche Auseinandersetzungen erweist sich das in der Praxis als äußerst hilfreich.

Darin liegt übrigens auch der Hauptgrund für die Vertragsparteien, sich selbst freiwillig die Einhaltung der Schriftform (§ 126), der elektronischen Form (§ 126 a) oder zumindest der Textform (§ 126 b) aufzuerlegen. Das bezeichnet man als <u>gewillkürte</u> (= <u>rechtsgeschäftliche</u>) <u>Formbedürftigkeit</u>. Auf sie wird später genauer einzugehen sein[8].

b. Warnfunktion

Zweitens soll die Einhaltung einer bestimmten Form den oder die Beteiligten nicht selten davor warnen, <u>allzu eilig und unüberlegt Verpflichtungen einzugehen</u>, die für sie mit schwerwiegenden ökonomischen Konsequenzen verbunden sein können (Warnfunktion, Schutz vor Übereilung). Das ist etwa bei der Abgabe einer Bürgschaftserklärung der Fall.

c. Beratungsfunktion

Drittens bezweckt der Formzwang oftmals (zusätzlich), den Beteiligten vor Vertragsschluss eine unparteiische rechtliche Aufklärung und Belehrung angedeihen zu lassen. Diese <u>Beratungs- und Belehrungsfunktion kommt der notariellen Beurkundung zu</u>. Die Hinzuziehung eines Notars gewährleistet überdies, dass bei komplexen Vertragswerken sämtliche Wirksamkeitserfordernisse (z.B.: behördliche Genehmigungen) beachtet werden.

Es liegt auf der Hand, dass beim Kauf von Kinokarte oder Tageszeitung keine der drei Funktionen gesetzlicher Formzwänge von Bedeutung ist. An einem schriftlichen Nachweis über Zeitpunkt und Inhalt besteht bei solchen Geschäften kein Interesse. Ebensowenig muss vor übereiltem Vertragsschluss gewarnt oder über dessen rechtliche und wirtschaftliche Folgen aufgeklärt und belehrt werden.
Meist sind es ökonomisch bedeutsame Rechtsgeschäfte, für die der Gesetzgeber Formerfordernisse aufgestellt hat. Welche dies genau sind und welche verschiedenen Arten der Form das BGB vorsieht, wollen wir uns im Folgenden ansehen.

---

[7] zum Zusammentreffen mehrerer Funktionen: BGHZ 144, 334 f.
[8] dazu unten, S. 166/167

3. Gesetzlich vorgesehene Formen und formbedürftige Rechtsgeschäfte

Im Abschnitt 3 über Rechtsgeschäfte zieht der AT des BGB die fünf Arten gesetzlicher Formerfordernisse „vor die Klammer": Die (einfache) Schriftform (§ 126), die elektronische Form (§ 126 a), die Textform (§ 126 b), die öffentliche Beglaubigung (§ 129) sowie die notarielle Beurkundung (§ 128).

Welche Rechtsgeschäfte im Einzelnen welchem Formerfordernis unterliegen, beantwortet der Gesetzgeber nicht im AT, sondern im Regelungszusammenhang mit dem speziell betroffenen Rechtsgeschäft.
Im vorliegenden Grundriss interessieren vor allem die Verpflichtungsgeschäfte, für die das Schuldrecht die Einhaltung bestimmter Formen vorschreibt.

a. Die (einfache) Schriftform (§ 126)

aa. Was bedeutet Schriftform?

Wenn durch Gesetz[9] schriftliche Form vorgeschrieben ist, so muss nach § 126 Abs. 1 die Urkunde[10] von dem Aussteller eigenhändig[11] durch Namensunterschrift oder mittels notariell beglaubigten Handzeichens[12] unterzeichnet werden, sodass eine maschinenschriftliche oder faksimilierte[13] Unterschrift nicht ausreicht. Auch die Übersendung eines Telefax wahrt nicht die gesetzliche Schriftform, da es die eigenhändige Unterschrift nicht im Original enthält, sondern nur die des Originals übernimmt[14]. Der Text der Urkunde muss andererseits nicht handschriftlich geschrieben sein, sondern kann maschinenschriftlich oder fotomechanisch erstellt werden[15]. Dementsprechend wird die einfache Schriftform auch als Unterschriftsform bezeichnet.

---

[9] Für die rechtsgeschäftlich vereinbarte Schriftform gilt § 127.

[10] Wichtige Definition: Unter einer Urkunde ist die schriftlich verkörperte Gedankenerklärung (Perpetuierungsfunktion) zu verstehen, die geeignet und bestimmt ist, im Rechtsverkehr Beweis zu erbringen (Beweisfunktion) und ihren Aussteller erkennen läßt (Ausstellererkennbarkeit).

[11] Eigenhändig bedeutet - bei nicht höchstpersönlichen Erklärungen - nicht, dass der Aussteller mit seiner eigenen Hand unterzeichnen muss. Dieses Merkmal ist also nicht mit höchstpersönlich zu verwechseln. Vielmehr ist Stellvertretung und mithin auch eine „weitergehende Schreibhilfe" (so Palandt/Heinrichs, § 126 Rdnr. 7) unschädlich. Der Stellvertreter kann sogar nach ständiger Rechtsprechung mit dem Namen des Vertretenen unterzeichnen. Beachte in diesem Kontext auch § 167 Abs. 2: Soll ein formbedürftiges Geschäft durch einen Vertreter vorgenommen werden, so bedarf die Vollmacht zu diesem Geschäft nicht der Form, welche für das Rechtsgeschäft bestimmt ist.

[12] Dabei handelt es sich um die berühmten drei Kreuze, die der Analphabet zur Unterzeichnung macht. Ferner fällt darunter die Unterzeichnung mit Initialen. Zur öffentlichen Beglaubigung vgl. unten, S. 163

[13] Eine Ausnahme davon sieht das BGB in § 793 Abs. 2 Satz 2 für die Inhaberschuldverschreibung vor.

[14] BGHZ 121, 224 (229); Palandt/Heinrichs, § 126 Rndr. 11; wichtige Ausnahme: Für Schriftsätze eines Anwalts gilt, dass sie dem Gericht per Fax übermittelt werden können, denn bei Anwaltsschriftsätzen gibt es praktisch nie Zweifel darüber, dass sie wirklich von dem im Briefkopf angegebenen Anwalt stammen. Vgl. dazu Hirsch, AT, Rdnr. 535 m.w.N.

[15] Eine Erschwerung dieser allgemeinen Schriftform sieht dagegen § 2247 für das eigenhändig geschriebene und unterschriebene Testament vor. Da es sich beim Testament um eine höchstpersönlich abzugebende Erklärung handelt, ist Vertretung nicht zulässig. Überdies ist lediglich

Die Unterschrift muss unterhalb des Textes stehen und diesen räumlich abschließen, da nur so das vor ihr Stehende durch sie auch gedeckt wird (Abschluss- und Deckungswirkung). Nicht ausreichend ist es demnach, die Unterzeichnung am Rand der Urkunde zu platzieren. Nachträge müssen erneut unterschrieben werden.

§ 126 Abs. 2 Satz 1 regelt Besonderheiten der Schriftform beim Abschluss von Verträgen. Danach müssen die Vertragsparteien auf derselben Urkunde unterzeichnen. Dies ergibt sich aus der erwähnten Deckungsfunktion. Denn wenn jeder Partner lediglich die von ihm abgegebene Erklärung, also Angebot bzw. Annahme, unterzeichnen würde, wäre nicht der gesamte Vertragsinhalt von der jeweiligen Unterschrift abgedeckt[16]. Beim Austausch gleichlautender Vertragsurkunden genügt es, wenn jede Vertragspartei die für die andere bestimmte Urkunde unterzeichnet.

Gemäß § 126 Abs. 3, der durch das Formanpassungsgesetz[17] mit Wirkung vom 1. August 2001 eingefügt wurde, kann die schriftliche Form durch die elektronische Form ersetzt werden, wenn sich nicht aus dem Gesetz ein anderes ergibt. Über die elektronische Form wird gleich noch zu sprechen sein.

bb. Für welche Rechtsgeschäfte schreibt das BGB die Schriftform vor?

Die wichtigsten Fällen, in denen das Gesetz die Schriftform vorschreibt, sind folgende:

aaa. Der Verbraucherdarlehensvertrag (§ 492)

Nach § 492 Abs. 1 Satz 1 sind Verbraucherdarlehensverträge schriftlich abzuschließen, soweit nicht eine strengere Form vorgeschrieben ist. Der Verbraucherdarlehensvertrag ist in § 491 Abs. 1 als ein entgeltlicher Darlehensvertrag zwischen einem Unternehmer (vgl. § 14), in aller Regel einem Kreditinstitut, als Darlehensgeber und einem Verbraucher (vgl. § 13) als Darlehensnehmer legal definiert.

Allerdings ist die vor die Klammer gezogene (allgemeine) Schriftform des § 126 in zwei Punkten erleichtert.

Abweichend von § 126 Abs. 2 genügt es beim Verbraucherdarlehensvertrag nach § 492 Abs. 1 Satz 3, wenn Angebot und Annahme in getrennten Urkunden erfolgen.

Ferner bedarf gemäß § 492 Abs. 1 Satz 4 die Erklärung des Darlehensgebers, also in aller Regel die Annahmeerklärung des Kreditinstituts, anders als es die allgemeine Vorschrift des § 126 Abs. 1 vorsieht, keiner Unterzeichnung, wenn sie mit Hilfe einer *„automatischen Einrichtung"* erstellt wird. Diese Erleichterungen dienen der praktischen Handhabung[18]. Vor allem aber reicht es für die Warn- und Beweisfunktion aus, dass der Darlehensnehmer bei seiner Bank zuvor den umfassenden Kreditantrag (= das Angebot) eigenhändig unterzeichnet hat.

---

eine unterstützende Schreibhilfe zulässig (Abstützen des Arms, Halten der geschwächten Hand). Dazu im Einzelnen Palandt/Eichenhofer, § 2247 Rdnr. 7

[16] Erman/H. Palm, § 126 Rdnr. 13; OLG Hamm, NJW-RR 1998, 811 (812)

[17] Gesetz zur Anpassung von Formvorschriften des Privatrechts und anderer Vorschriften an den modernen Rechtsgeschäftsverkehr (FormAnpG) vom 13. Juli 2001 (BGBl. I 1542)

[18] Palandt/Putzo, § 492 Rdnr. 7

Auch die <u>Rechtsfolgen von Formmängeln sind in § 494 speziell geregelt:</u>
Herauszustellen ist, dass der Verbraucherdarlehensvertrag ungeachtet eines Formmangels gültig wird, soweit der Darlehensnehmer das Darlehen empfängt oder in Anspruch nimmt (§ 494 Abs. 2 Satz 1)[19].

Beachte noch: § 491 Abs. 2 sieht vor, dass für sog. <u>Bagatelldarlehen</u> (Nr. 1), <u>Arbeitgeberdarlehen</u> (Nr. 2) und <u>Förderdarlehen</u> (Nr. 3) die speziellen Vorschriften der §§ 491 ff. - und also auch <u>das Schriftformerfordernis in § 492 Abs. 1</u> - <u>keine Anwendung</u> finden.

bbb. Mietverträge über Wohnraum, Grundstücke und Räume (§§ 550, 578) für längere Zeit als ein Jahr sowie Kündigungen nach § 568

Ferner bedarf nach § 550 Satz 1 ein Miet<u>vertrag</u> über Wohnraum, der für längere Zeit als ein Jahr geschlossen ist, der schriftlichen Form (<u>beiderseitige Formbedürftigkeit</u>). Der nur mündlich geschlossene Mietvertrag ist <u>abweichend von § 125 Satz 1 nicht formnichtig, sondern er gilt nach § 550 Satz 1 a. E. für unbestimmte Zeit.</u> Seine (ordentliche) Kündigung ist nach § 550 Satz 2 zum Ablauf eines Jahres nach Überlassung des Wohnraums zulässig. Schließt man also einen Mietvertrag beispielsweise über fünf Jahre <u>nur mündlich</u> ab, so ist nach § 550 Satz 2 bereits ein Jahr nach Überlassung des Wohnraums die ordentliche Kündigung möglich. Das Schriftformerfordernis des <u>§ 550 Satz 1 schützt</u> demnach die Parteien eines Mietvertrages über Wohnräume <u>davor, übereilt langjährige vertragliche Mietverhältnisse einzugehen.</u>

Wenn man aber als Mieter oder Vermieter Wert darauf legt, eine langjährige Bindung zu erreichen, empfiehlt es sich folglich unbedingt das Schriftformerfordernis des § 550 Satz 1 einzuhalten. Ein Mietverhältnis, das auf <u>bestimmte</u> Zeit - etwa für zehn Jahre - eingegangen ist, endet gemäß § 542 Abs. 2 nämlich erst mit dem Ablauf dieser Zeit. Es kann nach § 542 Abs. 2 Nr. 1 nur in den gesetzlich zugelassenen Fällen <u>außerordentlich</u> gekündigt werden. Dies setzt einen wichtigen Grund (vgl. dazu § 543) voraus. Eine ordentliche Kündigung ist vor Ablauf der *„bestimmten Zeit"* - in unserem Beispiel zehn Jahre - dagegen nicht möglich.

Gemäß § 578 ist das Formerfordernis des § 550 auf Mietverhältnisse über Grundstücke und über Räume, die keine Wohnräume sind, entsprechend anzuwenden.

Nach § 568 Abs. 1 bedarf überdies die <u>Kündigung</u> eines Mietverhältnisses über <u>Wohnraum</u> der schriftlichen Form.

ccc. Beendigung von Arbeitsverhältnissen (§ 623)

Nach § 623 bedarf die Beendigung eines Arbeitsverhältnisses, also eines Dienstvertrages über die Erbringung unselbständiger Dienste eines Arbeitnehmers für einen Arbeitgeber, durch <u>Kündigung oder Auflösungsvertrag</u> der Schriftform. Folglich ist die mündliche Kündigung bzw. der mündliche Aufhebungsvertrag nach § 125 Satz 1 formnichtig. Gleiches gilt für die Kündigung durch Fax oder durch Zusendung eines

---

[19] Jedoch kommt unter bestimmten Voraussetzungen eine Ermäßigung des Zinssatzes nach § 494 Abs. 2 Satz 2 in Betracht.

Schreibens mit kopierter Unterschrift, da diese Schriftstücke die eigenhändige Unterschrift des Erklärenden nicht im Original enthalten. Das Schriftformerfordernis des § 630 dient vor allem dazu, den Arbeitnehmer vor unüberlegter und leichtfertiger Aufgabe des Arbeitsverhältnisses zu schützen, denn dieses stellt meist seine Existenzgrundlage dar.

ddd. Die Bürgschaftserklärung (§ 766 Satz 1)

Nach § 766 Satz 1 ist zur Gültigkeit des Bürgschaftsvertrages die *„schriftliche Erteilung der Bürgschaftserklärung erforderlich"*. Der Schriftform bedarf also nur die Erklärung des Bürgen (einseitige Formbedürftigkeit), mit dem dieser dem Gläubiger anbietet, für die Erfüllung der Verbindlichkeiten eines Dritten, des sog. Hauptschuldners, einzustehen (vgl. § 765 Abs. 1).

Dieses Schriftformerfordernis soll vor allem davor warnen, sich übereilt zur Erfüllung fremder Verbindlichkeiten als Bürge zu verpflichten. Ferner soll (unschwer) nachzuweisen sein, welche Verbindlichkeiten des Hauptschuldners (sog. Hauptverbindlichkeiten) von der Bürgschaftserklärung erfasst werden. Kaufleute können nach der Sonderregel in § 350 HGB[20] eine Bürgschaftsverpflichtung allerdings mündlich eingehen.

Nach § 766 Satz 3 wird der Mangel der Form geheilt, sobald der Bürge die Hauptverbindlichkeit erfüllt. In diesem Fall muss der Bürge nicht mehr gewarnt werden. Auch der Beweisfunktion kommt dann nur noch geringe Bedeutung zu. Aufgrund der Heilung des Formmangels liegt ex nunc ein wirksamer Bürgschaftsvertrag vor, sodass die Leistung des Bürgen einen Rechtsgrund erhält und folglich nicht nach Bereicherungsrecht (§§ 812 ff.) zurückgefordert werden kann[21].

b. Die elektronische Form (§ 126 a)

aa. Was bedeutet elektronische Form?

Aufgrund des bereits erwähnten FormAnpG hat mit Einfügen des § 126 a die sog. elektronische Form in das BGB Aufnahme gefunden.

Dazu haben den Gesetzgeber folgende Erwägungen veranlaßt: Bei einem Text, der über das Internet versendet wird, fehlt es zwangsläufig an der eigenhändigen Unterschrift, wie sie die gesetzliche Schriftform des § 126 Abs. 1 verlangt. Infolge dessen kann der zugegangenen E-Mail nicht mit Sicherheit entnommen werden, ob die aus ihr als Aussteller bzw. Absender erkennbare Person identisch mit derjenigen ist, von der die E-Mail tatsächlich stammt oder ob eine Identitätstäuschung vorliegt. Derjenige, der als Absender erscheint, kann also leicht geltend machen, dass er die E-Mail nicht verfasst habe. Diesen Einwand wird er vor allem dann als Schutzbehauptung nutzen, wenn er sich von einem ungünstigen Geschäft später distanzieren möchte.

---

[20] Bitte lesen Sie diese wichtige Vorschrift nach.
[21] Erman/E. Herrmann, § 766 Rdnr. 18

Um dem entgegen zu wirken[22], ist in § 126 a Abs. 1 bestimmt, dass der Aussteller der Erklärung seinen Namen hinzufügen und das elektronische Dokument mit einer <u>qualifizierten elektronischen Signatur nach dem Signaturgesetz</u>[23] versehen muss, <u>wenn die gesetzlich vorgeschriebene schriftliche Form durch die elektronische Form ersetzt werden soll</u>. Es geht demnach im Kern darum, dass eine bestimmte Stelle, d. h. ein Anbieter von Zertifizierungsdiensten, dem Empfänger die Identität des Absenders bestätigt, was durch die nach § 126 a Abs. 1 erforderliche qualifizierte elektronische Signatur geschieht. Weitere Einzelheiten entnehme man den Kommentierungen sowie einschlägiger Spezialliteratur[24].

bb. In welchen Fällen kann die elektronische Form die Schriftform ersetzen?

Nach dem schon erwähnten § 126 Abs. 3 <u>kann</u>[25] die schriftliche Form durch die elektronische nur ersetzt werden, <u>wenn sich nicht aus dem Gesetz ein anderes ergibt</u>.
Meistens allerdings besagt das Gesetz *„ein anderes"*. So schließt § 766 Satz 2 für die Bürgschaftserklärung, § 492 Abs. 1 Satz 2 für den Verbraucherdarlehensvertrag sowie § 623 2. HS. für die Beendigung des Arbeitsvertrages durch Aufhebungsvertrag oder Kündigung die elektronische Form ausdrücklich aus. Der Gesetzgeber ist offenbar überzeugt, dass die Schriftform wegen ihrer langen Tradition und Verankerung im Bewusstsein der Menschen einen besseren Schutz vor Übereilung bietet[26]. Das <u>warnende Moment der elektronischen Form</u> wird als <u>deutlich geringer</u> angesehen als das der Schriftform des § 126[27].

Im Schuldrecht kann die elektronische Form praktisch nur die in § 550 vorgeschriebene Schriftform ersetzen.

Ohnehin kommt die elektronische Form nur in Betracht, wenn der Erklärungsempfänger mit dem Abbedingen der Schriftform zumindest stillschweigend einverstanden ist[28] und zudem über die technischen Voraussetzungen verfügt.

Aufgrund dessen wird <u>Kritik</u> laut, dass sich die mit *„ungeheurem juristischem und technischem Aufwand installierte elektronische Form als praktisch bedeutungslos"* erweise. Für eine Ausdehnung der Fälle, in denen die elektronische Form die gesetzlich vorgeschriebene Schriftform ersetzen kann, bestehe kein Bedürfnis[29]. Jedenfalls darf man die <u>Bedeutung der elektronischen Form</u> für die Praxis <u>nicht überschätzen</u>[30].

---

[22] Entgegenwirken ließe sich einem solchen Missbrauch auch durch eine entsprechende Beweislastverteilung. Dies schlägt Hirsch vor (vgl. AT, Rdnr. 538 a).
[23] zu weiteren Einzelheiten Jauernig/Jauernig, § 126 a Rdnrn. 5 und 6
[24] vgl. etwa Jauernig/Jauernig, § 126 a Rdnr. 1 m.w.N.
[25] vgl. dazu im Gegensatz die Formulierungen in §§ 126 Abs. 4, 127 Abs. 2, wonach die notarielle Beurkundung die anderen Formen <u>automatisch</u> ersetzt. Dazu auch Frage 7 des vorliegenden Kapitels, S. 174
[26] Regierungsbegründung, BT-Drucks. 14/4987, S. 22
[27] Anwaltkommentar/Noak, § 126 a Rdnr. 23
[28] Jauernig/Jauernig, § 126 a Rdnr. 3, was allerdings <u>durch Verwenden einer E-Mail-Adresse als Korrespondenzanschrift</u> auch <u>schlüssig</u> erfolgen kann.
[29] so Hirsch, AT, Rdnr. 538 a; ebenso Jauernig/Jauernig, § 126 a Rdnr. 2
[30] So gibt es durchaus Bereiche, wie etwa der des <u>Online-Banking</u>, in denen Vertragsparteien, die in einer dauerhaften rechtsgeschäftlichen Verbindung stehen, von der elektronischen Form sinnvollen Gebrauch machen.

c. Die Textform (§ 126 b)

aa. Was bedeutet Textform?

Die Textform - ebenfalls aufgrund des FormAnpG ins BGB aufgenommen - verlangt, dass die Erklärung in einer Urkunde oder auf andere zur dauerhaften Wiedergabe in Schriftzeichen geeignete Weise abgegeben wird, die Person des Erklärenden genannt und der Abschluss der Erklärung durch Nachbildung der Namensunterschrift oder anders erkennbar gemacht werden (§ 126 b). Textform bedeutet somit die Fixierung einer Erklärung durch lesbar zu machende Zeichen. Das kann in Papierform (Telefax, Telegramm, Fernschreiben), auf elektronischen Speichermedien (Diskette, CD-Rom) oder auch mit dem Internet (E-Mail) geschehen.

Anders als bei der gesetzlichen Schriftform verlangt die bloße Textform keine eigenhändige Namensunterschrift. Ebensowenig bedarf es einer qualifizierten Signatur. Vielmehr muss lediglich der Abschluss der Erklärung erkennbar gemacht werden, sei es durch eine nachgebildete Namensunterschrift (faksimilierte, gescannte oder sonst mechanisch vervielfältigte Unterschrift), sei es in anderer Weise (z. B.: *„Ende des Dokuments"* oder *„Köln, den 17. Oktober 2005"*). Aus dem Dokument muss also nur ersichtlich sein, wann es endet, um Zweifel an der Vollständigkeit auszuschließen.

Damit handelt es sich bei der Textform um eine Form, deren Beweis-, Warn- und Schutzfunktion noch unterhalb derjenigen der elektronischen Form des § 126 a und erst recht derjenigen der gesetzlichen Schriftform des § 126 rangiert. Jauernig formuliert treffend: *„Die Textform gibt der Formlosigkeit eine „Form", die keinem der herkömmlichen Formzwecke entspricht"*[31].

bb. In welchen Fällen ist Textform vorgeschrieben?

Das BGB schreibt die Textform vor, wenn es um die Information und Dokumentation für den Verbraucher in Massenerklärungen geht (vgl. etwa § 312 c Abs. 2[32] sowie § 477 Abs. 2[33] und § 502 Abs. 2[34]), nicht dagegen, wenn der Verbraucher vor einem übereilten Vertragsschluss zu warnen ist.

Überdies ist als wichtiger Fall der gesetzlich vorgeschriebenen Textform § 355 Abs. 1 Satz 2 herauszustellen, wonach der Widerruf des Verbrauchers bei Verbraucherverträgen in Textform oder - nebenbei bemerkt - sogar schlüssig durch Rücksendung der Sache erklärt werden kann.

---

[31] Jauernig/Jauernig, § 126 b Rdnr. 1
[32] Unterrichtung des Verbrauchers bei sog. Fernabsatzverträgen (Legaldefinition in § 312 b Abs.1)
[33] Garantieerklärung bei Verbrauchsgüterkauf
[34] betrifft die bei Teilzahlungsgeschäften erforderlichen Angaben

d. Die öffentliche Beglaubigung (§ 129)

aa. Was bedeutet öffentliche Beglaubigung?

Ist durch Gesetz für eine Erklärung öffentliche Beglaubigung vorgeschrieben, so muss nach § 129 Abs. 1 Satz 1 die Erklärung schriftlich abgefasst und die Unterschrift von einem Notar beglaubigt werden[35]. Demnach beinhaltet die öffentliche Beglaubigung die (einfache) <u>Schriftform mit beglaubigter Unterschrift</u> und stellt gewissermaßen eine <u>qualifizierte</u> Schriftform dar. Die Einzelheiten der <u>Unterschriftsbeglaubigung</u> richten sich <u>nach dem Beurkundungsgesetz (BeurkG)</u>[36]. <u>§ 40 Abs. 1 BeurkG sieht vor</u>, dass die Beglaubigung nur erfolgen soll, wenn die Unterschrift in Gegenwart des Notars vollzogen oder anerkannt wird. Nach § 40 Abs. 4 BeurkG gilt dabei § 10 Abs. 2 Satz 1 BeurkG entsprechend. Demgemäß muss sich aus der Beglaubigung ergeben, ob der Notar den Unterzeichner persönlich kennt oder ob er *„sich Gewissheit über dessen Person verschafft hat"*, was in aller Regel durch Vorlage des Personalausweises geschieht. Der Notar stellt also bei der öffentlichen Beglaubigung fest, dass der das Schriftstück Unterzeichnende persönlich bekannt oder als derjenige amtlich ausgewiesen ist, als der er unterschrieben hat. <u>Öffentliche Beglaubigung schützt also davor, dass mit falscher Unterschrift unterzeichnet wird</u>. Sie stellt damit die <u>Echtheitsfunktion</u>[37] <u>der Unterschrift</u> (= Urheberschaft des Unterzeichners) sicher.

<u>Mit dem Inhalt</u> (<u>Text</u>) des Schriftstücks <u>setzt sich der Notar dagegen nicht auseinander</u>. Er nimmt folglich bei der öffentlichen Beglaubigung auch <u>keine Beratung</u> vor.

Die öffentliche Beglaubigung ist <u>nicht zu verwechseln mit der</u> in § 65 BeurkG geregelten <u>amtlichen Beglaubigung</u>, bei der eine Verwaltungsbehörde die Übereinstimmung von Fotokopien mit einer Originalurkunde (z. B. Zeugnis) bestätigt.

bb. Wann ist öffentliche Beglaubigung vorgeschrieben?

Öffentliche Beglaubigung schreibt das Gesetz insbesondere für Erklärungen vor, die zu Eintragungen in öffentliche Register, wie dem Grundbuch (vgl. § 29 Grundbuchordnung (GBO) oder dem Handelsregister (vgl. § 12 HGB), führen oder die zum Beispiel gegenüber dem Nachlassgericht (vgl. § 1945) erfolgen. Angesichts des öffentlichen Glaubens dieser Verzeichnisse kommt es besonders darauf an, die Unterzeichnung mit falscher Unterschrift zu verhindern.

---

[35] Beachte auch § 129 Abs. 1 Satz 2: *„Wird die Erklärung von dem Aussteller mittels Handzeichens unterzeichnet, so ist die im § 126 Abs. 1 vorgeschriebene Beglaubigung des Handzeichens erforderlich und genügend."*

[36] Gesetz vom 28. August 1969 (BGBl. I S. 1513)

[37] <u>Weitere Funktionen der Unterschrift</u> sind die erwähnte <u>Abschlussfunktion</u> (dazu bereits oben, S. 158) sowie die <u>Identitätsfunktion</u> (Erkennbarkeit des Ausstellers), dazu Jauernig/Jauernig, § 126 Rdnr. 2

e. Die notarielle Beurkundung (§ 128)

aa. Was bedeutet notarielle Beurkundung?

§ 128 lautet wie folgt: *„Ist durch Gesetz notarielle Beurkundung vorgeschrieben, so genügt es, dass zunächst der Antrag und sodann die Annahme des Antrags von einem Notar beurkundet wird".* Die Norm erschöpft sich folglich darin, bei Verträgen die sog. Stufenbeurkundung zuzulassen. Dass (darüber hinaus) auch einzelne Erklärungen dem Erfordernis notarieller Beurkundung unterliegen können, ergibt sich beispielsweise für das Schenkungsversprechen aus § 518 Abs.1 Satz 1.

Was zur Beurkundung geschehen muss, besagt § 128 nicht. Dies ist im BeurkG geregelt. Nach § 8 BeurkG muss bei der Beurkundung von Willenserklärungen eine Niederschrift über die Verhandlung aufgenommen werden. Diese Niederschrift muss nach § 13 Abs. 1 Satz 1 BeurkG in Gegenwart des Notars den Beteiligten vorgelesen, von ihnen genehmigt und eigenhändig unterschrieben werden. Zusätzlich hat nach § 13 Abs. 3 BeurkG der Notar die Niederschrift eigenhändig zu unterschreiben.

Bei der Beurkundung nimmt der Notar ebenso wie bei der Beglaubigung einen Vorgang zur Kenntnis und bestätigt ihn in amtlicher Form. Bei der Beglaubigung bestätigt er aber lediglich die Unterschrift durch eine Person an einem bestimmten Tage. Bei der Beurkundung bestätigt er dagegen die Abgabe der gesamten Erklärung, die er in der Praxis in aller Regel für die Parteien vorformuliert und diesen vorgeschlagen hat. Dabei hat die Tätigkeit des Notars vor allem den Zweck, möglichst eine wirksame Erklärung zur Urkunde zu erstellen. Dies lässt sich vor allem den in §§ 11 bis 12 BeurkG formulierten Pflichten zur Feststellung über die Geschäftsfähigkeit und zum Nachweis der Vertretungsberechtigung entnehmen. Überdies trifft den Notar nach § 17 BeurkG eine Prüfungs- und Beratungspflicht. Der Notar - so § 17 Abs. 1 Satz 1 - soll den Willen der Beteiligten erforschen, den Sachverhalt klären, die Beteiligten über die rechtliche Tragweite des Geschäfts belehren und ihre Erklärungen klar und unzweideutig in der Niederschrift wiedergeben. Das Formerfordernis notarieller Beurkundung erfüllt somit nicht nur die Klarstellungs- und Beweisfunktion sowie die Warn- und Schutzfunktion. Vielmehr kommt ihr zusätzlich eine wichtige Beratungsfunktion zu. Die Form der notariellen Beurkundung verbindet somit sämtliche Funktionen von Formerfordernissen[38].

bb. Welche Rechtsgeschäfte bedürfen der notariellen Beurkundung?

aaa. Verträge über Grundstücke (§ 311 b Abs. 1)

Die wohl bedeutsamste Vorschrift, die notarielle Beurkundung vorschreibt, ist § 311 b Abs. 1 Satz 1. Danach bedarf ein Vertrag notarieller Beurkundung durch den sich der eine Teil verpflichtet, das Eigentum an einem Grundstück zu übertragen oder zu erwerben. § 311 b Abs. 1 erfasst als Vorschrift des Allgemeinen Schuldrechts sämtliche Verpflichtungsgeschäfte[39] mit dem genannten Inhalt, unabhängig davon, um welchen

---

[38] Anwaltkommentar/Ring, § 311 b Rdnr. 2

[39] Häufiger Anfängerfehler: Anders als nicht wenige Studierende kurzerhand meinen, bezieht sich § 311 b nach Wortlaut und systematischer Stellung nur auf die schuldrechtlichen Verpflichtungsgeschäfte und nicht auf die im Sachenrecht geregelte Verfügung über Grundstücke. Diese

Vertragstyp es sich dabei handelt. Wenn auch in der Praxis der Kauf eines Grundstücks nach §§ 433 ff. der wichtigste Fall sein wird, so ist die Verpflichtung zur Übertragung von Grundstückseigentum etwa auch im Rahmen eines Tauschvertrags (§ 480) denkbar.

§ 311 b Abs. 1 Satz 2 enthält eine <u>Heilungsvorschrift</u>. Danach wird der ohne Beachtung der notariellen Form geschlossene Vertrag seinem ganzen Inhalt nach gültig, wenn die <u>Auflassung und</u> die <u>Eintragung in das Grundbuch</u> erfolgen[40]. Zu beachten ist, dass aufgrund von § 311 b Abs. 1 Satz 2 <u>ausschließlich Formfehler</u> geheilt werden können[41]. Zudem erfordert die Heilung eine <u>(form-)wirksame</u> Auflassung[42]. Für sie verlangt § 925 Abs. 1 Satz 1, dass sie bei gleichzeitiger Anwesenheit beider Teile[43] vor einer zuständigen Stelle erklärt wird. Zuständige Stelle in diesem Sinne ist nach § 925 Abs. 1 Satz 2 unbeschadet der Zuständigkeit weiterer Stellen jeder Notar.

bbb. Schenkungsversprechen (§ 518 Abs. 1 Satz 1)

§ 518 Abs. 1 Satz 1 schreibt zur Gültigkeit eines Vertrages, durch den eine Leistung schenkweise versprochen wird (Versprechensschenkung[44]), die notarielle Beurkundung des Versprechens vor. Es handelt sich hier also um ein <u>einseitiges</u> Formerfordernis, bei dem <u>nur die Erklärung des Schenkers</u> als dem schutzbedürftigen Teil notariell zu beurkunden ist.

Wenn es allerdings um die Verpflichtung zur schenkweisen <u>Übereignung eines Grundstücks</u> geht, greift nicht allein das Formerfordernis des § 518 Abs. 1 Satz 1 ein, sondern zusätzlich § 311 b Abs. 1 Satz 1, der den <u>gesamten</u> Vertrag der notariellen Beurkundung unterwirft. In diesem Falle bedarf also auch die Willenserklärung des Beschenkten der notariellen Beurkundung.

§ 518 Abs. 2 sieht vor, dass der Mangel der <u>Form durch die Bewirkung der versprochenen Leistung geheilt</u> wird.

---

ist in den § 873 geregelt, wobei die Auflassung nach § 925 einer besonderen Form unterliegt. Vgl. dazu Kapitel 7, S. 115

[40] Die <u>Gründe für die Heilung</u> liegen in der weitgehenden <u>Erreichung der Formzwecke</u> sowie darin, die nach Erfüllung <u>geänderten sachenrechtlichen Verhältnisse kondiktionsfest zu machen</u> und so im Interesse der Rechtssicherheit aufrecht zu erhalten. Dazu Jauernig/Vollkommer, § 311 b Rdnr. 38 m.w.N. aus der Rechtsprechung

[41] Jauernig/Vollkommer, § 311 b Rdnr. 44 m.w.N.; siehe dazu auch unten, S. 171

[42] Jauernig/Vollkommer, § 311 b Rndr. 41

[43] Die gleichzeitige Anwesenheit beider Teile ist <u>nicht</u> mit der <u>höchstpersönlichen</u> Abgabe eine Erklärung, wie sie etwa bei der Eheschließung erforderlich ist, zu verwechseln. Vielmehr ist bei der Auflassung Stellvertretung möglich und <u>nur die Entsendung von Boten ausgeschlossen</u>.

[44] zur Versprechensschenkung bereits Kapitel 9, Frage 6 (S. 152/153)

ccc. Notarielle Form nach dem Gesetz betreffend die Gesellschaften mit beschränkter Haftung (GmbHG)[45]

Nach § 2 Abs. 1 Satz 1 GmbHG bedürfen <u>der Gesellschaftsvertrag und</u> insbesondere <u>sei-ne späteren Änderungen</u> (vgl. § 53 Abs. 2 Satz 1 GmbHG) der notariellen Form.

Ferner ist die Formvorschrift des § 15 Abs. 3 und 4 GmbHG wichtig. Danach bedarf es zur <u>Abtretung von Geschäftsanteilen</u> durch Gesellschafter (= Verfügungsgeschäft[46]) eines in notarieller Form geschlossenen Vertrages (vgl. Abs. 3). Schon eine Vereinbarung, durch welche die <u>Verpflichtung</u> eines Gesellschafters zur Abtretung eines Geschäftsanteils begründet wird (Abs. 4), also der einer Abtretung meist zugrunde liegende Kauf, bedarf notarieller Form. Diese Formerfordernisse haben die <u>Sonderfunktion, die Übertragung von GmbH-Geschäftsanteilen und damit deren Verkehrsfähigkeit zu erschweren</u> und so einem spekulativen Handel mit ihnen entgegenzuwirken.

4. Die durch Rechtsgeschäft bestimmte Form

Nicht selten <u>vereinbaren</u> die Vertragsparteien die Einhaltung einer bestimmten Form.

Sie <u>erlegen sich</u> so <u>freiwillig einen Formzwang auf</u>, obwohl das Gesetz im Interesse der Erleichterung des Rechtsverkehrs eigentlich davon abgesehen hat. Dies bezeichnet man als sog. <u>gewillkürte, d.h. durch Rechtsgeschäft bestimmte Form</u>. Hauptgrund dafür ist, dass man im Falle einer späteren (gerichtlichen) Auseinandersetzung durch Vorlage von Urkunden Zeitpunkt und Inhalt des Rechtsgeschäfts beweisen kann.

Dazu genügt es, dass die Parteien - wie es in der Praxis auch meistens der Fall ist - <u>Schriftform</u> vereinbaren.

Eine solche Schriftformvereinbarung liegt vor, wenn die Parteien wollen, dass das Rechtsgeschäft <u>erst dann wirksam sein soll</u>, wenn die vereinbarte Form eingehalten ist (<u>konstitutive Form</u>). Zu nennen sind hier der „Einheitsmietvertrag", für den nach § 550 nur ausnahmsweise die Schriftform gesetzlich vorgeschrieben ist, und der meist schriftlich erfolgende Abschluss des Autokaufs.
Nicht selten trifft man die Vereinbarung, dass mündliche Nebenabreden unwirksam sind oder dass Kündigungen schriftlich und - was ebenfalls häufig vorkommt - durch eingeschriebenen Brief erfolgen müssen.

Zur gewillkürten Form bestimmt § 127 Abs. 1, dass die Vorschriften der §§ 126, 126 a und 126 b zur gesetzlichen Schriftform, elektronischen Form und Textform im Zweifel auch für die gewillkürte Form gelten. Allerdings bestehen gemäß § 127 Abs. 2 und 3 einige Unterschiede im Detail, die Erleichterung bringen.

Von der rechtsgeschäftlich vereinbarten <u>konstitutiven</u> Form ist der Fall zu unterscheiden, dass die Parteien den mündlich geschlossenen <u>Vertrag bereits als wirksam ansehen</u> und nur dessen Inhalt aus Beweisgründen oder *„der guten Ordnung halber"* <u>nachträglich</u> schriftlich fixieren möchten (<u>deklaratorische Form</u>)[47].

---

[45] Fundstelle siehe S. 5, Fn. 31
[46] vgl. oben, S. 115-117
[47] dazu Hirsch, AT, Rdnr. 540

Liegt aber ein gewillkürtes <u>konstitutives</u> Schriftformerfordernis vor und wird dieses nicht eingehalten, so führt der <u>Mangel der durch Rechtsgeschäft bestimmten Form nach § 125 Satz 2 im Zweifel, d. h. wenn nichts anderes bestimmt ist, zur Nichtigkeit.</u>

Allerdings sollte man stets daran denken, dass die Beteiligten, indem sie in Kenntnis der Formabrede das Geschäft dennoch formlos abgeschlossen haben, die vorangegangene <u>Formvereinbarung</u> möglicherweise wieder <u>aufgehoben haben</u>. In diesem Fall ist das formlose Geschäft gültig. Anders als die gesetzlich vorgeschriebene, <u>steht die gewillkürte Form nämlich zur Disposition der Parteien</u>, wobei die Aufhebung selbst nicht die vereinbarte Form wahren muss, also formlos möglich ist. Ferner kann sie durch schlüssiges Verhalten erfolgen, indem die Parteien zum Beispiel mit der anstandslosen Erfüllung eines formlos geschlossenen Vertrages beginnen[48].

Nachdem Sie durchaus detaillierte Informationen über gesetzliche und gewillkürte Formerfordernisse und somit zur Prüfung der Formnichtigkeit nach § 125 erhalten haben, soll hier noch ein weiterer Nichtigkeitsgrund vorgestellt werden, der vor allem bei sog. <u>Schwarzkäufen von Grundstücken</u> praktische Bedeutung erlangt <u>und dabei zusammen mit § 125 zu prüfen</u> ist. Gemeint ist die <u>Nichtigkeitsanordnung des § 117</u>, die das Scheingeschäft betrifft[49].

II. Das Scheingeschäft

§ 117 Abs. 1 ordnet an, dass eine <u>Willenserklärung</u>, die einem anderen gegenüber abzugeben ist[50], <u>nichtig ist, wenn sie mit Einverständnis des Empfängers nur zum Schein abgegeben wird</u>. Ein Scheingeschäft in diesem Sinne liegt somit vor, wenn die Parteien einverständlich nur den äußeren Schein eines Rechtsgeschäfts hervorrufen, die mit dem Geschäft verbundenen Rechtsfolgen aber nicht eintreten lassen wollen. § 117 Abs. 1 <u>betrifft in erster Linie</u> Fälle, in denen der einverstandene Empfänger der Scheinerklärung seinerseits eine Scheinerklärung abgibt, <u>also den zum Schein geschlossenen Vertrag</u>. Dabei bezwecken die Beteiligten in aller Regel <u>die Täuschung eines Dritten</u>. Solche Scheinverträge kommen meist im Zusammenhang mit Grundstücksgeschäften vor, die man als *„Schwarzkäufe"* bezeichnet. Worum es dabei geht und welche juristischen Folgen drohen, lässt sich am besten anhand eines Beispiels zeigen.

Fall 7: „Der Schwarzkauf"

Sachverhalt:
V vereinbart schriftlich mit K, diesem für 50.000 Euro ein Grundstück zu verkaufen. Auch im Falle etwaiger Formfehler - so die Vereinbarung - soll der Vertrag dennoch wirksam sein.
Sodann begeben sich V und K zum Notar und schließen dort einen zweiten Kaufvertrag. Um Grunderwerbssteuern und Notarkosten zu sparen, legen

---

[48] Erman/H. Palm, § 125 Rndr. 8 sowie Rdnr. 22
[49] In den §§ 116 bis 118 regelt das Gesetz Mängel, in denen das <u>bewusste</u> Abweichen von Wille und Erklärung von vornherein zur Nichtigkeit der Willenserklärung führt. Es sind dies die Fälle des geheimen Vorbehalts (§ 116), des Scheingeschäfts (§ 117) und des Mangels der Ernstlichkeit (§ 118). Fälle der §§ 116 und 118 kommen in der Praxis kaum vor und sollen hier nicht weiter vertieft werden.
[50] also eine empfangsbedürftige Willenserklärung, vgl. dazu oben, S. 94-96

sie im beurkundeten Kaufvertrag den Kaufpreis mit nur 25.000 Euro fest. Wenig später zahlt K dem V 10.000 Euro. Danach kommt es zwischen K und V zu Unstimmigkeiten.

Kann V von K weitere Zahlungen verlangen, wenn Auflassung und Eintragung ins Grundbuch noch nicht erfolgt sind? Gehen Sie davon aus, dass in beiden Verträgen eine Vorleistungspflicht des K vereinbart wurde.

Abwandlung:
Wie ist die Frage zu beantworten, wenn eine Vorleistungspflicht des K nicht besteht und Auflassung und Eintragung bereits stattgefunden haben?

Lösungsvorschlag zu Fall 7

(A). Anspruch auf Zahlung?
V könnte gegen den vorleistungspflichtigen K einen Anspruch auf weitere Zahlungen nach § 433 Abs. 2 haben.

Dazu müsste ein wirksamer Kaufvertrag vorliegen.

Hier haben V und K zwei Kaufverträge geschlossen, einen schriftlichen mit einem Kaufpreis von 50.000 Euro sowie einen notariell beurkundeten mit einem Kaufpreis von 25.000 Euro. Zu klären ist somit, ob und mit welchem Kaufpreis ein Vertrag wirksam zustande gekommen ist.

(I). Scheinnichtigkeit des vor dem Notar geschlossenen
    25.000 Euro-Vertrages nach § 117 Abs. 1
Wäre der notariell beurkundete 25.000 Euro-Kaufvertrag wirksam, bestünde in Anbetracht der bereits gezahlten 10.000 Euro (lediglich) ein Anspruch des V auf weitere Zahlungen in Höhe von 15.000 Euro.

Zwar hat man den 25.000 Euro-Vertrag unter Einhaltung der in § 311 b Abs. 1 Satz 1 vorgeschriebenen Form notarieller Beurkundung geschlossen.

Allerdings könnten die von V und K vor dem Notar abgegebenen Willenserklärungen und damit der Kaufvertrag ein Scheingeschäft im Sinne des § 117 Abs. 1 darstellen. Wird eine Willenserklärung, die einem anderen gegenüber abzugeben ist, mit dessen Einverständnis nur zum Schein abgegeben, so ist diese Erklärung nach § 117 Abs. 1 nichtig.

Hier sind Angebot und Annahme vor dem Notar im gegenseitigen Einverständnis der Vertragsschließenden nur zum Schein erfolgt, um so Grunderwerbssteuern und Notarkosten zu sparen. Nicht 25.000, sondern 50.000 Euro waren in Wirklichkeit als Kaufpreis gewollt. Der 25.000 Euro-Kauf ist folglich nach § 117 Abs. 1 scheinnichtig[51].

---

[51] Es empfiehlt sich, mit der Prüfung des scheinnichtigen Vertrages zu beginnen und sodann das vom Scheingeschäft verdeckte Geschäft auf seine Wirksamkeit zu prüfen (vgl. § 117 Abs. 2).

Daran ändert auch nichts, dass er in notariell beurkundeter Form geschlossen ist. Denn mit der Beurkundung soll nur das von den Parteien Gewollte formgerecht wiedergegeben werden. Den 25.000 Euro-Vertrag haben K und V aber, wie erwähnt, nicht gewollt.

Somit kann V von K nicht die Zahlung von weiteren 15.000 Euro verlangen.

(II). Wirksamkeit des verdeckten Rechtsgeschäfts (50.000 Euro-Vertrag)?

Allerdings ist durch den zum Schein erfolgten 25.000 Euro-Kauf ein anderes Rechtsgeschäft verdeckt worden, nämlich der von den Parteien gewollte, privatschriftlich geschlossene 50.000 Euro-Vertrag, den sie vor dem Notar verheimlicht haben.

Wäre dieser Vertrag wirksam, so bestünde (sogar) ein Anspruch des V gegen K auf Zahlung von weiteren 40.000 Euro.

(1). Formnichtigkeit des 50.000 Euro-Vertrags nach § 125 Satz 1

Wird durch ein Scheingeschäft - hier der 25.000 Euro-Vertrag - ein anderes Rechtsgeschäft - hier der 50.000 Euro-Vertrag - verdeckt, so finden nach § 117 Abs. 2 die für das verdeckte Rechtsgeschäft geltenden Vorschriften Anwendung. Allein der Umstand, dass der 50.000 Euro-Vertrag ein verdecktes Geschäft ist, macht ihn weder gültig noch nichtig. Dass man den 25.000 Euro-Kauf zum Schein vor ihn geschoben hat, spielt für seine Wirksamkeit keine Rolle. Diese ist vielmehr anhand der für das verdeckte Rechtsgeschäft geltenden Vorschriften zu prüfen. Für den verdeckten 50.000 Euro-Grundstückskauf gilt (vor allem) das gesetzliche Formerfordernis des § 311 b Abs. 1. Dieses haben K und V vorliegend nicht beachtet, denn das Gewollte haben V und K ja lediglich schriftlich vereinbart.

Der 50.000 Euro-Vertrag leidet somit an einem Formmangel und ist folglich nach § 125 Satz 1 formnichtig.

(2). Abdingbarkeit des Formerfordernisses?

Damit verbleibt die Frage, ob V und K das Formerfordernis des § 311 b wirksam abbedungen haben, denn laut Sachverhalt ist in dem 50.000 Euro-Vertrag die Klausel enthalten, dass der Vertrag trotz etwaiger Formfehler wirksam bleiben solle.

Zweifelhaft ist aber, ob das in § 311 b Abs. 1 vorgeschriebene Formerfordernis überhaupt zur Disposition der Parteien steht, ob es sich also um dispositives Recht handelt. Das ist nicht der Fall. Gesetzliche Formvorschriften stellen vielmehr zwingendes Recht dar. Könnte man sich ihrer entledigen, so widerspräche das ihrem Schutzzweck. Vor allem entstünde die Gefahr des Missbrauchs in Fällen, in denen ein Formerfordernis, wie etwa im Falle der Bürgschaftserklärung, einseitig dem Schutz des schwächeren Teils dient. Gesetzliche Formvorschriften sind generell der Disposition der

<u>Parteien entzogen</u>[52]. V und K konnten somit die in § 311 b Abs. 1 vorgeschriebene Form nicht wirksam abbedingen.

Es bleibt also bei der Formnichtigkeit des 50.000 Euro-Vertrags.

(B). Ergebnis
Damit ist keiner der beiden Kaufverträge zwischen V und K wirksam. Folglich ist die Anspruchsgrundlage des § 433 Abs. 2 nicht erfüllt.

V hat gegen K keinen Anspruch auf weitere Zahlungen.

<u>Anmerkung:</u>[53]
Bei Schwarzkäufen kommen <u>keine vertraglichen Beziehungen</u> zustande. Infolge dessen hat der „Verkäufer", wie gezeigt, keinerlei Anspruch auf Zahlung des „Kaufpreises". Umgekehrt hat der „Käufer" keinen Anspruch auf Übereignung des Grundstücks. Folglich fehlt dem hier von K an V gezahlten Betrag von 10.000 Euro der Rechtsgrund für das Behaltendürfen. K kann also die an V geleisteten Zahlungen als ungerechtfertigte Bereicherung nach § 812 Abs.1 Satz 1, 1. Alt. zurückfordern.

Wie aber verhält es sich mit einem Anspruch des K auf weitere Zahlungen, wenn Auflassung und Eintragung in das Grundbuch erfolgt sind, wenn V also erfüllt hat?

Dazu die Abwandlung:

Lösungsvorschlag zur Abwandlung (Fall 7)

(A). Zahlungsanspruch? (Wirksamer Kaufvertrag)
V könnte gegen K einen Anspruch auf weitere Zahlungen nach § 433 Abs. 2 haben. Dazu müsste ein wirksamer Kaufvertrag vorliegen.

(I). Nichtigkeit
Beide Kaufverträge waren, wie zum Ausgangsfall dargelegt, entweder schein- oder formnichtig. Im abgewandelten <u>Fall könnte aber eine Heilungsvorschrift eingreifen</u>.

(II). Heilung des Mangels nach § 311 b Abs. 1 Satz 2
Nach § 311 b Abs. 1 Satz 2 <u>kann nur der Mangel der Form</u> geheilt werden, <u>nicht</u> aber der Mangel, der sich aus <u>dem Charakter des Scheingeschäfts</u> (= bewusster Willensmangel) ergibt. Eine Heilung des scheinnichtigen 25.000 Euro-Vertrages scheidet folglich aus.

<u>Geheilt sein</u> könnte aber der <u>Formmangel des 50.000 Euro-Vertrages</u>.

---

[52] Schapp, Grundlagen, § 12 I. (Rdnr. 446)
[53] Das gehört nicht mehr zur Fallfrage nach dem Anspruch auf weitere Zahlungen.

Nach § 311 b Abs. 1 Satz 2 wird der ohne Beachtung der Form notarieller Beurkundung geschlossene Vertrag seinem ganzen Inhalt nach gültig, wenn die Auflassung und Eintragung ins Grundbuch erfolgen. Für diesen Fall der Erfüllung sieht das Gesetz die Zwecke der Formvorgabe offenbar als weitgehend erreicht an, nicht zuletzt weil die Auflassung den Formalien des § 925 Abs. 1 unterliegt[54].

Da laut abgewandeltem Sachverhalt Auflassung und Eintragung offenbar unter Einhaltung der Form des § 925 stattgefunden haben, ist der Formmangel des 50.000 Euro-Vertrages geheilt.
Insbesondere wird die von den Beteiligten vorgenommene Auflassung von dem Scheincharakter des beurkundeten Kaufvertrages nicht berührt[55], denn die Eigentumsübertragung haben V und K ja gewollt und zur Erfüllung des schriftlich geschlossenen 50.000 Euro-Vertrags vorgenommen.

(B). Ergebnis
Aufgrund der Heilung ist der 50.000 Euro-Vertrag wirksam, so dass V gegen K diesmal einen Anspruch auf Zahlung weiterer 40.000 Euro hat.

Beachte:
Nach § 311 b Abs. 1 Satz 2 werden ausschließlich Formmängel geheilt. Damit also der schuldrechtliche „Schwarzkauf" durch Erfüllung (Auflassung und Eintragung) seinem ganzen Inhalt nach gültig wird, muss er abgesehen von der Form wirksam sein. Nicht erfasst von der Heilungswirkung wird, wie gezeigt, der Nichtigkeitsgrund nach § 117 sowie ferner Willensmängel, fehlende oder beschränkte Geschäftsfähigkeit, fehlende Vertretungsmacht sowie das Fehlen öffentlich-rechtlicher Genehmigungen[56].

Zur letztgenannten Gruppe abschließend folgendes Beispiel:
Nach § 2 Abs. 1 Grundstücksverkehrsgesetz (GrdstVG)[57] bedarf die rechtsgeschäftliche Veräußerung von landwirtschaftlichen und forstwirtschaftlichen Grundstücken sowie von kultivierbarem Moor- und Ödland ebenso wie der schuldrechtliche Vertrag hierüber der Genehmigung durch die nach Landesrecht zuständige Behörde (vgl. § 3 GrdstVG). Dieses Genehmigungserfordernis soll vor allem der Verbesserung der Agrarstruktur dienen und insbesondere verhindern, dass räumlich und wirtschaftlich zusammenhängende Flächen unwirtschaftlich verkleinert und aufgeteilt werden (vgl. § 9 Abs. 1 GrdstVG). Fehlt eine solche behördliche Genehmigung, kann sie nicht gemäß § 311 b Abs. 1 Satz 2 durch Auflassung und Eintragung geheilt, d. h. ersetzt werden.

---

[54] Die Heilung setzt voraus, dass die Auflassung rechtswirksam ist, also den Erfordernissen des § 925 entspricht. Zur Auflassung vgl. oben, S. 115
[55] Vgl. dazu Hirsch, AT, Rdnr. 583; Schapp, Grundlagen, § 10 I. (Rdnr. 364)
[56] Erman/H. Grziwotz, § 311 b Rdnr. 79 m.w.N.
[57] Gesetz über Maßnahmen zur Verbesserung der Agrarstruktur zur Sicherung land- und forstwirtschaftlicher Betriebe (Grundstücksverkehrsgesetz - GrdstVG) vom 28. Juli 1961 (BGBl. I S. 1091), abgedruckt in Schönfelder, Deutsche Gesetze (Textsammlung) unter Ordnungsnummer 40

Fragen zu Kapitel 10

1. Was besagt der Grundsatz der Formfreiheit?

2. Was hat den Gesetzgeber dazu bewogen, für einige Rechtsgeschäfte die Einhaltung bestimmter Formen zwingend vorzuschreiben?

3. Welche Arten gesetzlich vorgesehener Formen gibt es?

4. Wie findet man heraus, ob und welche bestimmte Form einzuhalten ist?

5. Für welche wichtigen schuldrechtlichen Rechtsgeschäfte schreibt das BGB die Schriftform vor?

6. Welches sind die bedeutsamsten Fälle, in denen das Schuldrecht notarielle Beurkundung verlangt?

7. In welchen gesetzlichen Vorschriften kommt der Gedanke zum Ausdruck, dass die stärkere Form die schwächere ersetzt?

8. Welche Rechtsfolge tritt (grundsätzlich) ein, wenn eine gesetzlich vorgeschriebene Form nicht eingehalten wird?

9. In welchen bedeutsamen Fällen sieht das Gesetz vor, dass der Mangel der Form durch Erfüllung geheilt werden kann?

10. Worin bestehen die Risiken beim sog. Schwarzkauf eines Grundstücks?

Antworten (Kapitel 10)

zu Frage 1:

Der Grundsatz der Formfreiheit besagt, dass der rechtsgeschäftliche Wille nicht nur schriftlich oder gar notariell, sondern grundsätzlich mündlich wirksam zum Ausdruck gebracht werden kann. Die grundsätzliche Formfreiheit von Rechtsgeschäften dient der Erleichterung des Rechtsverkehrs. Dieser würde rasch zum Erliegen kommen, wenn man sämtliche Verträge im täglichen Leben schriftlich fixieren müsste. Aber auch im Wertpapier- und Geldhandel der Banken sowie im Rohstoffhandel werden tagtäglich Geschäfte über Millionenbeträge am Telefon oder am Bildschirm vereinbart.

zu Frage 2:

Im Wesentlichen haben Formvorschriften drei Funktionen, die von Fall zu Fall mal mehr, mal weniger ins Gewicht fallen. Zunächst gewährleisten Formerfordernisse generell eine möglichst sichere Beweisführung über den Inhalt sowie den Zeitpunkt des Abschlusses des Rechtsgeschäfts. Kommt es zum Streit, ist die schriftliche Fixierung äußerst hilfreich (Beweisfunktion). Zweitens will der Gesetzgeber - zum Beispiel bei Übernahme einer Bürgschaft, aber auch bei Grundstücksgeschäften - davor schützen, folgenreiche Rechtsgeschäfte voreilig abzuschließen (Warnfunktion, Schutz vor Übereilung). Darüber hinaus soll bei besonders bedeutsamen Rechtsgeschäften eine sachkundige Beratung durch einen Notar sichergestellt werden (Beratungs- und Belehrungsfunktion). Deshalb ist vor allem beim Grundstückskauf die notarielle Beurkundung vorgeschrieben. Verbreitet ist sie überdies im Familien- und Erbrecht[58].

zu Frage 3:

Der Gesetzgeber hat im AT und dort im Abschnitt 3 über Rechtsgeschäfte fünf Arten der Form vor die Klammer gezogen:
Die (einfache) Schriftform (§ 126), die elektronische Form (§ 126 a), die Textform (§ 126 b), die notarielle Beurkundung (§ 128 i. V. m. dem BeurkG) sowie die öffentliche Beglaubigung (§ 129 i. V. m. dem BeurkG).
Was die einzelne Form genau erfordert, entnehmen Sie bitte diesem Kapitel.

zu Frage 4:

Wie erwähnt, geht das BGB vom Grundsatz der Formfreiheit aus. Die Einhaltung einer bestimmten Form ist also nur dann erforderlich, wenn das Gesetz dies ausdrücklich verlangt. Die Frage, ob und welche Form einzuhalten ist, beantwortet das BGB im Regelungszusammenhang mit dem speziell betroffenen Rechtsgeschäft. Demgemäß sind zum Beispiel für verschiedene Verpflichtungsgeschäfte Formerfordernisse im Schuldrecht untergebracht.

zu Frage 5:

Der gesetzlichen Schriftform bedürfen insbesondere der Verbraucherdarlehensvertrag (§ 492 Abs. 1), der Mietvertrag über Wohnräume, Grundstücke und andere Räume für längere Zeit als ein Jahr (§§ 550, 578), die Kündigung oder der Auflösungsvertrag zur Beendigung eines Arbeitsverhältnisses (§ 623) sowie das Bürgschaftsversprechen (§ 766 Satz 1).

zu Frage 6:

Die wichtigste schuldrechtliche Vorschrift, die notarielle Beurkundung vorschreibt, ist § 311 b Abs. 1 Satz 1. Danach bedarf ein Vertrag, durch den sich der eine Teil verpflichtet, das Eigentum an einem Grundstück zu übertragen oder zu erwerben, der notariellen Beurkundung.

Nach § 518 Abs. 1 Satz 1 ist ferner das Schenkungsversprechen notariell zu beurkunden (einseitiges Formerfordernis).

---

[58] dazu bereits Kapitel 1, S. 12

zu Frage 7:

Dieser Gedanke findet sich in § 126 Abs. 4, wonach die schriftliche Form durch die notarielle Beurkundung ersetzt wird. Ferner wird nach § 129 Abs. 2 die öffentliche Beglaubigung, die eine qualifizierte Schriftform darstellt, ebenfalls durch die notarielle Beurkundung ersetzt. Der Gesetzgeber sieht also die notarielle Urkunde aufgrund der mit ihr verbundenen Beratungsfunktion als „besonders starke Form" an. Nur der Erklärung in einem richterlich protokollierten Vergleich wird ein noch höherer Stellenwert eingeräumt, denn gemäß § 127 a wird die notarielle Beurkundung bei einem gerichtlichen Vergleich durch die Aufnahme der Erklärungen in ein nach den Vorschriften der Zivilprozessordnung (ZPO) errichtetes Protokoll ersetzt.

zu Frage 8:

Die Nichtbeachtung des gesetzlichen Formzwangs hat in aller Regel (Ausnahme: § 550) nach § 125 Satz 1 die Nichtigkeit des betroffenen Rechtsgeschäfts zur Folge.

zu Frage 9:

Das Gesetz lässt es in den §§ 311 b Abs. 1 Satz 2, 518 Abs. 2, 766 Satz 2 zu, dass der Formmangel geheilt wird, indem man die Leistung bewirkt, obwohl sie wegen der Formnichtigkeit nicht geschuldet ist. In diesen Fällen wird aufgrund der Erfüllung die Einhaltung der Form als nicht mehr so wichtig erachtet, weil jedenfalls ihre Warnfunktion entfällt bzw. offenbar anderweitig erreicht ist und ihrer Beweisfunktion nach Erfüllung nur noch geringe Bedeutung beigemessen wird. Achtung: Trotz der nicht wenigen Einzelregelungen stellt die Heilung formnichtiger Rechtsgeschäfte durch Erfüllung keinen verallgemeinerungsfähigen Grundsatz dar.

zu Frage 10:

Die formgerechte Vereinbarung, also der notariell beurkundete Kaufvertrag, ist als Scheingeschäft (d. h. weil nicht gewollt) nach § 117 Abs. 1 nichtig.
Die gewollte Vereinbarung, die lediglich schriftlich oder gar mündlich geschlossen wird, ist gemäß §§ 117 Abs. 2, 311 b Satz 1, 125 Satz 1 formnichtig.

Es entstehen also bei Schwarzkäufen keinerlei vertragliche Verpflichtungen zwischen den Beteiligten, so dass der „Käufer" keinen Anspruch auf Eigentumsübertragung erwirbt. Bereits geleistete Zahlungen erfolgen ohne Rechtsgrund und sind folglich als ungerechtfertigte Bereicherung herauszugeben.

Kapitel 11

Das Wirksamwerden von Willenserklärungen

In den vorhergehenden Kapiteln haben wir den Begriff der Willenserklärung, deren subjektiven und objektiven Tatbestand sowie ihre Auslegung erarbeitet (Kapitel 6). Es folgte die Darstellung der Willenserklärung als (einseitiges) Rechtsgeschäft und vor allem als Teil von Verpflichtungs- und Verfügungsverträgen (Kapiteln 7 und 8). Zudem wurde die Geschäftsfähigkeit (Kapitel 9) als grundsätzliche Voraussetzung des Rechtsgeschäfts sowie die bisweilen notwendige Einhaltung bestimmter Formen behandelt (Kapitel 10).

Was aber muss der Erklärende (darüber hinaus[1]) tun, damit seine Erklärung wirksam wird? Mit dieser Frage wollen wir uns hier beschäftigen.

Unter welchen Voraussetzungen eine Willenserklärung wirksam wird, hängt davon ab, ob sie empfangsbedürftig ist oder nicht.

Als empfangsbedürftige Willenserklärungen bezeichnet man solche, die an bestimmte Personen gerichtet sind. Der Erklärende hat sie - so die kennzeichnende Formulierung zahlreicher Vorschriften[2] des BGB - einem *„anderen gegenüber"* abzugeben. Dies trifft für die meisten Willenserklärungen zu, denn oftmals richtet man Willenserklärungen an einen anderen, um etwa in eine vertragliche Beziehung zu treten oder einseitig ein schon bestehendes Rechtsverhältnis zu beenden (Kündigung, Rücktritt).

Nicht empfangsbedürftige Willenserklärungen haben dagegen keinen bestimmten Adressaten und kommen vergleichsweise selten vor. Zu ihnen zählen etwa das Testament (vgl. §§ 2229 ff.) sowie die Auslobung (vgl. § 657).

Vorliegend wollen wir uns auf die zuerst genannte Gruppe konzentrieren.

I. Wirksamwerden empfangsbedürftiger Willenserklärungen

§ 130 Abs. 1 Satz 1 als die maßgebliche Bestimmung zum Wirksamwerden empfangsbedürftiger Willenerklärungen lautet wie folgt:
„Eine Willenserklärung, die einem anderen gegenüber abzugeben ist, wird, wenn sie in dessen Abwesenheit abgegeben wird, in dem Zeitpunkt wirksam, in welchem sie ihm zugeht".

Seinem Wortlaut nach betrifft § 130 Abs. 1 Satz 1 nur Willenserklärungen gegenüber Abwesenden. Wann dagegen Willenserklärungen gegenüber Anwesenden wirksam werden, regelt das BGB nicht. Es besteht aber Einigkeit darüber, dass § 130 Abs. 1 Satz 1 insofern entsprechend gilt. Was das genau bedeutet, wird noch zu erläutern sein.

---

[1] d. h., nachdem er die Erklärung mit eindeutigem Inhalt im Zustande voller Geschäftsfähigkeit und unter Beachtung eingreifender Formerfordernisse formuliert hat
[2] so etwa in den §§ 130 Abs. 1 Satz 1, 143 Abs. 1, 167 Abs. 1, 182 Abs. 1, 349, 388 Satz 1

Zunächst ist auf den unmittelbaren Regelungsgehalt des § 130 Abs. 1 Satz 1 einzugehen.

1. Willenserklärungen gegenüber Abwesenden

§ 130 Abs. 1 Satz 1 stellt für das Wirksamwerden zwei Voraussetzungen auf:
Erstens ist die Willenserklärung abzugeben. Zweitens muss sie dem abwesenden Adressaten zugehen.

a. Abgabe

Was unter Abgabe im Sinne des § 130 Abs.1 Satz 1 zu verstehen ist, sagt das Gesetz nicht. Nach der Rechtsprechung des BGH ist eine Willenserklärung gegenüber einem Abwesenden abgegeben, wenn sie mit dem Willen des Erklärenden in Richtung auf den Adressaten in den Rechtsverkehr gelangt und der Erklärende damit rechnen kann und davon ausgeht, dass sie diesen erreichen werde[3].

Es genügt also - etwa im Falle einer brieflichen Erklärung - nicht schon das bloße Niederschreiben. Der Erklärende muss vielmehr das Schriftstück dergestalt auf den Weg bringen, dass er mit der weiteren Beförderung in Richtung auf den Adressaten rechnen kann und davon ausgeht, sie werde diesen erreichen. Diese Voraussetzungen sind unproblematisch erfüllt, wenn der Erklärende seinen Brief selbst bei der Post aufgibt. Eine Abgabe liegt ferner vor, wenn der Erklärende das Schriftstück beispielsweise seinem Mitarbeiter aushändigt, damit dieser es adressiert und absendet oder wenn er es an einen bestimmten Platz ablegt, damit es jemand von dort weisungsgemäß zur Post gibt.

Probleme bereitet es dagegen, wenn Angestellte oder Familienmitglieder die von einem anderen verfasste rechtsgeschäftliche Erklärung eigenmächtig, d. h. ohne Rücksprache mit dem Verfasser in den Rechtsverkehr geben. Zwar mag der Verfasser die Erklärung niedergeschrieben, das Schreiben als Brief verschlossen und mit einer Adresse versehen haben, aber weder er selbst noch eine von ihm dazu autorisierte Hilfsperson haben es in Richtung auf den Adressaten auf den Weg gebracht. Derartige Fallgestaltungen werden als „abhanden gekommene" Willenserklärungen thematisiert[4]. Dazu folgender Fall:

Fall 8: „Der nachlässige stud. jur. J"

Sachverhalt:
Stud. jur. J, der noch bei den Eltern wohnt, denkt darüber nach, sich einen „Palandt" in der neuesten Auflage zuzulegen. Nachdem er eine entsprechende Bestellkarte ausgefüllt und unterschrieben hat, gerät er wegen des vielen Geldes ins Grübeln. Er beschließt, sich zunächst in den Skiurlaub zu begeben, um in ansprechender Atmosphäre darüber nachzudenken, ob er die bedeutsame Anschaffung für seine rechtlichen Studien tätigt oder nicht. Aus Gedankenlosigkeit lässt J die Bestellkarte auf seinem Schreibtisch

---

[3] BGHZ 65, 13 (14 f.); BGH, NJW 1979, 2032 (2033)
[4] Den Begriff der sog. abhanden gekommenen Willenserklärung verwendet etwa Haas, JA 1997, 116 (117)

achtlos zurück.

Beim täglichen Staubwischen bemerkt die Mutter (M) des J die an den V-Verlag adressierte Karte und denkt, ihr vielbeschäftigter Filius müsse sie wegen der stressigen Urlaubsvorbereitungen dort vergessen haben. M, die schon mehrfach Schriftstücke des J ohne Rücksprache zur Post gegeben hatte, schickt auch diesmal die Karte ab. Als J aus seinem Urlaub zurückkehrt, stellt er erstaunt fest, dass der „Palandt" samt Rechnung angekommen ist. Dies kommt dem J nach dem kostspieligen Urlaub äußerst ungelegen.

Er meint, ein Vertrag sei nicht zustande gekommen, da er selbst keine Bestellung abgegeben und seine Mutter „eigenmächtig" gehandelt habe. Der V-Verlag besteht auf Zahlung. Zu Recht?

Lösungsvorschlag zu Fall 8
Der V-Verlag könnte gegen J einen Anspruch auf Zahlung des Kaufpreises nach § 433 Abs. 2 haben.

(A). Wirksamer Kaufvertrag?
Dazu müsste zwischen J und dem V-Verlag ein Kaufvertrag zustande gekommen sein. Das setzt ein Angebot und dessen Annahme voraus.

(I). Angebot des J
J müsste ein wirksames Angebot erklärt haben.

Bei einem Vertragsangebot handelt es sich - wie sich aus § 145 ergibt - um eine empfangsbedürftige Willenserklärung, denn es ist gegenüber einem anderen, dem potentiellen Vertragspartner, zu erklären. Nach § 130 Abs. 1 Satz 1 wird eine Willenserklärung, die gegenüber einem anderen abzugeben ist, wenn sie in dessen Abwesenheit abgegeben wird, in dem Zeitpunkt wirksam, in welchem sie ihm zugeht. Es bedarf also der Abgabe und des Zugangs der Erklärung.

(1). Abgabe der Angebotserklärung?
Die Definition dieses Begriffes hat der Gesetzgeber der Rechtsprechung und dem Schrifttum überlassen.

Für die Abgabe einer empfangsbedürftigen Willenserklärung ist danach erforderlich, dass sie mit dem Willen des Erklärenden in Richtung auf den Adressaten dergestalt in den Rechtsverkehr gelangt ist, dass dieser damit rechnen konnte und davon ausgeht, dass sie diesen erreichen werde[5]. Ob diese Voraussetzungen hier erfüllt sind, erscheint zweifelhaft. Zwar hat J die Bestellkarte ausgefüllt und unterschrieben, er hat sie aber nicht in Richtung auf den Empfänger auf den Weg gebracht. Vielmehr hat M ohne Wissen und Willen des J die Bestellkarte an den V-Verlag abgesandt. Zu der Abgabe eines Angebots könnte man also nur dann gelangen, wenn man die Abgabehandlung der M dem J wie seine eigene zurechnet. Ob und unter welchen Voraussetzungen das möglich ist, wird unterschiedlich beurteilt.

---

[5] vgl. die Nachweise in Fn. 3 dieses Kapitels

(a). Standpunkt des BGH:
Inverkehrbringen mit Willen des Erklärenden[6]

Der BGH hält strikt daran fest, dass die Erklärung <u>mit Willen des Erklärenden</u> in Richtung auf den Empfänger in den Rechtsverkehr gebracht wird[7]. Diese Anforderung ist hier nicht erfüllt, denn M ist eigenmächtig, d. h. ohne Wissen und Wollen des J, tätig geworden. Der dadurch beim Empfänger hervorgerufene <u>Schein einer abgegebenen Willenserklärung</u> reicht nach Ansicht des BGH für die Abgabe nicht aus. Folgt man diesem Standpunkt, so fehlt es hier an der Abgabe des Angebots und damit auch an dem vertraglichen Konsens. Danach ist zwischen J und V ein Kaufvertrag <u>nicht</u> zustande gekommen.

(b). Zurechenbares Inverkehrbringen ausreichend

Nach anderer Ansicht muss das Inverkehrbringen der Erklärung in Richtung auf den Empfänger nicht mit Willen des Erklärenden erfolgen. Vielmehr soll es genügen, wenn die Erklärung auf solche Weise in den Rechtsverkehr gelangt, dass man sie dem vermeintlich Erklärenden zurechnen kann[8]. Eine <u>Zurechenbarkeit</u> in diesem Sinne <u>wird angenommen, wenn jemand unter Missachtung der im Verkehr erforderlichen Sorgfalt, also fahrlässig, verursacht hat, dass seine Erklärung an den Empfänger gelangen konnte</u>. In diesem Fall erscheine das Vertrauen des Empfängers schutzwürdiger als der wirkliche Wille des Urhebers der Erklärung. Nach dieser Ansicht ist vorliegend zu prüfen, ob J entsprechend sorgfaltswidrig gehandelt hat.

Obwohl M laut Sachverhalt bereits mehrfach ohne vorherige Rücksprache Post des J abgeschickt hatte, ließ J die Bestellkarte achtlos auf seinem Schreibtisch zurück. Das Vorverhalten seiner Mutter war - davon ist bei realitätsnaher Interpretation des Sachverhalts auszugehen - dem J bekannt. Deswegen hätte J die unterschriebene Bestellung sorgfältig vor dem Zugriff der M verschließen oder aber M zumindest mit Nachdruck darauf hinweisen müssen, liegen gelassene Post nicht mehr, wie zuvor mehrfach geschehen, ohne vorherige Rücksprache abzuschicken. Dass J es unterlassen hat, die geschilderten Vorkehrungen zu treffen, verstößt gegen die im Verkehr erforderliche Sorgfalt. J handelte also fahrlässig (§ 276 Abs. 1 Satz 1). Aufgrund dessen ist ihm nach dieser zweiten Ansicht die eigenmächtige Abgabe der Angebotserklärung durch M zuzurechnen. J muss sich also so behandeln lassen, als habe er das Angebot selbst abgegeben. Nach diesem Standpunkt des Schrifttums und einiger Instanzgerichte liegt somit eine wirksame Abgabe der Angebotserklärung vor.

---

[6] <u>Wählen Sie bitte aussagekräftige Überschriften!</u> Überschriften wie zum Beispiel „1. Ansicht, 2. Ansicht, 3. Ansicht" etc. sind dagegen nichtssagend und also zu vermeiden.

[7] so BGHZ 65, 13 (14); BGH, NJW 1979, 2032 ff.; zustimmend Kallwass, Privatrecht, S. 84

[8] OLG Oldenburg MDR 1993, 419 (420); noch weitergehend Jauernig/Jauernig, § 130 Rdnr. 1, der nicht einmal ein fahrlässiges Verhalten des Erklärenden verlangt, sondern darauf abstellt, dass für den Empfänger das Fehlen einer Abgabehandlung des „Erklärenden" nicht erkennbar war.

(c). Entscheidung zugunsten des Verkehrsschutzes

Die letztgenannte Sichtweise ist vorzuziehen. Sie gewährleistet einen angemessenen Schutz des Rechtsverkehrs und ermöglicht eine differenzierte Beurteilung unterschiedlicher Sachverhalte, indem sie die Frage nach der Zurechenbarkeit zulässt[9]. Dies macht der zu beurteilende Fall deutlich: Der V-Verlag konnte hier in keiner Weise erkennen, dass mit der Bestellung etwas nicht in Ordnung ist. Sein Vertrauen auf das Vorliegen einer wirksamen Bestellung darf nicht ungeschützt bleiben, denn J hätte das Entstehen von Vertrauen auf Seiten des V-Verlags mit Hilfe der genannten Maßnahmen unschwer verhindern können.

Anders wäre demgegenüber zu entscheiden, wenn M niemals zuvor eigenmächtig Briefe des J bei zur Post gegeben hätte. In diesem Fall hätte J mit einem solchen Verhalten nicht rechnen müssen und folglich nicht sorgfaltswidrig gehandelt. Er könnte sich dann darauf berufen, dass ihm die Erklärung nicht als abgegeben zugerechnet werden darf, sondern sie ihm vielmehr abhanden gekommen ist. So liegt der Fall hier aber nicht. Nach alledem ist mit der sub (b). dargelegten Ansicht die Abgabe des Angebots durch J anzunehmen.

(2). Zugang des Angebots

Nach § 130 Abs. 1 Satz 1 genügt für das Wirksamwerden der empfangsbedürftigen Willenserklärung nicht allein die Abgabe. Vielmehr ist darüber hinaus erforderlich, dass die Erklärung zugeht. Dazu muss sie nach ständiger Rechtsprechung des BGH erstens in den Machtbereich des Empfängers gelangen und dies muss zweitens dergestalt geschehen, dass der Empfänger unter gewöhnlichen Umständen die Möglichkeit zur Kenntnisnahme hat[10]. Am Vorliegen dieser Voraussetzungen bestehen hier keine Zweifel. Das Angebot ist folglich zugegangen und damit wirksam geworden.

(II). Annahme

Für das Zustandekommen des Vertrages bedarf es ferner der wirksamen Annahmeerklärung.

Laut Sachverhalt hat der V-Verlag den Palandt samt Rechnung an J übersandt. Dadurch hat V schlüssig die auf den Abschluss eines Kaufvertrages über den Palandt gerichtete Annahme erklärt. Denn nur so konnte J unter

---

[9] Eine vermittelnde Ansicht vertritt Larenz. Er folgt im Grundsatz zwar dem BGH und verneint eine Abgabe der Willenserklärung. Man müsse aber dem Empfänger, der auf die Gültigkeit der in dem Brief enthaltenen Erklärung vertraut hat, in analoger Anwendung des § 122 einen Anspruch auf Ersatz des Vertrauensschadens zubilligen. Ein solcher Anspruch sei gerechtfertigt, weil derjenige, der einen Brief verschlossen und adressiert liegen lässt, den Anschein selbst herbeigeführt hat, der Brief sei von ihm auf den Weg gebracht worden und die darin enthaltene Erklärung also von ihm abgegeben. Vgl. Larenz, AT, § 21 II. a. (S. 408); zustimmend Schapp, Grundlagen, Rdnr. 351; so auch Rüthers, AT, Rdnr. 267

[10] statt vieler BGH, NJW 1998, 976; BGHZ 67, 271; merke aber: Dagegen sind die tatsächlichen und nicht die gewöhnlichen Umstände maßgeblich, wenn der Empfänger früher von dem Inhalt der Erklärung Kenntnis erhält, als es nach den gewöhnlichen Verhältnissen zu erwarten gewesen wäre. Vgl. Hirsch, AT, Rdnr. 239.

Zugrundelegen eines objektivierten Empfängerhorizonts[11] dieses Verhalten verstehen. Abgabe und Zugang dieser konkludenten Annahme sind ersichtlich erfolgt. Die wirksame Annahmeerklärung durch den V-Verlag ist hier somit unproblematisch.

(B). Ergebnis[12]

Damit ist zwischen J und dem V-Verlag ein wirksamer Kaufvertrag zustande gekommen[13].

Der V-Verlag hat also gegen J nach § 433 Abs. 2 einen Anspruch auf Zahlung des Kaufpreises.

b. Zugang

Im Vorhergehenden haben wir uns in erster Linie mit der <u>Abgabe</u> einer empfangsbedürftigen Willenserklärung befasst. Dabei kam der Begriff des Zugangs nur kurz zur Sprache. Mit ihm wollen wir uns im Folgenden ausführlich befassen.

Ausschlaggebend für den Zugangsbegriff ist eine sachgerechte Risikoverteilung zwischen Erklärendem und Empfänger.

aa. Die zugrunde liegende Risikoverteilung[14]

Mit der an einen Abwesenden gerichteten Erklärung ist naturgemäß das Risiko verbunden, dass die Erklärung den Empfänger nicht oder mit Verzögerung erreicht oder dass sie ihn zwar erreicht, er aber dennoch keine oder erst verspätet Kenntnis von ihr erlangt. Diese Risiken werden mit Hilfe des Zugangsbegriffs von der Rechtsprechung in angemessener Weise zwischen dem Erklärenden und dem Adressaten wie folgt aufgeteilt:

aaa. Das Verlust- und Verzögerungsrisiko

Der <u>Erklärende hat die (rechtzeitige) Übermittlung der Erklärung zu bewirken</u>. Ihn trifft folglich <u>das sog. Beförderungsrisiko</u>, genauer das Verlust- und Verzögerungsrisiko.
Der Erklärende hat somit zunächst dafür Sorge zu tragen, dass die Erklärung <u>in den Machtbereich des Empfängers gelangt</u> und dass dies im Falle einzuhaltender Fristen zudem <u>rechtzeitig</u> geschieht.

---

[11] vgl. dazu Kapitel 6, S. 95

[12] <u>Bitte stets daran denken:</u> Wer „A." sagt muss auch „B." sagen bzw. wer „I." sagt muss auch „II." sagen.

[13] Ob man den Erklärenden J hier als <u>zur Anfechtung berechtigt ansehen will</u>, mit der Folge, dass er zwar vom Vertrag und dessen Erfüllung loskommt, aber nach § 122 dem Anfechtungsgegner den Ersatz des Vertrauensschadens schuldet, kann hier offen bleiben, denn dem Sachverhalt ist selbst eine schlüssige Anfechtungserklärung nicht zu entnehmen (für ein Anfechtungsrecht wie bei fehlendem Erklärungsbewusstsein Jauernig/Jauernig, § 130 Rdnr. 1; vgl. dazu den Trierer Weinversteigerungsfall oben, S. 102).

[14] zu dieser Risikoverteilung eingehend Larenz/Wolf, AT, § 26 III. 2. (S. 472-474)

Das allein genügt aber nicht, denn anderenfalls könnte man dem Adressaten wichtige Erklärungen, wie eine Kündigung oder einen Rücktritt von einem Vertrag, „unterjubeln", indem man sie zum Beispiel in einen Aktenstapel oder ins Altpapier steckt, also an Orten zukommen lässt, an denen der Empfänger mit rechtsgeschäftlichen Erklärungen nicht rechnet und auch nicht zu rechnen braucht. Deswegen muss der Erklärende zusätzlich bewirken, dass die Erklärung derart in den Machtbereich des Empfängers gelangt, dass unter üblichen Umständen die Möglichkeit zur Kenntnisnahme besteht[15].

Sind diese beiden Voraussetzungen, d. h. erstens das Gelangen in den Machtbereich und zweitens die Möglichkeit zur Kenntnisnahme unter gewöhnlichen Umständen erfüllt, so geht die Erklärung zu. In diesem Zeitpunkt wird sie nach § 130 Abs. 1 Satz 1 wirksam.

Den Zugang als Wirksamkeitsvoraussetzung, bzw. die ihn begründenden Tatsachen, sind im Falle des Bestreitens vom Erklärenden zu beweisen. Dabei reicht es nicht aus, wenn der Erklärende beweist, dass er die Erklärung abgesandt hat, denn es gibt keine Vermutung für den Zugang abgesandter Briefe[16]. Es ist deshalb anzuraten, wichtige Schreiben im Beisein eines Zeugen beim Empfänger einzuwerfen oder als Einschreiben zur Post zu geben[17].

bbb. Das Risiko tatsächlicher Kenntnisnahme

Nach dem dargelegten Zugangsbegriff der Rechtsprechung gehen zum Beispiel briefliche Erklärungen zu, wenn sie durch die befördernde Post in den Briefkasten des Empfängers eingeworfen werden (Machtbereich) und dieser regulär zum nächsten Mal geleert wird bzw. werden kann[18] (Möglichkeit zur Kenntnisnahme unter gewöhnlichen Umständen).

Macht der Empfänger von der Möglichkeit der Kenntnisnahme keinen oder verspäteten Gebrauch, so hindert das den (rechtzeitigen) Zugang nicht. Eine „Vogel-Strauß-Politik" zu praktizieren, d. h. etwa einen Brief, dessen Inhalt man als „rechtlich unangenehm" einschätzt, einfach ungelesen wegzuwerfen oder erst eine längere Zeit verstreichen zu lassen, bevor man ihn liest, nutzt folglich nichts. Das Risiko tatsächlicher Kenntnisnahme trägt zu Recht der Empfänger. Anderenfalls könnte der sich darauf berufen, von der Erklärung erst zu einem späteren Zeitpunkt oder überhaupt keine Kenntnis erlangt zu haben, ohne dass der Erklärende dagegen etwas ausrichten könnte.

Nimmt der Empfänger hingegen ausnahmsweise früher von dem Inhalt der Erklärung Kenntnis, als es nach dem gewöhnlichen Lauf der Dinge zu erwarten gewesen wäre, so

---

[15] Eine andere Formulierung, mit der das Gleiche gemeint ist, lautet, dass „*nach der Verkehrsanschauung unter normalen Verhältnissen mit der Kenntnisnahme durch den Empfänger zu rechnen ist*". So etwa Kallwass, Privatrecht, S. 83

[16] OLG Frankfurt, VersR 1996, 90

[17] Dabei kann man zwischen „Übergabe-Einschreiben" und „Einwurf-Einschreiben" wählen. Zu den beweisrechtlichen Vor- und Nachteilen der beiden Einschreibeformen vgl. Hirsch, AT, Rdnrn. 251-258

[18] also nicht nachts oder sonntags, wohl aber während urlaubsbedingter Abwesenheit (vgl. dazu sogleich, S. 182/183); bei Geschäftsbriefkasten nur in gewöhnlicher Geschäftszeit (in der Regel nicht mehr samstags); vgl. dazu eingehend Larenz/Wolf, AT, § 26 III. 3. (S. 475/476, Rdnr. 28).

ist dieser frühere Zeitpunkt maßgebend, denn die <u>tatsächliche Kenntniserlangung ist das Idealziel</u>[19].

bb. Maßgeblichkeit des Zugangs- oder des Abgabezeitpunkts

Nach § 130 Abs. 1 Satz 1 wird die Erklärung, wie bereits erwähnt, <u>im Zeitpunkt ihres Zugangs wirksam</u>. Das bedeutet zum Beispiel, dass ein Dauerschuldverhältnis durch Kündigungserklärung mit deren Zugang beendet ist. Ferner wandelt sich ein Vertrag mit Zugang der Rücktrittserklärung in ein Rückgewährschuldverhältnis. Das Vertragsangebot nach § 145 schließlich wird im Zeitpunkt seines Zugangs bindend.
Für die <u>Rechtzeitigkeit einer Erklärung</u>, die innerhalb einer bestimmten Frist zu erfolgen hat (vgl. § 148[20]), ist ebenfalls der Zugang maßgeblich.

Allerdings regelt das Gesetz für bestimmte Erklärungen zugunsten des Absenders ausnahmsweise davon Abweichendes. So gilt nach § 121 Abs. 1 Satz 2 die Irrtumsanfechtung als rechtzeitig erfolgt, wenn die Anfechtungserklärung unverzüglich abgesendet worden ist.

Überdies ist es nach § 130 Abs. 2 für die Wirksamkeit der empfangsbedürftigen Willenserklärung <u>ohne Bedeutung</u>, wenn der Erklärende <u>nach Abgabe aber vor Zugang stirbt oder geschäftsunfähig wird</u>. Anders gewendet: Es genügt, wenn im Zeitpunkt der Abgabe der Willenserklärung der Erklärende noch gelebt hat und geschäftsfähig gewesen ist.

Ferner ist eine Erklärung anfechtbar, wenn der Erklärende <u>im Zeitpunkt ihrer Abgabe einem Irrtum unterlegen war</u>, mag dieser auch bis zum Zugang (schon) entfallen, d. h. aufgeklärt, sein[21].

cc. Längere Abwesenheiten des Empfängers

Aus der sub aa. skizzierten Risikoverteilung ergibt sich, dass demjenigen, der sich auf Urlaubsreise oder im Krankenhaus befindet oder etwa wegen des Verbüßens einer Freiheitsstrafe <u>längere Zeit von zu Hause abwesend</u> ist, ein in seinen Briefkasten eingeworfenes Schreiben (= Gelangen in Machtbereich) in aller Regel am folgenden Werktag (= Kenntnisnahmemöglichkeit unter üblichen Umständen) zugeht. Die genannten Abwesenheitsgründe sind in der Person des Empfängers begründet. Der Absender kann sie nicht beeinflussen. Es ist folglich Sache des Empfängers, eine <u>Hilfsperson damit zu beauftragen, die Post zu sichten</u> und das Notwendige zu veranlassen. Überdies hat der Adressat die Möglichkeit, einen <u>Nachsendeauftrag einzurichten</u>, damit an ihn gerichtete Postsendungen an seinen jeweiligen Aufenthaltsort weitergeleitet werden.

Hat der Empfänger im Falle seiner Ortsabwesenheit die Nachsendung veranlasst, so bewirkt <u>erst die Aushändigung am Aufenthaltsort den Zugang</u>[22]. Die <u>mit einem ord-</u>

---

[19] Larenz/Wolf, AT, § 26 III. 3. (Rdnr. 29, S. 476); vgl. auch Fn. 10
[20] Zum Beispiel kann die Annahme eines <u>fristgebundenen Angebots</u> nach § 148 nur innerhalb der bestimmten Frist erklärt werden. Allerdings ist es unter Berücksichtigung der besonderen Umstände des Einzelfalls bisweilen möglich, eine <u>rechtsgeschäftlich</u> bestimmte Frist <u>so auszulegen, dass zur Fristwahrung die Abgabe der Erklärung ausreicht</u>.
[21] Larenz, AT, § 21 II. a. (S. 407)

nungsgemäß eingerichteten Nachsendeauftrag einhergehende Verzögerung geht nach Ansicht des BGH zu Lasten des Erklärenden, hier also des Absenders[23]. So wird etwa bei urlaubsbedingter Abwesenheit für die Rechtzeitigkeit einer Kündigungserklärung nicht auf den Zeitpunkt abgestellt, in dem die Erklärung am Wohnort zugegangen wäre, sondern in dem sie am Urlaubsort zugeht. Das erscheint vor allem gerechtfertigt, wenn dem Absender (z. B. Vermieter oder Arbeitgeber) die Abwesenheit des Adressaten bereits geraume Zeit vorher bekannt war und er die aufgrund der Nachsendung hinzukommende Zeitspanne in die Übermittlungsdauer hätte mit einrechnen können.

In Fällen, in denen der Absender dagegen nicht mit der Abwesenheit rechnen musste, soll die Zeitspanne der Nachsendung für die Frage der Rechtzeitigkeit außer Betracht bleiben. Der Zugang erfolgt zwar auch diesmal erst mit Aushändigung am Aufenthaltsort. Dieser sei jetzt dennoch als rechtzeitig anzusehen, wenn der Zugang am Wohnort rechtzeitig erfolgt wäre[24], weil mit der Abwesenheit des Empfängers nicht gerechnet werden musste.

dd. Zugangshindernisse und ihre rechtlichen Folgen

Nimmt der Empfänger vom Inhalt zugegangener Erklärungen keine bzw. bei fristgebundenen Erklärungen erst verspätet Kenntnis, so kann er sich, wie dargelegt, darauf nicht berufen, denn ihn trifft das Risiko tatsächlicher Kenntnisnahme.

Wie aber verhält es sich, wenn der Empfänger nicht erst die Kenntnisnahme unterlässt, sondern bereits den Zugang vereitelt oder verzögert, indem er verhindert, dass die Erklärung (rechtzeitig) in seinen Machtbereich gelangt?

Angesichts der Mannigfaltigkeit denkbarer Zugangshindernisse ist eine gesetzliche Regelung dazu unterblieben. Zugangshindernisse werden nach Treu und Glauben und somit danach behandelt, ob das jeweilige Hindernis in die Einflusssphäre des Erklärenden oder des Empfängers fällt. Im Folgenden seien die wichtigsten Zugangshindernisse und ihre Handhabung durch Literatur und Rechtsprechung skizziert.

Da der Erklärende, wie dargelegt, das Beförderungsrisiko trägt, geht es grundsätzlich zu seinen Lasten, wenn zum Beispiel ein Fax den Empfänger verstümmelt und unleserlich erreicht oder ein Brief bei der Post verloren geht. Dies ist gerechtfertigt, weil diese Zugangshindernisse der Einflusssphäre des Erklärenden zuzurechnen sind.

Allerdings wäre es mit Treu und Glauben nicht zu rechtfertigen, das Risiko eines fehlgeschlagenen oder verspäteten Zugangs ausnahmslos dem Erklärenden aufzubürden. Im Hinblick auf Hindernisse in der Sphäre des Empfängers lässt sich das Zugangsrisiko nicht pauschal dem Erklärenden zuweisen.

So wäre es nicht nachvollziehbar, die Nachteile für eine nicht funktionstüchtige Empfangsvorrichtung (objektives Hindernis in der Empfängersphäre) ebenfalls dem Erklärenden aufzuerlegen, da in aller Regel aufgrund der Teilnahme am Rechtsverkehr -

---

[22] Palandt/Heinrichs, § 130 Rdnr. 6

[23] BGH, NJW 1996, 1967

[24] so etwa Larenz, AT, § 21 II. b. (S. 414); zustimmend Hirsch, AT, Rdnr. 249, der meint, dass der Adressat sich nicht auf die Nachsendung berufen könne, wenn das Schreiben ohne die Nachsendung pünktlich zugegangen wäre.

sei es beruflich oder privat - die <u>Obliegenheit</u>[25] besteht, funktionsfähige Empfangsvorrichtungen (Briefkasten, Faxgerät mit ausreichend Papier etc.) vorzuhalten.

Missachtet der Adressat <u>aufgrund von Nachlässigkeit</u> (<u>unabsichtlich</u>) diese Obliegenheit, so gilt Folgendes:
Zwar hat der Erklärende den Zugang der Erklärung zu bewirken, indem er die Erklärung erneut auf den Weg bringt. Notfalls muss er den Zugang nach § 132 bewerkstelligen, d. h. die Erklärung durch einen Gerichtsvollzieher nach den Vorschriften der Zivilprozessordnung (ZPO), etwa durch Niederlegung, zustellen lassen[26]. Der schließlich herbeigeführte Zugang wirkt aber auf den ersten fehlgeschlagenen Versuch zurück (= Fiktion der Rechtzeitigkeit). Dies leitet man aus dem Grundsatz von Treu und Glauben (vgl. § 242) her[27].

Im Falle der <u>absichtlichen und grundlosen</u>[28] Annahmeverweigerung werden der <u>Zugang und dessen Rechtzeitigkeit fingiert</u> (subjektives Hindernis in der Empfängersphäre). Denn es ist nicht einzusehen, warum der Erklärende einen weiteren Zugangsversuch unternehmen soll, um zu klären, ob der Adressat an seinem treuwidrigen Verweigerungswillen festhält[29].

Hierher gehört auch der Fall, dass es der <u>Adressat absichtlich unterlässt, ein hinterlegtes Übergabe-Einschreiben bei der Post abzuholen</u>, um etwa den Zugang einer unwillkommenen Erklärung zu verhindern. Dazu muss man Folgendes wissen: Trifft der Postbote niemanden an, hinterlässt er einen Benachrichtigungszettel, demzufolge bei der Post für eine bestimmte Zeit das Einschreiben hinterlegt ist. Der Benachrichtigungszettel enthält keinen Hinweis auf den Inhalt des Einschreibens. Die in dem Einschreiben enthaltene <u>Willenserklärung befindet sich</u> vielmehr <u>noch im Machtbereich der Post</u> und ist mithin noch nicht zugegangen. Dennoch muss der Adressat sich wiederum nach Treu und Glauben ohne weiteres so behandeln lassen, als sei ihm das Einschreiben (rechtzeitig) zugegangen[30].

---

[25] <u>Obliegenheiten</u> weisen gegenüber den Leistungs- und Schutzpflichten die Besonderheit auf, dass sie im Falle ihrer Verletzung <u>nicht zu einer Schadensersatzpflicht, sondern zu einem Rechts(positions)verlust</u> führen. Deswegen bezeichnet man die Obliegenheiten auch als „*Pflichten im eigenen Interesse*". Obliegenheiten haben vor allem im Versicherungsrecht große Bedeutung (z.B.: Die Obliegenheit des Versicherungsnehmers zur unverzüglichen Anzeige eines Versicherungsfalls). Ein wichtiger Fall von Obliegenheitsverletzung ist ferner das Mitverschulden nach § 254. Dazu etwa Kallwass, Privatrecht, S. 123/124

[26] dazu Larenz/Wolf, AT, § 26 III. 4. (S. 476, Rdnr. 30)

[27] so Lange, Basiswissen, S. 31; vgl. dazu ferner Haas, JA 1997, 116 (123) sowie Larenz, AT, § 21 II. 2. b. (S. 413/414)

[28] Anders liegt der Fall, wenn der Adressat zum Beispiel eine <u>unterfrankierte Postsendung</u> zurückgehen lässt, statt ein Strafporto zu entrichten. Dann wird der (rechtzeitige) Zugang nicht fingiert, denn es liegt in der Risikosphäre des Erklärenden, die ordnungsgemäße Beförderung der Erklärung zu veranlassen. Von einer <u>grundlosen</u> Annahmeverweigerung kann nicht die Rede sein.

[29] BGH, NJW 1983, 929 ff.

[30] BGH, NJW 1998, 976

2. Willenserklärungen gegenüber Anwesenden

Es wurde bereits erwähnt, dass § 130 Abs. 1 Satz 1 nach allgemeiner Meinung trotz seines Wortlauts („... *in dessen Abwesenheit...* ") auf Willenserklärungen gegenüber Anwesenden entsprechend anzuwenden ist.

Erklärungen gegenüber Anwesenden werden in aller Regel mündlich abgegeben. Als solche ist übrigens auch die durch Fernsprecher dem Empfänger übermittelte Erklärung anzusehen (vgl. § 147 Abs. 1 Satz 2).

Eine mündliche Erklärung ist abgegeben, wenn der Erklärende sie zu dem Adressaten spricht, d. h. sie diesem gegenüber ausspricht.

Darüber hinaus muss eine solche Erklärung, um wirksam zu werden, ebenfalls zugehen. Insoweit ist umstritten, ob und inwieweit der Empfänger überdies die Erklärung vernommen haben muss.

Nach der Erklärungstheorie geht dem Anwesenden eine mündliche Erklärung schon dann zu, wenn der Erklärende sich klar und deutlich ausgedrückt hat und er dabei davon ausgehen konnte, der Adressat habe ihn richtig verstanden.

Dagegen verlangt die Vernehmungstheorie, dass der Adressat die Erklärung überdies tatsächlich vernommen und die Worte lautlich (= akustisch) zutreffend wahrgenommen hat. Ob die Erklärung inhaltlich richtig verstanden bzw. gedeutet wird, ist dagegen auch nach dieser Ansicht unerheblich.

Für die erstgenannte Position spricht, dass es für den Zugang der Erklärung unter Abwesenden auch lediglich auf die Möglichkeit der Kenntnisnahme unter gewöhnlichen Umständen ankommt. Auf eine tatsächliche Kenntnisnahme, hier das tatsächliche Vernehmen, kommt es somit nicht an. Anderenfalls müsste man es dem Erklärenden anlasten, wenn der Empfänger aus Nachlässigkeit nicht oder unaufmerksam hinhört. Das erscheint nicht sachgerecht.

Eine vermittelnde Ansicht, die man als abgeschwächte Vernehmungstheorie bezeichnet, vertreten Larenz/Wolf[31]. Sie ergänzen die Erklärungstheorie dahingehend, dass der Erklärende sich (nur) dann, wenn er an der akustisch zutreffenden Vernehmung vernünftigerweise Zweifel haben musste, sich durch Nachfrage beim Empfänger vergewissern müsse, ob seine Worte lautlich richtig und vollständig verstanden wurden.

Eine weitere Auseinandersetzung mit den verschiedenen Ansichten muss in diesem Grundriss unterbleiben, zumal die Relevanz in der Praxis gering erscheint.

---

[31] Larenz/Wolf, AT, § 26 IV. 3. b. (S. 478, Rdnr. 36)

II. Der Widerruf empfangsbedürftiger Willenserklärungen (§ 130 Abs. 1 Satz 2)

Nach § 130 Abs. 1 Satz 2 wird die empfangsbedürftige Willenserklärung <u>nicht wirksam, wenn dem anderen vorher oder gleichzeitig ein Widerruf zugeht</u>. Der Widerruf ist gegenüber einem Adressaten zu erklären, also ebenfalls empfangsbedürftig. Wie jede andere empfangsbedürftige Willenserklärung geht der Widerruf zu, wenn er so in den Machtbereich des Empfängers gelangt, dass dieser unter gewöhnlichen Umständen die Möglichkeit der Kenntnisnahme hat. Dazu folgender Fall:

Fall: 9 „Der Silbergulden des Welfenherzogs"

Sachverhalt:

K ist leidenschaftlicher Sammler altdeutscher Gulden und Stammkunde bei dem Münzhändler V. An einem Montag teilt V dem K sowie zwei weiteren Kunden mit, dass er einen „Palmbaumgulden mit einer seltenen Portraitvariante des Welfenherzogs Johann Friedrich" hereinbekommen habe, den er für 500 Euro abgeben würde. Bei Interesse werde um Mitteilung innerhalb der nächsten drei Wochen gebeten. Am folgenden Tag antwortet K dem V in einem an die Geschäftsadresse gerichteten Brief, dass er den seltenen Gulden zum Preis von 500 Euro kaufe. Am Dienstagabend erzählt K auf dem wöchentlichen Tauschtreffen von der außergewöhnlichen Münze. Dabei stellt sich heraus, dass selbst für die seltene Variante allenfalls ein Preis von ca. 250 Euro handelsüblich ist. Sofort verfasst K ein Widerrufsschreiben, das er noch in der Nacht von Dienstag auf Mittwoch in den Geschäftsbriefkasten des V einwirft. Am Mittwoch findet und liest V in seiner Geschäftspost, die wie immer durch den Zusteller gegen 10.45 Uhr eintrifft, um 11.00 Uhr zunächst Ks Bestellung. Hocherfreut antwortet er dem K, dass der Kauf in Ordnung gehe. Daraufhin sieht V seine Geschäftspost weiter durch und liest schließlich das Widerrufsschreiben.

Erstaunt meldet sich K bei V und weist auf seinen Widerruf hin. V meint, dass der Widerruf zu spät erfolgt sei. <u>Er bestehe auf Abnahme des Guldens und Zahlung von 500 Euro. Zu Recht?</u>

Lösungsvorschlag zu Fall 9

V könnte gegen K nach § 433 Abs. 2 einen Anspruch auf Zahlung von 500 Euro und Abnahme der Münze haben. Nach dieser Vorschrift ist der Käufer verpflichtet, dem Verkäufer den vereinbarten Kaufpreis zu zahlen und die gekaufte Sache abzunehmen.

(A). Wirksamer Kaufvertrag?

Es müsste also zwischen V und K ein wirksamer Kaufvertrag zustande gekommen sein. Dies setzt ein Angebot sowie dessen Annahme voraus.

(I). Angebot

(1). Die Mitteilung des V als invitatio ad offerendum[32]

Es erscheint zweifelhaft, ob bereits in Vs Mitteilung vom Montag ein Angebot auf Abschluss eines Kaufvertrags gesehen werden kann.

Würde man in der Mitteilung des K an seine Kunden bereits jeweils ein Angebot sehen, das nach § 145 bindende Wirkung entfaltet, so bestünde die Möglichkeit, dass alle drei Kunden die Angebote annehmen. Dann wäre V aufgrund von drei Kaufverträgen jeweils zur Übergabe und Übereignung des Guldens verpflichtet, obwohl er nur über ein Exemplar verfügt. V kann nur einen Vertrag erfüllen. Selbst wenn er sich weitere ähnliche Exemplare beschaffen könnte, würde sich daran nichts ändern, da es sich um einen Spezieskauf handelt. In Bezug auf die (beiden) unerfüllten Verträge würde V Gefahr laufen, sich wegen deren Nichterfüllung schadensersatzpflichtig zu machen[33]. Schon deswegen kann man nicht davon ausgehen, dass V dem K mit seiner Mitteilung ein bindendes Angebot machen wollte. Vielmehr ist in der Mitteilung des V vom Montag ähnlich wie bei einer Schaufensterauslage, einer Zeitungsannonce oder sonstiger Werbung lediglich eine Einladung zu sehen, die Kunden mögen ihrerseits bei Interesse ein Angebot abgeben. Bei Vs Mitteilung handelt es sich also um eine sog. invitatio ad offerendum, bei der dem Erklärenden der für ein Angebot charakteristische Rechtsbindungswille fehlt.

(2). Ks Schreiben vom Dienstagvormittag

Allerdings hat K in seinem Schreiben vom Dienstagvormittag dem V ein Kaufangebot unterbreitet.

(a). Abgabe und Zugang des Angebots

Indem er das Schreiben an die Geschäftsadresse des V sandte, hat er das Angebot so auf den Weg gebracht, dass er mit der weiteren Beförderung in Richtung auf V rechnen konnte und davon ausging, dass es den V erreichen werde. Die Abgabe des Angebots ist somit erfolgt.

Zugegangen ist dieses Angebot in dem Zeitpunkt, in dem es dergestalt in Vs Machtbereich gelangt ist, dass unter gewöhnlichen Umständen, d. h. nach den vorliegenden Gepflogenheiten des Geschäftsverkehrs, mit der Durchsicht der Geschäftspost gerechnet werden kann. Eine solche Möglichkeit zur Kenntnisnahme hat mittwochs ab dem Zeitpunkt bestanden, in dem die Post bzw. das Beförderungsunternehmen die Poststücke üblicherweise in Vs Briefkasten (Machtbereich) einwirft und V unter normalen Umständen, d. h. etwa 15 Minuten später, das Schreiben zur Kenntnis nehmen kann. In diesem Zeitpunkt, also hier um 11.00 Uhr, wird das Angebot nach § 130 Abs. 1 Satz 1 (grundsätzlich) wirksam, es sei denn, es ist wirksam widerrufen worden.

---

[32] Bitte denken Sie daran, aussagekräftige Überschriften zu wählen.
[33] wegen Unmöglichkeit der Erfüllung nach § 280 Abs. 1 und 3 i. V. m. § 283; vgl. dazu ausführlich oben, S. 128/129

(b). Wirksamer Widerruf des Angebots gemäß § 130 Abs. 1 Satz 2?
Ausnahmsweise wird nach § 130 Abs. 1 Satz 2 die Erklärung - obwohl die Voraussetzungen des § 130 Abs. 1 Satz 1 vorliegen - nicht wirksam, wenn dem anderen vorher oder gleichzeitig ein Widerruf zugeht.

Hier könnte K durch das Dienstagnacht in Vs Geschäftsbriefkasten eingeworfene Widerrufsschreiben sein Angebot wirksam widerrufen haben. Dazu müsste die Widerrufserklärung dem V vor oder zumindest gleichzeitig mit dem Angebot zugegangen sein.

Als empfangsbedürftige Willenserklärung geht der Widerruf unter den gleichen Voraussetzungen zu wie das Angebot. Er muss also ebenfalls dergestalt in den Machtbereich des Empfängers gelangt sein, dass dieser unter gewöhnlichen Umständen die Möglichkeit zur Kenntnisnahme hat. Das Widerrufsschreiben ist noch in der Nacht von Dienstag auf Mittwoch in den Machtbereich (Geschäftsbriefkasten) des V gelangt. Die Möglichkeit zur Kenntnisnahme hat, ebenso wie bei dem Angebot, mittwochs ab 11.00 Uhr bestanden. Demnach ist V das Widerrufsschreiben am Mittwoch um 11.00 Uhr und somit gleichzeitig mit dem Angebot zugegangen. K hat damit sein Angebot nach § 130 Abs. 1 Satz 2 wirksam widerrufen.

Es kommt nicht darauf an, dass A den Widerruf später als die Bestellung auf den Weg in Richtung des V gebracht hat (Abgabe der Erklärung).
Ferner ist es ohne Bedeutung, dass V den Widerruf erst nach dem Vertragsangebot zur Kenntnis genommen hat.

(II). Angebot wirksam widerrufen
Nach alledem ist das Angebot nicht wirksam geworden. Vs Annahmeerklärung ging damit ins Leere.

(B). Ergebnis
Es fehlt also an einem Konsens und mithin an einem wirksamen Kaufvertrag. Die Voraussetzungen des § 433 Abs. 2 sind nicht erfüllt.
V hat somit gegen K keinen Anspruch auf Zahlung von 500 Euro und Abnahme des Guldens.

III. Wirksamwerden nicht empfangsbedürftiger Willenserklärungen

Abschließend sei kurz die Frage behandelt, in welchem Zeitpunkt <u>nicht</u> empfangs-bedürftige Willenserklärungen wirksam werden.

Diese Frage ist gesetzlich nicht geregelt. Da es bei solchen Erklärungen auf die Wahrnehmung bzw. Kenntnisnahme durch einen Adressaten nicht ankommt, werden sie wirksam, sobald der Erklärende alles getan hat, um seinen <u>rechtsgeschäftlichen Willen in einer solchen Weise zu äußern, dass an der Endgültigkeit dieses Willens kein Zweifel mehr sein kann</u> (<u>Abgabe der Erklärung</u>)[34].

So wird beispielsweise das Testament im Zeitpunkt seiner Errichtung wirksam, d. h. wenn der Erblasser endgültig und erkennbar seinen letzten Willen äußert, ohne dass es <u>gegenüber</u> anderen Personen, etwa den Begünstigten, erklärt zu werden braucht. Dass die im Testament niedergelegten eigentlichen Wirkungen für die Verteilung des Nach-lasses erst im Zeitpunkt des Erbfalls, also oftmals erst viele Jahre nach Abgabe der Erklärung eintreten, ändert daran nichts.

Weitere Wirksamkeitsvoraussetzung ist allerdings, dass der Erblasser die besonderen erbrechtlichen Formerfordernisse - also beim eigenhändigen Testament die des § 2247 - beachtet, da anderenfalls Formnichtigkeit nach § 125 Satz 1 eintritt.

---

[34] so die Formulierung bei Larenz, AT, § 21 II. a. (S. 407)

Fragen zu Kapitel 11

1. Was versteht man unter einer empfangsbedürftigen Willenserklärung?

2. Welche Willenserklärungen erfasst § 130 seinem Wortlaut nach?

3. In welchem Zeitpunkt wird eine Willenserklärung wirksam?

4. Was versteht man unter Abgabe einer Willenserklärung?

5. Was setzt der Zugang einer Willenserklärung voraus?

6. Wer muss die den Zugang begründenden Tatsachen im Bestreitensfalle beweisen und wie lässt sich dieser Nachweis in der Praxis führen?

7. Kann man ein Angebot jederzeit widerrufen?

8. Ist ein Testament widerruflich?

9. Wird eine empfangsbedürftige Willenserklärung wirksam, wenn der Erklärende zwischen Abgabe und Zugang stirbt?

10. Liegt darin, dass jemand eigenmächtig einen Brief ohne den Willen des Verfassers absendet, die Abgabe der im Brief enthaltenen Erklärung?

Antworten (Kapitel 11)

zu Frage 1:
Empfangsbedürftige Willenserklärungen sind solche, die sich an eine andere Person richten. Der Erklärende hat sie, wie das BGB es vielfach formuliert, einem anderen gegenüber zu erklären (zum Wirksamwerden solcher Erklärungen vgl. Fragen 3 bis 5). Die meisten Willenserklärungen sind empfangsbedürftig. So ist das auf Vertragsschluss gerichtete Angebot dem potentiellen Vertragspartner anzutragen (vgl. § 145). Der Rücktritt von einem Vertrag erfolgt nach § 349 durch Erklärung gegenüber dem anderen Teil (= Vertragspartner). Die Anfechtung ist nach § 143 Abs. 1 gegenüber dem Anfechtungsgegner zu erklären.

zu Frage 2:
Seinem Wortlaut nach erfasst § 130 Abs. 1 Satz 1 nur Willenserklärungen gegenüber einem Abwesenden ("...in dessen Abwesenheit...").
Allerdings wird die Vorschrift auf Willenserklärungen gegenüber Anwesenden entsprechend angewendet.

zu Frage 3:

Das ist bei empfangsbedürftigen und nicht empfangsbedürftigen Willenserklärungen unterschiedlich.

Bei <u>nicht empfangsbedürftigen Willenserklärungen</u>, wie etwa dem Testament, kommt es nicht auf die Wahrnehmung durch einen anderen an. Sie werden demgemäß bereits <u>mit ihrer Abgabe</u> (vgl. dazu Frage 4) <u>wirksam</u>.

<u>Empfangsbedürftige Willenserklärungen</u> werden nach § 130 Abs. 1 Satz 1 dagegen nicht schon mit Abgabe, sondern erst in dem Zeitpunkt wirksam, in dem sie dem Adressaten <u>zugehen</u>. Was darunter zu verstehen ist, hat der Gesetzgeber nicht selbst geregelt. Mit dem von der Rechtsprechung entwickelten Zugangsbegriff befasst sich Frage 5.

zu Frage 4:

Nicht empfangsbedürftige Willenserklärungen sind bereits dann abgegeben, wenn der Erklärende alles getan hat, um seinen rechtsgeschäftlichen Willen in einer solchen Weise zu <u>äußern, dass an der Endgültigkeit dieses Willens kein Zweifel mehr besteht.</u>

Ist die Erklärung empfangsbedürftig, so ist darüber hinaus erforderlich, dass sie mit Willen des Erklärenden (so vor allem der BGH) oder zumindest zurechenbar (so die wohl überwiegende Auffassung im Schrifttum) <u>in Richtung auf den Adressaten in den Rechtsverkehr gebracht wird und der Erklärende damit rechnen konnte und damit gerechnet hat, dass sie den Adressaten erreichen werde.</u>

zu Frage 5:

<u>Zugehen müssen nur empfangsbedürftige Willenserklärungen.</u> Dabei ist zwischen Willenserklärungen gegenüber Anwesenden und solchen gegenüber Abwesenden zu unterscheiden.

Erklärungen <u>unter Anwesenden</u> erfolgen in aller Regel mündlich. Unter welchen Voraussetzungen mündliche Erklärungen unter Anwesenden zugehen, ist umstritten. Nach der <u>Erklärungstheorie</u> soll dies schon dann der Fall sein, wenn der Erklärende sich klar und deutlich ausgedrückt hat und davon ausgehen konnte, der Adressat habe ihn lautlich (= akustisch) richtig verstanden. Dagegen verlangt die <u>Vernehmungstheorie</u>, dass der Adressat die Erklärung tatsächlich vernommen und die Worte akustisch zutreffend wahrgenommen hat. Ob die Erklärung inhaltlich richtig verstanden bzw. gedeutet wird, ist nach beiden Ansichten unerheblich.

Willenserklärungen, die <u>gegenüber einem Abwesenden</u> abgegeben werden, gehen zu, wenn sie erstens in den <u>Machtbereich des Empfängers</u> gelangen und zwar zweitens dergestalt, dass der Empfänger <u>unter gewöhnlichen Umständen die Möglichkeit der Kenntnisnahme</u> hat. Hinter diesem von der Rechtsprechung entwickelten Zugangsbegriff steht der Gedanke, bestimmte Risiken zwischen Erklärendem und Empfänger sachgerecht zu verteilen. Danach hat der Erklärende das Übermittlungsrisiko, d. h. das Verlust- und Verzögerungsrisiko, zu tragen, der Empfänger das der tatsächlichen Kenntnisnahme.

zu Frage 6:

Da der Zugang Wirksamkeitsvoraussetzung einer empfangsbedürftigen Erklärung ist, sind <u>die den Zugang begründenden Tatsachen</u>, wenn der Adressat sie bestreitet, <u>vom</u>

Erklärenden zu beweisen. Dazu reicht es nicht aus, dass der Erklärende beweist, die Erklärung abgesandt zu haben, denn es gibt keine Vermutung für den Zugang abgesendeter Briefe. Es ist deshalb anzuraten, wichtige Schreiben im Beisein eines Zeugen beim Empfänger einzuwerfen oder als Einschreiben zur Post zu geben.

zu Frage 7:

Ein Angebot (= Antrag) ist eine empfangsbedürftige Willenserklärung. Folglich kann es nicht jederzeit widerrufen werden. Vielmehr muss dazu nach § 130 Abs. 1 Satz 2 die Widerrufserklärung vorher oder gleichzeitig mit der zu widerrufenden Erklärung zugehen. Im Übrigen wird das Angebot mit seinem Zugang nach § 145 grundsätzlich bindend, was den Widerruf nach diesem Zeitpunkt einmal mehr ausschließt.
Eine Ausnahme von § 130 Abs. 1 Satz 2 stellt das Widerrufsrecht des Verbrauchers bei Verbraucherverträgen dar (vgl. § 355 sowie zum Beispiel § 312 (Haustürgeschäfte), § 312 d (Fernabsatzverträge) und § 495 Verbraucherdarlehensverträge).

zu Frage 8:

Anders als eine empfangsbedürftige Willenserklärung ist das Testament als nicht empfangsbedürftige Willenserklärung gemäß § 2253 jederzeit widerruflich, denn es gibt keinen Empfänger, dessen Vertrauen auf den Fortbestand dieser letztwilligen Verfügung als rechtlich schutzwürdig anzusehen wäre.

zu Frage 9:

Ja, denn nach § 130 Abs. 2 ist es auf die Wirksamkeit der Willenserklärung ohne Einfluss, wenn der Erklärende nach Abgabe stirbt oder geschäftsunfähig wird.

zu Frage 10:

Dies ist umstritten. Hält man mit dem BGH strikt daran fest, dass die Erklärung mit Willen des Erklärenden in Richtung auf den Empfänger in den Rechtsverkehr gebracht wird, so fehlt es bei dem von einem Dritten eigenmächtig abgesendeten Brief an der Abgabe der Erklärung.
Folgt man dagegen der vom überwiegenden Schrifttum vertretenen Ansicht, so reicht es aus, wenn die Erklärung in zurechenbarer Weise in Richtung auf den Adressaten in den Rechtsverkehr gelangt. Danach kommt es darauf an, ob der Verfasser der brieflichen Erklärung unter Verletzung der im Rechtsverkehr erforderlichen Sorgfalt, also fahrlässig, dazu beigetragen hat, dass die Erklärung in den Rechtsverkehr gelangen konnte. Dies ist zum Beispiel der Fall, wenn Angehörige oder Freunde zuvor bereits häufiger fremde Schriftstücke ohne Rücksprache zur Post gegeben haben und das dem Verfasser bekannt war. In diesem Fall ist dem Verfasser des Briefes die darin enthaltene Erklärung nicht abhanden gekommen. Vielmehr wird ihm die Abgabehandlung der „selbsternannten Hilfsperson" wie eine eigene zugerechnet, um so das Vertrauen des Empfängers zu schützen.

Kapitel 12

Angebot und Annahme (§§ 145 ff.)

Bei Annahme und Angebot handelt es sich um empfangsbedürftige Willenserklärungen[1]. Ihr Wirksamwerden setzt somit nach § 130 Abs. 1 Satz 1 Abgabe und Zugang voraus. Allerdings finden sich in den §§ 145 ff. einige Besonderheiten, vor allem im Hinblick auf die Annahme und deren Rechtzeitigkeit.

Durch Angebot und Annahme kommt - so ist es in § 151 Satz 1, 1. HS. ausdrücklich formuliert - der Vertrag zustande. Von diesem Modell, wonach das Angebot, das bisweilen auch als Antrag bezeichnet wird (vgl. § 145), den gesamten Inhalt des Vertrages umfasst und der andere Teil nur noch „ja" sagen muss (= Annahme), geht das BGB aus. Freilich werden in der Praxis etwa bei umfangreichen von einem Notar vorab ausgearbeiteten Vertragswerken Angebot und Annahme oftmals nicht mehr so genau zu unterscheiden sein. In solchen Fällen besteht aber an der Einigung der Vertragsschließenden meistens kein Zweifel[2]. Angebot und Annahme müssen dann im Gutachten nicht langatmig dargelegt werden. Vielmehr reicht es, kurz den vertraglichen Konsens festzustellen.

In der Ausbildung gibt aber der zu beurteilende Sachverhalt oftmals Anlass dazu, exakt heraus zu arbeiten, in welcher Erklärung das Angebot liegt und worin dessen Annahme zu sehen ist. Das wollen wir anhand von zwei für Anfängerübungen typischen Sachverhalten einüben. Der erste betrifft die Rechtzeitigkeit der Annahmeerklärung und damit die §§ 147 bis 149.

I. Rechtzeitigkeit der Annahme nach den §§ 147 ff.

Fall 10: „Wer wird Millionär?"

Sachverhalt:
Wirtschaftsrechtsstudent Armin D. Duck (A) hat bei „Wer wird Millionär?" 16.000 EUR gewonnen. Da er für seine täglichen Fahrten von Braunschweig nach Recklinghausen einen zuverlässigen PKW benötigt, sieht er sich in dem Autohaus des H die neuesten Modelle an. Nach ausgiebiger Information und Probefahrt interessiert A sich besonders für den neuen Euro-5-Typ, da dieser eine besonders gute Straßenlage hat. Allerdings beträgt der Kaufpreis stattliche 17.000 Euro. A erklärt, er kaufe und bezahle bar bei 10 % Preisnachlass. H ist sich nicht sicher, ob er einen so weitgehenden Nachlass gewähren kann. Dazu müsse er kurz Erkundigungen einholen. A will noch am selben Tag Gewissheit über den Vertragsschluss haben und erklärt, sein Entschluss stehe fest und H solle ihm spätestens bis 19.00 Uhr telefonisch Bescheid geben, ob der „Kauf zu

---

[1] Ausnahmsweise genügt für die Annahme nach § 151 unter bestimmten Voraussetzungen die bloße Willensbetätigung, dazu ausführlich unten, S. 199/200

[2] zum „*Vertragsschluss durch Aushandeln*" Larenz/Wolf, § 29 II. 3. b. (S. 553/554, Rdnr. 15)

15.300 Euro" zustande komme. Obwohl H ab 17.00 Uhr ständig versucht, den A telefonisch zu erreichen, gelingt ihm dies erst um 19.20 Uhr.
H erklärt, der Kauf sei mit 10 % Rabatt perfekt.
A erwidert, H sei zu spät dran. Er wolle das Auto jetzt nicht mehr haben.

Wie sich herausstellt, hatte A zwar bereits ab 17.00 Uhr das Telefon wiederholt läuten gehört, aber absichtlich nicht abgehoben, da er sich „das mit dem Kauf" inzwischen anders überlegt hat. <u>Muss A den PKW von H abnehmen und den Kaufpreis zahlen?</u>

Lösungsvorschlag zu Fall 10
H könnte gegen A gemäß § 433 Abs. 2 einen Anspruch auf Zahlung des Kaufpreises und Abnahme des Pkw haben.

(A). Wirksamer Kaufvertrag
Dazu müsste zwischen H und A ein wirksamer Kaufvertrag zustande gekommen sein. Nach den §§ 145 ff. kommt ein Vertrag durch Angebot und Annahme, also durch zwei übereinstimmende Willenserklärungen, zustande.

(I). Angebot des A
A hat dem H angeboten, das Euro-5-Modell für 17.000 Euro abzüglich eines Preisnachlasses von 1.700 Euro (10 % bei Barzahlung), d. h. für 15.300 Euro zu kaufen. As Erklärung beinhaltete somit die essentialia negotii, d. h. hier die notwendigen Inhalte eines Kaufvertrages, nämlich Kaufpreis und Kaufgegenstand. As Bindungswille ergibt sich daraus, dass es allein von der Mitteilung des H abhängen soll, ob der Vertrag zustande kommt. Sein Entschluss - so A - stehe fest. Damit hat A dem H die Schließung eines Kaufvertrages im Sinne des § 145 bindend angetragen.

(II). Rechtzeitige Annahme durch H?
H hat um 19.20 Uhr gegenüber A telefonisch erklärt, dass der Kauf mit 10 % Skonto zustande komme und damit das Angebot uneingeschränkt[3] angenommen[4].

Fraglich ist, ob diese Annahme rechtzeitig erfolgt ist. Nach § 146 erlischt der Antrag (= das Angebot), wenn er dem Antragenden gegenüber abgelehnt wird oder wenn er nicht diesem gegenüber nach den §§ 147 bis 149 rechtzeitig angenommen wird.

---

[3] Bei einer Annahme unter Einschränkungen gilt § 150 Abs. 2. Dazu auch Frage 6 dieses Kapitels, S. 204
[4] Allein durch <u>das mehrmalige Läuten des Telefons</u> hat H selbstverständlich noch keine Annahme erklärt, da dem Läuten ein entsprechender <u>Erklärungswert fehlt</u>. Weder wußte A, wer anrief, noch war erkennbar, wie H sich entschieden hat. Dies <u>ist evident und bedarf deshalb nicht der Aufnahme in die Lösung.</u>

(1). Keine sofortige Annahme (§ 147 Abs. 1)
Nach § 147 Abs. 1 Satz 1 kann die Annahme eines <u>unter Anwesenden</u> gemachten Antrags grundsätzlich nur sofort angenommen werden. Das ist hier zwar nicht geschehen. § 147 Abs. 1 Satz 1 ist aber gar nicht einschlägig.

(2). Keine Annahme innerhalb der bestimmten Frist (§ 148)
Abweichend von § 147 bestimmt § 148 nämlich, dass die Annahme innerhalb einer Annahmefrist erfolgen kann, wenn der Antragende für die Annahme des Antrags eine solche Frist bestimmt hat.
Vorliegend hat A eine Annahmefrist bis 19.00 Uhr bestimmt. Die Annahmeerklärung ist erst um 19.20 Uhr und damit nicht innerhalb der Frist zugegangen[5]. Somit erscheint die Annahmeerklärung als nicht mehr rechtzeitig. Dies hätte nach § 150 Abs. 1 zur Folge, dass die verspätete Annahme des Antrags als neuer Antrag gilt. In diesem Falle würde es hier an einem vertraglichen Konsens fehlen, da A den PKW nicht mehr haben möchte und folglich einen „neuen Antrag" ablehnt.

Allerdings könnte die Annahme hier nach § 149 Satz 2 als nicht verspätet gelten.

(3). Rechtzeitigkeit nach § 149?
Die Annahme gilt[6] nach § 149 Satz 2 unter bestimmten Voraussetzungen als nicht verspätet, also als rechtzeitig zugegangen. Dazu müsste (zunächst) gemäß § 149 Satz 1 eine dem Antragenden verspätet zugegangene Annahme dergestalt abgesendet worden sein, dass sie bei regelmäßiger Beförderung rechtzeitig zugegangen wäre und der Antragende dies erkennen musste.
§ 149 Satz 1 betrifft <u>offenbar schriftlich verkörperte Erklärungen unter Abwesenden</u>.
Vorliegend sind die Erklärungen mündlich erfolgt[7]. Überdies haben sich bei deren „Beförderung" keine Unregelmäßigkeiten ergeben. Es liegt somit kein Fall des § 149 Satz 1 vor.

---

[5] Wichtig: Für die <u>Rechtzeitigkeit</u> einer Erklärung, die innerhalb einer Frist zu erfolgen hat, ist grundsätzlich deren <u>Zugang maßgeblich</u> und nicht die Abgabe. Dazu oben, S. 182
[6] Die Formulierung <u>„gilt"</u> weist auf eine Fiktion hin. Darunter versteht man das rechtlich etwas unwiderlegbar angenommen wird, was tatsächlich gerade nicht so ist. In Fällen, in denen die Erklärung tatsächlich nicht innerhalb der Frist erfolgt ist, behandelt § 149 sie rechtlich (fiktiv) als nicht verspätet.
<u>Von der Fiktion streng zu unterscheiden ist die Vermutung.</u> Mit Hilfe der Vermutung geht der Gesetzgeber (zunächst) zu Lasten einer Partei vom Vorliegen eines bestimmten Umstandes aus. Diese gesetzliche Unterstellung ist aber anders als die Fiktion <u>widerlegbar.</u> So wird in § 280 Abs. 1 Satz 2 aufgrund der negativen Formulierung unterstellt, das derjenige, der eine Pflicht aus einem Schuldverhältnis verletzt, diese Pflichtverletzung auch zu vertreten hat. Diese Verschuldens<u>vermutung</u> kann der In-Anspruch-Genommene widerlegen, indem er Entlastungsmomente aufzeigt, die gegen sein Verschulden sprechen und damit die Vermutung erschüttern. Vgl. dazu bereits oben, S. 57/58 sowie meine Fälle zum reformierten Schuldrecht, S. 7, 51, 123
[7] Ferner gilt die vorliegend mittels Fernsprecher erklärte Annahme gemäß § 147 Abs. 1 Satz 2 als Erklärung unter Anwesenden.

(4). Fiktion der Rechtzeitigkeit nach § 162 Abs. 1?

Möglicherweise gilt die Annahme hier gemäß § 162 Abs. 1 als rechtzeitig erklärt. Nach dieser Vorschrift gilt eine Bedingung als eingetreten, wenn ihr Eintritt von der Partei, zu deren Nachteil sie gereichen würde, verhindert wird. Zwar hat A vorliegend den rechtzeitigen Zugang der Annahme absichtlich verhindert, indem er es unterließ, ans Telefon zu gehen, obwohl er mit dem Anruf des H rechnete. Allerdings handelt es sich bei der Annahme nicht um eine (aufschiebende) Bedingung, von deren Eintritt die Wirksamkeit eines im Übrigen abgeschlossenen Rechtsgeschäfts abhängt. Vielmehr ist die Annahme Voraussetzung für das Zustandekommen des Vertrages überhaupt. § 162 Abs. 1 passt also jedenfalls nicht unmittelbar auf die vorliegende Situation.

(5). Fiktion der Rechtzeitigkeit analog § 162 Abs. 1

Allerdings könnte § 162 Abs. 1 hier analog, d. h. entsprechend anwendbar sein[8]. Dazu müsste erstens eine planwidrige Regelungslücke[9] und zweitens eine vergleichbare Interessenlage bestehen.

Nach seinem Wortlaut greift § 162 Abs. 1, wie dargelegt, nicht ein. Damit ist eine Regelungslücke gegeben. Wie die rechtliche Lösung aussieht, wenn nicht nur der Eintritt einer Bedingung, sondern sogar die Wirksamkeit einer für das Zustandekommen des Vertragsschlusses notwendigen Willenserklärung (hier rechtzeitiger Zugang der Annahme) absichtlich verhindert wird, hat der Gesetzgeber ungeregelt gelassen. Dies muss dem Gesetzgeber versehentlich unterlaufen sein, denn eine so wichtige Frage kann er nicht bewusst übergangen haben. Es ist somit planwidrig unterblieben, eine Regelung für die hier aufgeworfene Frage zu treffen. Die erste Analogievoraussetzung (= planwidrige Regelungslücke) ist somit gegeben.

Zweitens müsste die vorliegend zu beantwortende Fragestellung mit den von § 162 Abs. 1 erfassten Sachverhalten eine vergleichbare Interessenlage aufweisen.

§ 162 Abs. 1 fußt auf dem Grundsatz von Treu und Glauben (§ 242) und bringt den allgemeinen Rechtsgedanken zum Ausdruck, dass niemand aus seinem treuwidrigen Verhalten Vorteile ziehen soll[10]. Demzufolge kann sich eine Partei generell nicht auf den Eintritt oder Nichteintritt eines Ereignisses

---

[8] zur analogen Anwendung des § 162 vgl. etwa Palandt/Heinrichs, § 162 Rndr. 6

[9] Beachte: Im Wege der analogen (entsprechenden) Anwendung von Rechtsnormen darf man keine Lücken schließen, die der Gesetzgeber bewusst, d. h. seinem Plan folgend, gelassen hat (vgl. dazu das Beispiel in Frage 7 zu Kapitel 13, S. 218). Anderenfalls würde man ihn korrigieren, was mit dem Grundsatz der Gewaltenteilung unvereinbar wäre. Die Schwierigkeit besteht meist in der Feststellung, ob und inwieweit der Gesetzgeber es planwidrig unterlassen hat, die nicht geregelte Situation einzubeziehen. Diese Frage wird nicht selten nur unter Heranziehen der Gesetzesbegründungen zu beantworten sein. Für Klausuren gilt, dass man eine analoge Anwendung in aller Regel nur vertreten sollte, wenn sie bereits in Rechtsprechung und Literatur anerkannt ist oder zumindest thematisiert wird. Ausführlich zur Rechtsfortbildung durch Analogie unten, S. 212 ff.

[10] Palandt/Heinrichs, § 162 Rndr. 1

berufen, wenn sie dieses in einer gegen den Grundsatz von Treu und Glauben verstoßenden Weise herbeigeführt oder verhindert hat[11].

A hat hier den rechtzeitigen Zugang der Annahme absichtlich verhindert, um entgegen der gesetzgeberisch in § 145 angeordneten Bindungswirkung von seinem Angebot loszukommen[12]. Dies stellt sich zudem als treuwidrig dar, da H darauf vertrauen durfte, er werde A innerhalb der Frist telefonisch erreichen. Es zöge einen nicht aufzulösenden Wertungswiderspruch nach sich, wenn treuwidriges Verhalten im Hinblick auf das Zustandekommen des Vertrages anders zu behandeln wäre, als es in § 162 Abs. 1 für den Eintritt der Bedingung geregelt ist. Die Interessenlage ist (gut) vergleichbar: Wenn der treuwidrig vereitelte Eintritt einer Bedingung nach § 162 Abs. 1 fingiert wird, dann muss das auch für das Vereiteln einer Wirksamkeitsvoraussetzung in Bezug auf die den Vertragskonsens erst zustande bringende Annahme gelten. Denn hier wird trotz bindenden Angebots die Option des Gegenübers, den vertraglichen Konsens zustande zu bringen, vereitelt[13]. Demzufolge gilt die Annahmeerklärung analog § 162 Abs. 1 als rechtzeitig erklärt[14]. Anders gewendet: A ist es verwehrt, sich auf die Verspätung der Annahme zu berufen[15]. Die Annahme wird als rechtzeitig erklärt angesehen.

(B). Ergebnis
Damit ist der für einen Vertragsschluss erforderliche Konsens gegeben. Folglich ist A nach § 433 Abs. 2 verpflichtet, an H den Kaufpreis zu zahlen und das Fahrzeug abzunehmen.

Nachdem wir die §§ 146 bis 150 kennengelernt haben, soll anhand eines weiteren Sachverhalts die in Ausbildung und Praxis wichtige Sonderregel des § 151 erläutert werden.

---

[11] BGH, NJW 1954, 36

[12] dazu bereits oben, S. 186 ff. sowie S. 192

[13] Übrigens: Zur Feststellung der Ähnlichkeit bzw. Vergleichbarkeit und damit zur zweiten Voraussetzung der Analogie gelangt man oft durch einen „Erst-recht-Schluss". Dazu Kapitel 13, S. 213

[14] Hierbei handelt es sich um eine Fiktion, da die Annahmeerklärung ja unstreitig erst um 19.20 Uhr und somit eindeutig nicht mehr innerhalb der gesetzten Frist erfolgt ist.

[15] Damit liegt hier eine Fallgestaltung der grundlosen absichtlichen Zugangsverhinderung vor, die nach dem Grundsatz von Treu und Glauben zu einer Fiktion des rechtzeitigen Zugangs führt. Zu weiteren Zugangshindernissen bereits oben, S. 183/184

II. Annahme ohne Erklärung gegenüber dem Antragenden gemäß § 151 Satz 1

Fall 11 : „Oberstaatsanwalt ohne Trauschein[16]: Die Reservierungsliste der strengen W"

Sachverhalt:

Oberstaatsanwalt O aus Hamburg möchte mit seiner Freundin, der Rechtsreferendarin R, in Urlaub fahren. Ein befreundetes Paar empfiehlt ihnen das Glottertal mit dem Bemerken, dass in dieser Gegend niemand mehr nach dem Trauschein frage. Dies trifft für die Mehrzahl der Beherbergungsbetriebe auch zu, nicht aber für die Pension der W. Diese ist nämlich der strikten Auffassung, dass man Doppelzimmer nur zur gemeinsamen Benutzung mit dem Ehepartner bestelle. Das müsse erst Recht für Richter und Staatsanwälte gelten.

Ausgerechnet bei der W fragt O unter Angabe seines Berufs Ende April, schriftlich an, ob Ende Juli/Anfang August noch Doppelzimmer frei sind. Anfang Mai übersendet W dem O ihren Hausprospekt mit Preisangaben und teilt mit, dass bislang für den genannten Zeitraum noch Doppelzimmer frei sind. Unter dem 12.05. bestellt O bei W ein Doppelzimmer vom 14. bis zum 30.07. nach der Preisliste. W trägt in ihre Reservierungsliste ein: „Doppelzimmer Ehepaar O, 14. bis 30.07". Aus Nachlässigkeit vergisst W, die Reservierung zu bestätigen. O geht davon aus, bei der Ankunft im Glottertal werde alles in Ordnung gehen.

Am 14.07. treffen O und R bei W ein. Als W merkt, dass beide nicht miteinander verheiratet sind, verweigert sie die Aufnahme. Sie meint, eine vertragliche Verpflichtung sei nicht zustande gekommen.
O verlangt von W, ihm ein <u>Doppelzimmer zur gemeinsamen Nutzung mit R</u> für den Zeitraum vom 14. bis 30.07 zu überlassen.
In jedem Falle fordert er Ersatz der <u>Anreisekosten in Höhe von 100 Euro.</u>
Zu Recht?

<u>Hinweis: W ist nicht Kaufmann</u> im Sinne des Handelsgesetzbuchs.

Lösungsvorschlag zu Fall 11

(A). Erstes Begehren des O: Überlassung eines Doppelzimmers
O könnte gegen W einen Anspruch auf Überlassung des Doppelzimmers zur gemeinsamen Nutzung mit R nach § 535 Satz 1 haben.

(I). Wirksamer Vertrag
Dazu müsste zwischen O und W ein wirksamer Mietvertrag zustande gekommen sein. Zwar umfasst der hier in Betracht kommende „Pensions-

---

[16] zur Rechtslage im Falle eines Spontanurlaubs ohne Reservierung, vgl. Fall 15, S. 250 ff.

aufnahmevertrag[17]" neben der Gebrauchsüberlassung weitere Leistungen wie Frühstück und Säubern des Zimmers. Dennoch ist das Mietrecht und insbesondere § 535 auf einen solchen gemischten Vertrag anzuwenden, da es dem Gast vor allem um die Überlassung des Zimmers geht. Diese Leistung gibt dem Vertrag vorliegend sein Gepräge.

Der Vertragsschluss erfordert bekanntlich übereinstimmende Willenserklärungen.

(1). Angebot

(a). Die Übersendung des Hausprospektes als invitatio
Zweifelhaft ist, ob bereits in der Übersendung des Hausprospektes mit Preisangaben ein Angebot zu sehen ist. Dazu müsste dieser die für das Angebot nach § 145 charakteristische Bindungswirkung entfalten. Indes ist dem Prospekt ein solcher rechtlicher Bindungswille nicht zu entnehmen, denn anderenfalls bestünde die Gefahr, dass es zu einer Vielzahl von Verträgen kommt, die zu erfüllen W nicht im Stande wäre. In der Übersendung des Hausprospektes liegt also lediglich eine klassische invitatio ad offerendum[18].

(b). Os Bestellung vom 12.05.
Dagegen ist der Bestellung des O vom 12.05. die erforderliche Verbindlichkeit zu entnehmen. Überdies nimmt sie auf die Preisliste Bezug und bezeichnet sowohl den Zeitraum des Aufenthalts als auch den Vertragsgegenstand (Doppelzimmer). Sie enthält demnach alle für den Pensionsaufnahmevertrag wesentlichen Punkte (= essentialia negotii). Von ihrem Zugang ist auszugehen. Ein wirksames Angebot des O liegt damit vor.

(2). Annahme
Fraglich erscheint dagegen die Annahme seitens W.

(a). Eintragung in die Reservierungsliste als Annahme nach § 151?
Eine solche könnte in der Eintragung in die Reservierungsliste zu sehen sein. Darin liegt mehr als eine unverbindliche Überlegung, denn sie lässt erkennen, dass W mit dem Angebot des O einverstanden war. Damit ist Ws Annahmewillen zwar nach außen getreten. Allerdings handelt es sich bei diesem Annahmeverhalten nicht um eine Willenserklärung, denn es ist nicht dazu bestimmt, dem anderen den Annahmewillen zur Kenntnis zu bringen. Es fehlt der für eine Willenserklärung (Geltungserklärung) charakteristische Kundgebungszweck[19]. Vielmehr wird lediglich der Annahmewille nach außen „betätigt", sodass man zutreffend von einer Willensbetätigung spricht. Es liegt also aus doppeltem Grund keine wirksame empfangsbedürftige An-

---

[17] zu diesem verkehrstypischen Vertrag, der nicht gesetzlich normiert ist, BGHZ 71, 177
[18] dazu ferner bereits oben, S. 187
[19] so Larenz, AT, § 28 I. (S. 519); offengelassen, aber im Ergebnis beibehalten von Larenz/Wolf, AT, § 30 I. 4. (S. 577, Rdnr. 14)

nahmeerklärung vor: Erstens mangelt es, wie dargelegt, schon an einer
<u>Erklärung</u> des Willens. Überdies fehlt es am Zugang, denn W hat vergessen,
O die Reservierung zu bestätigen und es somit (zusätzlich) unterlassen,
ihren Willen <u>gegenüber</u> O zu erklären.

Allerdings könnte der Vertrag gemäß § 151 Satz 1 dennoch zustande gekommen sein. Danach kommt *„der Vertrag durch die Annahme des Antrags
zustande, ohne dass die Annahme dem <u>Antragenden gegenüber erklärt</u>*
(Hervorhebung durch Verf.) *zu werden braucht, wenn eine solche Erklärung
nach der Verkehrssitte nicht zu erwarten ist"*. Demnach <u>entbindet das
Gesetz zwar nicht von dem Erfordernis einer Annahme überhaupt, aber von</u>
einer <u>Erklärung gegenüber dem Antragenden</u>. § 151 Satz 1 entbindet also
vom Zugangserfordernis, ja sogar vom Vorliegen einer Willens<u>erklärung</u>,
und lässt als „Annahme" die nach außen hervortretende tatsächliche Betätigung des Willens genügen. Hier ist, wie dargelegt, eine solche Willensbetätigung erfolgt.

Die Erleichterungen des § 151 Satz 1 greifen aber nur dann ein, wenn eine
Annahmeerklärung gegenüber dem <u>Antragenden nach der Verkehrssitte
nicht zu erwarten ist</u> oder der Antragende auf sie <u>verzichtet</u> hat.

Für einen Verzicht des O gibt es keine Anhaltspunkte.

Somit ist zu fragen, ob eine entsprechende Verkehrssitte existiert. Eine
solche wird im Hinblick auf das Buchen von Hotelzimmern nur bei
kurzfristigen Bestellungen und nur im Falle von kürzeren Aufenthalten
angenommen[20]. Hier liegen zwischen der Bestellung vom 12.05. und dem
Beginn des Aufenthalts am 14.07. gut zwei Monate. Zudem betrifft die
Bestellung einen Zeitraum von mehr als zwei Wochen. Damit liegt weder
eine kurzfristige Buchung vor, noch ist ein nur kurzer Aufenthalt betroffen.
Es fehlt also an der entsprechenden Verkehrssitte und mithin an den Voraussetzungen des § 151 Satz 1[21].
Demnach ist die Annahme des Angebots nicht nach § 151 Satz 1 erfolgt.

(b). Schweigen als Annahme?

Fraglich ist, ob allein das Schweigen der W als Annahme gesehen werden
kann. Schweigen als Form des Unterlassens bedeutet in aller Regel weder
ein Ja noch ein Nein. Der Schweigende bringt eben nicht zum Ausdruck,
eine bestimmte Rechtsfolge in Geltung setzen zu wollen. <u>Wer schweigt,
erklärt nichts!</u> Das ist jedenfalls im Grundsatz so. Nur unter ganz engen
Voraussetzungen gilt das Schweigen auf einen Antrag als Annahme. Eine
Ausnahme kraft gesetzlicher Bestimmung besteht unter den Voraussetzungen des § 362 Abs. 1 HGB[22]. In Betracht kommt hier allenfalls Satz 2

---

[20] vgl. dazu Palandt/Heinrichs, § 151 Rdnr. 4

[21] Medicus weist zu Recht darauf hin, dass <u>§ 151 Satz 1 eng ausgelegt werden sollte</u>, denn der
Antragende, der nicht erfährt, ob sein Antrag angenommen worden und ob er folglich vertrag-
lich gebunden ist, befinde sich *„in einer wenig glücklichen Lage"*. So Medicus, Grundwissen,
Rdnr. 58; Das entspricht dem Grundsatz, <u>Ausnahmebestimmungen eng auszulegen</u>.

[22] <u>§ 362 Abs. 1 HGB lautet wie folgt:</u> *„Geht einem Kaufmanne, dessen Gewerbebetrieb die
Besorgung von Geschäften für andere mit sich bringt, ein Antrag über die Besorgung solcher
Geschäfte von jemand zu, mit dem er in Geschäftsverbindung steht, so ist er verpflichtet, unver-*

des § 362 Abs. 1 HGB. Dazu müsste W aber u. a. Kaufmann im Sinne des HGB sein, was schon nicht der Fall ist.

(II). Ergebnis

Somit fehlt es an einer Annahme seitens der W. Ein Vertrag ist also nicht zustande gekommen. O kann keine Aufnahme verlangen.

(B). Zweites Begehren des O: Ersatz der Anreisekosten

O könnte gegen W einen Anspruch auf Ersatz der Anreisekosten in Höhe von 100 Euro nach § 280 Abs. 1 haben[23].

(I). Voraussetzungen des § 280 Abs. 1

Dazu müsste W nach § 280 Abs. 1 Satz 1 eine Pflicht aus einem Schuldverhältnis verletzt haben. Nach § 280 Abs. 1 Satz 2 tritt die Schadensersatzpflicht nicht ein[24], wenn der Schuldner die Pflichtverletzung nicht zu vertreten hat (Exkulpationsmöglichkeit).

(1). Wirksames Schuldverhältnis

Ein Vertrag ist, wie dargelegt, zwischen W und O mangels Annahme nicht zustande gekommen. Es fehlt also an einem vertraglichen Schuldverhältnis im Sinne des § 311 Abs. 1.

Nach § 311 Abs. 2 entsteht ein Schuldverhältnis mit den Pflichten des § 241 Abs. 2 aber auch schon durch die Aufnahme von Vertragsverhandlungen (Nr. 1), die Anbahnung eines Vertrages, bei welchem der eine Teil im Hinblick auf eine etwaige rechtsgeschäftliche Beziehung dem anderen Teil die Möglichkeit zur Einwirkung auf seine Rechte, Rechtsgüter und Interessen gewährt oder ihm diese anvertraut (Nr. 2) oder durch ähnliche geschäftliche Kontakte (Nr. 3). Damit ist seit dem 1. Januar 2002 mit der Schuldrechtsreform die Entstehung der vorvertraglichen Sonderverbindung der culpa in contrahendo (c. i. c.) gesetzlich geregelt[25]. Aufgrund der Übersendung des Hausprospektes und der nachfolgenden Zimmerbestellung des S liegt hier eine Vertragsanbahnung im Sinne § 311 Abs. 2 Nr. 2 vor[26].

Ein vorvertragliches Schuldverhältnis ist somit gegeben.

---

züglich zu antworten; *sein Schweigen gilt als Annahme des Antrags. Das gleiche gilt, wenn einem Kaufmann ein Antrag über die Besorgung von Geschäften von jemand zugeht, dem gegenüber er sich zur Besorgung solcher Geschäfte erboten hat. "*

[23] Achtung: Anspruchsgrundlage ist § 280 und nicht etwa § 663 (häufiger Anfängerfehler!); vgl. dazu auch Anwaltkommentar/Krebs, § 311 Rdnr. 38

[24] Die negative Formulierung in § 280 Abs. 1 Satz 2 signalisiert, dass das Verschulden im Falle einer (nachgewiesenen) Pflichtverletzung widerlegbar vermutet wird.

[25] vgl. Palandt/Heinrichs, § 311 Rdnrn. 11 ff. sowie Luther/Palm, Die Schuldrechtsreform, S. 45 ff.; Lorenz/Rhiem, Lehrbuch zum neuen Schuldrecht, S. 177 ff. sowie S. 185 ff.

[26] vgl. dazu Anwaltkommentar/Krebs, § 311 Rdnrn. 18 und 19

(2). Pflichtverletzung

Ferner müsste W eine Pflicht aus dem Schuldverhältnis verletzt haben. Der im sog. Generaltatbestand des § 280 Abs. 1 Satz 1 verwendete Oberbegriff der Pflichtverletzung betrifft nicht nur die Leistungspflichten, sondern auch sämtliche Sorgfaltspflichten, deren Verletzung bis zur Schuldrechtsreform 2002 über die Haftungsinstitute der positiven Vertragsverletzung (p. V. V.) und der c. i. c. zu Schadensersatzansprüchen führte.

Hier könnte W, indem sie dem O auf seine Zimmerbestellung hin nicht geantwortet hat, eine vorvertragliche Sorgfaltspflicht im Sinne des § 241 Abs. 2 verletzt haben, wonach jeder Teil zur Rücksicht auf die Rechtsgüter, Rechte und Interessen des anderen Teils verpflichtet ist. Allerdings würde es zu weit gehen, eine generelle Pflicht anzunehmen, Angebote auf Abschluss eines Vertrages zu beantworten. Dazu bestimmt § 663 als gesetzlich geregelter spezieller Fall der c. i. c., dass nur derjenige die Ablehnung dem Auftraggeber unverzüglich anzuzeigen hat, der *„zur Besorgung gewisser Geschäfte"* öffentlich bestellt ist oder sich öffentlich erboten hat. Diese Voraussetzungen dürften hier erfüllt sein, da realitätsnah anzunehmen ist, dass W für ihre Pension öffentlich, etwa durch Anzeigen in der Presse, Werbung macht. Jedenfalls wird sich ein entsprechendes Schild an der Pension befinden, was bereits für die Annahme eines öffentlichen Sicherbietens ausreicht[27]. W hätte also ihre strenge Auffassung dem O unverzüglich mitteilen und daraufhin das Angebot ablehnen müssen. Indem sie dies unterließ, hat sie eine Pflichtverletzung begangen[28].

Demzufolge sind die Voraussetzungen des § 280 Abs. 1 Satz 1 erfüllt, sodass Schadensersatz zu leisten wäre.

(3). Vertretenmüssen (wird nach § 280 Abs. 1 Satz 2 vermutet)

Dies gilt nach § 280 Abs. 1 Satz 2 aber dann nicht, d. h. die Ersatzpflicht tritt dann doch nicht ein, wenn der Schuldner die Pflichtverletzung nicht zu vertreten hat. W müsste sich also exkulpieren. W hat insoweit keinerlei Entlastungsmomente angeführt. Ja es ist sogar als fahrlässig zu bewerten, dass W den O nicht unverzüglich auf ihre strenge Auffassung aufmerksam gemacht hat. Das hätte sie aber nach der im Verkehr erforderlichen Sorgfalt tun müssen, da es heutzutage bei der Zimmervermietung keine Rolle mehr spielt, ob man verheiratet ist oder nicht.

(4). Kausaler Schaden

Hätte W dem O gegenüber dessen Antrag unverzüglich abgelehnt, so wäre O nicht im Vertrauen auf einen wirksamen Vertrag ins Glottertal gereist und ihm wären die Fahrtkosten in Höhe von 100 Euro nicht entstanden. Durch die Pflichtverletzung ist dem O somit ein Vertrauensschaden (= negatives Interesse) in Höhe von 100 Euro entstanden.

---

[27] so Palandt/Sprau, § 663 Rdnr. 3

[28] Folge des Schweigens (= Verletzung der gesetzlichen Mitteilungspflicht) ist nicht wie in § 362 HGB die Fiktion der Annahme, sondern die Begründung eines Anspruchs auf Ersatz des Vertrauensschadens. Vgl. Jauernig/Mansel, § 663 Rdnr. 3 sowie Palandt/Sprau, § 663 Rdnr. 1

(II). Rechtsfolge und Ergebnis

Zu prüfen bleibt, ob dieser Schaden einen <u>ersatzfähigen Schaden nach § 280 Abs. 1</u> darstellt.

Führt, wie hier, eine Pflichtverletzung zu unnötigen Aufwendungen einer Seite, so sind diese unabhängig davon, ob der Vertrag letztlich zustande kommt, ersatzfähig. Darin liegt ein Fall des Ersatzes des sog. negativen Interesses[29]: Es handelt sich um die Haftung für einen „einfachen", d. h. von einem etwaigen Leistungsaustausch unabhängigen Schaden[30].

<u>O hat somit gegen W einen Anspruch auf Schadensersatz nach § 280 Abs. 1 in Höhe von 100 Euro.</u>

Fragen zu Kapitel 12

1. Wie kommt ein Vertrag zustande?

2. Wie lange ist ein Angebot bindend?

3. Was bedeutet es, wenn der Antragende seiner Erklärung Klauseln wie „freibleibend", „solange Vorrat reicht" oder „Zwischenverkauf vorbehalten" hinzufügt?

4. Innerhalb welchen Zeitraums ist ein Angebot unter <u>Anwesenden</u> anzunehmen?

5. Bis zu welchem Zeitpunkt kann ein Angebot gegenüber einem <u>Abwesenden</u> angenommen werden?

6. Wie ist es rechtlich zu bewerten, wenn die Annahme unter Erweiterungen, Einschränkungen oder sonstigen Änderungen erfolgt?

7. Wovon genau sieht § 151 Satz 1 im Hinblick auf die Annahme ab?

8. Kann bloßes Schweigen auf ein Angebot bereits als Annahme verstanden werden?

9. Welche Ansprüche bestehen gegen einen Verbraucher im Falle einer unbestellten Lieferung durch einen Unternehmer?

10. Unter welchen Voraussetzungen entsteht ein <u>vorvertragliches</u> Schuldverhältnis?

---

[29] so ausdrücklich Anwaltkommentar/Krebs, § 311 Rdnr. 40, wonach <u>dieser Ersatz des negativen Interesses</u> weiterhin den <u>Regelfall der culpa in contrahendo</u> bilde.
[30] vgl. zum „einfachen Schadensersatz" meine Fälle zum reformierten Schuldrecht, Fall 1 („Späte Schäden an Außenbordmotoren"), S. 9

Antworten (Kapitel 12)

zu Frage 1:

Ein Vertrag kommt durch zwei übereinstimmende Willenserklärungen (Angebot und Annahme) zustande. Dies ist am Anfang des § 151 ausdrücklich so formuliert.

zu Frage 2:

Ein Angebot ist bis zu seinem Erlöschen bindend. Es erlischt nach § 146, wenn es dem Antragenden gegenüber abgelehnt oder wenn es nicht diesem gegenüber nach den §§ 147 bis 149 rechtzeitig angenommen wird. Merke noch:
Die verspätete Annahme eines Angebots gilt nach § 150 Abs. 1 als neues Angebot.

zu Frage 3:

Mit solchen und ähnlichen Klauseln kann man die Bindungswirkung von vornherein ausschließen (vgl. § 145). Die Bedeutung dieser Formulierung ist im Einzelfall durch Auslegung zu ermitteln: Will der Antragende seine Gebundenheit schlechthin ausschließen, so liegt überhaupt kein Angebot vor, sondern lediglich eine invitatio ad offerendum. Der Ausschluss der Gebundenheit kann jedoch auch bedeuten, dass der Antragende sich vorbehalten will, das Angebot jederzeit widerrufen zu können.

zu Frage 4:

Der einem Anwesenden gemachte Antrag muss nach § 147 Abs. 1 Satz 1 sofort angenommen werden. Dasselbe gilt für telefonische Angebote (vgl. § 147 Abs. 1 Satz 2). Denkbar ist überdies, dass der einem Anwesenden gemachte Antrag eine Annahmefrist enthält. In diesem Fall kann nach § 148 die Annahme innerhalb der Frist erfolgen.

zu Frage 5:

Der einem Abwesenden gemachte Antrag kann nach § 147 Abs. 2 nur bis zu dem Zeitpunkt angenommen werden, in welchem der Antragende den Eingang der Antwort unter regelmäßigen Umständen erwarten darf. Es ist also auf die Orts- und Branchenüblichkeit abzustellen. Wenn der Antragende eine Annahmefrist bestimmt, so ist diese maßgebend (§ 148). Bei Unregelmäßigkeiten der Beförderung schriftlich verkörperter Willenserklärungen greift § 149 ein.

zu Frage 6:

Ein Angebot kann nur unverändert angenommen werden („ja"). Die Annahme unter Erweiterungen, Einschränkungen oder sonstigen Änderungen („ja, aber") gilt nach § 150 Abs. 2 als Ablehnung verbunden mit einem neuen Antrag. Es ist dann der Gegenseite überlassen, ob sie auf dieses neue Angebot eingeht und es ihrerseits annimmt.

zu Frage 7:

Das BGB entbindet in § 151 Satz 1 zwar nicht von dem Erfordernis einer Annahme überhaupt, aber von einer Erklärung gegenüber dem Antragenden. § 151 Satz 1 sieht also vom Zugangserfordernis, ja vom Vorliegen einer Willenserklärung, ab. Somit genügt als „Annahme" die nach außen hervortretende tatsächliche Betätigung des Willens, die - wie etwa die Eintragung in eine Reservierungsliste - keinen Kundgabe- zweck hat. Als Beispiel für die praktische Bedeutung des § 151 Satz 1 ist der Kauf im Versandhandel herauszustellen. Schon mit der Absendung und nicht erst mit „Zugang" bzw. Empfang der Ware kommt der Vertrag zustande (Annahme durch Erfüllungs- handlungen[31]), sodass für die Transportschäden § 447 eingreifen kann. Das liegt im Interesse des Verkäufers.

zu Frage 8:

Das Schweigen bedeutet in aller Regel weder ein Ja noch ein Nein. Wer schweigt, erklärt nichts! Das bedeutet, dass ein Angebot beim Schweigen des Adressaten nicht rechtzeitig angenommen wird, und somit erlischt (vgl. § 146). Ausnahmsweise gilt das Schweigen auf einen Antrag als Annahme. Wichtigstes Beispiel ist das Schweigen eines Kaufmanns. Dieses gilt unter den engen Voraussetzungen des § 362 als Annahme. Darüber hinaus kann Schweigen aufgrund einer entsprechenden vertraglichen Verein- barung[32] oder aufgrund besonderer Umstände nach Treu und Glauben ausnahmsweise Zustimmungswirkung haben[33].

zu Frage 9:

§ 241 a Abs. 1 bestimmt, dass durch die Lieferung unbestellter Sachen oder durch die Erbringung unbestellter sonstiger Leistungen durch einen Unternehmer (vgl. § 14) an einen Verbraucher (vgl. § 13) ein Anspruch gegen diesen nicht begründet wird. Ausgeschlossen sind damit jedwede vertraglichen und grundsätzlich auch gesetzlichen Ansprüche gegen den Verbraucher. Insbesondere schuldet der Verbraucher keinen Nutzungsersatz. Ferner kann er die Sache - ohne Haftungsfolgen - preisgeben[34]. Ihn treffen weder Aufbewahrungs- noch Erhaltungspflichten.
Andererseits erwirbt der Verbraucher an den zugesandten Sachen freilich kein Eigentum und auch kein Besitzrecht.

Allerdings wird in der unbestellten Lieferung häufig das schlüssige Angebot des Unter- nehmers auf Abschluss eines Vertrages zu sehen sein. § 241 a schließt eine konkludente Annahme des Verbrauchers nach überwiegender Ansicht nicht aus[35]. Allein in der Ingebrauchnahme der Sache kann aber nicht bereits eine Annahme im Sinne des § 151 gesehen werden, denn der Verbraucher kann, wie erwähnt, die Sache ohnehin gebrau- chen, ohne Nutzungsersatzansprüchen des Unternehmers ausgesetzt zu sein[36]. Für die Annahme bedarf es vielmehr der Kaufpreiszahlung oder ähnlich eindeutiger Hand- lungen.

---

[31] vgl. dazu etwa Larenz/Wolf, AT, § 30 I. 3. a. (S. 576, Rdnrn. 9 ff.)
[32] Die einseitige Erklärung, das Angebot gelte als angenommen, falls kein Widerspruch erfolgt, verleiht dem Schweigen des anderen dagegen keine Zustimmungswirkung!
[33] Larenz/Wolf, AT, § 28 C. I. 1. b. (S. 529, Rdnr. 73)
[34] Jauernig/Vollkommer, § 241 a Rdnr. 5
[35] Larenz/Wolf, AT, § 29 IV. 2. b. (S. 567, Rdnr. 68); Jauernig/Vollkommer, § 241 a Rdnr. 5
[36] Anwaltkommentar/Krebs, § 241 a Rdnr. 6 m.w.N.

zu Frage 10:

Die Antwort auf diese Frage gibt § 311 Abs. 2. Danach entsteht ein Schuldverhältnis mit Pflichten nach § 241 auch durch 1. die Aufnahme von Vertragsverhandlungen, 2. die Anbahnung eines Vertrages, bei welcher der eine Teil im Hinblick auf eine etwaige rechtgeschäftliche Beziehung dem anderen Teil die Möglichkeit zur Einwirkung auf seine Rechte, Rechtsgüter und Interessen gewährt oder ihm diese anvertraut, oder 3. ähnliche geschäftliche Kontakte.

Die Aufnahme von Vertragsverhandlungen im Sinne der Nr. 1 bildet den Grundtatbestand, zu welchem auch zunächst noch unverbindliche Gespräche über einen zukünftigen Vertragsabschluss zählen. Die Zusendung eines Vertragsangebots stellt ebenso wie das Betreten eines Ladenlokals mit Kaufabsicht einen Fall von Vertragsanbahnung im Sinne der Nr. 2 dar, ohne dass es zu Vertragsverhandlungen gekommen sein muss. Die in Nr. 3 genannten ähnlichen geschäftlichen Kontakte bilden einen Auffangtatbestand, der klarstellt, dass die in den Nr. 1 und 2 beschriebenen Situationen nicht abschließend sind.

Ein vorvertragliches Schuldverhältnis entsteht dagegen <u>nicht bei unbestellt durch einen Unternehmer an einen Verbraucher zugesandten Waren</u>[37] (vgl. § 241 a Abs. 1 sowie die vorhergehende Frage).

---

[37] Jauernig/Vollkommer, § 311 Rdnr. 43

Kapitel 13

Auslegung und
analoge Anwendung gesetzlicher Vorschriften

Die Auslegung von Willenserklärungen nach den §§ 133 und 157 haben wir bereits im Kapitel 6 behandelt[1]. Der Auslegung bedürfen aber nicht nur Willenserklärungen, d. h. Rechtsgeschäfte. Auch <u>Rechtsnormen</u> sind nicht selten im Wege <u>der Auslegung</u> (= <u>Sinnentfaltung der Norm</u>) zu präzisieren, denn um sie auf Lebenssachverhalte anzuwenden, muss ihr Regelungsinhalt klar sein. Dieser mag beispielsweise bei § 2 (Eintritt der Volljährigkeit mit der Vollendung des 18. Lebensjahres) unmittelbar feststehen, nicht aber z. B. bei unbestimmten (Rechts-)Begriffen wie „Sittenwidrigkeit" (§ 138) oder „sonstiges Recht" (§ 823 Abs. 1).
Nicht wenige Normen bedürfen folglich der Interpretation, insbesondere durch den Richter.

Zwar ist der Richter dem Gesetz unterworfen, nicht aber den einzelnen Buchstaben und Rechtsbegriffen versklavt. Die <u>Rechtsbegriffe sind nur Vehikel der gesetzlichen Regelung.</u> Über die Begriffe gilt es, den Sinn der gesetzlichen Regelung zu entfalten. Zur Lösung eines konkreten Falles sind die abstrakten Rechtssätze mit ihren unbestimmten Rechtsbegriffen auszulegen, um sodann den Sachverhalt unter die Norm subsumieren zu können. <u>Auslegungsarbeit geht</u> somit <u>der Subsumtion vor.</u>

Gehen wir also der Frage nach, welche Methoden es zur Auslegung von Gesetzen gibt.

I. Die Auslegung von Gesetzen

Die Lehre von der Auslegung des Gesetzes ist <u>klassischer Bestandteil der juristischen Methodenlehre.</u> Sie kann in diesem Grundriss nur skizziert werden.

Unterschieden werden <u>vier Auslegungsmethoden</u>[2], eine subjektiv und drei objektiv ausgerichtete.

---

[1] vgl. oben, S. 93 ff.
[2] Bisweilen wird die <u>verfassungskonforme Auslegung</u> als weitere Methode angeführt. Sie dient nicht nur der Vermeidung von Verfassungswidrigkeit schlechthin, sondern ihre Aufgabe besteht auch darin, ein Gesetz, dessen Wortlaut eine gewisse Schwankungsbreite aufweist, auf die Ziele und Wertentscheidungen der Verfassung hin auszulegen (vgl. dazu Larenz/Wolf, AT, § 4 III. 2. b. (S. 88/89, Rdnrn. 62 ff.)).
Darüber hinaus wird auf die Bedeutung des Europäischen Gemeinschaftsrechts für die Auslegung hingewiesen. Der <u>Vorrang des Europäischen Gemeinschaftsrechts</u> gebietet es, das nationale Recht der Mitgliedstaaten im Einklang mit dem EG-Vertrag und den Vorschriften des EG-Rechts (Verordnungen, Richtlinien) <u>gemeinschaftskonform auszulegen</u> (vgl. Larenz/Wolf, AT, § 4 IV. (S. 91 ff., Rdnrn. 70 ff.)). Im vorliegenden Grundriss zum Bürgerlichen Recht kann die gemeinschaftskonforme Auslegung nicht vertieft werden. Dazu eingehend Di Fabio, NJW 1990, 947 ff.

1. Die historische Auslegung

Die historische Auslegung spürt dem „Willen des <u>Gesetzgebers</u>" nach. Deshalb bezeichnet man sie als <u>subjektive Auslegungstheorie</u>. Ihr geht es darum zu ermitteln, wie der Gesetzgeber die Normen verstanden wissen wollte. Dementsprechend versucht dieser Ansatz anhand der Entstehungsgeschichte des auszulegenden Gesetzes[3] den gesetzgeberischen Willen nachzuvollziehen. Der historische Wille der Gesetzesverfasser des BGB ergibt sich aus dem 1. Entwurf und den zugehörigen „Motiven" sowie aus dem 2. Entwurf mit seinen „Protokollen". Beide wurden 1899 in fünf Bänden, den „Materialien", in der Bearbeitung von Mugdan veröffentlicht[4]. Aufgrund der beträchtlichen sozialen und wirtschaftlichen Veränderungen seit Inkrafttreten des BGB am 1. Januar 1900 ist der Wille des historischen Gesetzgebers hie und da in seiner Bedeutung zu relativieren. Anders mag es sich bei den Begründungen[5] des zeitnah reformierten Schuldrechts verhalten[6].

Die <u>historische Auslegung wird</u> von Rechtsprechung und <u>Lehre zunehmend mit Zurückhaltung eingesetzt</u>, ja man begegnet ihr mit Vorbehalten.
So formuliert Dauner-Lieb in Bezug auf das erwähnte und mit Wirkung zum 1. Januar 2002 „modernisierte" Schuldrecht wie folgt: *„Schon angesichts der Übereilung des Gesetzgebungsverfahrens spricht viel dafür, systematischen Erwägungen in Zukunft Vorrang vor dem Rückgriff auf den „Willen des Gesetzgebers" zu geben"*[7].
Larenz/Wolf konstatieren allgemein, dass *„die Vorstellungen der an der Gesetzgebung beteiligten Personen ... für die Beantwortung von Einzelfragen meist nicht viel hergeben, da diese in ihrer Fülle vom Gesetzgeber nicht alle bedacht sein können und er ihre Beantwortung nicht selten auch bewusst der Lehre überlassen hat"*[8].

Nicht zuletzt wegen dieser Vorbehalte und Bedenken gegen die historische Auslegung soll sie hier nicht weiter vertieft werden, zumal eine Argumentation mit Hilfe der Entstehungsgeschichte in Klausurarbeiten ohnehin kaum möglich ist.

Die weiteren drei Auslegungsmethoden fasst man unter dem Dach <u>der objektiven Auslegungstheorie</u> zusammen, denn sie erforschen den „Willen des <u>Gesetzes</u>". Dazu ziehen sie den Wortlaut des Gesetzes (<u>grammatikalische</u> Auslegung), die systematische Stellung der auszulegenden gesetzlichen Norm (<u>systematische</u> Auslegung) sowie deren objektiven Sinn und Zweck (<u>teleologische</u> Auslegung) heran.

---

[3] Zum Teil bezeichnet man die historische Interpretation auch als <u>genetische</u>.
[4] Mugdan, Die gesamten Materialien zum Bürgerlichen Gesetzbuch für das Deutsche Reich, 1899 (Neudruck 1979)
[5] Bei neueren Gesetzen sind die Erwägungen des Gesetzgebers meist den <u>Drucksachen des Bundestags oder des Bundesrats</u> zu entnehmen.
[6] Das <u>Gesetz zur Modernisierung des Schuldrechts</u>, mit <u>dem mehr als 200 Paragraphen des BGB verändert</u> wurden, stellt den vorläufigen Höhepunkt der Reform des Schuldrechts dar.
Anlass für die Reform war die <u>Verpflichtung zur Umsetzung von EG-Richtlinien</u> (vgl. dazu Palandt/Heinrichs, Einleitung vor § 1, Rdnrn. 15 ff.). Das Gesetz wurde am 29. November 2001 (BGBl. I S. 3138) verkündet und trat zum 1. Januar 2002 in Kraft. Zu beachten sind die Überleitungsvorschriften in Art. 229, §§ 5 ff. des Einführungsgesetzes zum Bürgerlichen Gesetzbuch (EGBGB). Dieses ist ebenfalls in den Beck-Text des BGB im dtv aufgenommen.
[7] Anwaltkommentar/Dauner-Lieb, § 311 a Rdnr. 18
[8] Larenz/Wolf, AT, § 4 II. 2. c. (S. 83, Rdnr. 42)

2. Die grammatikalische Auslegung

Die grammatikalische Methode geht bei der Gesetzesauslegung vom Wortlaut der Norm aus[9]. Dabei sind die Regeln der Grammatik, die allgemeine Ausdrucksweise und der besondere Sprachgebrauch der Juristen zu berücksichtigen. Die meisten Begriffe der Umgangssprache und, wenn auch im geringeren Maße, der juristischen Fachsprache weisen eine gewisse Schwankungsbreite auf und bedürfen der Konkretisierung.
Wichtige Fachbegriffe konkretisiert bzw. definiert das Gesetz selbst. Solche Legaldefinitionen erkennt man daran, dass der definierte Begriff in Klammern angefügt ist. So ist zum Beispiel im Allgemeinen Teil festgelegt, was unter „unverzüglich" (§ 121 Abs. 1), „kennen müssen" (§ 122 Abs. 2), „Vollmacht" (§ 166 Abs. 2), „Einwilligung" (§ 183 Satz 1), „Genehmigung" (§ 184 Abs. 1) und „Anspruch" (§ 194 Satz 1) zu verstehen ist. Insoweit wird also die „Person des Gesetzgebers" selbst als Interpret tätig. Man bezeichnet das im Gegensatz zur richterlichen Auslegung als gesetzliche Auslegung oder Legalinterpretation[10].

Selbst wenn solche Legalinterpretationen existieren, machen sie nicht jegliche (richterliche) Auslegung überflüssig. Nehmen wir zum Beispiel § 121 Abs. 1, wonach die Anfechtung in den Fällen der §§ 119, 120 ohne schuldhaftes Zögern (unverzüglich) erfolgen muss, nachdem der Anfechtungsberechtigte von dem Anfechtungsgrund Kenntnis erlangt hat. Zwar stellt das Gesetz damit klar, dass unverzüglich nicht gleichbedeutend ist mit „sofort". Diese Legaldefinition ist aber ihrerseits zu konkretisieren. Ohne schuldhaftes Zögern handelt, wer unter Berücksichtigung auch der Interessen des Gegners zur Prüfung und Entschließung, ob er das Rechtsgeschäft anficht, eine angemessene Zeit nicht überschreitet[11]. Was dabei angemessen heißt, ist schließlich unter Berücksichtigung der Einzelfallumstände vom Richter im Urteil (konkret) zu beantworten.

Hinzu kommt, dass sogar spezifisch juristische Begriffe in verschiedenen Rechtsgebieten unterschiedliche Bedeutungen haben können. Man denke nur an die unterschiedlichen Anspruchsbegriffe. Während der materiell-rechtliche Anspruch nach § 194 als das Recht definiert ist, von einem anderen ein Tun oder Unterlassen zu verlangen, meint der Anspruchsbegriff der ZPO den Gegenstand der Klage als das, worüber das Gericht entscheidet bzw. worüber die Parteien vor Gericht streiten. Der prozessuale Anspruch der ZPO wird folglich auch als Streitgegenstand bezeichnet, um so den Unterschied zum Anspruch im Sinne des BGB herauszustellen. Das Verhältnis von materiellem und prozessualem Anspruch lässt sich kurz wie folgt verdeutlichen:
Das Gericht entscheidet zum Beispiel über einen Zahlungsantrag, dem ein tatsächliches Geschehen (= Lebenssachverhalt) zugrunde liegt (prozessualer Anspruch)[12]. Dabei kann es vorkommen, dass der Richter sich aussucht, aufgrund welcher von mehreren erfüllten materiell-rechtlichen Anspruchsgrundlagen er den vom Kläger beantragten Geldbetrag zuspricht, denn einem prozessualem Anspruch können mehrere materiell-rechtliche Ansprüche zugrunde liegen, die miteinander konkurrieren (sog. Anspruchskonkurrenz)[13].

---

[9] ausführlich zum Auslegungskriterium des Wortsinns Larenz, Methodenlehre, S. 320 ff.
[10] Baumann, Einführung in die Rechtswissenschaft (4. Auflage 1974), S. 90; dazu ferner Bähr, Arbeitsbuch, § 21 IV. 2.
[11] Jauernig/Jauernig, § 121 Rdnr. 3
[12] Insofern spricht man vom zweigliedrigen Streitgegenstandsbegriff der ZPO, der sich aus Antrag und Lebenssachverhalt zusammensetzt (vgl. § 253 ZPO). Dazu Larenz/Wolf, AT, § 18 V. 2. b. (S. 333, Rdnrn. 72 und 73)
[13] zu einer solchen Anspruchskonkurrenz oben, S. 57/58

3. Die systematische Auslegung

Verbleiben nach der Ermittlung des Wortsinns Zweifel, so ist der Zusammenhang der zu interpretierenden Vorschrift insbesondere zu anderen Bestimmungen, also die Gesetzessystematik, heranzuziehen.

Beispielsweise ist der systematischen Stellung der §§ 249 ff. im <u>Allgemeinen</u> Schuldrecht zu entnehmen, dass sich Art und Umfang <u>sämtlicher</u> schuldrechtlicher Schadensersatzansprüche nach diesen Vorschriften richten, unabhängig davon, ob es sich dabei um vertragliche Ansprüche (z. B. §§ 437 Nr. 3, 280 ff.) oder zum Beispiel um solche aus unerlaubter Handlung (§§ 823 ff.) handelt.
In diesem Kontext ist § 253 Abs. 2 herauszustellen. Dieser wurde mit dem am 1. August 2002 in Kraft getretenen 2. Gesetz zur Änderung schadensersatzrechtlicher Vorschriften eingefügt[14]. Seitdem ist allein <u>§ 253 sedes materiae des Schmerzensgeldes</u>[15]. Der bisherige § 847 wurde aufgehoben. Dadurch wird Schmerzensgeld <u>jetzt unabhängig vom Haftgrund</u> und nicht nur infolge der Verschuldenshaftung aufgrund unerlaubter Handlungen gewährt. Somit besteht vor allem für vertragliche Ersatzansprüche und bei verschuldensunabhängiger Gefährdungshaftung - namentlich bei der Arzneimittelhaftung sowie bei der Haftung des Halters eines Kfz - ebenfalls ein Anspruch auf Schmerzensgeld, wenn die Voraussetzungen des § 253 Abs. 2 erfüllt sind[16].

Ein weiteres Beispiel systematischer Auslegung lässt sich anhand des § 844 (Ersatzansprüche Dritter bei Tötung) geben. Die Einordnung dieser Vorschrift ins Recht der unerlaubten Handlung ergibt, dass die darin geregelten Ersatzansprüche Dritter in Fällen <u>vertraglicher</u> Schadensersatzhaftung gerade nicht bestehen.
Aus der systematischen Stellung der §§ 987 ff. ist zu schließen, dass sie nur den <u>nicht</u> berechtigten Besitzer betreffen. § 985 gewährt nämlich dem Eigentümer einen Herausgabeanspruch nur gegen den <u>nicht</u> berechtigten Besitzer, denn § 986 Abs. 1 gewährt bei einem Recht zum Besitz, etwa aufgrund eines wirksamen Mietvertrags oder eines Werkunternehmerpfandrechts (vgl. § 647), einen Einwand gegen den Herausgabeanspruch[17].

Die systematische Interpretation berücksichtigt übrigens nicht allein den Zusammenhang zu anderen Normen, sondern auch den <u>Regelungszusammenhang innerhalb derselben Norm</u>. So muss ein sonstiges Recht im Sinne des § 823 Abs. 1 den in dieser Norm aufgeführten Rechten und Rechtsgütern ähnlich sein, d. h. wie diese gegenüber jedermann, also <u>absoluten</u> Schutz beanspruchen. Hier wird also der weit gefasste Oberbegriff „sonstige Rechte" anhand der beispielhaft aufgezählten Unterbegriffe (Leben, Körper, Gesundheit, Freiheit und Eigentum) <u>restriktiv, d. h. einengend</u>, nämlich im Sinne absoluter Rechte und Rechtsgüter systematisch ausgelegt. Dazu zählen zum Beispiel das allgemeine Persönlichkeitsrecht sowie Immaterialgüterrechte (Patent, Marke, Geschmacksmuster), die allesamt absoluten Schutz beanspruchen, <u>nicht dagegen relative (Forderungs-)Rechte</u>[18].

---

[14] Gesetz vom 19. Juli 2002 (BGBl. I S. 2674); <u>zum „neuen" Schadensrecht</u> Palandt/Heinrichs, vor § 249 Rdnrn. 1 ff. m.w.N.

[15] zum Anspruch auf Schmerzensgeld eingehend bereits oben, S. 48-51

[16] Anwaltkommentar/Huber, § 253 Rdnr. 10

[17] Larenz weist darauf hin, dass die Unterscheidung in § 990 zwischen demjenigen, der bei dem Erwerb des Besitzes im guten Glauben war, und dem, der es nicht war, sinnvoll nur im Hinblick auf einen Besitzer gemacht werden kann, der objektiv kein Recht zum Besitz gegenüber dem Eigentümer erlangt hat. Larenz, Methodenlehre, S. 326

[18] dazu oben, S. 52 ff. sowie S. 79/80

4. Die teleologische Auslegung[19]

Schließlich ist von mehreren Deutungen, die nach dem Wortsinn und dem systematischen Zusammenhang möglich sind, diejenige vorzuziehen, die den <u>objektiven Sinn und Zweck der Gesetzesvorschrift am ehesten verwirklicht</u>[20].

Eine solche teleologische Auslegung haben Rechtsprechung und Schrifttum zum Beispiel im Hinblick auf den <u>Zugangsbegriff des § 130 Abs. 1 Satz 1</u> vorgenommen, indem sie auf den zugrunde liegenden Gedanken sachgerechter Risikoverteilung zwischen Absender und Empfänger zurückgegriffen haben[21]. Auf diese Weise haben sie den Begriff des Zugangs dahingehend konkretisiert, dass eine empfangsbedürftige Willenserklärung (erstens) derart in den Machtbereich des Empfängers gelangen muss, dass (zweitens) nach der Verkehrsanschauung unter gewöhnlichen Umständen mit der Möglichkeit der Kenntnisnahme durch den Empfänger gerechnet werden kann.

Ein weiteres Beispiel stellt § 119 Abs. 2 (Anfechtbarkeit wegen Eigenschaftsirrtums[22]) dar, der nach seinem Sinn und Zweck <u>extensiv, d. h. erweiternd ausgelegt wird</u>[23]. Danach <u>bezieht sich der Eigenschaftsbegriff</u> (neben Personen) <u>nicht nur auf Sachen</u> als <u>körperliche</u> Gegenstände i. S. von § 90, sondern auf alle Gegenstände schlechthin, also <u>auch auf Forderungen</u> oder andere Rechte, wie zum Beispiel Pfandrechte (= unkörperliche Gegenstände)[24].

5. Verhältnis der Auslegungsmethoden zueinander

Grundsätzlich <u>ergänzen sich</u> die vier Auslegungsmethoden und <u>sind miteinander zu kombinieren</u>. Oftmals wird man aber nicht auf alle Methoden abstellen können. Das ist schon deshalb nicht zu vermeiden, weil vor allem die Entstehungsgeschichte nicht selten unergiebig ist. Wenn auch die verschiedenen Auslegungsmethoden <u>nicht in einem starren Rangverhältnis</u> stehen, so ist aber <u>ihre Anwendung im Einzelfall dennoch nicht beliebig</u>[25]. Insofern wird, soweit ersichtlich, folgende Vorgehensweise vorgeschlagen:

---

[19] Teleologie = Die Lehre vom Zweck; zu den objektiv - teleologischen Kriterien der Auslegung eingehend Larenz, Methodenlehre, S. 333 ff.

[20] Zur <u>Eruierung des Gesetzeszweckes</u> findet man Hinweise in den Motiven zum BGB oder in den Protokollen. Zu beachten ist aber, dass das Gesetz - so anschaulich Radbruch - bei seiner Einführung von dem Gesetzgeber *„aus dem Hafen geschleppt wird und dann frei seine Fahrt aufnimmt"* (zit. nach Baumann, Einführung in die Rechtswissenschaft, S. 92). Maßgeblich ist daher die (<u>objektive</u>) heutige ratio legis und nicht die damalige (subjektive) ratio des Legislateurs. Zu fragen ist demnach: <u>Welchen objektiven Sinn und Zweck hat die Norm hic et nunc?</u> In diesem Sinne aktuell auch Larenz/Wolf, AT, § 4 II. 3. (S. 85/86, Rdnrn. 44 bis 49)

[21] dazu oben, S. 180-182

[22] dazu eingehend unten, S. 229 ff.

[23] Diese <u>ausdehnende (extensive) Auslegung</u> stellt noch eine Entwicklung des vorhandenen Rechtssatzes dar. So kann man in Bezug auf unser Beispiel argumentieren, dass der Begriff der Sache in § 119 Abs. 2 im Sinne von Gegenstand und damit umfassender auszulegen ist, als der in § 90 legal definierte Sachbegriff. Dies dürfte den möglichen Wortsinn des Begriffs Sache noch nicht überspannen. Analogie ist dagegen stets reine Rechts<u>fortbildung</u> (so etwa Baumann, Einführung in die Rechtswissenschaft, S. 91 sowie Larenz, Methodenlehre, S. 321).

[24] Jauernig/Jauernig, § 119 Rdnr. 12

[25] Darauf weisen Larenz/Wolf, AT, § 4 II. 3. (S. 85, Rndr. 50) ausdrücklich hin.

Es erscheint angezeigt, mit der grammatikalischen Auslegung zu beginnen, denn alle Auslegung fängt beim Worte an.

Sodann sollte man mit der systematischen Auslegung fortfahren.

Sofern Wortsinn und - soweit ergiebig - (systematischer) Regelungszusammenhang verschiedene Deutungen der auszulegenden Norm zulassen, ist nach dem (objektiven) Sinn und Zweck der Norm zu fragen (teleologische Auslegung).
Ggf. kann man das erzielte Auslegungsergebnis mit Hilfe der Entstehungsgeschichte untermauern. Die drei objektiven Auslegungsmethoden sind aber maßgebend, wogegen der historischen Auslegung tendenziell eher weniger Gewicht zukommt. Dass liegt daran, dass letztere nach den (subjektiven) Beweggründen des Gesetzgebers fragt, die mitunter zeitlich weit zurückliegen und, wie zuvor erwähnt, bei „Maßnahmegesetzen" aus neuerer Zeit angesichts der Übereilung heutiger Gesetzgebungsverfahren durchaus mit Skepsis zu betrachten sind. Der gesetzgeberische Wille bleibt somit nicht selten zweifelhaft oder kann inzwischen nicht mehr als hic et nunc maßgeblich angesehen werden.

II. Die analoge Anwendung gesetzlicher Bestimmungen

Der Wortlaut ist nicht nur Ausgangspunkt, sondern auch Grenze der Gesetzesauslegung[26]. Würde man aber den Wortsinn der Bestimmungen des BGB nicht überschreiten können, ließe sich die Idee, dass das BGB eine vollständige Kodifikation aller Rechtsfragen der darin geregelten Materien des Bürgerlichen Rechts darstellt, nicht verwirklichen.

Es bedarf also der Rechtsfortbildung jenseits des Gesetzeswortlauts. Hierzu ermächtigt Art. 20 Abs. 3 GG, wonach die Rechtsprechung nicht nur an das Gesetz, sondern auch an das Recht gebunden ist. Indem der Richter durch eine analoge (= entsprechende) Anwendung einer oder mehrerer Vorschriften eine Gesetzeslücke schließt, bildet er das Recht fort. Unter Analogie versteht man somit ein Rechtsgewinnungsverfahren, bei dem ein zwar regelungsbedürftiger, aber vom Gesetz nicht geregelter Fall nach einer Norm behandelt wird, die einen anderen, ähnlich liegenden Fall erfasst. Die Rechtfertigung der Analogie liegt in dem Gerechtigkeitsgebot, Gleichartiges rechtlich Gleich zu behandeln[27].

Zu beachten ist, dass die Auslegung der Analogie vorgeht. Wo schon die Auslegung zur Lösung der Rechtsfrage führt, ist Analogie, d. h. die Fortbildung des Rechts, nicht zulässig, denn es ist ja ein (ausgelegter) Rechtssatz zur Lösung des also doch noch geregelten Falles vorhanden, sodass ein neuer Rechtssatz nicht gebildet werden darf.

---

[26] Larenz/Wolf, AT, § 4 II. 3. (S. 85, Rdnr. 50)
[27] Larenz formuliert wie folgt: „*Die Rechtsfortbildung durch Lückenfüllung ist im Grunde nichts anderes als eine Auslegung nicht nur der einzelnen Norm, sondern der gesetzlichen Regelung im Ganzen, über die Grenzen des möglichen Wortsinns hinaus*". Vgl. Larenz, AT, § 4 II. (S. 78)

1. Voraussetzungen der Analogie

Die analoge Anwendung gesetzlicher Vorschriften setzt zweierlei voraus[28]:

Erste Analogievoraussetzung ist eine planwidrige Regelungslücke. Eine solche liegt vor, wenn eine Frage nach dem Plan, d. h. dem erkennbaren Regelungskonzept des Gesetzes eigentlich hätte geregelt werden müssen, dies aber nach dem (ausgelegten) Wortlaut des Gesetzes nicht geschehen ist.

Zweitens bedarf es der Vergleichbarkeit der Interessenlagen. Dazu muss man Sinn und Zweck der für eine analoge Anwendung in Betracht kommenden Norm ermitteln und prüfen, ob die von der Norm erfassten Sachverhalte und der ungeregelte Sachverhalt von der Interessenlage her verschieden oder vergleichbar sind. Diese Vergleichbarkeit bzw. Ähnlichkeit ist durch wertende Betrachtung festzustellen. Sie ist das entscheidende Kriterium des Analogieschlusses. Die Vergleichbarkeit/Ähnlichkeit ist quasi der gemeinsame Nenner der geregelten und ungeregelten Sachverhalte.

Ein Beispiel stellt die analoge Anwendung von § 162 Abs. 1 dar. Nach dieser Vorschrift wird der Eintritt einer Bedingung fingiert, wenn die Partei, zu deren Nachteil der Bedingungseintritt gereichen würde, diesen wider Treu und Glauben verhindert hat.
§ 162 Abs. 1 wird analog angewendet auf den nicht geregelten Fall, dass derjenige, der ein bindendes Angebot gemacht hat, wider Treu und Glauben absichtlich den rechtzeitigen Zugang der Annahmeerklärung des anderen Teil vereitelt. Wenn nämlich der treuwidrig vereitelte Eintritt einer Bedingung nach § 162 Abs. 1 fingiert wird, dann muss das auch für das Vereiteln des rechtzeitigen Zugangs der für den vertraglichen Konsens nötigen Annahmeerklärung gelten[29].

Zur Annahme der Vergleichbarkeit und damit zur Analogie gelangt man nicht selten und besonders überzeugend, wenn sie sich durch einen Erst-recht-Schluss begründen lässt. Beispiel: Nach § 31 ist der rechtsfähige Verein für den Schaden verantwortlich, den der Vorstand, ein Mitglied des Vorstandes oder ein verfassungsmäßig berufener Vertreter durch eine zum Schadensersatz verpflichtende Handlung einem Dritten zufügt[30]. Wenn danach zum Beispiel Schädigungshandlungen sogar eines verfassungsmäßig berufenen Vertreters dem Verein zugerechnet werden, muss das erst recht analog für den ungeregelten Fall gelten, dass die Mitgliederversammlung als höchstes Beschlussorgan unmittelbar einen Dritten schädigt.

---

[28] ausführlich zum „Verfahren der Analogie" Pawlowski, Methodenlehre, Rdnrn. 476 ff.
[29] Diese Analogie wurde bereits anhand von Fall 10 („Wer wird Millionär?") ausführlich dargestellt. Vgl. S. 196/197
[30] zur Haftung nach § 31 oben, S. 71/72

2. Arten der Analogie

Man unterscheidet zwei Arten der Analogie: Die Gesetzes- und die Rechtsanalogie.

a. Gesetzesanalogie (= Einzelanalogie)

Von einer Gesetzes- oder Einzelanalogie spricht man, wenn eine Norm, die nach ihrem Wortlaut zwar nur einige Sachverhalte aufzählt und regelt, auf einen nicht geregelten Fall angewendet wird. Die soeben dargelegten analogen Anwendungen des § 31 und des § 162 Abs. 1 stellen solche Einzelanalogien dar.

Als weiteres Beispiel für eine anerkannte Einzelanalogie ist die analoge Anwendung von § 130 Abs. 1 Satz 1 auf das Wirksamwerden sog. geschäftsähnlicher Handlungen zu nennen. Sie soll hier nicht zuletzt zur Einübung der Prüfung der Analogievoraussetzungen[31] anhand der Mahnung eingehend dargestellt werden.

Die Ausgangssituation ist vorab wie folgt zu kennzeichnen:
Geschäftsähnliche Handlungen, wie etwa die Mahnung, Fristsetzungen oder Aufforderungen[32], nehmen in aller Regel auf ein Rechtsverhältnis Bezug, sind aber anders als Willenserklärungen nicht auf das Herbeiführen von Rechtsfolgen gerichtet. So fordert der Gläubiger den Schuldner mit der Mahnung auf, eine fällige Verpflichtung zu erfüllen. Dies mag auch regelmäßig in dem Bewusstsein geschehen, dass das Gesetz daran bei Vorliegen der weiteren Voraussetzungen des Schuldnerverzugs bestimmte Folgen wie Schadensersatz (§§ 280 Abs. 2, 286), Verzugszinsen (§ 288) und verschärfte Haftung (§ 287) knüpft[33]. Die Willensäußerung der Mahnung selbst ist aber nicht (unmittelbar) auf die Herbeiführung der Verzugsfolgen gerichtet und nennt diese nicht. Dazu besteht auch kein Anlass, denn die rechtlichen Folgen enthält, wie erwähnt, bereits das Gesetz in den §§ 280 Abs. 2, 286 bis 288. Somit handelt es sich bei der Mahnung nicht um eine Willenserklärung. Die Mahnung stellt vielmehr nur eine dem Rechtsgeschäft der Willenserklärung ähnliche Willensäußerung, also eine geschäftsähnliche Handlung dar.

Fraglich erscheint nun, ob geschäftsähnliche Handlungen „zugehen" müssen, um wirksam zu werden. § 130 Abs. 1 Satz 1 regelt das Wirksamwerden empfangsbedürftiger Willenserklärungen unter Abwesenden, wozu bekanntlich Abgabe und Zugang erforderlich sind[34]. Somit stellt sich die Frage, ob § 130 Abs. 1 Satz 1 auf geschäftsähnliche Handlungen analog anzuwenden ist.

Prüfen wir also die beiden Analogievoraussetzungen: Erstens muss eine planwidrige Regelungslücke und zweitens eine vergleichbare Interessenlage bestehen.

---

[31] Auch Studierende höherer Fachsemester sind meist nicht in der Lage, einen Analogieschluss halbwegs vernünftig zu prüfen.

[32] Zu nennen sind beispielsweise die Fristsetzungen nach § 323 Abs. 1 und § 281 Abs. 1 Satz 1 sowie die Aufforderungen nach § 108 Abs. 2 und § 177 Abs. 2; vgl. dazu auch Larenz, AT, § 26 2. und 3. (S. 500/501)

[33] zu den wichtigsten Rechtsfolgen des Schuldnerverzugs vgl. meine Fälle zum reformierten Schuldrecht, Fall 9 („Verspätete Heimkehr eines Anglers"), S. 140 ff.; instruktiv zum Schuldnerverzug ferner Hirsch, Schuldrecht AT, Rdnrn. 573 ff. sowie Fritzsche, Fälle, Fall 16 („Spätes Zweirad"), S. 171 ff.

[34] dazu ausführlich oben, S. 176 ff.

Das Wirksamwerden einer geschäftsähnlichen Handlung ist von dem Wortlaut des § 130 Abs. 1 Satz 1 <u>eindeutig nicht erfasst</u>. Eine Lücke liegt somit vor. Überdies hätte es nach dem gesamten Regelungskonzept des Gesetzes insofern (offensichtlich) einer Regelung bedurft. Diese ist unterblieben. Die <u>Unvollständigkeit</u> des Gesetzes ist folglich <u>eine planwidrige</u>.
Somit bleibt die zweite Analogievoraussetzung der <u>Vergleichbarkeit der Interessenlagen</u> festzustellen. Sinn und Zweck des § 130 Abs. 1 Satz 1 bestehen darin, im Hinblick auf empfangsbedürftige Willenserklärungen nicht schon die Abgabe, sondern überdies den Zugang als maßgebliche Wirksamkeitsvoraussetzung zu verlangen, um im Interesse des Empfängers zu gewährleisten, dass die Erklärung tatsächlich in seinen Machtbereich gelangt und er sie zudem nach dem gewöhnlichen Verlauf der Dinge zur Kenntnis nehmen kann. <u>Diese der Norm</u> für Willenserklärungen <u>zugrunde liegende Interessenlage</u> ist derjenigen bei der Mahnung <u>wesentlich gleich</u>. Auch die Mahnung wird in Bezug auf ein Rechtsverhältnis und im Bewusstsein ihrer rechtlichen Bedeutung vorgenommen. Ferner weist sie einen Kundgabezweck auf und ist an einen anderen gerichtet. Somit ist hier die zweite Analogievoraussetzung der vergleichbaren Interessenlage ebenfalls erfüllt. Folglich hat man die Bestimmung des § 130 Abs. 1 Satz 1 auf die geschäftsähnliche Handlung der Mahnung entsprechend anzuwenden[35].
Das Ergebnis lautet: <u>Die Mahnung muss analog § 130 Abs. 1 Satz 1 zugehen, damit sie wirksam wird</u>.

b. Rechtsanalogie (= Gesamtanalogie)

Bei einer Rechts- bzw. Gesamtanalogie wird <u>mehreren</u> Rechtsnormen <u>ein gemeinsamer Rechtsgedanke entnommen</u> und auf den ungeregelten Fall angewandt.
Ein Beispiel für eine Rechtsanalogie stellt die Herleitung eines Unterlassungsanspruchs zum Schutz sämtlicher absoluten Rechte und Rechtsgüter einer Person vor drohenden Beeinträchtigungen dar. Aus den <u>Rechtsnormen der §§ 12 Satz 2, 862 Abs. 1 Satz 2 und 1004 Abs. 1 Satz 2</u>, die ihrem Wortlaut nach im Falle drohender Beeinträchtigung des Namens, des Besitzes oder des Eigentums einen Anspruch auf Unterlassung gewähren, hat man den <u>gemeinsamen Rechtsgedanken entnommen, dass absolute Rechte und Rechtsgüter generell vorbeugend durch Unterlassungsansprüche zu schützen sind</u>[36].
Diesen Rechtsgedanken wendet man nun auf die ungeregelten Fälle an. Dabei lässt sich die Ähnlichkeit der Interessenlagen und also die Gesamtanalogie hier besonders überzeugend mit einem <u>Erst-recht-Schluss</u> begründen: Wenn schon der Name und das Eigentum, ja sogar der berechtigte[37] Besitz vorbeugend geschützt werden, dann verdienen erst recht die wertvolleren höchstpersönlichen Rechtsgüter, wie Leben, Körper, Gesundheit und Freiheit sowie das allgemeine Persönlichkeitsrecht, aber auch alle übrigen absoluten Rechte, einen solchen vorbeugenden Schutz.

Es kommt übrigens vor, dass von der Rechtsprechung seit langem praktizierte Analogieschlüsse vom Gesetzgeber aufgegriffen und in Gesetzesform gegossen werden. Dies ist anlässlich der Reform des Schuldrechts im Jahre 2002 in größerem Stil geschehen. So ist zum Beispiel der Anspruch auf Schadensersatz wegen <u>positiver Vertrags-</u>

---

[35] Larenz, AT, § 26 7. (S. 502)
[36] vgl. dazu Pawlowski, Methodenlehre, Rdnr. 478
[37] zum Charakter des <u>rechtmäßigen Besitzes als sonstiges Recht im Sinne von § 823</u> vgl. Jauernig/Teichmann, § 823 Rdnr. 16 m.w.N. sowie Palandt/Sprau, § 823 Rdnr. 13; das <u>Recht zum Besitz</u> ist also von dem Besitz als <u>tatsächliche</u> Sachherrschaft (vgl. § 854 Abs. 1) zu unterscheiden.

verletzung (p. V. V) seit 2002 in § 280 Abs. 1 (Schadensersatz wegen Pflichtverletzung) gesetzlich fixiert[38]. Bis dahin hatte die Rechtsprechung diesen Anspruch in einer Gesamtanalogie zu den §§ 280, 325 BGB a. F. (Schadensersatz bei Unmöglichkeit) und §§ 286, 326 BGB a. F. (Schadensersatz bei Verzug) aus folgendem allgemeinen Rechtsgedanken hergeleitet: Nicht nur im Falle von Unmöglichkeit und Verzug, sondern bei allen Leistungsstörungen, d. h. auch im Falle der Schlechtleistung oder der Verletzung von Aufklärungs- und Sorgfaltspflichten, haftet man auf Schadensersatz.

Fragen zu Kapitel 13

1. Welche vier Methoden der Gesetzesauslegung werden unterschieden?

2. Warum bezeichnet man die historische Auslegung als subjektive Auslegungstheorie?

3. In welchem Verhältnis stehen die verschiedenen Auslegungsmethoden zueinander?

4. Wo findet die Gesetzesauslegung ihre Grenze?

5. Was versteht man unter Analogie und in welchem Verhältnis steht diese zur Auslegung?

6. Welche beiden Voraussetzungen müssen für einen Analogieschluss erfüllt sein?

7. Wann besteht zwar eine Regelungslücke, die aber nicht planwidrig ist?

8. Welche beiden Arten der Analogie werden unterschieden?

9. Muss eine Mahnung analog § 130 Abs. 1 Satz 1 zugehen, um wirksam zu werden?

10. Was versteht man unter einer teleologischen Reduktion?

Antworten (Kapitel 13)

zu Frage 1:

Man unterscheidet vier Auslegungsmethoden, die dem Rechtsanwender zur richtigen Auslegung (= Sinnentfaltung der Norm) dienen: Neben der historischen Auslegung, die den Sinn einer gesetzlichen Vorschrift anhand der Entstehungsgeschichte erhellt, gibt es die grammatikalische Auslegung, die den Wortsinn ermittelt. Die systematische Interpretation geht vor allem auf den Regelungszusammenhang der auszulegenden Norm oder des zu konkretisierenden Begriffs ein. Sie fragt also nach dem Gefüge, in das eine Vorschrift oder ein Tatbestandsmerkmal gestellt ist. Die teleologische Interpretation schließlich fragt nach dem objektiven Sinn und Zweck (ratio legis), der

---

[38] dazu Henssler/v. Westphalen, Praxis der Schuldrechtsreform, S. 2 sowie Haas/Medicus, Das neue Schuldrecht, S. 22/23; vgl. ferner Wörlen, Schuldrecht AT, Rdnr. 198; Brox AT, S. 42/43; zur gutachtlichen Prüfung der c. i. c. vgl. Rauda/Zenthöfer, Fälle zum neuen Schuldrecht, S. 46 ff.

mit einer gesetzlichen Bestimmung hic et nunc verfolgt wird. Sie orientiert sich also vor allem an dem Regelungsziel der auszulegenden Rechtsnorm.

Im Ergebnis kann die Auslegung den Wortlaut innerhalb seiner Varitationsbreite über seinen Bedeutungskern[39] ausdehnen (extensive Auslegung). Dagegen wird insbesondere bei Ausnahmevorschriften restriktiv, d. h. einschränkend ausgelegt[40].

zu Frage 2:

Der historischen Auslegung geht es darum zu ermitteln, wie der Gesetzgeber das Gesetz verstanden wissen wollte. Sie erforscht also den „Willen des Gesetzgebers" und wird deswegen als subjektive Auslegungstheorie bezeichnet. Dementsprechend bemüht sich dieser Ansatz anhand der Entstehungsgeschichte des auszulegenden Gesetzes den gesetzgeberischen Willen nachzuvollziehen.

zu Frage 3:

Im Verhältnis der Auslegungsmethoden zueinander besteht weder eine feste Rangfolge noch eine bestimmte Gewichtung der mit den jeweiligen Methoden gewonnenen Argumente. Vielmehr ergänzen sich die vier Auslegungsmethoden und sind - soweit ergiebig - umfassend miteinander zu kombinieren. Dabei hat sich folgende Vorgehensweise eingebürgert[41]: Zu beginnen ist mit der grammatikalischen Auslegung, denn alle Auslegung fängt beim Worte an. Sodann sollte man mit der systematischen Auslegung fortfahren. Sofern Wortsinn und Regelungszusammenhang verschiedene Deutungen der auszulegenden Norm zulassen, ist nach dem objektiven Sinn und Zweck der Norm zu fragen (teleologische Auslegung). Diese objektiv-teleologischen Kriterien gehen dem Willen des historischen Gesetzgebers. Letzteren wird man meist heranziehen, um ein anhand objektiver Kriterien gefundenes Auslegungsergebnis zu untermauern.

zu Frage 4:

Der Wortlaut der auszulegenden Norm ist die Grenze jeglicher Auslegung.

Zur Ergänzung des Gesetzes bedarf es der Analogie, d. h. der Rechtsfortbildung. So gesehen könnte man durchaus sagen, dass die Analogie die „Fortsetzung der Auslegung" darstellt.

zu Frage 5:

Unter Analogie versteht man ein Rechtsgewinnungsverfahren, bei dem ein nicht geregelter Sachverhalt nach einer Norm behandelt wird, die andere, ähnlich liegende Sachverhalte regelt. Die Norm wird also auf den ungeregelten Sachverhalt entsprechend (= analog) angewendet. Die Analogie bezieht ihre Rechtfertigung aus dem Gerechtigkeitsgebot, Gleichartiges rechtlich Gleich zu behandeln.

Zu beachten ist, dass die Auslegung der Analogie vorgeht. Wo schon die Auslegung zur Lösung der Rechtsfrage führt, ist Analogie nicht zulässig, denn in diesem Falle ist ein Rechtssatz bereits vorhanden und also darf ein neuer nicht gebildet werden.

---

[39] zum sicheren Bedeutungskern gesetzlicher Begriffe vgl. Larenz/Wolf, AT, § 4 II. 2. a. (S. 82, Rdnr. 38)

[40] vgl. dazu Larenz/Wolf, AT, § 4 II. 2. e. (S. 84/85, Rdnr. 48) m.w.N. sowie Pawlowski, Methodenlehre, Rdnrn. 490-492

[41] dazu Larenz/Wolf, AT, § 4 II. 3. (S. 85/86, Rdnr. 50)

zu Frage 6:

Die analoge Anwendung gesetzlicher Vorschriften wird in zwei Stufen geprüft. Erstens muss eine planwidrige Regelungslücke vorliegen. Diese ist anzunehmen, wenn eine Frage, die dem Regelungsplan des Gesetzes nach hätte geregelt werden müssen, dem Wortlaut des Gesetzes nach nicht geregelt wurde.

Zweitens müssen die Interessenlagen vergleichbar sein. Dazu hat man Sinn und Zweck der analog anzuwendenden Norm zu ermitteln und zu prüfen, ob die Interessenlage der geregelten Fälle derjenigen vergleichbar ist, die dem von der Norm nicht geregelten Fall zugrunde liegt. Nur bei vergleichbaren Interessenlagen ist die Analogie gerechtfertigt.

zu Frage 7:

Keine planwidrige Lücke liegt vor, wenn der Gesetzgeber einen Fall bewusst, d. h. plangemäß ungeregelt gelassen hat, weil er etwa ein bestimmtes Recht in den nicht geregelten Fällen gerade nicht hat einräumen wollen (beredtes Schweigen des Gesetzes). Dies kann sich aus einem Umkehrschluss (argumentum e contrario[42]) ergeben: Daraus, dass der Gesetzgeber nur in den wenigen geregelten Ausnahmefällen ein bestimmtes Recht einräumen wollte, hat man umgekehrt (e contrario) zu schließen, dass in den (bewusst) ungeregelten Fällen gerade kein solches Recht bestehen soll.

Beispiel: Der Erblasser soll einem Abkömmling nur in den in § 2333 abschließend aufgezählten fünf Extremfällen (Abkömmling trachtet bestimmten Personen nach dem Leben, begeht körperliche Mißhandlung, begeht schweres vorsätzliches Vergehen, verletzt böswillig die Unterhaltspflicht, führt ehrlosen oder unsittlichen Lebenswandel) den Pflichtteil entziehen können. Eine analoge Anwendung des § 2333 auf ungeregelte Situationen ist hier schon deswegen ausgeschlossen, weil die Regelungslücke gerade gewollt und nicht planwidrig ist. In anderen Situationen, mögen sie dem Rechtsanwender auch ähnlich erscheinen, soll der Erblasser kein Recht zur Entziehung des Pflichtteils eines Abkömmlings haben. Das Verhältnis von Legislative und Judikative würde empfindlich gestört, wenn der Richter hier Recht schaffen würde, obwohl der Gesetzgeber erkennbar eine abschließende Regelung getroffen hat. Die Judikative darf § 2333 nicht durch Analogieschlüsse berichtigen oder abändern. Darin läge eine Rechtsfortbildung contra legem, die nicht erlaubt ist.

zu Frage 8:

Man unterscheidet die Gesetzesanalogie (= Einzelanalogie) und die Rechtsanalogie (= Gesamtanalogie). Im erstgenannten Fall wird eine Norm, die nach ihrem Wortlaut nur die Sachverhalte X1 und X2 regelt, die aber wegen der Vergleichbarkeit der Interessenlagen auch auf den Sachverhalt Y passt, auf diesen analog (entsprechend) angewandt. Dagegen wird bei der Rechts- bzw. Gesamtanalogie aus mehreren Rechtsnormen ein gemeinsamer Rechtsgedanke herausgearbeitet und sodann auf einen von diesen Normen nicht erfassten Sachverhalt als „diesem ebenfalls entsprechend" übertragen.

---

[42] dazu Däubler, BGB kompakt, S. 36

zu Frage 9:

Die Mahnung stellt eine Willensäußerung dar, die der Willenserklärung ähnlich ist (= geschäftsähnliche Handlung). Da die Mahnung in Bezug auf ein Rechtsverhältnis und im Bewusstsein ihrer rechtlichen Bedeutung vorgenommen wird und überdies an eine bestimmte Person gerichtet ist, besteht eine vergleichbare Interessenlage zur empfangsbedürftigen Willenserklärung. Deshalb wendet man § 130 Abs. 1 Satz 1 trotz seines Wortlauts (*"Eine Willenserklärung ..."*) auf die Mahnung entsprechend an. Somit wird sie analog § 130 Abs. 1 Satz 1 erst im Zeitpunkt ihres Zugangs wirksam. Sie muss also, um wirksam zu werden, in den Machtbereich des Adressaten gelangen und zwar dergestalt, dass dieser unter gewöhnlichen Umständen die Möglichkeit zur Kenntnisnahme hat.

zu Frage 10:

Eine teleologische Reduktion greift ein, wenn ein Fall zwar vom Wortlaut der Rechtsnorm eindeutig erfasst wird, nach deren Sinn und Zweck (telos[43]) aber eigentlich nicht nach dieser Norm behandelt werden dürfte.

Beispiel: Nach § 181 kann ein Vertreter, soweit nicht ein anderes ihm gestattet ist, im Namen des Vertretenen mit sich im eigenen Namen oder als Vertreter eines Dritten ein Rechtsgeschäft nicht vornehmen, es sei denn, dass das Rechtsgeschäft ausschließlich in der Erfüllung einer Verbindlichkeit besteht. Zwar fällt nach diesem Wortlaut grundsätzlich, d. h. bis auf die zwei gesetzlich geregelten Ausnahmen (Gestattung, Erfüllung einer Verbindlichkeit) jedes Insichgeschäft[44] unter das Verbot des § 181. Es widerspräche aber dem Gesetzeszweck, auch solche Insichgeschäfte unter das Verbot zu stellen, die typischerweise lediglich rechtlich vorteilhaft sind. Deshalb ist § 181 teleologisch zu reduzieren[45] und gilt für solche Insichgeschäfte nicht, die - wie etwa ein Erlassvertrag nach § 397 - dem Vertretenen typischerweise lediglich einen rechtlichen Vorteil bringen[46]. Diese Reduktion stellt genau das Gegenteil der Analogie dar: Bei der Analogie ist der Wortsinn der Norm zu eng gefasst, bei der Reduktion zu weit. Bei der Analogie wird Gleiches gleich, bei der Reduktion Ungleiches ungleich behandelt.

Andererseits handelt es sich auch nicht um einen Fall einengender Auslegung, denn einer solchen steht der eindeutige Wortlaut entgegen, wonach der zu entscheidende Fall vom Wortlaut eindeutig erfasst ist. Das mag mit dazu veranlasst haben, die Reduktion dann doch als eine dem Analogieschluss „verwandte Schlussweise" anzusehen[47].

---

[43] telos (griech.) = Ende, Ziel

[44] Man unterscheidet zwei Arten von Insichgeschäften: Die Mehrfachvertretung (*"als Vertreter eines Dritten"*) und das Selbstkontrahieren (*"mit sich im eigenen Namen"*). Vgl. dazu unten, S. 266 ff.

[45] zur teleologischen Reduktion des § 181 Jauernig/Jauernig, § 181 Rdnr. 11 m.w.N.

[46] zur Reduktion des § 181 ausführlich im Recht der Stellvertretung, S. 268

[47] Schapp, Grundlagen, Rdnr. 44; ausführlich dazu Pawlowski, Methodenlehre, Rdnrn. 493-496a

Kapitel 14

Das Recht der Anfechtung

Das Recht der Anfechtung ist im AT und dort im 3. Abschnitt, Titel 2 „Willenserklärung" untergebracht. Eine Willenserklärung kann nämlich wirksam erklärt, aber mit einem „Mangel" behaftet sein, der sie anfechtbar macht. Dazu ist in § 142 Abs. 1 wie folgt formuliert: „*Wird ein anfechtbares Rechtsgeschäft angefochten* (Voraussetzungen), *so ist es als von Anfang an nichtig anzusehen* (Rechtsfolge[1])". Wann also ist ein Rechtsgeschäft (= Willenserklärung) anfechtbar?

Anfechtbarkeit liegt nur vor, wenn (zumindest) einer der im Gesetz abschließend aufgezählten Anfechtungsgründe erfüllt ist. Zur Vermeidung von Unsicherheiten für den Rechtsverkehr hat der Gesetzgeber die Anfechtungsgründe eng begrenzt. Sie werden oft als „Willensmängel" zusammengefasst. Das ist aber ungenau. Denn Anfechtungsgründe betreffen nicht nur Mängel des Willens, d. h. seine (fehlerfreie) Bildung, sondern vornehmlich die Äußerung des fehlerfrei gebildeten Willens. Wenn man sich zum Beispiel verspricht oder verschreibt, so ist nicht der Wille, sondern seine Äußerung, d. h. seine Erklärung, fehlerhaft. Das begründet den sog. Erklärungsirrtum im Sinne von § 119 Abs. 1, 2. Alt. und damit die Anfechtbarkeit der Erklärung.
Nach § 120 liegt ein weiterer Grund zur Anfechtung in der falschen Übermittlung[2].

Beeinträchtigungen der Willensbildung dagegen machen das Rechtsgeschäft grundsätzlich nicht anfechtbar, da die Motive (Beweggründe), wie wir aus Kapitel 6 wissen[3], in aller Regel nicht Inhalt der Erklärung werden, sondern im Vorfeld der Willensbildung anzusiedeln sind. Allerdings hat der Gesetzgeber ausnahmsweise Anfechtungsgründe eingeräumt, wenn der Irrtum ein besonders wichtiges Motiv betrifft, nämlich die verkehrswesentlichen Eigenschaften der Person oder Sache (Anfechtbarkeit nach § 119 Abs. 2[4]) oder wenn die freie Willensbildung durch Täuschung und Drohung (Anfechtungsgründe nach § 123) beeinflusst wird.

Konzentrieren wir uns zunächst auf die in § 119 Abs. 1 geregelten Anfechtungsgründe.

I. Inhalts- und Erklärungsirrtum nach § 119 Abs. 1

Nach § 119 Abs. 1 kann die Erklärung anfechten, wer bei der Abgabe einer Willenserklärung über deren Inhalt - besser Bedeutung - im Irrtum war (1. Alt.) oder eine Erklärung dieses Inhalts überhaupt nicht abgeben wollte (2. Alt.). Irrtum bedeutet unbewusste Fehlvorstellung. Sie liegt in den Fällen des § 119 Abs. 1 darin, dass der Erklärende

---

[1] Das bedeutet: Mit der Anfechtung kann man seine Willenserklärung „kassieren", jedoch nicht reformieren.
[2] Ausführlich zu erörtern sind die Anfechtungsgründe des § 119 Abs. 1 und 2 sowie des § 123. Die Anfechtung wegen falscher Übermittlung nach § 120 soll im vorliegenden Grundriss nicht vertieft werden. Im Bedarfsfalle finden Sie in den Kommentierungen Detailinformationen.
[3] vgl. S. 97/98
[4] so jedenfalls die Einordnung der h. M., vgl. S. 232/233

etwas anderes will, als er - nach dem objektivierten Empfängerhorizont[5] - äußerlich erklärt hat. § 119 Abs. 1 unterscheidet den Inhalts- bzw. Bedeutungsirrtum (1. Alt.) und den Erklärungsirrtum (2. Alt.). Dazu sowie zur gutachtlichen Prüfung der Anfechtung folgender Fall:

1. Prüfungsaufbau der Anfechtung

Fall 12: „Pension Wettiner Eck"

Sachverhalt:
Der gestresste Rudolph Ruh (R) will im August in Thüringen Urlaub machen. Um ein besonders geruhsames Nachtquartier zu finden, begibt er sich im April auf Stippvisite in die ostthüringische Skatstadt Altenburg und nimmt dort mehrere Pensionen in Augenschein. Unter anderem sieht er sich Zimmer in der ruhigen Pension Wettiner Eck sowie in der an einer vielbefahrenen Schnellstraße gelegenen Pension Wettinger an, die beide in der Nähe des Pauritzer Platzes gelegen sind. Auf der Rückfahrt entschließt R sich, im Wettiner Eck zu buchen, da ihm die Zimmer dort mit Abstand am ruhigsten erscheinen.

Ein paar Tage später schreibt er an die Pension Wettinger, dass er vom 1. bis zum 10.08. zehn Übernachtungen im Einzelzimmer buche, wobei er irrtümlich davon ausgeht, es handele sich um das Wettiner Eck mit den ruhigen Zimmern. W, der Inhaber der Pension Wettinger, bestätigt gegenüber R die Reservierung.

Als R am 1. August abends in Altenburg eintrifft, stellt sich der Irrtum heraus. Sofort erklärt R dem W, dass er wegen des Irrtums an seine Buchung nicht mehr gebunden sein wolle. W ist nicht bereit, das zu akzeptieren. Man habe einen wirksamen Vertrag geschlossen und R müsse folglich zahlen. Anderenfalls entgehe ihm ein Gewinn von 25 Euro pro Übernachtung, also von insgesamt 250 Euro. Im Übrigen habe er - was zutrifft - erst vormittags im Vertrauen auf den mit R geschlossenen Vertrag den Gast G abweisen müssen, obwohl dieser ihm eine höhere Miete geboten habe, als die mit R vereinbarte. Danach hätte er im Falle einer Vermietung an G 300 Euro Gewinn erzielt. Er könne demnach sogar einen Schadensersatz von 300 Euro beanspruchen.
R lässt sich nicht beeindrucken und recherchiert, dass W das Zimmer immerhin noch einige Tage an den Knut Knauser (K) hätte vermieten und dabei einen Gewinn von 100 Euro erzielen können. Dass W es unterlassen hat, diesen Gewinn zu erzielen, müsse er sich jedenfalls entgegen halten lassen.

1. Frage: Kann W von R Zahlung der Zimmermiete beanspruchen?
2. Frage: Kann W von R Schadensersatz verlangen
und bejahendenfalls in welcher Höhe?

---

[5] vgl. dazu oben, S. 94/95

Lösungsvorschlag zu Fall 12

1. Frage (Fall 12):
W könnte gegen R nach § 535 Abs. 2 einen Anspruch auf Zahlung der vereinbarten Miete haben. Dazu müsste zwischen den beiden ein wirksamer Mietvertrag bestehen.

(A). Wirksamer Mietvertrag?
Zwar haben R und W die für einen Vertragsschluss erforderlichen übereinstimmenden Willenserklärungen abgegeben, indem R gebucht hat (Angebot) und W die Reservierung gegenüber R bestätigt hat (Annahme). Aus objektivierter Empfängersicht konnte W die Buchungserklärung des R nur als Angebot verstehen, ein Zimmer in seiner Pension Wettinger anzumieten. An diesem, wenn auch irrigerweise erklärten Inhalt, wird R - erst einmal - festgehalten.

Allerdings ist damit über die Wirkungen dieser Erklärungen endgültig noch nichts gesagt.

(B). Gegennorm des § 142 Abs. 1 (rechtshindernde Einwendung)[6]
Der vertragliche Konsens könnte hier entfallen sein. Dazu müsste R seine Angebotserklärung wirksam angefochten haben[7] mit der Folge, dass sie nach § 142 Abs. 1 als von Anfang an nichtig anzusehen ist (= Rechtsfolge)[8].

Es müsste also ein Anfechtungsgrund erfüllt sein und R müsste eine entsprechende Anfechtungserklärung (§ 143 Abs. 1) gegenüber dem Vertragspartner W als dem Anfechtungsgegner (vgl. § 143 Abs. 2) abgegeben haben (= Tatbestand)[9].

(I). Anfechtungsgrund (§ 119 Abs. 1)
Hier könnte eine Anfechtbarkeit wegen Irrtums nach § 119 Abs. 1 vorliegen. Wer bei der Abgabe einer Willenserklärung über deren Inhalt im Irrtum war (1. Alt.) oder eine Erklärung dieses Inhalts überhaupt nicht abgeben wollte (2. Alt.) - so die Formulierung des § 119 Abs.1 - kann die Erklärung

---

[6] vgl. zu den Gegennormen oben, S. 26 ff.

[7] Nur die Willenserklärung, die an einem Willensmangel leidet, ist anfechtbar. Es ist also ungenau, wenn bisweilen von der Anfechtung des Vertrages die Rede ist. Freilich bricht infolge der Anfechtung der Angebots- oder Annahmeerklärung der vertragliche Konsens zusammen.

[8] Wichtig: Ebenso wie bei der Prüfung von Anspruchsgrundlagen ist bei der Prüfung von Gegennormen (Einwendungen und Einreden) von deren Rechtsfolge auszugehen. Die Rechtsfolge und Wirkung der Anfechtung ist nach § 142 Abs. 1 die rückwirkende Nichtigkeit des wirksam angefochtenen Rechtsgeschäfts. § 142 Abs. 1 gehört demzufolge an den Anfang der Anfechtungsprüfung. Ein häufiger Fehler vieler Studierender ist es, stattdessen mit dem Anfechtungsgrund zu beginnen. Nicht selten ist dabei auch noch die Rede von einem „Anspruch auf Anfechtung". Das ist selbstverständlich ein schwerer Fehler, denn die Anfechtung ist ein Gestaltungsrecht!

[9] Insoweit gibt es keine zwingende Reihenfolge. Man könnte ebenso gut zunächst die Anfechtungserklärung und erst danach den Anfechtungsgrund prüfen.

anfechten, wenn anzunehmen ist, dass er sie bei Kenntnis der Sachlage und bei verständiger Würdigung des Falles nicht abgegeben haben würde.

Den Irrtum im Sinne der 1. Alt. bezeichnet man als Inhalts- bzw. Bedeutungsirrtum, den im Sinne der 2. Alt. als Erklärungsirrtum.

Der zuletzt genannte Erklärungsirrtum betrifft die Erklärungshandlung und ist gegeben, wenn sich jemand bei Abgabe der Erklärung verspricht oder verschreibt. So liegt der Fall hier aber nicht, denn R wollte „Pension Wettinger" schreiben. Er wusste also, was er erklärt. Allerdings wusste er nicht, was er damit erklärt. Denn er wollte damit zum Ausdruck bringen, in der (ruhigen) Pension Wettiner Eck ein Zimmer zu buchen. R irrte sich also über den Inhalt bzw. die Bedeutung dessen, was er mit „Pension Wettinger" erklärt hat.
Somit liegt hier ein Inhaltsirrtum im Sinne der 1. Alt. des § 119 Abs. 1 vor.

Überdies ist anzunehmen, dass R die Erklärung bei Kenntnis der Sachlage (subjektive Erheblichkeit des Irrtums) und bei verständiger Würdigung des Falles (objektive Erheblichkeit des Irrtums) nicht abgegeben haben würde, da es ihm (subjektiv) um ein ruhiges Zimmer ging, was auch objektiv wesentlich erscheint.

R`s Angebotserklärung ist also nach § 119 Abs. 1, 1. Alt. wegen Inhaltsirrtums anfechtbar.

(II). Anfechtungserklärung (§ 143)
Bei der Anfechtung handelt es sich um ein sog. Gestaltungsrecht, d. h. der Anfechtende kann einseitig in die fremde Rechtssphäre des Vertragspartners gestaltend eingreifen, also hier nach 142 Abs. 1 die rückwirkende Nichtigkeit des Mietvertrages herbeiführen. Dazu muss er sein Gestaltungsrecht ausüben. Dies geschieht nach § 143 Abs. 1 durch Erklärung gegenüber dem Anfechtungsgegner, also durch eine empfangsbedürftige Willenserklärung[10]. Anfechtungsgegner ist bei einem Vertrage nach § 143 Abs. 2 der andere Teil. Die Anfechtungserklärung bedarf nicht der Verwendung des Wortes „Anfechtung". Man muss vielmehr nur zu erkennen geben, dass man von seinem Gestaltungsrecht Gebrauch machen will. Das hat R getan, indem er gegenüber dem Vertragspartner W erklärt hat, wegen seines Irrtums nicht mehr an die Buchung gebunden sein zu wollen. Dies ist aus der objektivierten Empfängersicht (§ 157[11]) als Anfechtungserklärung zu verstehen.

---

[10] Wichtig: Zur Anfechtung bedarf es keiner Mitwirkung des Anfechtungsgegners. Dies widerspräche dem Charakter eines Gestaltungsrechts. Freilich bedarf es des Zugangs der Anfechtungserklärung, da sie empfangsbedürftig (vgl. § 143) ist. Der Zugang erfordert bekanntlich das Gelangen in den Machtbereich des Empfängers und die Möglichkeit der Kenntnisnahme unter gewöhnlichen Umständen. Vgl. oben, S. 180-182
[11] vgl. oben, S. 95

(III). Einhalten der Anfechtungsfrist (§ 121)

Laut Sachverhalt hat R „*sofort*" nach Kenntnis des Irrtums die Anfechtung erklärt. Sie ist also ohne schuldhaftes Zögern (= unverzüglich[12]) im Sinne des § 121 Abs. 1 erfolgt.

(C). Ergebnis

R`s Angebotserklärung ist also anfechtbar und wurde überdies von R unverzüglich angefochten. Folglich ist das Vertragsangebot (= die Buchung) des R als von Anfang an nichtig anzusehen (§ 142 Abs. 1). Damit entfällt zugleich rückwirkend der mietvertragliche Konsens. Somit besteht zwischen den Parteien kein Mietvertrag.

W hat gegen R keinen Anspruch auf Zahlung der Miete nach § 535 Abs. 2.

Anmerkung: Die Beantwortung der 1. Frage hat gezeigt, dass nach § 119 Abs. 1 eine irrtumsbehaftete Erklärung (erst einmal) ihrem objektiven Sinn nach wirksam wird, obwohl es an einem entsprechenden Willen fehlt. Maßgeblich ist also zunächst das Erklärte und nicht das Gewollte. Insofern ist der Gesetzgeber dem Erklärungsprinzip gefolgt. Allerdings hat er damit nicht über die endgültige Wirksamkeit der Erklärung entschieden. Vielmehr bleibt es dem Erklärenden überlassen, mit Hilfe der Anfechtung das nicht Gewollte als von Anfang an nichtig zu „kassieren" und so seinem Willen doch Geltung zu verschaffen[13]. Damit gewinnt letztlich das Willensprinzip die Oberhand.

Dafür hat der Anfechtende allerdings einen Preis zu zahlen, denn er hat dem anderen Teil, der auf die Wirksamkeit der Willenserklärung vertraut, nach § 122 den sog. Vertrauensschaden zu ersetzen[14].

2. Der Ersatz des Vertrauensschadens nach § 122

Hinter dem Schadensersatzanspruch des § 122 steht der Gedanke der Verletzung eines vorvertraglichen Vertrauensverhältnisses. Die Haftung nach § 122 weist aber gegenüber der culpa in contrahendo[15] die Besonderheit auf, dass sie ein Verschulden des Anfechtenden an seinem Irrtum nicht voraussetzt, also verschuldensunabhängig konzipiert ist.

---

[12] § 121 Abs. 1 ist vorliegend evident zu bejahen und darf, ja sollte sogar (getrost) im Urteilsstil abgehandelt werden. Beachte: Die Begriffe sofort und unverzüglich sind keinesfalls gleichbedeutend. Geschieht etwas sofort, so ist immer auch Unverzüglichkeit gegeben. Allerdings ist ein Verhalten auch dann noch als unverzüglich anzusehen, wenn jemand zum Beispiel zunächst (kurzfristig) rechtlichen Rat einholt, ohne dabei schuldhaft, d. h. fahrlässig oder gar vorsätzlich zu zögern. Welche Zeitspanne insofern in Anspruch genommen werden darf, lässt sich nicht schematisch sagen, sondern ist anhand der Umstände des Einzelfalles zu beurteilen. Vgl. dazu oben, S. 209 sowie Hirsch, AT, Rdnrn. 664 ff.

[13] dazu Schapp, Grundlagen, Rdnrn. 370 und 371, der von einer „*Kombination von Momenten des Willens- und des Erklärungsprinzips*" spricht.

[14] Man sollte also stets überlegen, ob man das objektiv Erklärte unter Zurückstellen des eigentlich Gewollten nicht doch gelten lassen will, um so einen mitunter hohen Schadensersatz zu vermeiden. Diese Erwägung hat besondere praktische Bedeutung.

[15] zur c. i. c. vergleiche zum Beispiel Kallwass, Privatrecht, S. 184/185 sowie etwa Kapitel 12, S. 201/202

Als zu ersetzender Vertrauensschaden kommen vor allem unnötige Aufwendungen in Betracht, die dem Anfechtungsgegner im Hinblick auf die Erfüllung eines vermeintlich wirksamen Vertrages entstanden sind[16], wie Anreise- oder Versendungskosten. Aber auch ein Gewinn, der dem Anfechtungsgegner deswegen entgeht, weil er im Vertrauen auf die Gültigkeit des angefochtenen Vertrages ein anderweitiges Geschäft ausschlägt, fällt darunter.

Kehren wir zu unserem Fall 12 zurück. Zwar konnte R sich, wie dargelegt, mit Hilfe der Anfechtung von seiner Buchungserklärung und damit vom Mietvertrag lösen, allerdings könnte dies zur Folge haben, dass er dem W den Vertrauensschaden nach § 122 ersetzen muss. Diese wichtige Anspruchsgrundlage des AT haben wir zur Lösung der 2. Frage zu prüfen.

2. Frage (Fall 12):
W könnte gegen R nach § 122 Abs. 1 einen Anspruch auf Schadensersatz haben.

(A). Haftungstatbestand des § 122 Abs. 1
Die Schadensersatzhaftung setzt nach § 122 Abs. 1 voraus, dass eine Willenserklärung aufgrund der §§ 119, 120[17] angefochten ist.
R hat, wie dargelegt, aufgrund seines Inhaltsirrtums im Sinne des § 119 Abs. 1, 1. Alt. seine mietvertragliche Angebotserklärung wirksam angefochten. Der Haftungstatbestand (= Voraussetzungsseite) des § 122 Abs. 1 ist somit erfüllt.

(B). Haftung (= Rechtsfolge)

(I). Grundlage: Das negative Interesse (= Vertrauensschaden)
Nach § 122 Abs. 1 hat der Erklärende, wenn die Erklärung einem anderen gegenüber abzugeben war, den Schaden zu ersetzen, den der andere, also der Anfechtungsgegner, dadurch erleidet, dass er auf die Gültigkeit der Erklärung und damit letztlich auf den wirksamen Vertragsschluss vertraut hat. Der Anfechtungsgegner W ist hier also so zu stellen, als hätte er von dem Vertrag mit R nie etwas gehört, denn dann hätte er auch nicht auf dessen Gültigkeit vertraut. Wir müssen uns also den Vertrag (negativ) wegdenken. Hätte W nie etwas von dem Vertrag gehört, hätte er an den Gast G vermietet. Hier hat W es im Vertrauen auf die Gültigkeit des Vertrages mit R unterlassen, das Zimmer vormittags an den G zu vermieten. Infolgedessen ist ihm laut Sachverhalt ein Gewinn in Höhe von 300 Euro entgangen. § 252 erkennt ausdrücklich an, dass auch entgangener Gewinn einen Schaden darstellt. Der Vertrauensschaden (= negatives Interesse) beläuft sich also auf 300 Euro.

---

[16] vgl. bereits Fall 11, S. 203
[17] Bei einer Anfechtung wegen Täuschung oder Drohung nach § 123 greift § 122 also nicht ein, denn wenn der Anfechtungsgegner getäuscht oder gedroht hat, ist er ersichtlich nicht schutzwürdig. Dass der Anfechtende in diesem Fall keinen Vertrauensschaden zu ersetzen hat, ist nur konsequent.

(II). Obergrenze: Das positive Interesse (= Erfüllungsinteresse)

Zwar stellt das negative Interesse die Grundlage für den Anspruch aus § 122 Abs. 1 dar, allerdings ist ein Schaden nach § 122 Abs. 1 a. E. nicht über den Betrag des <u>Interesses</u> hinaus zu ersetzen, <u>welches der Andere an der Gültigkeit der Erklärung bzw. der Erfüllung des Vertrages hat</u> (= positives Interesse).

Wäre der Mietvertrag mit R gültig gewesen, <u>würden wir diesen also (positiv) hinzudenken, dann hätten die Parteien diesen Vertrag ordnungsgemäß erfüllt und W hätte einen Reingewinn von 250 Euro erzielt</u>. Sein Interesse an der (positiven) Erfüllung beläuft sich also auf lediglich 250 Euro. <u>Auf dieses positive Interesse, das auch Erfüllungsinteresse heißt, begrenzt § 122 Abs. 1 den Schadensersatz.</u>

W kann somit von R das negative Interesse (300 Euro), allerdings begrenzt durch das positive, d. h. 250 Euro verlangen. Das leuchtet ein, denn der Anfechtungsgegner <u>soll in keinem Fall mehr verlangen können, als er im Falle ordnungsgemäßer Erfüllung gewonnen hätte.</u>

(III). Verletzung der Schadensminderungspflicht (§ 254 Abs. 2)

Zu prüfen bleibt, ob es den Anspruch des W mindert, dass er es unterlassen hat, an K zu vermieten und so wenigstens 100 Euro Gewinn zu erzielen. Nach § 254 Abs. 2 hängt der Umfang des zu leistenden Schadensersatzes u. a. davon ab, ob <u>der Gläubiger es unterlassen hat, den Schaden abzuwenden oder zu mindern</u> (sog. Schadensminderungspflicht).

Hier hat W eine Vermietung an K unterlassen und es damit zugleich versäumt, den Schaden um 100 Euro zu verringern. Somit ist der Anspruch wegen Verletzung der Schadensminderungspflicht um 100 Euro herabzusetzen.

(C). Ergebnis

Die Schadensersatzpflicht des Anfechtenden R, die sich nach § 122 Abs. 1 auf 250 Euro belief, ist somit nach § 254 Abs. 2 um 100 Euro zu verringern. <u>Im Ergebnis besteht ein Anspruch auf Schadensersatz des W gegen R in Höhe von 150 Euro.</u>

3. Subjektive und objektive Erheblichkeit des Irrtums (§ 119 Abs. 1 a. E.)

§ 119 Abs. 1 setzt zusätzlich voraus, dass der Anfechtende die Erklärung bei Kenntnis der Sachlage (subjektive Erheblichkeit des Irrtums) und bei verständiger Würdigung des Falles (objektive Erheblichkeit des Irrtums) nicht abgegeben haben würde[18]. Im Fall 12 war diese doppelte Erheblichkeit unproblematisch zu bejahen. Dass dies nicht immer so sein muss, zeigt das <u>folgende kurze Beispiel</u>:

<u>Ausgangssachverhalt</u>: Gast G hat bereits mehrfach im Zimmer 31 des „Hotels zur Post" gewohnt und will dieses Zimmer wieder für zwei Tage bestellen, verschreibt sich aber

---

[18] In diesem Zusammenhang ist auch die Rede von dem *„doppelt qualifizierten Kausalzusammenhang"*. So etwa Schapp, Grundlagen, Rdnr. 373

und schreibt „32". Nunmehr ändern sich die Reisepläne des G und er entdeckt, dass er sich verschrieben hat. Kann er anfechten, wenn Zimmer 32 genauso ruhig und komfortabel ausgestattet ist wie Zimmer 31?
Abwandlung: Kann er mit der Begründung anfechten, im Zimmer 32 seien grüne Polstermöbel, er bevorzuge aber braune?

G wollte Zimmer 31 erklären, hat sich aber vertan und 32 geschrieben, folglich objektiv Zimmer 32 erklärt. Eine Erklärung dieses Inhalts hat G überhaupt nicht abgeben wollen, so dass ein Erklärungsirrtum nach § 119 Abs. 1, 2. Alt. vorliegt.
Nach § 119 Abs. 1 kann der Irrende die Erklärung allerdings nur anfechten, wenn zusätzlich anzunehmen ist, dass er sie bei Kenntnis der Sachlage und bei verständiger Würdigung des Falles nicht abgegeben haben würde. Das Gesetz verlangt damit eine doppelte Erheblichkeit des Irrtums, nämlich in subjektiver und objektiver Hinsicht.

Im Ausgangsfall handelte es sich schon aus Sicht des G bei dem Irrtum über die Zimmernummer um eine unwesentliche Frage, da beide Zimmer gleichermaßen ruhig und komfortabel ausgestattet sind. Somit ist bereits die subjektive Erheblichkeit des Irrtums zu verneinen, da das Zimmer Nr. 32 sämtlichen Anforderungen entspricht, die G (subjektiv) an das Zimmer stellt. G hat also kein Recht zur Anfechtung seiner Erklärung.

Dagegen kommt es dem G in der Abwandlung auf die Farbe der Polstermöbel an, so dass der Irrtum subjektiv erheblich ist. Wie erwähnt erfordert § 119 Abs. 1 indes eine doppelte Erheblichkeit. Der Irrtum müsste also zusätzlich objektiv erheblich sein. Hierzu ist die Erheblichkeit des Irrtums am Maßstab eines verständigen Menschen „frei von Eigensinn, subjektiven Launen und törichten Anschauungen" - wie es das Reichsgericht einst formuliert hat[19] - zu messen. Bei verständiger Würdigung des Falles, d. h. aus objektiver Sicht, ist der Irrtum über die Farbe der Polstermöbel unerheblich. Damit steht G auch in der Abwandlung kein Anfechtungsrecht zu.

4. Spezieller Fall des Inhaltsirrtums: Der Identitätsirrtum (error in persona vel objecto)

Der Identitätsirrtum stellt einen Inhaltsirrtum im Sinne des § 119 Abs. 1, 1. Alt. dar.
Nehmen wir an, B will sein Haus streichen lassen und damit den Malermeister Müller beauftragen, der für ihn schon früher Arbeiten ausgeführt hat. Im Telefonbuch gerät B an einen anderen Malermeister Müller. Hier liegt ein Irrtum über die Person (Identität) des Vertragspartners (error in persona) vor: Nach dem objektivierten Empfängerhorizont hat B erklärt, einen Werkvertrag mit dem Malermeister Müller abschließen zu wollen, mit dem er telefoniert hat. In Wirklichkeit hat er aber erklären wollen, mit dem Malermeister Müller einen Vertrag abzuschließen, der bereits früher für ihn gearbeitet hatte. Darin liegt ein Inhaltsirrtum, da B zwar gesagt hat, was er sagen wollte, sich aber über die objektive Bedeutung seiner Erklärung im Irrtum befand.

Ein solcher Identitätsirrtum ist auch in Bezug auf die Identität des Vertragsobjekts denkbar (error in objecto). Beispiel:
A verkauft dem B „seinen Hund". B meint, es sei ein Schäferhund. A hat sich aber vor kurzem einen Bernhardiner zugelegt, was wiederum B noch nicht wußte. B hat gesagt,

---

[19] RGZ 62, 206

was er sagen wollte, damit aber subjektiv eine andere Bedeutung (Schäferhund) verbunden, als er objektiv (Bernhardiner) zum Ausdruck gebracht hat (= Inhaltsirrtum nach § 119 Abs. 1, 1. Alt.).

II. Der Rechtsfolgenirrtum und andere unbeachtliche Motivirrtümer

In den Fällen des Inhalts- und Erklärungsirrtums weicht das objektiv Erklärte von dem konkreten Geschäftswillen ab. Der Erklärende will eine ganz bestimmte Rechtsfolge herbeiführen, erklärt aber etwas anderes. Er irrt also in den Fällen des § 119 Abs. 1 über die von ihm herbeigeführte Rechtsfolge. Charakteristisch dafür ist, dass die irrtümliche Vorstellung, d. h. der vom objektiv Erklärten abweichende Geschäftswille, sich auf die Erklärung selbst bezieht.

Davon zu unterscheiden sind irrtümliche Vorstellungen, die sich nicht auf die unmittelbar erklärte Rechtsfolge, sondern lediglich auf rechtliche Folgen beziehen, die erst das Gesetz an bestimmte Rechtsgeschäfte knüpft. Wer etwa einen Kaufvertrag abschließen will und dies auch erklärt hat, kann seine Erklärung nicht mit der Begründung anfechten, er habe sich über das eingreifende Gewährleistungsrecht geirrt. Denn hier betrifft der Irrtum lediglich einen Beweggrund (= Motiv) im Vorfeld[20] der kaufvertraglichen Erklärung. Solche Irrtümer über Rechtsfolgen berechtigen grundsätzlich nicht zur Anfechtung, denn das Erklärte und das Gewollte stimmen überein. Der Rechtsfolgenirrtum stellt nur einen Unterfall denkbarer Motivirrtümer dar. Einen weiteren typischen Fall von Motivirrtum liefert folgendes Beispiel:
E kauft seiner Freundin F einen Brillantring, den er ihr als Verlobungsgeschenk präsentieren will. Wenig später verlässt ihn die F, die sich inzwischen bereits mit einem anderen verlobt hat. Hier hat E objektiv erklärt, den Brillantring zu kaufen und wollte das auch erklären. Daran muss er sich im Interesse des Rechtsverkehrs festhalten lassen. Freilich hatte er zuvor diesen Geschäftswillen auf der Grundlage gebildet, dass er sich in Kürze mit F verloben werde. Motiv bzw. Beweggrund seines fehlerfrei erklärten Geschäftswillens war also die bevorstehende Verlobung mit F. Über diesen Beweggrund im Vorfeld der Willenserklärung[21] hat E sich geirrt. Dieser Irrtum über ein Kaufmotiv ist grundsätzlich unbeachtlich. Anderenfalls könnte man sich praktisch so gut wie immer von der Bindung an seine Willenserklärung mit der (Schutz-)Behauptung lossagen, ein vorgestellter Beweggrund sei entfallen. Zum Schutze des Rechtsverkehrs ist es aber geboten, den Erklärenden trotz eines Motivirrtums grundsätzlich an seiner Erklärung fest zu halten. E kann also seine auf Abschluss des Kaufs gerichtete Willenserklärung nicht gegenüber dem Verkäufer anfechten.

Allerdings sieht das Gesetz Ausnahmen vor, in denen ganz bestimmte Motivirrtümer zur Anfechtung berechtigen. Es sind dies der Irrtum über eine verkehrswesentliche Eigenschaft der Person oder Sache im Sinne des § 119 Abs. 2 sowie der täuschungsbedingte Irrtum nach § 123 Abs. 1. Diese Irrtümer spielen in der Praxis eine große Rolle und sollen deswegen im Folgenden eingehend erörtert werden.

---

[20] Westermann, Grundbegriffe, S. 50/51; Schapp, Grundlagen, Rdnr. 369
[21] vgl. oben, S. 97/98

III. Der Irrtum über eine verkehrswesentliche Eigenschaft (§ 119 Abs. 2)

Nach § 119 Abs. 2 gilt als Irrtum über den Inhalt der Erklärung auch der Irrtum über solche Eigenschaften der Person oder der Sache, die im Verkehr als wesentlich angesehen werden. Bei dem Eigenschaftsirrtum handelt es sich nach, wenn auch nicht unbestrittener, so doch überwiegender Auffassung um einen <u>Motivirrtum</u>[22]. Die Vorstellungen über die Eigenschaften zum Beispiel der Kaufsache oder der Person des Vertragspartners sind nämlich der Sphäre der Bildung des Geschäftswillens und also dem motivatorischen Vorfeld der Willenserklärung zuzuordnen. So erklärt der Käufer einer Sache, diese zu kaufen und er will das erklären, mag ihn auch eine Fehlvorstellung über bestimmte Eigenschaften der Sache zuvor zur Bildung seines konkreten Geschäftswillens und zur Abgabe des Kaufangebots motiviert haben.

Wenn sich der Irrtum auf das <u>wichtige Motiv</u> der verkehrswesentlichen Eigenschaft bezieht, berechtigt er nach § 119 Abs. 2 zur Anfechtung. Folglich grenzen die Merkmale der <u>Eigenschaft</u> und der <u>Verkehrswesentlichkeit</u> den Kreis der anfechtungsrechtlich beachtlichen Motivirrtümer ein.

1. Der Eigenschaftsbegriff

Zum sicheren Umgang mit dem Eigenschaftsbegriff folgender Fall:

Fall 13: „Die vermeintliche Steuerersparnis"

Sachverhalt:
A interessiert sich für den von B angebotenen PKW Modell Superdrive. Für diese Fahrzeuge gewährt der Gesetzgeber eine besondere Kfz-Steuerermäßigung. B stellt das als Verkaufsargument heraus und behauptet, die Steuerersparnis mache 200 Euro jährlich aus. Den Umweltrowdy A interessiert das nicht. Er kauft den Wagen, weil es ihm auf die Optik und vor allem auf die Motorleistung (300 PS) des Fahrzeugs ankommt.
Einige Tage bevor das Auto geliefert werden soll, beruft A sich darauf, dass - was stimmt - die Steuerersparnis, erheblich geringer ausfalle, als von B behauptet. Die entsprechende Steuervergünstigung war nämlich erst kürzlich stark herabgesetzt worden. A meint, er wolle deswegen von dem Kauf Abstand nehmen. Das kommt ihm gerade recht, weil er sich für ein inzwischen neu auf den Markt gekommenes Modell einer anderen Marke interessiert, das ihm wesentlich sportlicher erscheint und vor allem eine Motorleistung von 350 PS aufweist.
B entgegnet, dass er von der erst vor kurzem erfolgten Absenkung des Steuervorteils nichts gewusst habe und <u>besteht auf Zahlung. Zu Recht?</u>

---

[22] dazu sogleich unten, S. 232/233

Lösungsvorschlag zu Fall 13

Obersatz:

B könnte gegen A gemäß § 433 Abs. 2 einen Anspruch auf Zahlung des Kaufpreises haben.

(A). Wirksamer Kaufvertrag

Dazu müsste ein wirksamer Kaufvertrag zwischen B und A bestehen. Zwar ist davon auszugehen, dass sie die dazu erforderlichen übereinstimmenden kaufvertraglichen Willenserklärungen abgegeben haben.

(B). Gegennorm des § 142 Abs. 1 (rechtshindernde Einwendung)

B's Anspruch auf Zahlung des Kaufpreises könnte aber an der Einwendung des § 142 Abs. 1 scheitern. A's Erklärung auf Abschluss eines Kaufvertrags könnte nämlich nach § 142 Abs. 1 als von Anfang an nichtig anzusehen sein mit der weiteren Folge, dass der kaufvertragliche Konsens entfallen ist. Dazu müsste diese Erklärung anfechtbar sein und A die Anfechtung erklärt haben.

(I). Anfechtungserklärung (§ 143 Abs. 1 und 2)

Hier hat A gegenüber dem Vertragspartner B zum Ausdruck gebracht, von dem Kauf Abstand nehmen zu wollen und in diesem Zusammenhang auf seinen Irrtum über die Höhe der Steuerersparnis hingewiesen. Darin liegt eine Anfechtungserklärung.

(II). Anfechtbarkeit des Rechtsgeschäfts (Anfechtungsgründe)

Allerdings tritt die gestaltende Wirkung der Anfechtung nur ein, wenn das angefochtene Rechtsgeschäft anfechtbar ist, d. h. es muss (zumindest[23]) einer der im Gesetz abschließend aufgezählten Anfechtungsgründe erfüllt sein.

(1). Kein Inhalts- oder Erklärungsirrtum (§ 119 Abs.1)

Weder liegt in Bezug auf A's kaufvertragliche Erklärung ein Inhaltsirrtum (§ 119 Abs. 1, 1. Alt.) noch ein Erklärungsirrtum (§ 119 Abs. 1, 2. Alt.) vor[24]. A hat sich nicht versprochen und war sich über die Bedeutung des Erklärten im Klaren.

---

[23] Im Gutachten sind sämtliche Anfechtungsgründe zu prüfen, die in Betracht kommen, denn im Bestreitensfalle lassen sich mitunter nicht alle Anfechtungsgründe beweisen. So wird es in der Praxis nicht selten schwierig sein, eine arglistige (= vorsätzliche) Täuschung nachzuweisen. Zudem unterliegt die Anfechtung je nach dem, ob die Anfechtungsgründe des § 119 oder die des § 123 eingreifen, unterschiedlichen Fristen (vgl. §§ 121, 124). Schließlich löst nur die Anfechtung wegen Irrtums oder wegen falscher Übermittlung, nicht aber die wegen Täuschung oder Drohung die Schadensersatzpflicht des § 122 aus.

[24] Da hier ersichtlich keiner der beiden in Abs. 1 des § 119 geregelten Irrtümer vorliegt, sind diese knapp und im Urteilsstil abzulehnen.

(2). Anfechtungsgrund des § 119 Abs. 2 (Eigenschaftsirrtum)?
In Betracht kommt der Anfechtungsgrund des § 119 Abs. 2. Demzufolge gilt als Irrtum über den Inhalt der Erklärung auch der Irrtum über solche Eigenschaften der Person oder Sache, die im Verkehr als wesentlich angesehen werden.

A hat sich über die Höhe der Steuerersparnis geirrt. Zwar dürfte die Höhe der Steuerersparnis beim Kauf eines Kfz eine wesentliche Rolle spielen. Zweifelhaft ist aber, ob die Steuerersparnis als solche überhaupt eine Eigenschaft der Kaufsache darstellt.

Eigenschaften der Sache im Sinne des § 119 Abs. 2 sind neben den Merkmalen, die auf der natürlichen (körperlichen) Beschaffenheit beruhen, auch solche tatsächlichen oder rechtlichen Beziehungen zur Umwelt, die nach der Verkehrsanschauung für die Wertschätzung und Verwendbarkeit von Bedeutung sind. Überdies müssen sie eine gewisse Beständigkeit aufweisen und in der Sache selbst ihren Grund haben.
Die Steuerersparnis ist nicht in der Sache selbst angelegt, sondern wird gleichsam von außen durch die Steuergesetzgebung an die Sache herangetragen. Zudem ist sie, wie der vorliegende Sachverhalt gerade zeigt, höchst vorübergehender Natur. Die Steuerersparnis stellt somit keine Eigenschaft der Kaufsache dar. A's Fehlvorstellung bezieht sich folglich nicht auf eine Eigenschaft.

Anders wäre der Fall zu beurteilen, wenn A sich nicht nur über den externen Faktor der Steuerersparnis geirrt hätte, sondern zudem über die Schadstoffarmut bzw. Umweltfreundlichkeit des Kfz. In diesem Fall bezöge sich der Irrtum auf eine Eigenschaft des Fahrzeugs.

So liegt der Fall hier aber nicht. A ist laut Sachverhalt ein Umweltrowdy, dem die Umweltfreundlichkeit des Fahrzeugs vollkommen gleichgültig war. Folglich hat er sich darüber keine Gedanken gemacht, so dass insofern bei A gerade keine Fehlvorstellung (= Irrtum) vorlag.

Somit bleibt es dabei, dass ein Eigenschaftsirrtum nach § 119 Abs. 2 hier zu verneinen ist. Vielmehr liegt in der Fehlvorstellung über die Höhe der Steuerersparnis ein Motivirrtum, der unbeachtlich ist.

(3). Keine Anfechtbarkeit nach § 123 Abs. 1, 1. Alt. (Täuschung)
Schließlich kommt eine Anfechtung nach § 123 Abs. 1, 1. Alt. wegen arglistiger (= vorsätzlicher) Täuschung[25] ebenfalls nicht in Frage. B wußte

---

[25] Anmerkung: Helfen kann man dem A, indem man ihm gegen den Verkäufer B einen Anspruch auf Zahlung der Differenz von versprochener und tatsächlicher Steuerersparnis gewährt. Dieser ließe sich mit § 280 Abs. 1 (culpa in contrahendo) begründen, da B fahrlässig seine Informationspflicht als Verkäufer verletzt hat, indem er sich nicht über die aktuelle Höhe der Steuerersparnis informiert und infolgedessen den A bei den Vertragsverhandlungen falsch aufgeklärt hat. Gerade weil B diese Steuerersparnis als ein entscheidendes Kaufargument herausgestellt hat, hätte er sich unbedingt über die insofern aktuelle steuerrechtliche Situation kundig machen müssen.

nicht, dass die Steuerersparnis aufgrund einer Gesetzesänderung kürzlich herabgesetzt worden war. Er handelte also nicht arglistig[26].

(C). Ergebnis

Nach alledem ist die auf den Abschluss des Kaufvertrags gerichtete Willenserklärung des A nicht anfechtbar. Damit sind die Voraussetzungen des § 142 Abs. 1 nicht erfüllt[27].

Das vorstehende Ergebnis zeigt Folgendes:
Letztlich will A von dem Kaufvertrag loskommen, weil ihm ein anderes Modell, das nach Kauf und vor Auslieferung auf den Markt gekommen ist, besser gefällt. Das allein darf aber kein ausreichender Grund sein, um die vertragliche Bindung via Anfechtung einseitig aufzuheben, denn es gilt der Grundsatz: Pacta sunt servanda.

Ferner macht Fall 13 die begrenzende Wirkung des in § 119 Abs. 2 zugrunde gelegten Eigenschaftsbegriffs deutlich.

Auch dem zweiten Tatbestandsmerkmal des § 119 Abs. 2, der Verkehrswesentlichkeit, kommt eine gewisse Begrenzungsfunktion zu.

2. Die Verkehrswesentlichkeit

Zu dem Begriff der Verkehrswesentlichkeit werden zwei Positionen vertreten.

Nach Ansicht des BGH und Teilen des Schrifttums reicht es für die Annahme der Verkehrswesentlichkeit aus, dass die betreffende Eigenschaft dem Rechtsgeschäft erkennbar zugrunde liegt, es sich also nach der Verkehrsanschauung von selbst versteht, dass diese Eigenschaft für das konkrete Rechtsgeschäft von Bedeutung ist[28]. Danach muss die Eigenschaft nicht rechtsgeschäftlich vereinbart sein. Sie braucht also nicht zum Inhalt der Erklärung selbst gemacht zu werden. Das entspricht der Einordnung des Eigenschaftsirrtums als Motivirrtum.

Dagegen sieht vor allem Flume den Eigenschaftsirrtum als einen Inhaltsirrtum an, bei dem sich der Geschäftswille auch auf die Eigenschaften der Sache bzw. Person bezieht. Diese müssen also als gewollt erklärt werden. Flume spricht von einem *„geschäftlichen Eigenschaftsirrtum"*[29]. Danach kann eine Eigenschaft nur dann verkehrswesentlich sein, wenn sie Inhalt der rechtsgeschäftlichen Erklärung geworden ist, wenn sie also geschäftswesentlich ist. Allerdings genügt es nach Flume dafür bereits, dass die Eigenschaft angesichts der wirtschaftlichen Eigenart des Geschäfts und des Geschäftsgegenstandes auch ohne besondere Abrede nach der Verkehrsanschauung als zum Rechtsfolgeninhalt gehörend gilt.

---

[26] zum Begriff der Arglist im Sinne des § 123 Abs. 1, 1. Alt. unten, S. 237 ff.

[27] Auf die Frage des Einhaltens der Anfechtungsfrist nach § 121 (hier: „unverzüglich") kommt es folglich nicht mehr an.

[28] so BGH, NJW 1979, 160 (161); BGHZ 88, 240 (246); Larenz/Wolf, AT, § 36 III. 3. (S. 662-664, Rdnrn. 42-46)

[29] Flume, Das Rechtsgeschäft, § 24, 2 b. und 6.

Trotz ihrer verschiedenen dogmatischen Sichtweisen unterscheiden sich die beiden Standpunkte - wenn man einmal von seltenen Ausnahmekonstellationen absieht - in den praktischen Ergebnissen kaum, denn in den allermeisten Fällen sind bestimmte Eigenschaften nach beiden Ansichten als verkehrswesentlich anzusehen, andere dagegen als unwesentlich.

Beispiel:
So sind etwa die <u>berufliche Stellung, die Vermögens- und Einkommensverhältnisse</u> sowie die <u>Zahlungsfähigkeit</u> bei <u>Kreditgeschäften, nicht aber bei Bargeschäften verkehrswesentliche Eigenschaften</u> der Person.

Einem Kredit- bzw. Darlehensvertrag liegen die genannten Eigenschaften in Bezug auf den Darlehensnehmer erkennbar zugrunde, denn es versteht sich von selbst, dass sie für das konkrete Darlehensgeschäft von maßgeblicher Bedeutung sind. Nach Ansicht des BGH sind sie also verkehrswesentlich.
Zu keinem anderen Ergebnis gelangt man mit Flume, denn bei einem solchen Darlehensvertrag muss man die genannten Eigenschaften auch ohne besondere Abrede nach der Verkehrsanschauung als zum Rechtsfolgeninhalt gehörend ansehen.

Vergleichbare Erwägungen gelten etwa dann, wenn es bei der <u>Anstellung als Prokurist oder Geschäftsführer</u> um die <u>besondere Vertrauenswürdigkeit</u> und das <u>Fehlen einschlägiger Vorstrafen</u> geht oder wenn es <u>beim Abschluss von Arbeitsverträgen</u>, die zum Verrichten körperlich anstrengender Tätigkeiten verpflichten, auf den <u>Gesundheitszustand</u> des Bewerbers ankommt.

Trotz der weitgehenden Ergebnisgleichheit <u>ein Wort zu dem erwähnten Streit</u> über die zutreffende dogmatische Einordnung:
<u>Gegen die Ansicht Flumes</u> lässt sich der <u>Wortlaut des § 119 Abs. 2</u> anführen, der ausdrücklich von *„verkehrs-"* und nicht von geschäftswesentlichen Eigenschaften spricht. Zudem *„gilt"* der Eigenschaftsirrtum als Inhaltsirrtum. Diese für eine Fiktion charakteristische Formulierung unterstreicht, dass es sich gerade nicht um einen Unterfall des Inhaltsirrtums handelt, denn anderenfalls wäre eine Fiktion nicht nötig.

3. Häufig auftretende Einzelfragen zum Eigenschaftsirrtum

Die im Vorhergehenden zu § 119 Abs. 2 gegebenen wichtigen Informationen sollen an folgendem Fall eingeübt und ergänzt werden. <u>Bevor Sie weiterlesen, sollten Sie selbst einen Lösungsversuch unternehmen</u>[30]:

Fall 14: „Die italienische Landschaft"

Ausgangssachverhalt:
S hat ein Bild „italienische Landschaft" geerbt, das er für eine Kopie eines Gemäldes aus dem 17. Jahrhundert hält. In Wirklichkeit ist es ein Original, wenn auch von einem wenig bedeutenden Meister. Abgeschlossen wird der Kauf zu 500 Euro mit H, der merkt, dass es sich um ein Original handelt. Als S von seinem Irrtum erfährt, erklärt er gegenüber H die Anfechtung.

<u>1. Frage: Kann H Lieferung des Bildes verlangen?</u>

<u>2. Frage: Kann H Schadensersatz verlangen</u> mit der Begründung, ein Kunde habe ihm bereits 10.500 Euro geboten, nachdem er, H, mit S den Kaufvertrag abgeschlossen und dem Kunden eine Fotografie des Bildes gezeigt habe?

Abwandlung:
S wußte von H, dass es sich nicht um eine Kopie handelte. S irrte sich aber über den Wert, dem das Original im Kunsthandel beigemessen wird. Er glaubte, das Original sei etwa 2.500 Euro wert, sodass er zu diesem Preis mit H abschließt. Nach dem Kauf ergibt das Gutachten eines Experten, dass das Original 10.000 Euro wert ist. <u>Hat S ein Recht, den Kaufvertrag anzufechten?</u>

Lösungsvorschlag zu Fall 14

Ausgangsfall:

1. Frage (Fall 14):
H könnte gegen S gemäß § 433 Abs. 1 einen Anspruch auf Lieferung und Übereignung des Bildes haben.

(A). Wirksamer Kaufvertrag?
Dazu müsste zwischen H und S ein wirksamer Kaufvertrag bestehen. Die erforderlichen Willenserklärungen haben die Parteien hier abgegeben.

---

[30] Der <u>Sachverhalt 14 ist bestens dazu geeignet zu überprüfen, ob und inwieweit Sie das Gelesene bisher wirklich verstanden und zu festem Wissen gemacht haben.</u>

(B). Gegennorm des § 142 Abs. 1 (rechtshindernde Einwendung)
Allerdings könnte die Erklärung des S auf Abschluss eines Kaufvertrags nach § 142 Abs. 1 als von Anfang an nichtig anzusehen sein mit der Folge, dass der kaufvertragliche Konsens entfallen ist. Dazu müsste die Erklärung <u>anfechtbar</u> sein und S sie <u>angefochten</u> haben.

S hat hier gegenüber dem Vertragspartner H ausdrücklich die <u>Anfechtung erklärt </u>(vgl. § 143 Abs. 1 und 2).

Fraglich erscheint, ob der <u>Anfechtungsgrund des § 119 Abs. 2</u> erfüllt ist. Dazu müsste S sich über eine Eigenschaft der Person oder der Sache geirrt haben, die im Verkehr als wesentlich angesehen wird.

Die Frage nach der <u>Urheberschaft (Original oder Kopie)</u> betrifft eine dauerhafte Umweltbeziehung, die für die Wertschätzung eines Gemäldes von Bedeutung ist und in der Sache selbst ihren Grund hat. Folglich bezieht sich der Irrtum hier auf eine Eigenschaft.
Überdies ist die Echtheit eines Kunstwerks bei dessen Verkauf verkehrswesentlich, da sie für die Höhe des Kaufpreises maßgeblich ist und dem Kaufvertrag <u>erkennbar zugrunde gelegt</u> wird.
Somit liegt ein Anfechtungsgrund nach § 119 Abs. 2 vor. S konnte seine Erklärung wirksam anfechten.

(C). Ergebnis:
Folglich entfällt rückwirkend der kaufvertragliche Konsens. S braucht also nicht zu liefern.

2. Frage (Fall 14):
H könnte gegen S nach § 122 Abs. 1 einen <u>Anspruch auf Schadensersatz</u> haben.

(A). Haftungstatbestand des § 122 Abs. 1
Die Schadensersatzhaftung des § 122 Abs. 1 setzt voraus, dass eine Willenserklärung auf Grund der §§ 119, 120 angefochten ist. Das ist hier der Fall, denn S hat seine kaufvertragliche Erklärung, wie dargelegt, auf Grund eines Eigenschaftsirrtums nach § 119 Abs. 2 wirksam angefochten.

(B). Rechtsfolge
Nach § 122 Abs. 1 ist der Schaden zu ersetzen, den der Andere, also der Anfechtungsgegner, dadurch erleidet, dass er auf die Gültigkeit der Erklärung, bzw. letztlich den Vertragsschluss, vertraut hat (= <u>negatives Interesse</u>). Der Anfechtungsgegner <u>H ist hier also so zu stellen, als hätte er von dem Vertrag mit R nie etwas gehört (Vertrag ist wegzudenken)</u>, denn dann hätte er auch nicht auf dessen Gültigkeit vertraut. Hätte H von dem Geschäft nie etwas gehört, hätte ihm der Kunde K nie etwas geboten. <u>Ein Vertrauensschaden ist dem H folglich nicht entstanden.</u>

Das <u>positive Interesse</u> (= <u>Erfüllungsinteresse</u>) des H freilich beläuft sich auf 10.000 Euro. Denn wenn der Kaufvertrag <u>erfüllt</u> worden wäre, hätte H an den Kunden K zu 10.500 Euro weiterverkaufen können, sodass ihm wegen der Nichterfüllung des Vertrages ein Gewinn in Höhe von 10.000 Euro entgeht.

Das <u>positive Interesse bildet allerdings nur die Obergrenze</u> eines etwaigen Schadensersatzanspruchs, nicht aber seine Grundlage. <u>Grundvoraussetzung</u> des Anspruchs nach § 122 Abs. 1 ist stets, <u>dass ein Vertrauensschaden entstanden (= negatives Interesse) ist</u>. Ein solcher Schaden fehlt hier. Damit liegt ein nach § 122 Abs. 1 ersatzfähiger Schaden nicht vor.

(C). Anspruchsausschluss nach § 122 Abs. 2
Im Übrigen kommt noch hinzu, dass H den Grund der Anfechtbarkeit hier kannte, was den Schadensersatz nach § 122 Abs. 2 ohnehin ausschließt.

H hat gegen S keinen Anspruch auf Schadensersatz.

Abwandlung (Fall 14):
In der Abwandlung wird lediglich nach dem Vorliegen eines Anfechtungsgrundes gefragt.

In Betracht kommt ein Eigenschaftsirrtum nach § 119 Abs. 2.

Diesmal hat sich S nicht über die Urheberschaft (Echtheit des Bildes), sondern <u>über den Wert des Bildes geirrt</u>.

Bei Zugrundelegen des umgangssprachlichen Wortsinns könnte man zwar annehmen, auch und gerade der Wert der Sache stelle eine Eigenschaft dar. Indessen ist der <u>Wert keine feste Größe, die der Sache auf Dauer innewohnt</u>. Der Wert ergibt sich nämlich prinzipiell aus dem freien Spiel von Angebot und Nachfrage. Er unterliegt damit der kurzfristigen Veränderung und wird von äußeren Einflüssen bestimmt. Aufgrund dessen werden <u>nur die wertbildenden Faktoren (Echtheit, Alter, Größe etc.) als Eigenschaften der Sache aufgefasst, nicht dagegen der Wert selbst</u>. Somit liegt in der Abwandlung kein Eigenschaftsirrtum nach § 119 Abs. 2 vor. Es fehlt damit an einem Anfechtungsgrund[31]. Der <u>Irrtum über den Wert gehört zu den „herkömmlichen" Motivirrtümern</u>, die nicht zur Anfechtung berechtigen. S kommt folglich nicht von dem ungünstigen Verkauf des Bildes los.

Dieses für S schmerzliche Ergebnis entspricht <u>der Risikoverteilung in unserer Marktwirtschaft</u>, wonach Fehleinschätzungen des (gegenwärtigen) Marktwertes derjenige zu tragen hat, der sich zu seinen Ungunsten verschätzt hat.

---

[31] BGHZ 16, 54 (57); NJW 1963, 253; Palandt/Heinrichs, § 119 Rdnr. 27 m.w.N.; dazu auch Schapp, Grundlagen, Rdnr. 389

IV. Anfechtbarkeit wegen arglistiger Täuschung oder Drohung (§ 123)

Nach § 123 kann die Erklärung anfechten, wer zu ihrer Abgabe durch arglistige Täuschung oder widerrechtlich durch Drohung bestimmt worden ist.

1. Die Anfechtung wegen arglistiger Täuschung (§ 123 Abs. 1, 1. Alt.)

Im Falle der Täuschung wird der Erklärende im Stadium seiner Willensbildung beeinflusst. Der täuschungsbedingte Irrtum stellt also einen Motivirrtum dar. Gleichwohl berechtigt er nach § 123 Abs.1, 1. Alt. zur Anfechtung. Damit wird bezweckt, vor der unlauteren Beeinflussung des Willens durch Täuschung zu schützen und so die Freiheit der Willensentschließung und letztlich die freie Selbstbestimmung auf rechtsgeschäftlichem Gebiet zu gewährleisten[32].

§ 123 Abs. 1, 1. Alt setzt auf Seiten des Anfechtungsgegners eine widerrechtliche Täuschung voraus, die arglistig erfolgt. Auf Seiten des Anfechtenden (Getäuschten) muss sie zu einem Irrtum geführt haben, der wiederum ursächlich für eine Willenserklärung des Getäuschten gewesen sein muss.

a. Die Täuschung

Eine Täuschung liegt vor, wenn der Täuschende die Wahrheit, die er kennt oder zumindest vermutet, dadurch entstellt, dass er erstens falsche Behauptungen tatsächlicher Art aufstellt oder zweitens wahre Tatsachen unterdrückt oder entstellt oder drittens wahre Tatsachen trotz Aufklärungspflicht verschweigt.

Den drei Begehungsformen ist gemeinsam, dass sie sich auf Tatsachen beziehen. Täuschen kann man nämlich nur über solche Umstände (Begebenheiten, Ereignisse, Zustände), die nachprüfbar, also dem Beweis zugänglich sind.
Dies trifft auf übertriebene Anpreisungen („Das Waschmittel wäscht weißer als weiß"), allgemeine Redensarten („bildschön") sowie generell auf Werturteile nicht zu, es sei denn, sie sind mit einem nachprüfbaren Tatsachenkern unterlegt.

Die erste der genannten Begehungsweisen bedarf keiner Erläuterung.

Die zweite Verhaltensweise ist zum Beispiel gegeben, wenn der Täuschende zwar nichts ausdrücklich erklärt, aber durch konkludentes Verhalten - etwa Zurückstellen des Kilometerzählers des zu verkaufenden Kfz - wahre Tatsachen unterdrückt.

Die dritte Begehungsform schließlich betrifft die Täuschung durch Unterlassen. Hierzu muss man wissen, dass sie eine Rechtspflicht zur Aufklärung voraussetzt[33].

---

[32] BGH, NJW 1998, 898
[33] Merke: Zwar stehen die verschiedenen Begehungsweisen grundsätzlich gleichberechtigt nebeneinander. In klausurtaktischer Hinsicht empfiehlt sich aber, im Zweifel eine Täuschung durch (konkludentes) Tun anzunehmen, da man dann die Frage nach dem Bestehen einer Aufklärungspflicht nicht zu erörtern braucht.

Eine solche kann sich aus Treu und Glauben (§ 242) unter Berücksichtigung der Verkehrssitte sowie der konkreten Umstände des Einzelfalles ergeben. Sie ist dann anzunehmen, wenn der fragliche Umstand für den anderen offensichtlich entscheidungserheblich ist und er eine Information auf Grund der konkreten Gegebenheiten nach der jeweiligen Verkehrsauffassung erwarten durfte[34].

Zum Beispiel darf der Käufer eines Gebrauchtwagens in aller Regel die Aufklärung über einen Unfallschaden erwarten, ohne danach fragen zu müssen, da diese Information durchweg die Kaufentscheidung maßgeblich bestimmt. Einer Mitteilung bedarf es ausnahmsweise nur dann nicht, wenn der Unfall so minimal war, dass er den Kaufentschluss schlechterdings nicht beeinflussen konnte. Das wird nur bei ganz geringfügigen Bagatellschäden, wie etwa winzigen Kratzern, der Fall sein. Über Blechschäden wird man durchweg aufzuklären haben. Umstände, die die Verkehrssicherheit und die Zulassung des Kfz betreffen, sind ausnahmslos mitteilungspflichtig.

Darüber hinaus besteht grundsätzlich die Pflicht, gestellte Fragen vollständig und zutreffend zu beantworten, denn durch die Nachfrage zu einem bestimmten Punkt wird zum Ausdruck gebracht, dass dieser Umstand für die Entschließung des Fragenden von Bedeutung ist[35].

Aus dem Vorstehenden ergibt sich, dass es keine generelle Pflicht gibt, den Vertragspartner ungefragt über sämtliche mit einem Rechtsgeschäft verbundenen Risiken aufzuklären. Vielmehr muss jede Partei grundsätzlich ihre Interessen selbst wahrnehmen und sich darüber informieren, ob die Umstände, die sie veranlassen, das Rechtsgeschäft abzuschließen, tatsächlich vorliegen und ob der Vertragszweck erreicht werden kann[36]. Vor allem Studienanfänger nehmen allzu voreilig eine sehr weitreichende Aufklärungspflicht an und verkennen damit, dass das Recht im Grundsatz für die Wachsamen geschrieben ist (= jus vigilantibus scriptum est). Jeder muss also selbst aufpassen. Unsere Marktwirtschaft funktioniert jedenfalls zum Teil dadurch, dass man die Vorzüge eines Produkts oder einer Dienstleistung hervorhebt, während man gewisse Nachteile in den Hintergrund stellt. Darin liegt aber keineswegs gleich eine arglistige Täuschung durch Unterlassen.

Schließlich muss die Täuschung widerrechtlich sein. Zwar sieht der Wortlaut des § 123 Abs. 1 dieses Erfordernis ausdrücklich nur für die Drohung, nicht dagegen für die arglistige Täuschung vor. Dennoch bezieht sich die Widerrechtlichkeit (stillschweigend) auch auf die Täuschungsalternative. Der Gesetzgeber ist nämlich davon ausgegangen, dass eine arglistige Täuschung in aller Regel widerrechtlich ist[37]. Ausnahmen kommen insbesondere im Arbeitsrecht vor. So ist zum Beispiel eine Täuschung nicht widerrechtlich, wenn der Bewerber um eine Arbeitsstelle eine unzulässige Frage bewusst wahrheitswidrig beantwortet. Dies gilt vor allem bei Fragen nach einer bestehenden Schwangerschaft, weil darin eine Diskriminierung weiblicher Bewerber und somit ein Verstoß gegen § 611 a liegt[38]. Hier würde sich eine Bewerberin durch bloßes Schweigen bereits „verraten", sodass man ihr ein Recht zur falschen Antwort zubilligen muss, ohne dass dies der Rechtsordnung widerspricht. Bei einer lügenhaften Antwort auf eine

---

[34] BGH, NJW 1980, 2460; NJW 01, 3331
[35] Jauernig/Jauernig, § 123 Rdnr 6; ferner muss eine unverlangte Auskunft (= positives Tun) auch ohne Aufklärungspflicht wahr sein.
[36] statt vieler Jauernig/Jauernig, § 123 Rdnrn. 4 und 5
[37] vgl. dazu Jauernig/Jauernig, § 123 Rdnr. 11
[38] BAG, NJW 1993, 1154 im Anschluss an EuGH, NJW 1991, 628

unzulässige Frage fehlt es (ausnahmsweise) an der Widerrechtlichkeit der Täuschung und mithin an einem Anfechtungsgrund im Sinne des § 123 Abs. 1.

b. Die Arglist

Der Täuschende muss arglistig, d. h. vorsätzlich gehandelt haben. Vorsatz hat ein kognitives (Wissen) und ein voluntatives (Wollen) Element.

Der Handelnde muss somit zunächst die Unwahrheit der Tatsachen kennen oder zumindest für möglich halten[39]. Es genügt also, dass er Behauptungen „ins Blaue hinein" aufstellt, die er für möglicherweise falsch hält. Hat er indes keinen Zweifel an der Richtigkeit seiner Angaben, handelt er nicht arglistig.
Überdies muss der Täuschende wollen bzw. zumindest in Kauf nehmen, dass der andere sich irrt und infolgedessen eine Willenserklärung abgibt. Dabei muss er im Bewusstsein handeln, dass der andere ohne die Täuschung die fragliche Willenserklärung nicht oder jedenfalls nicht mit dem Inhalt abgeben würde. Die Arglist muss sich also auf die „durchlaufende" Kausalität[40] zwischen Täuschung und Irrtum sowie Irrtum und Abgabe der Willenserklärung erstrecken.

Arglist verlangt nicht, dass der Täuschende den Getäuschten in seinem Vermögen schädigen und sich bereichern will, denn § 123 schützt nicht das Vermögen des Getäuschten, sondern die Freiheit seiner Willensentschließung. Darin liegt ein maßgeblicher Unterschied zum Vermögensdelikt des Betrugs nach § 263 StGB. Allerdings wird in der Praxis die arglistige Täuschung häufig auf eine Vermögensschädigung gerichtet sein und folglich mit einem strafrechtlichen Betrug einhergehen[41].

c. Der Irrtum

Die arglistige Täuschung muss bei dem anderen Teil zu einem Irrtum, also zu einer falschen Vorstellung von der Wirklichkeit führen. Kurz gesagt: Wer den Täuschenden durchschaut, wer also Bescheid weiß, irrt sich nicht.
Wurde aber ein Irrtum hervorgerufen, kommt es nicht darauf an, ob der Getäuschte bei Anwendung gewisser Sorgfalt den Irrtum hätte vermeiden können, denn § 123 schützt auch die Entschließungsfreiheit des Leichtgläubigen[42].

Überdies genügt es, dass ein schon bestehender Irrtum verstärkt oder unterhalten wird.

---

[39] Es reicht der sog. bedingte Vorsatz aus. Dieser liegt vor, wenn man die objektiven Umstände für möglich hält (kognitives Vorsatzelement) und deren Eintritt zwar nicht unbedingt will, aber doch billigend in Kauf nimmt (voluntatives Vorsatzelement).

[40] ausreichend ist die Mitursächlichkeit, vgl. BGH, NJW 1991, 1673 (1674)

[41] Merke: In diesen Fällen hat der Getäuschte einen Schadensersatzanspruch nach § 823 Abs. 2 i. V .m. § 263 StGB als Schutzgesetz. In Betracht kommt überdies ein Anspruch aus § 826.
Daneben wird meist ein Schadensersatzanspruch wegen Verschuldens bei Vertragsschluss (culpa in contrahendo) nach den §§ 280 Abs. 1, 311 Abs. 2, 241 Abs. 2 bestehen (Anspruchsgrundlagenkonkurrenz). Dieser sog. quasi vertragliche Anspruch ist im Gutachten zuerst, d. h. vor den gesetzlichen Ansprüchen der §§ 823 ff. zu prüfen. Vgl. dazu auch Larenz, AT, § 20 IV. c. (S. 395)

[42] vgl. dazu das Beispiel bei Hirsch, AT, Rdnr. 612

d. Das Verhältnis von § 123 Abs. 1, 1. Alt. und § 119 Abs. 2

Die von § 123 Abs. 1, 1. Alt. erfassten Irrtümer stellen, wie dargelegt, Motivirrtümer dar. Sie brauchen sich nicht auf eine verkehrswesentliche Eigenschaft der Person oder Sache zu beziehen. Insofern geht also die Anfechtbarkeit wegen arglistiger Täuschung über die nach § 119 Abs. 2 hinaus[43].

Irrt der Erklärende indes - was nicht selten vorkommt - täuschungsbedingt doch über eine verkehrswesentliche Eigenschaft der Person oder Sache, so sind beide Anfechtungstatbestände erfüllt.

Beispiel: Der Kunstsachverständige K kauft von V ein echtes Ölgemälde für 200 Euro. Er hat sofort erkannt, dass es sich um ein Original handelt, erklärt aber dem V unter Hinweis auf seine Erfahrung, das Bild sei eine preiswerte Reproduktion neueren Datums. Hier liegt eine arglistige Täuschung nach § 123 Abs. 1, 1. Alt. vor, die sich auf eine verkehrswesentliche Eigenschaft, nämlich die der Echtheit des Gemäldes bezieht. Überdies besteht der Anfechtungsgrund des § 119 Abs. 2. In diesem Falle empfiehlt es sich, die Anfechtung sowohl auf § 123 Abs. 1, 1. Alt. als auch auf § 119 Abs. 2 zu stützen.

Der Anfechtungsgrund der arglistigen Täuschung (§ 123) hat den Vorteil, dass dem Anfechtungsgegner kein Anspruch auf Ersatz des Vertrauensschadens nach § 122 zusteht. Ansonsten würde man sein arglistiges Verhalten noch belohnen[44]. Überdies schließt das kaufrechtliche Gewährleistungsrecht zwar als lex specialis zu § 119 Abs. 2 die Anfechtung wegen Eigenschaftsirrtums[45], nicht aber die wegen arglistiger Täuschung aus. Letztere bleibt also beim Kauf auch nach Ablieferung (= Zeitpunkt des Gefahrübergangs, vgl. §§ 434 Abs. 1 Satz 1, 446) der Sache möglich[46].
Andererseits kann es sein, dass sich im Prozess zwar der Eigenschaftsirrtum, nicht aber die arglistige Täuschung beweisen lässt. Insofern ist § 119 Abs. 2 günstiger.

Ob der Anfechtende seine Anfechtung auf § 123 und/oder § 119 Abs. 2 stützt, ist in Zweifelsfällen durch Auslegung der Anfechtungserklärung zu ermitteln.

---

[43] dazu das Beispiel bei Schapp, Grundlagen, Rdnr. 393, bei dem die arglistige Täuschung sich auf die Ertragsfähigkeit eines Mietshauses bezieht, worin keine für den Kaufvertrag verkehrswesentliche Eigenschaft zu sehen sei.
[44] Liegt eine arglistige Täuschung vor, so gilt für die daneben erklärte Anfechtung wegen Eigenschaftsirrtums die Schadensersatzpflicht des § 122 nicht. Schapp, Grundlagen, Rdnr. 395
[45] dazu S. 229 ff.
[46] vgl. dazu Antwort zu Frage 5 dieses Kapitels, S. 245/246

2. Die Anfechtung wegen widerrechtlicher Drohung (§ 123 Abs. 1, 2. Alt.)

Wer infolge einer widerrechtlichen Drohung eine Willenserklärung abgegeben hat, kann diese nach § 123 Abs. 1, 2. Alt. anfechten, weil auf seine freie Willensbildung in unzulässiger Weise eingewirkt wurde.

Unter <u>Drohung</u> versteht man das in Aussichtstellen eines empfindlichen Übels, wobei der Drohende vorgibt, auf den Eintritt des Übels Einfluss zu haben.

Die <u>Widerrechtlichkeit der Drohung</u> kann sich entweder aus dem angewendeten Mittel, dem verfolgten Zweck oder aus der Mittel-Zweck-Relation ergeben.

Das <u>Mittel als solches</u> - und damit die Drohung - ist widerrechtlich, wenn mit etwas Verbotenem oder zumindest von der Rechtsordnung Missbilligtem gedroht wird. So ist das Drohen mit körperlicher Gewalt, mit einer Sachbeschädigung oder mit der Anzeige einer Straftat, die der Bedrohte nicht begangen hat, widerrechtlich, mag auch der verfolgte Zweck - zum Beispiel Eintreiben bestehender Forderungen - erlaubt sein.

Der <u>Zweck als solcher</u> ist widerrechtlich, wenn etwas Verbotenes oder rechtlich Missbilligtes bezweckt wird. Wer zum Beispiel bezweckt, den anderen zur Beihilfe zu einem Versicherungsbetrug zu veranlassen, handelt widerrechtlich, mag er auch ein Übel in Aussicht gestellt haben - etwa die Anzeige einer vom Bedrohten tatsächlich verübten Straftat[47] - das grundsätzlich erlaubt ist.

Schließlich kann die <u>Widerrechtlichkeit der Drohung</u> sich auch <u>aus der Mittel-Zweck-Relation</u> ergeben. Mögen auch das Mittel und der Zweck isoliert betrachtet nicht widerrechtlich sein, so kann ihre Verbindung unter Berücksichtigung von Treu und Glauben dennoch die Widerrechtlichkeit begründen. In bestimmten Fällen wird nämlich die Benutzung <u>dieses</u> Mittels zu <u>diesem</u> Zweck als widerrechtlich angesehen.

Zur Verdeutlichung <u>folgendes Beispiel</u>:
B leiht A 10.000 Euro. Man verabredet, dass A seinen 280 SEL zur Sicherheit übereignen solle. Zwischen A und B kommt es zu Differenzen, sodass A die Sicherungsübereignung entgegen den vertraglichen Vereinbarungen nicht vornimmt. Um die Sicherheit schnell und mit Nachdruck zu erlangen, droht B dem A, diesen wegen einer kürzlich begangenen Steuerhinterziehung anzuzeigen, falls A ihm nicht binnen einer Woche den 280 SEL gemäß §§ 929, 930 zur Sicherheit übereignet. Daraufhin übereignet A dem B den PKW. Kann A die Übereignung nach § 123 anfechten?

A könnte hier seine auf Eigentumsübertragung gerichtete Erklärung (vgl. § 929 Satz 1) anfechten, wenn der Anfechtungsgrund des § 123 Abs. 1, 2. Alt. erfüllt ist. Dazu müsste B den A durch widerrechtliche Drohung zur Abgabe der Willenserklärung bestimmt haben.

<u>B hat A gedroht</u>, indem er die <u>Anzeige wegen Steuerhinterziehung</u> in Aussicht gestellt hat. Fraglich ist, ob diese Drohung eine <u>widerrechtliche</u> darstellt.

---

[47] zur Drohung mit einer Strafanzeige, um bestehende Forderungen einzutreiben, ausführlich Larenz, AT, § 20 IV. b. (S. 392)

Das Mittel als solches, mit dem B gedroht hat, ist nicht widerrechtlich, da A laut Sachverhalt die Steuerhinterziehung tatsächlich begangen hat.

Auch der Zweck, Abgabe einer Willenserklärung zur Sicherungsübereignung des PKW wegen des Darlehens, ist für sich betrachtet nicht rechtlich missbilligt, da B einen vertraglichen Anspruch auf Sicherungsübereignung hat. Dass die Strafanzeige nicht das von der Rechtsordnung vorgesehene Mittel zur Verfolgung zivilrechtlicher Ansprüche darstellt, ändert nichts daran, dass der Zweck - die Erfüllung bestehender Forderungen - einen von der Rechtsordnung gebilligten, ja gewünschten Erfolg darstellt.

Allerdings könnte sich hier die <u>Widerrechtlichkeit der Drohung aus der Mittel-Zweck-Relation</u> ergeben.
Zwischen der von A begangenen Steuerhinterziehung, mit deren Anzeige B droht (Mittel), und der erstrebten Sicherungsübereignung (Zweck) <u>besteht nämlich kein Zusammenhang</u>. Somit ergibt sich hier aus der Mittel-Zweck-Relation unter Berücksichtigung von Treu und Glauben die Widerrechtlichkeit der Drohung. Dass B einen vertraglichen Anspruch auf die Sicherheit hat, steht dem nicht entgegen[48]. Denn nach der Rechtsprechung des BGH ist zu prüfen, ob *„die Drohung nach Auffassung aller billig und gerecht Denkenden ein angemessenes Mittel darstellt"*[49], um <u>diesen</u> Zweck zu erreichen.
A kann folglich die Sicherungsübereignung nach § 123 Abs. 1, 2. Alt. anfechten.

<u>Anders verhält es sich beispielsweise</u>, wenn man mit der Anzeige wegen unerlaubten Entfernens vom Unfallort nach § 142 StGB droht, um den zügigen Ersatz der aus dieser Straftat konkret resultierenden Schäden zu erlangen. Hier besteht <u>ein innerer Zusammenhang zwischen</u> dem <u>angewendeten Mittel und dem verfolgten Zweck</u>[50].

Ein weiteres Beispiel, in dem das in Aussichtstellen eines Übels (= die Drohung) ersichtlich nicht widerrechtlich ist, liegt vor, wenn der Gläubiger Zwangsvollstreckungsmaßnahmen androht, um seinen titulierten Anspruch zu realisieren.

V. Frist und Ausschluss der Anfechtung

Um wirksam zu sein, muss die Anfechtung <u>innerhalb bestimmter Fristen</u> erklärt werden. Dabei unterliegt die Anfechtung nach den §§ 119 und 120 anderen zeitlichen Grenzen als diejenige wegen Täuschung oder Drohung nach § 123.

<u>In den Fällen der §§ 119, 120</u> hat die Anfechtung gemäß § 121 Abs. 1 Satz 1 <u>unverzüglich</u> zu erfolgen, nachdem der Anfechtungsberechtigte von dem Anfechtungsgrund Kenntnis erlangt hat. Dabei ist unverzüglich <u>nicht gleichbedeutend mit sofort</u>, sondern als *„ohne schuldhaftes Zögern"* legal definiert. Dem Anfechtungsberechtigen ist folglich eine Zeitspanne zuzugestehen, in der er zum Beispiel rechtlichen Rat einholen und ermitteln kann, wie hoch ein etwaiger Vertrauensschaden sein würde, den er dem Anfechtungsgegner im Falle der Anfechtung nach den §§ 119 und 120 ersetzen müsste.

---

[48] Darauf weist ausdrücklich Larenz, AT, § 20 IV. (S. 393) hin.
[49] BGHZ 25, 217 (220)
[50] Dass der Drohende einen Anspruch auf Schadensersatz hat, reicht nicht, um die Widerrechtlichkeit zu verneinen.

§ 121 Abs. 2 schließt die Anfechtung aus, wenn seit der Abgabe der Willenserklärung zehn Jahre verstrichen sind.

Die Anfechtung nach § 123 muss man gemäß § 124 Abs. 1 binnen Jahresfrist seit Entdecken der Täuschung bzw. seit Beendigung der drohungsbedingten Zwangslage (vgl. § 124 Abs. 2) erklären. § 124 Abs. 3 normiert eine zehnjährige Ausschlussfrist.

Gemäß § 144 Abs. 1 ist die Anfechtung zudem dann ausgeschlossen, wenn das anfechtbare Rechtsgeschäft von dem Anfechtungsberechtigten „bestätigt" wird. Eine solche Bestätigung kann etwa darin liegen, dass der Berechtigte in Kenntnis seines Anfechtungsrechts Leistungen von dem anderen Teil entgegennimmt oder seinerseits das anfechtbare Rechtsgeschäft erfüllt.

VI. Standort der Anfechtungsprüfung im Gutachten

Bei der Prüfung der Anfechtung ist, wie gezeigt, von deren Wirkung, d. h. von § 142 Abs. 1, auszugehen. Wo genau die Prüfung der Anfechtung im Gutachten auftaucht, lässt sich nicht allgemein sagen, sondern hängt von dem konkret zu beurteilenden Sachverhalt und dessen Fragestellung also davon ab, welches Rechtsgeschäft (Verfügung oder Verpflichtung[51]) angefochten wurde.

Wenn die Frage zum Beispiel lautet, ob der Verkäufer nach § 433 Abs. 1 verpflichtet ist, dem Käufer die bewegliche Sache zu übereignen, so ist die Anfechtung bei der Prüfung des Bestehens eines wirksamen Verpflichtungsvertrages, also hier eines Kaufvertrags zu prüfen.

Wenn indes der Verkäufer die Sache schon dem Käufer zur Erfüllung des Kaufvertrags übergeben hat und man die Herausgabe der erlangten Sache aufgrund einer Leistungskondiktion nach § 812 Abs. 1 Satz 1, 1. Alt. prüft, gilt Folgendes:
Bei der ersten Anspruchsvoraussetzung („etwas erlangt"), also bei der Frage, ob der Käufer nur den Besitz oder auch das Eigentum erlangt hat, ist zu untersuchen, ob die dingliche Einigung nach § 929 Satz 1 wirksam angefochten wurde[52].
Bei dem dritten Tatbestandsmerkmal des Anspruchs aus § 812 Abs. 1 Satz 1, 1. Alt. („ohne rechtlichen Grund") prüft man, ob das schuldrechtliche Verpflichtungsgeschäft, d. h. der Kaufvertrag infolge der Anfechtung entfallen ist.

Stützt der Verkäufer seinen Herausgabeanspruch (zusätzlich) auf § 985, so hat man zu klären, ob der Verkäufer Eigentümer geblieben ist, was eine wirksame Anfechtung der dinglichen Einigung des § 929 Satz 1 voraussetzt. Ob auch der schuldrechtliche Vertrag wirksam angefochten wurde, hat man dagegen erst unter der negativen Anspruchsvoraussetzung des § 986 Abs. 1 (kein Recht zum Besitz) zu prüfen.

---

[51] Beachte: Es ist stets genau zu unterscheiden, ob der Anfechtungsgrund das schuldrechtliche und/oder nur das dingliche Rechtsgeschäft betrifft! Vgl. oben, S.131-134 sowie S. 141

[52] In diesem Fall ist der Anspruch aus der Leistungskondiktion allein auf die Herausgabe des Besitzes, nicht aber auf Rückübertragung des Eigentums(rechts) gerichtet. Vgl. dazu schon Frage 7 des Kapitels 8, S. 141

Fragen zu Kapitel 14

1. Welche Wirkung hat die Anfechtung?

2. Was setzt eine wirksame Anfechtung voraus?

3. Welche beiden Irrtümer berechtigen nach § 119 Abs. 1 zur Anfechtung?

4. Was ist unter Eigenschaft einer Sache im Sinne des § 119 Abs. 2 zu verstehen?

5. In welchem Verhältnis stehen das kaufrechtliche Gewährleistungsrecht und die Anfechtung wegen Eigenschaftsirrtums nach § 119 Abs. 2 durch den Käufer?

6. Kann die Anfechtung nach § 119 Abs. 2 bereits vor Gefahrübergang durch das kaufrechtliche Gewährleistungsrecht ausgeschlossen sein?

7. Was ist in § 122 Abs. 1 unter dem Schaden zu verstehen, den der Anfechtungsgegner dadurch erleidet, dass er <u>auf</u> die Gültigkeit der Erklärung <u>vertraut</u>?

8. Was bedeutet die Formulierung *„Interesse <u>an</u> der Gültigkeit der Erklärung"* in § 122 Abs. 1?

9. Welche drei Formen von Täuschungsverhalten gibt es?

10. Stellt jegliches Verschweigen von Tatsachen bereits eine Täuschung durch Unterlassen dar?

Antworten (Kapitel 14)

zu Frage 1:

Die Wirkung der Anfechtung nennt § 142 Abs. 1 in seiner Rechtsfolge. Danach ist das wirksam angefochtene <u>Rechtsgeschäft (= Willenserklärung) als von Anfang an nichtig anzusehen</u>. Die Anfechtung „kassiert" also das Rechtsgeschäft mit Rückwirkung (ex tunc).

zu Frage 2:

Zu ihrer Wirksamkeit setzt eine Anfechtung voraus, dass erstens mindestens einer der abschließend aufgezählten Gründe, die nach dem Gesetz zur <u>Anfechtung berechtigen</u> (§§ 119 Abs. 1 und 2, 120 und 123), erfüllt ist und zweitens die <u>Anfechtung gegenüber dem Anfechtungsgegner erklärt</u> wird (§ 143). Drittens muss man die je nach Anfechtungsgrund vorgeschriebene Frist (vgl. §§ 121 und 124) einhalten. Die ersten beiden Voraussetzungen *(„anfechtbar"* und *„angefochten")* sind auf der Tatbestandsseite des Rechtssatzes § 142 Abs. 1 genannt.

zu Frage 3:

§ 119 Abs. 1 unterscheidet den Inhaltsirrtum (1. Alt.) und den Erklärungsirrtum (2. Alt.). In beiden Fällen weicht das objektiv Erklärte von dem Gewollten ab. Da es sich dabei um eine unbewusste Abweichung handelt, liegt eine Irrtum vor.

Beim Inhaltsirrtum weiß der Erklärende zwar, was er sagt und will dies auch sagen, aber er irrt sich darüber, was er damit, d. h. mit dem benutzten Begriff, sagt. Er irrt also über die objektive Bedeutung seiner Erklärung. Beispiel: Der Erklärende will „Tachicardia semperflorens", womit (objektiv) ein immerblühender Kaktus bezeichnet wird, sagen und sagt das auch, er verbindet mit diesem Begriff aber subjektiv eine andere Bedeutung, weil er fälschlicherweise glaubt, der Begriff kennzeichne nicht einen Kaktus, sondern eine immergrüne Blattpflanze.

Dagegen weicht beim Erklärungsirrtum das objektiv Erklärte vom Geschäftswillen ab, weil der Erklärende sich bei der Erklärungshandlung „vertut". Der Erklärende will A sagen/schreiben, verspricht/verschreibt sich aber und sagt/schreibt B.

zu Frage 4:

Eigenschaften der Sache i. S. des § 119 Abs. 2 sind neben der Beschaffenheit im naturwissenschaftlich-materiellen Sinne (Herstellungsverfahren, Qualität, Material, Größe etc.) auch die gegenwärtigen, tatsächlichen oder rechtlichen Verhältnisse und Beziehungen zur Umwelt von gewisser Dauer, die in der Sache selbst ihren Grund haben und nach der Verkehrsanschauung für die Wertschätzung und Verwendbarkeit von Bedeutung sind (z. B.: Bebaubarkeit, Baubeschränkungen und Lage eines Grundstücks, Echtheit eines Gemäldes).
Kurz gesagt: Alle wertbildenden Faktoren, nicht jedoch der Wert selbst.

Übrigens ist der Begriff der Sache in § 119 Abs. 2 anders, nämlich weiter zu verstehen als nach der Legaldefinition des § 90. Sachen im Sinne des § 119 Abs. 2 sind nicht nur körperliche, sondern auch unkörperliche Gegenstände, wie Forderungen und Rechte[53]. So wird bei einem Forderungskauf (vgl. §§ 433, 453) in aller Regel verkehrswesentliche Eigenschaft des Kaufgegenstandes sein, dass die Forderung noch nicht verjährt ist.

zu Frage 5:

Gefragt ist hier nach dem Konkurrenzverhältnis des Gewährleistungsrechts und des Anfechtungsrechts des Käufers wegen Eigenschaftsirrtums[54].

Nehmen wir folgendes Beispiel:
A liefert B eine mangelhafte Sache. B erkennt den Mangel erst zweieinhalb Jahre nach Lieferung der Sache und will vom Kaufvertrag loskommen.
In diesem Falle ist ein Rücktritt aufgrund der §§ 437 Nr. 2, 323 nach den §§ 438 Abs. 5, 218 Abs. 1 Sätze 1 und 2 nach Ablauf von zwei Jahren seit Ablieferung der Sache (vgl. §§ 438 Abs. 1 Nr. 3 und Abs. 2) unwirksam.

---

[53] dazu bereits Kapitel 13, S. 211
[54] Zu den Konkurrenzproblemen der §§ 434 ff. und einer Anfechtung des Verkäufers wegen Eigenschaftsirrtums finden sich bei Köhler/Fritzsche, NJW 1988, 2596 ff. ausführliche Hinweise.

Dagegen ist die Anfechtung gemäß § 119 Abs. 2 noch nicht verfristet, denn nach § 121 Abs. 1 beginnt die Frist erst zu laufen, nachdem B von dem Anfechtungsgrund, also seinem Eigenschaftsirrtum, Kenntnis erlangt hat.

Um zu verhindern, dass die Zweijahresfrist der kaufrechtlichen Gewährleistung unterlaufen wird, ist die Anfechtung wegen Eigenschaftsirrtums grundsätzlich von dem Zeitpunkt an ausgeschlossen, in dem die Gewährleistungsrechte der §§ 434 ff. einsetzen[55]. Dies ist der Zeitpunkt des Gefahrübergangs (vgl. § 434 Abs. 1 Satz 1), also nach § 446 Satz 1 grundsätzlich der Zeitpunkt der Übergabe der Sache. Ab diesem Zeitpunkt geht das kaufrechtliche[56] Gewährleistungsrecht als lex specialis dem (allgemeinen) Anfechtungsrecht des § 119 Abs. 2 vor. Dahinter steht die spezielle Wertung, dass der Verkäufer zwei Jahre nach Ablieferung der Kaufsache nicht mehr mit einer gewährleistungsrechtlichen Inanspruchnahme zu rechnen braucht.

Das Ergebnis des Falles lautet somit: B kommt vom Kaufvertrag nicht los, denn ein gewährleistungsrechtlich vorgesehener Rücktritt ist unwirksam und eine Anfechtung wegen Eigenschaftsirrtums aufgrund des Vorrangs des speziellen Gewährleistungsrechts ausgeschlossen.

zu Frage 6:

Dies wäre allenfalls denkbar, wenn ausnahmsweise schon vor diesem Zeitpunkt Gewährleistungsrechte greifen, etwa weil der Verkäufer bereits vor Übergabe der Sache die Beseitigung eines Mangels endgültig ablehnt. Dennoch ist nach Ansicht des BGH und der h. M. eine Anfechtung wegen Eigenschaftsirrtums nach § 119 Abs. 2 nicht ausgeschlossen, da der Käufer nicht benachteiligt werden dürfe, wenn ihm ausnahmsweise schon vor Gefahrübergang (zusätzlich) Gewährleistungsrechte zustehen[57].

zu Frage 7:

Damit wird der Vertrauensschaden, d. h. das sog. negative Interesse, bezeichnet. Der Anspruchsberechtigte ist danach so zu stellen, wie er stehen würde, wenn er von dem - angefochtenen - Vertragsschluss nie etwas gehört hätte. Der Vertragsschluss ist also (negativ) wegzudenken. Klassische Vertrauensschäden sind die Anreisekosten, die im Vertrauen auf den vermeintlich wirksamen Vertrag unnötig aufgewendet wurden, um zum Beispiel eine gekaufte Sache abzuholen. Ferner zählt dazu der Gewinn, der dadurch entgangen ist, dass der Anfechtungsgegner ein weiteres Vertragsangebot im Vertrauen darauf ausgeschlagen hat, dass bereits ein wirksamer Vertragsschluss mit dem Anfechtenden vorliegt.

---

[55] vgl. dazu meine Fälle zum reformierten Schuldrecht Fall 8 („Die undichte Bauernmilchkanne"), S. 120/121 m.w.N.

[56] Übrigens werden entsprechende Ausschlussregeln auch im Hinblick auf die Gewährleistung des Miet- und Werkvertragsrechts vertreten.

[57] so BGHZ 34, 32 (37); 129, 103 (106); dazu ferner Schapp, Grundlagen, Rdnr. 388 m.w.N.

zu Frage 8:

Sie bezeichnet das <u>Interesse an der Erfüllung des Vertrages</u> bzw. das sog. <u>positive Interesse</u>. Der Ersatz dieses Erfüllungsinteresses bedeutet, jemanden so zu stellen, wie er stehen würde, wenn der Vertrag wirksam zustande gekommen und erfüllt (!) worden wäre. Man kann auch von einem Schadensersatz wegen Nichterfüllung oder nach neuer Diktion von einem solchen statt der Leistung sprechen.

Bei § 122 ist aber folgendes <u>unbedingt zu beachten</u>: Das <u>positive Interesse bildet nicht die Grundlage, sondern fixiert nur die Obergrenze eines etwaigen, nach § 122 Abs. 1 zu ersetzenden Vertrauensschadens</u>. Es muss also immer ein Vertrauensschaden vorliegen, damit überhaupt ein Anspruch nach § 122 entsteht. Ist ein solcher Vertrauensschaden nicht entstanden, so fehlt es an einem nach § 122 Abs. 1 ersatzfähigen Schaden, mag auch der Anfechtungsgegner ein noch so hohes Erfüllungsinteresse haben.

zu Frage 9:

Ein <u>Täuschungsverhalten</u> kann erstens darin liegen, dass man falsche Behauptungen tatsächlicher Art aufstellt oder dass man zweitens wahre Tatsachen unterdrückt oder entstellt oder drittens wahre Tatsachen trotz Aufklärungspflicht verschweigt. Bei den ersten beiden Begehungsweisen liegt eine Täuschung durch positives Tun vor. Die dritte Form stellt eine Täuschung durch Unterlassen dar.

zu Frage 10:

Nein, denn ein Verschweigen von Tatsachen stellt nur dann eine <u>Täuschung durch Unterlassen</u> dar, <u>wenn eine Pflicht besteht, die verschwiegene Tatsache dem anderen mitzuteilen</u>.

<u>Vorsicht</u>: Es besteht <u>keine allgemeine Pflicht, den Vertragspartner ungefragt über sämtliche mit einem Rechtsgeschäft verbundenen Risiken aufzuklären</u>. Vielmehr muss jede Partei grundsätzlich ihre Interessen selbst wahrnehmen und sich erkundigen, ob die Umstände, die sie veranlassen, das Rechtsgeschäft abzuschließen, tatsächlich vorliegen und ob der Vertragszweck erreicht werden kann. <u>Es gilt der Grundsatz: Jus vigilantibus scriptum est</u>. Das leuchtet ein, denn das Funktionieren unserer Marktwirtschaft beruht oftmals darauf, dass man die Vorzüge eines Produkts oder einer Dienstleistung hervorhebt, während man gewisse Nachteile in den Hintergrund stellt. Darin liegt aber nicht gleich eine arglistige Täuschung durch Unterlassen.

Kapitel 15

Das Recht der Stellvertretung

Rechtsgeschäftliches Handeln ist nicht immer ein Handeln für sich selbst. Vielmehr besteht oftmals das Bedürfnis, sich vertreten zu lassen. Vor allem Unternehmer benötigen Vertreter, um ihren (rechts-)geschäftlichen Aktionsradius zu erweitern und um auf spezielle Sachkompetenz und Erfahrungen ihrer Mitarbeiter zurückzugreifen. Ferner besteht ein unabweisbares Bedürfnis nach Stellvertretung zum Schutz Minderjähriger und Geschäftsunfähiger. Überdies haben wir im Kapitel 4 gelernt, dass juristische Personen überhaupt erst durch ihre mit natürlichen Personen besetzten Organe handlungsfähig sind.

I. Verschiedene Arten der Vertretungsmacht

Die durch Rechtsgeschäft erteilte Vertretungsmacht ist in § 166 Abs. 2 Satz 1 als Vollmacht legal definiert. Sie wird nach § 167 Abs. 1 durch empfangsbedürftige Willenserklärung eingeräumt und beruht folglich auf dem Willen des Vertretenen. Deshalb bezeichnet man sie auch als gewillkürte Vertretungsmacht.

Zweitens gibt es Fälle, in denen die Vertretungsmacht unmittelbar kraft Gesetzes besteht. Wichtigstes Beispiel stellt die Vertretung des Kindes durch seine Eltern dar, die im Familienrecht geregelt ist (vgl. §§ 1626, 1629).

Drittens ist die organschaftliche Vertretung zu nennen, die wir bereits im Zusammenhang mit den juristischen Personen kennen gelernt haben. Zum Beispiel wird die GmbHG nach § 35 GmbH durch ihren Geschäftsführer und die Aktiengesellschaft nach § 78 AktG durch ihren Vorstand vertreten. Die organschaftliche Vertretung beruht mithin auf dem Gesetz[1], setzt aber zur Gründung der juristischen Personen einen gewillkürten Akt (Gesellschaftsvertrag, Satzung) voraus[2].

II. Voraussetzungen und Wirkung der Stellvertretung (§ 164 Abs. 1)

Die zentrale Vorschrift des Vertretungsrechts ist § 164 Abs. 1. Sie gilt für alle Arten der Stellvertretung und regelt deren Voraussetzungen und Wirkung wie folgt:
Eine Willenserklärung, die jemand innerhalb der ihm zustehenden Vertretungsmacht im Namen des Vertretenen abgibt (Voraussetzungen), wirkt unmittelbar für und gegen den

---

[1] Man spricht insoweit von einer zweiten Art der gesetzlichen Vertretungsmacht.
[2] vgl. oben, S. 67/68 sowie S. 73

Vertretenen (Rechtsfolge). Demzufolge sind mindestens[3] drei Personen beteiligt: Der Vertreter, der Vertretene und der Geschäftsgegner. Der Vertreter gibt eine Willenserklärung gegenüber dem Geschäftsgegner ab. Dabei repräsentiert er den Vertretenen, der auch als Geschäftsherr bezeichnet wird.

1. Die Wirkung der Stellvertretung: Zurechnung von Willenserklärungen des Vertreters

Beginnen wir wie bei den Anspruchsgrundlagen und den Gegenrechten mit der Wirkung (= Rechtsfolge). Die Willenserklärungen des Vertreters wirken unter den Voraussetzungen des § 164 Abs. 1 *„unmittelbar für und gegen den Vertretenen".* Sie werden dem Vertretenen wie eigene zugerechnet. § 164 Abs. 1 ist also eine Zurechnungsnorm[4]. Die Rechtsfolgen treffen nicht den Vertreter selbst, sondern werden dem Vertretenen zugerechnet. Dies betrifft Willenserklärungen, die - wie etwa der Rücktritt oder die Kündigung - einseitig Rechtsfolgen herbeiführen, ebenso wie solche, die auf den Abschluss eines Vertrages gerichtet sind.

Wenn ein Vertreter für den Vertretenen aktiv Willenserklärungen abgibt (sog. Erklärungsvertreter), spricht man von aktiver Vertretung.

Die Zurechnungsnorm des § 164 Abs. 1 findet nach § 164 Abs. 3 entsprechende Anwendung, wenn eine gegenüber dem Vertretenen abzugebende Willenserklärung dessen Vertreter gegenüber erfolgt, wenn also der Vertreter Erklärungen passiv entgegennimmt (sog. Empfangsvertreter). Man nennt das passive Vertretung.

Dabei werden die Willenserklärungen in dem Zeitpunkt wirksam, in welchem sie dem (Passiv-)Vertreter als Repräsentanten des Vertretenen zugehen. Auf eine Weiterleitung an den Vertretenen kommt es - anders als bei einem Empfangsboten[5] - nicht an.

2. Die Voraussetzungen wirksamer Stellvertretung

§ 164 Abs. 1 bestimmt als Voraussetzungen wirksamer Stellvertretung:
1. Eigene Willenserklärung,
2. Im fremden Namen,
3. Mit Vertretungsmacht.

Die letztgenannte und wohl wichtigste Voraussetzung wirksamer Stellvertretung betrifft die Frage, ob jemand innerhalb ihm zustehender Vertretungsmacht handelt. Im Falle rechtsgeschäftlicher Vertretungsmacht beurteilt sich das nach dem Umfang der Vollmacht. Herauszustellen ist in diesem Zusammenhang, dass einer Vollmacht in aller Regel ein schuldrechtlicher Verpflichtungsvertrag, meist ein Auftrag (§§ 662 ff.) oder ein Arbeitsvertrag zugrunde liegt. Die Bevollmächtigung (= einseitige empfangsbedürftige Willenserklärung) ist von diesem Vertrag rechtlich unabhängig (abstrakt) und des-

---

[3] Freilich kann ein Geschäftsherr sich durch mehrere Personen vertreten lassen, was gerade bei Unternehmern der Fall ist. Selbstverständlich kann sich der Geschäftsgegner ebenfalls vertreten lassen.

[4] Andere Zurechnungsnormen sind zum Beispiel die §§ 278, 855.

[5] dazu Palandt/Heinrichs, § 164 Rdnr. 17 sowie Larenz/Wolf, AT, § 46 II. 1. (S. 836/837, Rdnr. 29); zur Unterscheidung eines passiven Vertreters (§ 164 Abs. 3) und eines Empfangsboten vgl. ferner Musielak, Grundkurs, Rdnr. 817

wegen von diesem strikt zu trennen[6]. Zu den drei Voraussetzungen rechtsgeschäftlicher Vertretung sowie zur Abstraktheit der Vollmacht folgender Fall:

Fall 15 „Oberstaatsanwalt ohne Trauschein: Und es geschah am helllichten Tag."

Sachverhalt:

Oberstaatsanwalt O möchte mit seiner Lebensabschnittspartnerin R in Urlaub fahren. Man empfiehlt ihnen das Glottertal mit dem Bemerken, dass in dieser Gegend niemand mehr nach dem Trauschein frage. Dies trifft für die Mehrzahl der Beherbergungsbetriebe auch zu, nicht aber für die Pension der W. W ist nämlich der strikten Auffassung, dass man Doppelzimmer nur zur gemeinsamen Benutzung mit dem Ehepartner in Anspruch nimmt.

O und R fahren, ohne vorab Zimmer reserviert zu haben[7], spontan ins Glottertal. Als die beiden an einem hellen und sonnigen Nachmittag in der Pension der W eintreffen, hat W gerade auswärts zu tun und die Leitung der Pension für die Zeit ihrer Abwesenheit der 17-jährigen Freundin F überlassen. F war damit einverstanden.

Bei Eintreffen erklärt O der F unter Hinweis auf die ausliegende Preisliste, dass er zusammen mit R ein Doppelzimmer zu 99 Euro nehmen wolle. Zwar merkt F, dass O und R nicht miteinander verheiratet sind, da sie aber die strikte Einstellung der W nicht kennt, übergibt sie dem O den Zimmerschlüssel. Als sie sich anschickt, O und R zu ihrem Zimmer zu begleiten, kehrt W zurück und erfährt, was geschehen ist. Daraufhin verweigert W die Aufnahme. O verlangt von W, ihm ein Doppelzimmer zur gemeinsamen Nutzung mit R zu überlassen. Zu Recht?

Lösungsvorschlag:

O könnte gegen W nach § 535 Satz 1 einen Anspruch auf Überlassung des Doppelzimmers zur gemeinsamen Nutzung mit R haben.

(A). Wirksamer Pensionsaufnahmevertrag

Dazu müsste zwischen O und W ein wirksamer Pensionsaufnahmevertrag zustande gekommen sein. Auf diesen ist § 535 anzuwenden, weil das Hauptinteresse des Gastes an der Überlassung des Zimmers besteht und damit einhergehende Leistungen (Säubern des Zimmers, Frühstück) dagegen in den Hintergrund treten[8].
Der Vertragsschluss setzt ein Angebot und dessen Annahme voraus.

---

[6] zur Abstraktheit der Vollmacht vgl. etwa Schmidt/Brüggemeier, Grundkurs, S. 109 sowie Wörlen, Schuldrecht BT, S. 311

[7] zum „Oberstaatsanwalt ohne Trauschein" vgl. S. 198 ff. (Fall 11). Dort ging der Anreise eine schriftliche Bestellung und die Eintragung in die Reservierungsliste voraus. Im Mittelpunkt stand die wichtige Vorschrift des § 151.

[8] vgl. dazu oben, S. 198/199

(I). Angebot

Das Angebot hat R unter Bezugnahme auf die Preisliste bei Eintreffen erklärt.

(II). Annahme

Indem die F dem O die Zimmerschlüssel ausgehändigt hat, hat sie schlüssig zum Ausdruck gebracht, das betreffende Doppelzimmer an O zur gemeinsamen Nutzung mit R zu vermieten. Eine Annahmeerklärung liegt somit vor.

Indes hat nicht W selbst, sondern F die Erklärung abgegeben. Diese entfaltet Wirkungen für und gegen W nur, wenn die <u>Voraussetzungen wirksamer Stellvertretung</u> erfüllt sind. Um W wirksam zu vertreten, müsste F nach § 164 Abs. 1 erstens eine (eigene) Willenserklärung abgegeben haben, dies müsste zweitens im Namen der Vertretenen W und drittens innerhalb zustehender Vertretungsmacht geschehen sein.

(1). Eigene Willenserklärung

Dieses Merkmal <u>grenzt die Stellvertretung von der Botenschaft ab</u>.

Der Vertreter gibt eine <u>eigene</u> Willenserklärung ab. Er bildet einen eigenen rechtsgeschäftlichen Willen und erklärt diesen an Stelle des Vertretenen. Der Vertreter steht somit an der Stelle des Vertretenen nicht nur bei der Erklärungshandlung, sondern auch bei der vorangehenden Willensbildung. Damit ist typischerweise ein <u>gewisses Maß an Entscheidungsfreiheit</u> verbunden.

Der <u>Bote hat dagegen keinerlei Entscheidungsspielraum</u>. Er <u>überbringt</u> nur eine <u>fremde Willenserklärung</u>, die zuvor ein anderer abgegeben hat. Ein Fall von Botenschaft liegt zum Beispiel vor, wenn ein Kind ein Schriftstück oder eine mündliche Erklärung eines anderen überbringt. Dieses <u>Tun ist tatsächlicher, nicht rechtsgeschäftlicher Natur</u>[9]. Kurz gesagt: Der <u>Vertreter produziert</u> eine <u>eigene Willenserklärung</u>, der <u>Bote reproduziert</u> eine <u>fremde</u>.

Ob eine Hilfsperson als Vertreter oder Bote anzusehen ist, richtet sich nach deren <u>äußeren Auftreten</u>[10].

Vorliegend ist F beim Eintreffen von O und R selbständig als zur Leitung der Pensionsgeschäfte befugt aufgetreten. F gerierte sich nicht lediglich als ein „verlängertes Sprachrohr" der W. Dies wäre etwa dann der Fall gewesen, wenn F gegenüber O erklärt hätte, dass sie erst mit W telefonisch Rücksprache halten müsse. Das hat F hier gerade nicht getan.

---

[9] Da ein <u>Bote</u> nicht rechtsgeschäftlich handelt, sondern nur tatsächlich etwas - die vorformulierte Erklärung - überbringt, <u>kann er geschäftsunfähig sein</u>. <u>Merksatz: Und ist das Kindlein noch so klein, so kann es doch schon Bote sein.</u>

[10] statt vieler Palandt/Heinrichs, Einf. vor § 164 Rdnr. 11; sowie Wörlen, AT, Rdnrn. 310 ff.

Sie hat auch nicht bloß eine von W vorformulierte Willenserklärung wiedergegeben, indem sie etwa eine schon von W eingetragene Reservierung nur „abgearbeitet" hätte.

F ist folglich so <u>aufgetreten</u>, wie sie nach dem Willen der W auch auftreten sollte, nämlich <u>als Vertreterin</u>. Als solche konnte sie eigenständig entscheiden, ob und welche Gäste sie zu welchen Konditionen aufnimmt. So hätte sie zum Beispiel einen Tierfreund mit drei Hunden und fünf Katzen abweisen oder bei schlechter Auslastung der Pension Preisnachlässe gewähren können. Sie hatte also <u>den für einen Vertreter charakteristischen Entscheidungsspielraum</u>. Damit liegt hier eine <u>eigene</u> Willenserklärung vor.

(2). Im Namen des Vertretenen

Ferner müsste F die Willenserklärung im fremden Namen abgegeben haben. Diesem Merkmal liegt das sog. <u>Offenkundigkeitsprinzip</u> zugrunde, das der <u>Rechtsklarheit und dem Schutz des Geschäftsgegners dient</u>. Diesem muss klar sein, mit wem der Vertrag zustande kommt, um sich im Vorfeld zum Beispiel über die Kreditwürdigkeit des potentiellen Vertragspartners erkundigen zu können. Ferner ist es wichtig zu wissen, gegen wen man spätere Ansprüche, insbesondere etwaige Gewährleistungsrechte geltend zu machen hat. Dabei macht es nach § 164 Abs. 1 Satz 2 keinen Unterschied, ob die Erklärung ausdrücklich im Namen des Vertretenen erfolgt oder ob die Umstände ergeben, dass sie in dessen Namen erfolgen soll.

Vorliegend ergibt sich die <u>Fremdbezogenheit der Erklärung aus den Umständen</u>. F handelte erkennbar für die Pensionsinhaberin. Dabei braucht dem Geschäftsgegner O die hier vertretene W <u>nicht mit Namen als individuelle Person bekannt oder erkennbar zu sein</u>. Vielmehr genügt es, dass das Vertreterhandeln allgemein im Namen eines bestimmbaren anderen erfolgt. Das betrifft vor allem den Fall, dass sich die Erklärung, wie es hier der Fall ist, <u>erkennbar auf den Inhaber eines Unternehmens bezieht</u>[11].

(3). Mit Vertretungsmacht

Drittens erfordert wirksame Stellvertretung ein Handeln mit Vertretungsmacht. Diese kann entweder kraft Gesetzes oder durch Rechtsgeschäft eingeräumt werden. Die durch Rechtsgeschäft erteilte Vertretungsmacht heißt gemäß § 166 Abs. 2, Satz 1, 1. HS Vollmacht. Die <u>Vollmacht wird nach § 167 Abs. 1 durch eine empfangsbedürftige, grundsätzlich formfreie</u>[12] <u>Willenserklärung erteilt</u> und am häufigsten als sog. Innenvollmacht gegenüber dem zu Bevollmächtigenden (1. Alt.) erklärt.

---

[11] allgemeine Meinung, vgl. etwa Larenz/Wolf, AT, § 46 II. 3. b. (S. 835, Rdm. 23): *„ Wer in einem Warenhaus kauft oder Geld bei der Sparkasse einzahlt, weiß, dass der Verkäufer oder Kassierer nicht für sich selbst handeln will, sondern für den Inhaber des Kaufhauses oder der Sparkasse, wobei es ihm in der Regel unbekannt und auch gleichgültig ist, wer dieser Inhaber ist. "* <u>Übrigens</u>: Eine etwaige Vorstellung hier des O, dass die F selbst Inhaberin der Pension ist, schadet dem Vertretungsfall nicht.

[12] <u>Ausnahmsweise ist für die Bevollmächtigung eine Form</u> erforderlich, dann nämlich, wenn sie <u>gesetzlich vorgeschrieben</u> ist. So ist zum Beispiel nach § 1945 Abs. 3 zur Erklärung der Ausschlagung der Erbschaft eine öffentlich beglaubigte Vollmacht erforderlich.

Die Außenvollmacht (2. Alt.), bei der die Vollmacht durch Erklärung gegenüber dem Geschäftsherrn („Dritten") erteilt wird, kommt dagegen nur selten vor.

Indem W die F mit der Leitung der Pension betraut hat, hat sie ihr schlüssig Innenvollmacht erteilt, die dazu nötigen Willenserklärungen für sie abzugeben. Dies umfasst auch, Doppelzimmer zur gemeinsamen Nutzung an unverheiratete Gäste zu vermieten, denn W hat bei der Bevollmächtigung dazu keinerlei Einschränkung vorgenommen, was ihr leicht möglich gewesen wäre. Im Übrigen war der F die strikte moralische Einstellung der W nicht bekannt.

(4). Unwirksamkeit der Vollmacht infolge Fs Minderjährigkeit?
Die Wirksamkeit der Bevollmächtigung könnte hier daran scheitern, dass F erst 17 Jahre alt und infolge dessen beschränkt geschäftsfähig ist[13].

Fraglich ist, ob die erteilte Vollmacht für F rechtliche Nachteile mit sich bringt, die sie zustimmungsbedürftig und hier somit als einseitiges Rechtsgeschäft nach §§ 107, 111 Satz 1[14] unwirksam machen würde.

(a). Vollmacht lediglich rechtlich vorteilhaft
Die Vollmacht begründet für den Vertreter keinerlei Verpflichtung, tätig zu werden. Die Bevollmächtigung darf man nämlich nicht verwechseln mit dem meist zugrunde liegenden Arbeits- oder Auftragsvertrag. Dieser schuldrechtliche Verpflichtungsvertrag regelt das Innenverhältnis zum Vertretenen. Er ist rechtlich strikt zu trennen von der einseitigen, das Außenverhältnis zum Geschäftsgegner betreffenden Bevollmächtigung, die festlegt, was der Vertreter nach außen hin kann (rechtliches Können)[15]. Die Vollmacht ist abstrahiert von dem, was der Vertreter im Innenverhältnis rechtlich darf (rechtliches Dürfen).
Aufgrund dieser Abstraktheit der Vollmacht ist die Wirksamkeit des hier in Betracht kommenden[16] Auftrags (vgl. § 662) für die vorliegende Fragestel-

---

Es gilt der Grundsatz: Nach § 167 Abs. 2 bedarf die Vollmacht aber nicht der Form, welche für das Rechtsgeschäft bestimmt ist, auf das sich die Vollmacht bezieht. Zur Form der Bevollmächtigung vgl. etwa Jauernig/Jauernig, § 167 Rdnr. 10
[13] Geschäftsunfähige können keine Rechtsgeschäfte vornehmen und somit insbesondere keine eigene Willenserklärung abgeben. Sie können folglich nicht Vertreter, sondern nur Bote sein. vgl. Larenz/Wolf, AT, § 46 II. 4. b. (S. 835/836, Rdnr. 26)
[14] vgl. dazu oben, S. 146 sowie S. 153
[15] Allerdings ist das Innenverhältnis für die Auslegung vor allem des Umfangs der Vollmacht mit heranzuziehen. Ausschlaggebend bleibt aber die bevollmächtigende Willenserklärung. Vgl. dazu Larenz/Wolf, AT, § 47 I. 3. (S. 871/827, Rdnrn. 9 und 10).
[16] Zur Falllösung kommt es folglich auf die Abgrenzung des Auftragsvertrages von einem bloßen Gefälligkeitsverhältnis nicht an. Zur Information: Ein Auftragsvertrag setzt rechtlichen Bindungswillen voraus. Rechtsprechung und Literatur haben einen „bunten Strauß von Indizien" hervorgebracht, die auf einen Rechtsbindungswillen schließen lassen. So indizieren vor allem die wesentliche wirtschaftliche Bedeutung sowie das erkennbare Interesse des Begünstigten den Bindungswillen. Das spricht im vorliegenden Fall gegen ein Gefälligkeitsverhältnis und für die Annahme eines Auftragsvertrags.

lung ohne Belang. Es kommt also nicht darauf an, dass dieser <u>schuldrecht-
liche Vertrag</u>[17] als <u>nicht lediglich rechtlich vorteilhaftes Rechtsgeschäft</u>
nach den §§ 107, 108 Abs. 1 bis zur Genehmigung durch die Eltern
(gesetzliche Vertreter) <u>schwebend unwirksam</u> ist[18]. Die Bevollmächtigung
ist davon losgelöst, abstrakt eben[19]. Sie ist aufgrund dessen für den zu
Bevollmächtigenden lediglich rechtlich vorteilhaft. Denn mit der Vollmacht
als solcher wird dem Vertreter <u>einseitig Rechtsmacht eingeräumt</u>.
Für die Wirksamkeit der der beschränkt geschäftsfähigen F erteilten Vollmacht kommt es somit auf die Zustimmung der gesetzlichen Vertreter
(Eltern) nicht an (vgl. § 131 Abs. 2 Satz 2).

(b). Vertreterhandeln für Vertreter rechtlich neutral (§ 165)

Zwar stellt das Vertreterhandeln stets ein rechtsgeschäftliches Tätigwerden
(Abgabe eigener Willenserklärungen) dar, sodass <u>der Vertreter nicht geschäftsunfähig sein darf</u>.

Indes wirkt das <u>Vertreterhandeln für und gegen den Vertretenen</u>. Werden
dabei Verpflichtungen eingegangen, so treffen diese nicht den Vertreter,
sondern den Vertretenen. Dem <u>Vertreter</u> können folglich aus seinem <u>Vertre-
terhandeln keine rechtlichen Nachteile</u> erwachsen (vgl. § 107)[20]. Dieses ist
gewissermaßen als <u>rechtlich neutral</u> zu kennzeichnen. Infolgedessen reicht
beschränkte Geschäftsfähigkeit aus, um als Vertreter agieren zu können[21].
Das bestätigt die Regelung des § 165. Denn danach wird die Wirksamkeit
einer von oder gegenüber einem Vertreter abgegebenen Willenserklärung
nicht dadurch beeinträchtigt, dass der Vertreter in der Geschäftsfähigkeit beschränkt ist.

(5). Zusammenfassung:

Die drei Voraussetzungen wirksamer Stellvertretung des § 164 Abs. 1 sind
hier erfüllt. Überdies steht Fs Minderjährigkeit der Wirksamkeit der
Bevollmächtigung nicht entgegen, denn die Bevollmächtigung ist lediglich
rechtlich vorteilhaft und das Vertreterhandeln trifft unmittelbar die Vertretene W.
F hat also durch die Schlüsselübergabe mit Wirkung für und gegen W das
Angebot des O wirksam angenommen.

---

[17] Laut Sachverhalt war F mit der vorübergehenden Übernahme der Pensionsleitung *„einverstanden"*, sodass von einer für das Zustandekommen eines Auftragsvertrags nötigen Annahmeerklärung ausgegangen werden kann. Für die Bevollmächtigung (einseitiges Rechtsgeschäft!)
bedarf es dagegen eines solchen Einverständnisses (Konsenses) freilich nicht.
[18] Die Beziehungen zwischen W und F richten sich hier nach den Vorschriften über die
<u>Geschäftsführung ohne Auftrag</u> (vgl. §§ 677 ff.) und somit gemäß § 682 (beschränkte Ge-
schäftsfähigkeit des Geschäftsführers) <u>letztlich nach Bereicherungsrecht</u>.
[19] Beachte: Auch wenn der Vertrag von den Eltern der 17-jährigen F genehmigt und also Verpflichtungen begründen würde, bleibt die Vertretungsmacht im Außenverhältnis rechtlich
unabhängig von den Pflichten des Auftragsvertrages.
[20] Selbst wenn der beschränkt geschäftsfähige Vertreter seine <u>Vertretungsmacht überschreitet</u>,
ist er <u>nach § 179 Abs. 3 Satz 2 von einer Haftung ausgenommen</u>. Zu § 179 unten, S. 265 ff.
[21] Larenz/Wolf, AT, § 46 II 4. a. (S. 835, Rdnr. 24 und 25)

(B). Ergebnis:
Somit ist ein wirksamer Pensionsaufnahmevertrag zwischen W und O zu
Stande gekommen. O hat gegen W demzufolge nach § 535 Abs. 1 Satz 1
einen Anspruch auf Überlassung eines Doppelzimmers zur gemeinsamen
Nutzung mit R[22].

III. Vertretungsmacht aufgrund Rechtsscheins nach den §§ 170 bis 173

Die §§ 170 bis 172 betreffen Situationen, in denen eine Vollmacht nicht oder nicht mehr
besteht, aber nach außen der Anschein ihres Bestehens erweckt wird.

So bleibt nach § 170 eine Außenvollmacht dem Dritten gegenüber so lange in Kraft, bis
ihm das Erlöschen von dem Vollmachtgeber angezeigt wird. Erfasst wird vor allem[23]
der Fall, dass eine Außenvollmacht nach §§ 168 Satz 3, 167 Abs. 1 lediglich intern,
d. h. gegenüber dem Vertreter widerrufen wird. In diesem Fall bedarf es einer Anzeige
an den Dritten, um den fortbestehenden Rechtsschein der Bevollmächtigung zu zerstören.
Freilich kann sich der Dritte trotz Unterbleibens einer solchen Anzeige gemäß § 173 auf
§ 170 nicht mehr berufen, wenn er das Erlöschen der Vertretungsmacht bei Vornahme
des Rechtsgeschäfts kennt oder kennen musste.

Der von § 171 geregelte Fall (Wirkungsdauer bei Kundgebung) kommt selten vor und
soll hier nicht weiter erörtert werden.

Herauszustellen ist § 172. Er betrifft den in der Praxis wichtigen Fall, dass der Vertreter
eine ihm vom Geschäftsherrn ausgehändigte <u>Vollmachtsurkunde</u> dem Geschäftsgegner
(im Original oder in Form der das Original vertretenden Ausfertigung[24]) vorlegt. Erfährt
der Geschäftsgegner in urkundlich dokumentierter und damit in besonders vertrauener-
weckender Form von einer erteilten Vollmacht, so begründet das einen Rechtsschein der
Bevollmächtigung, auch wenn die Vollmacht gegenüber dem Vertreter zum Beispiel
längst widerrufen wurde. Nach § 172 Abs. 2 bleibt die Vertretungsmacht bestehen, bis
die Vollmachtsurkunde dem Vollmachtgeber zurückgegeben oder für kraftlos erklärt
wird. Im Falle der Rückgabe der Vollmachtsurkunde endet jedoch die Vertretungsmacht
erst, wenn dem Geschäftsgegner ein externer Widerruf oder eine entsprechende
Erlöschensanzeige zugeht[25]. Darüber hinaus kann der durch die Aushändigung der

---

[22] W ist an den zustande gekommenen Pensionsaufnahmevertrag gebunden, denn es gilt
bekanntlich der <u>Grundsatz „pacta sunt servanda"</u>. <u>Sollte W die Aufnahme verweigern</u>, ist sie
<u>nach den §§ 280 Abs.1 und 3, 281 zum Ersatz des Schadens statt der Leistung</u> (= <u>positives</u>
<u>Interesse</u>) <u>verpflichtet</u>. Das bedeutet, sie müsste dem O zum Beispiel etwaige Fahrtkosten
ersetzen, die ihm dadurch entstehen, dass er sich zu einer anderen Pension begeben muss. Ist die
anderweitige Übernachtung kostspieliger, so hat W auch diese Mehrkosten als Schaden zu ersetzen.

[23] Denkbar ist ferner, dass die Vollmacht nach § 168 Satz 1 aufgrund der Beendigung des ihr
zugrunde liegenden Rechtsverhältnisses (z. B. Auftragsvertrag) erlischt. Darin liegt übrigens eine <u>Durchbrechung</u> der grundsätzlichen <u>Abstraktheit der Vollmacht</u>.

[24] Eine Fotokopie genügt nach BGHZ 102, 60 (63) nicht.

[25] Larenz/Wolf, AT, § 48 II. 2. b. (S. 893, Rdnr. 18)

Vollmachtsurkunde geschaffene Rechtsschein gegenüber einzelnen Dritten allein schon durch Erlöschensanzeige oder Widerruf beseitigt werden[26].

Die Vorschrift des § 172 Abs. 2 findet gemäß § 173 keine Anwendung, wenn der Dritte das Erlöschen der Vertretungsmacht bei der Vornahme des Rechtsgeschäfts kennt oder kennen musste, wenn er also nicht gutgläubig ist.

Den §§ 170 bis 173 ist der allgemeine Rechtsgedanke zu entnehmen, dass der redliche Geschäftspartner auf eine Bevollmächtigung bzw. auf deren Fortbestand[27] vertrauen darf, wenn der Vertretene den Rechtsscheinstatbestand einer Bevollmächtigung willentlich oder zumindest fahrlässig und damit in zurechenbarer Weise geschaffen hat. Auf der Grundlage dieses Rechtsgedankens hat die Rechtsprechung die Institute der Duldungs- und Anscheinsvollmacht für Fallgestaltungen entwickelt, die von den §§ 170 bis 172 nicht erfasst sind, in denen aber nach außen der Rechtsschein einer bestehenden Vollmacht in zurechenbarer Weise erweckt wird.

IV. Duldungs- und Anscheinsvollmacht

1. Die Duldungsvollmacht

Die Annahme einer Duldungsvollmacht setzt folgendes voraus[28]:

Erstens muss der Rechtsschein einer Bevollmächtigung dadurch geschaffen sein, dass jemand - in aller Regel wiederholt und während eines gewissen Zeitraums[29] - rechtsgeschäftlich im Namen eines Dritten auftritt, ohne dazu bevollmächtigt zu sein (objektiver Rechtsscheinsgrund).

Dieser Rechtsschein muss dem Vertretenen zweitens zurechenbar sein. Dazu muss der Vertretene bei der Duldungsvollmacht das den Rechtsschein begründende Verhalten kennen[30], also wissen, dass ein anderer für ihn wie ein Vertreter auftritt, und dies dennoch dulden, obwohl er dagegen einschreiten und den Rechtsschein zerstören könnte (subjektiver Zurechnungsgrund).

Drittens ist in der Person des Geschäftsgegners zu fordern, dass dieser ohne Fahrlässigkeit (= gutgläubig) auf das Bestehen einer ausreichenden Vollmacht vertraut, weil er das

---

[26] Erman/Brox, § 173 Rndr. 15

[27] §§ 170 bis 173 schützen das Vertrauen auf Entstehen und Fortbestehen einer Vollmacht, vgl. Jauernig/Jauernig, §§ 170-173, Rdnr. 1

[28] zur gutachtlichen Prüfung der Duldungsvollmacht vgl. Hoffmann, Fallbearbeitung, S. 57 ff.

[29] Schon ein einmaliges Gewährenlassen kann einen objektiven Rechtsscheinstatbestand begründen, denn der Geschäftspartner kann zum Beispiel die einmalige bzw. erstmalige Benutzung entwendeter Briefbögen nicht erkennen. Vgl. zum objektiven Rechtsscheinsgrund der Anscheinsvollmacht unten, S. 261

[30] Duldungs- und Anscheinsvollmacht unterscheiden sich nur im subjektiven Zurechnungsgrund. Anders als bei der Duldungsvollmacht kennt der Vertretene den objektiven Rechtsschein bei der Anscheinsvollmacht nicht, hätte ihn aber kennen können. Vgl. dazu Larenz/Wolf, AT, § 48 III. 4. (S. 897, Rndr. 32); sowie unten, S. 261

bewusste Dulden des Vertretenen dahin versteht und nach Treu und Glauben verstehen darf, dass der als Vertreter Handelnde bevollmächtigt ist[31].

Wenn die genannten Voraussetzungen für eine Duldungsvollmacht erfüllt sind, hat das zur (Rechts-)Folge, dass der als Vertreter Handelnde als bevollmächtigt gilt und der Vertrag zwischen dem Vertretenen und dem Dritten kraft Duldungsvollmacht zustande kommt.

Zur Veranschaulichung der Duldungsvollmacht folgendes Beispiel:
V ist im Rahmen seines Arbeitsvertrages mit der Firma X damit betraut, Kaufverträge über Eigentumswohnungen zu vermitteln (Vermittlungsvertreter). In Fällen, die ihm eilig erschienen, schloss er - ohne dazu bevollmächtigt zu sein - wiederholt Kaufverträge im Namen der Firma X ab. Dieses Verhalten war dem K bekannt, als dieser mit V einen Kaufvertrag schloss. Zunächst genehmigte die Firma X einige der Verträge. Den mit K abgeschlossenen Vertrag, der für X ungünstige Bedingungen enthält, will X nicht genehmigen und nicht erfüllen. Sie beruft sich darauf, dass sie V nicht zum Abschluss, sondern nur zur Vermittlung von Verträgen bevollmächtigt hat. Zu Recht?

K hat hier einen Anspruch auf Übertragung des Eigentums an der Wohnung nach § 433 Abs. 1, wenn zwischen ihm und der Firma X ein wirksamer Kaufvertrag zustande gekommen ist. X selbst gab kein Angebot ab. Allerdings könnte V die X gemäß § 164 Abs. 1 wirksam vertreten haben. V war indes nur dazu bevollmächtigt, Verträge zu ver- mitteln, nicht aber dazu, diese abzuschließen.

Hier könnten aber die Voraussetzungen der Duldungsvollmacht erfüllt sein.

Erstens besteht ein entsprechender Rechtsschein, da V wiederholt und während einer gewissen Dauer als Abschlussvertreter der Firma X aufgetreten ist (objektiver Rechts- scheinsgrund).

Dieser Rechtsschein ist der X zweitens zurechenbar, denn X hat das Auftreten des V, obschon sie davon wusste, geduldet. Die Firma X hat es somit bewusst unterlassen, gegen das Verhalten des V einzuschreiten[32], ja sie hat hier sogar mehrfach Verträgen, die V zuvor geschlossen hatte, nachträglich zugestimmt (subjektiver Zurechnungs- grund).

Drittens hatte K, der das vorangehende Auftreten des V kannte, von dessen fehlender Abschlussvollmacht weder Kenntnis noch fahrlässige Unkenntnis. Somit durfte er darauf vertrauen, dass V zum Vertragsabschluss bevollmächtigt ist. Folglich ist V aufgrund einer Duldungsvollmacht als bevollmächtigt anzusehen[33]. Zwischen der Firma X und K ist somit ein Kaufvertrag zu Stande gekommen.

---

[31] BGH, NJW 2003, 2091
[32] Larenz/Wolf bezeichnen deswegen die Duldungsvollmacht als *„bewusst hingenommene Anscheinsvollmacht"*. Vgl. Larenz/Wolf, AT, § 48 III. 1. (S. 894, Rdnr. 23)
[33] *„Das Dulden des eigenmächtigen Vertreterhandelns wird also der Erteilung einer Vollmacht gleichgestellt".* So Hirsch, AT, Rdnr. 1017

2. Die Anscheinsvollmacht

Darüber hinaus wird Vertretungsmacht aufgrund Rechtsscheins auch dann angenommen, wenn der „Vertretene" das Auftreten des „Vertreters" zwar nicht duldete, also den Rechtsschein bestehender Vollmacht nicht <u>bewusst</u> hingenommen hat, aber die rechtsscheinbegründenden Umstände <u>bei pflichtgemäßer Sorgfalt hätte bemerken und verhindern können</u>. Denn in diesem Fall hat er <u>fahrlässig und folglich zurechenbar</u> den Anschein der Bevollmächtigung verursacht.

Zu den Voraussetzungen und zur Rechtsfolge der Anscheinsvollmacht folgendes Beispiel:

Abwandlung von Fall 15: „Die unzuverlässige Schwester"

Sachverhalt:
Ausgehend von dem Sachverhalt des Falles 15 hat sich diesmal (alternativ) folgendes abgespielt: W hat auswärts zu tun und die Leitung der Pension ihrer Schwester S überlassen, da sie ungern fremde Personen einschaltet. Gegen Mittag beginnt S sich zu langweilen und bittet die Bekannte B, ihre Stelle einzunehmen.

Beim Eintreffen von O und R merkt B, dass sie nicht miteinander verheiratet sind. Da sie aber Ws strikte Einstellung nicht kennt, übergibt sie dem O den Zimmerschlüssel. Als sie sich anschickt, O und R zu ihrem Zimmer zu begleiten, kehrt W zurück und erfährt, was geschehen ist.
<u>W verweigert die Aufnahme und meint, O könne allenfalls seine Anreisekosten verlangen. Zu Recht</u>?

Hinweis:
Der W war bekannt, dass S oftmals unzuverlässig ist und ihr übertragene Aufgaben gerne auf andere abwälzt.

Lösungsvorschlag:
O könnte gegen W einen Anspruch nach § 535 Abs. 1 auf Überlassung des Doppelzimmers gegen W haben. Dazu müsste ein wirksamer Vertrag zu Stande gekommen sein.

(A). Wirksamer Pensionsaufnahmevertrag
Die auf einen Vertragsschluss gerichteten Erklärungen sind von O einerseits und von der als Vertreterin auftretenden B andererseits abgegeben worden.

Dabei handelte B überdies im Namen der W (Offenkundigkeit).

Fraglich erscheint allein, ob die Bekannte B gemäß § 164 Abs. 1 *„innerhalb der ihr zustehenden Vertretungsmacht"* gehandelt hat.

<u>W selbst hat</u> der handelnden <u>B keinerlei Vollmacht erteilt</u>.

Allerdings könnte W ihre <u>Schwester S bevollmächtigt</u> haben und diese ihrerseits der <u>B wirksam Untervollmacht erteilt</u> haben[34]. Man bezeichnet dies als <u>mehrstufige Vertretung</u>. Sie erfordert zwei wirksame Bevollmächtigungen.

(I). Wirksame Bevollmächtigung der Schwester S durch die W

Indem W die S mit der Leitung der Pension betraut hat, hat sie diese schlüssig bevollmächtigt (§§ 167 Abs. 1, 166 Abs. 2, 1. HS.), die dazu nötigen Willenserklärungen für sie abzugeben. Dazu gehört es vor allem, die Verträge über die Aufnahme von Gästen zu schließen.

Zweifelhaft erscheint aber, ob S die B wirksam unterbevollmächtigen konnte.

(II). Wirksame Unterbevollmächtigung der Bekannten B durch die S?

Dazu müsste die Vollmacht der S die Befugnis zur Unterbevollmächtigung umfassen. Der Umfang der Vollmacht ist durch <u>Auslegung der empfangsbedürftigen Bevollmächtigungserklärung anhand des objektivierten Empfängerhorizonts (§ 157) zu ermitteln</u>[35].

W hat ihrer Schwester S die Leitung der Pension während ihrer Abwesenheit überlassen, da sie ungern fremde Personen einschaltet. W hat also ein schutzwürdiges Interesse an der <u>persönlichen</u> Ausführung der Vertretung durch S zum Ausdruck gebracht. Somit gestattet die der S gegebene Vollmacht <u>nicht</u> - wie hier geschehen - die Erteilung der inhaltsgleichen Untervollmacht an die Bekannte B.

Folglich hat S, als sie die Unterbevollmächtigung der B vornahm, die ihr erteilte Vollmacht überschritten. S handelte insoweit als Vertreterin ohne Vertretungsmacht. Dies hat grundsätzlich die Nichtigkeit des einseitigen Rechtsgeschäfts der Unterbevollmächtigung zur Folge, denn nach § 180 Satz 1 ist Vertretung ohne Vertretungsmacht <u>bei einem einseitigen Rechtsgeschäft unzulässig</u>. Von diesem Grundsatz macht § 180 Satz 2 zwar eine Ausnahme für den Fall, dass derjenige, welchem gegenüber das Rechtsgeschäft vorzunehmen war, die behauptete Vertretungsmacht bei der Vornahme des Rechtsgeschäfts - also hier der Unterbevollmächtigung - nicht beanstandet. Allerdings ist selbst im Falle dieser Ausnahme das einseitige Rechtsgeschäft nicht wirksam. Vielmehr wird es nur schwebend unwirksam und genehmigungsfähig[36].

---

[34] ausführlich zur Untervollmacht Larenz/Wolf, AT, § 47 III. (S. 878 ff., Rdnrn. 38 ff.)

[35] zur Auslegung empfangsbedürftiger Willenserklärungen oben, S. 94-96

[36] Nach § 180 Satz 2 finden die <u>Vorschriften über Verträge entsprechende Anwendung</u>. Danach gilt Folgendes: Wenn ein Vertreter ohne Vertretungsmacht einen Vertrag abschließt, so ist der Vertrag nach § 177 Abs. 1 <u>schwebend unwirksam</u>. Die Wirksamkeit des Vertrages für und gegen den Vertretenen hängt in diesem Falle von dessen nachträglicher Zustimmung (Genehmigung) ab. Vgl. dazu unten, S. 146

S hat B somit hier <u>nicht wirksam unterbevollmächtigt</u>. B verfügte also nicht über eine Vollmacht, um wirksam für W zu handeln.

(III). Vertretungsmacht kraft Rechtsscheins

Grundsätzlich wird derjenige, der mit einem vollmachtlosen Vertreter - hier der B - ein Rechtsgeschäft tätigt, nicht geschützt. Der Erklärungsempfänger, der erkennen kann, dass der Erklärende die Erklärung nicht im eigenen Namen, sondern für einen anderen abgibt, muss sich überzeugen, ob der Erklärende entsprechend bevollmächtigt ist.

Allerdings erkennen die §§ 170 bis 172 in besonderen Situationen (z.B. Aushändigung einer Vollmachtsurkunde) Vertretungsmacht kraft Rechtsscheins an.

Darüber hinaus hat die Rechtsprechung unter bestimmten Voraussetzungen die Institute der Duldungs- und Anscheinsvollmacht entwickelt, mit deren Hilfe der gutgläubige Dritte geschützt wird, der infolge eines Rechtsscheins auf das Bestehen einer Vollmacht vertraut.

(1). Duldungsvollmacht

Ob hier die Voraussetzungen für die Annahme einer Duldungsvollmacht erfüllt sind, erscheint äußerst zweifelhaft. Dazu müsste W es <u>wissentlich</u> zugelassen haben, dass ein anderer für sie wie ein Vertreter auftritt.
Vorliegend hat W erst nach Vertragsschluss vom Auftreten der B erfahren. Somit hatte sie von dem konkreten rechtsgeschäftlichen Verhalten der B gegenüber O keine Kenntnis.

Zwar lässt man es in diesem Zusammenhang genügen, wenn der Vertretene nur <u>allgemein</u> weiß, dass eine andere Person in seinem Namen ohne Vollmacht auftritt[37], ohne von dem konkreten Vertreterhandeln Kenntnis zu haben. Die Angaben im Sachverhalt, wonach W weiß, dass S *„oftmals unzuverlässig"* ist und *„übertragene Aufgaben gerne abwälzt"*, reichen für die Annahme einer solchen allgemeinen Kenntnis aber keineswegs aus.

Vertretungsmacht aufgrund einer <u>Duldungsvollmacht scheidet somit aus</u>.

(2). Anscheinsvollmacht

Allerdings könnten die Voraussetzungen für eine Anscheinsvollmacht erfüllt sein.

---

[37] zu dem Begriff der „allgemeinen Kenntnis", die für die Annahme einer Duldungsvollmacht bereits ausreicht, vgl. Hirsch, AT, Rdnr. 1015

(a). Tatbestand der Anscheinsvollmacht

(aa). Voraussetzungen in der Person des Vertretenen

In der Person des Vertretenen ist ein objektiver Rechtsscheinstatbestand und ein subjektiver Zurechnungsgrund erforderlich.

Wie bei der Duldungsvollmacht müsste (objektiv) der <u>Rechtsschein einer Bevollmächtigung</u> gegeben sein.
Vorliegend hat B sich eigenständig in der Rezeption betätigt. Das begründet objektiv nach Treu und Glauben und mit Rücksicht auf die Verkehrssitte den Anschein, dort in Diensten zu stehen und zur Aufnahme von Gästen befugt zu sein. Ein <u>Rechtsschein liegt also objektiv vor.</u>

Dieser müsste W <u>zurechenbar sein</u> (subjektiver Zurechnungsgrund).
Zurechenbar ist vorsätzliches (= bewusstes) sowie fahrlässiges Verhalten (vgl. § 276 Abs. 2).

Da W das Auftreten der B, wie zuvor dargelegt, nicht wissentlich zuließ, kommt es darauf an, ob W sich den Rechtsschein <u>aufgrund von Fahrlässig-keit zurechnen</u> lassen muss. Dies ist anzunehmen - so die Formulierung des BGH - *„wenn der Vertretene das Auftreten des Vertreters bei pflicht-gemäßer Sorgfalt hätte kennen und verhindern können"*[38]. Dieses Verschul-denserfordernis bezieht sich nicht auf die Verletzung einer Rechtspflicht; es handelt sich vielmehr um ein Einstehenmüssen für eine Nachlässigkeit in eigenen Angelegenheiten[39]. An diesen Fahrlässigkeitsvorwurf sind keine allzu strengen Anforderungen zu stellen, denn die gesetzlich anerkannten Rechtsscheinstatbestände der §§ 170 bis 173 verlangen nicht einmal ein Verschulden, sondern lediglich eine besondere Form der Vollmachtser-teilung[40].

Laut Sachverhalt ist die von W bevollmächtigte Schwester S oftmals unzuverlässig und gibt übertragene Pflichten gerne ab. Dies war der W auch bekannt. Folglich hätte W bei pflichtgemäßer Sorgfalt erkennen können, dass die Gefahr besteht, dass S die ihr übertragene Leitung auf eine andere Person abwälzt. Das hätte W verhindern können, indem sie zum Beispiel an Stelle der S eine andere, <u>zuverlässige</u> Vertrauensperson mit der Leitung der Pension betraut hätte[41]. W handelte also sorgfaltswidrig und muss sich den von B gesetzten Rechtsschein somit zurechnen lassen.

---

[38] BGH, NJW 1998, 3342; Larenz nennt die Anscheinsvollmacht deswegen auch *„fahrlässig verursachte Anscheinsvollmacht"*. Larenz/Wolf, AT, § 48 III. 2. (S. 895, Rdnr. 25)
[39] Erman/Brox, § 167 Rdnr. 18
[40] so Hirsch, AT, Rdnr. 1026 mit weiteren Argumenten
[41] Allein ein eindringliches, intern an S gerichtetes Untersagen, die Leitung der Pension auf eine andere Person abzuwälzen, dürfte vorliegend wohl angesichts der bekannten unzuverlässigen Wesensart der S nicht ausreichen. Letztlich ist das aber Tatfrage. Vgl. dazu Hirsch, AT, Rdnr. 1025

(bb). Voraussetzungen in der Person des Geschäftsgegners
Überdies müsste der Vertragspartner - also O - auf den Rechtsschein bestehender Vertretungsmacht ohne Fahrlässigkeit, d. h. gutgläubig vertraut haben.

Dazu wird ähnlich wie bei der Duldungsvollmacht auch im Hinblick auf die Anscheinsvollmacht grundsätzlich eine gewisse Häufigkeit und Dauer des Vertreterhandelns verlangt[42], aus dem der Dritte auf die Erteilung der Vollmacht schließt. Daran fehlt es hier.
Indessen ist jedenfalls dann von der Häufigkeit und Dauer des Vertreterhandelns abzusehen, wenn bereits die Eigenart der eingeräumten äußeren Stellung das Vertreterhandeln genügend legitimiert und somit das Vertrauen des Dritten ausreichend gesichert ist[43]. Dies ist hier aufgrund des Tätigwerdens in der Rezeption zu bejahen.

Der Sachverhalt gibt überdies keinen Anhalt dafür, dass O an der Vollmacht der B hätte zweifeln müssen, sodass keine fahrlässige Unkenntnis des O anzunehmen ist. Dieser hat somit gutgläubig auf die Bevollmächtigung von B vertraut.

Damit sind die Voraussetzungen für die Annahme einer Anscheinsvollmacht (= Tatbestand) vorliegend erfüllt.

Zu prüfen bleibt, ob O aufgrund dessen einen Erfüllungsanspruch auf Überlassung des Doppelzimmers hat oder - wie W meint - lediglich die Anreisekosten, also den Vertrauensschaden, beanspruchen kann.

Dies führt uns zu der Rechtsfolge des von der Rechtsprechung entwickelten Instituts der Anscheinsvollmacht.

(b). Rechtsfolge
Welche Rechtsfolgen sich aus dem Rechtsscheinstatbestand der Anscheinsvollmacht ergeben, ist umstritten.

(aa). Erfüllung/Schadensersatz wegen Nichterfüllung
   (= positives Interesse)
Nach Ansicht des BGH[44] und Teilen der Literatur[45] folgen aus der Anscheinsvollmacht ebenso wie aus der Duldungsvollmacht die primären Erfüllungsansprüche bzw. eine Haftung auf das Erfüllungsinteresse (= positives Interesse).

---

[42] vgl. dazu BGH, NJW 1999, 2889

[43] so Craushaar, Archiv für die civilistische Praxis (AcP), Band 174 (1974), S. 19; BGH, NJW-RR 87, 308 sowie NJW 1999, 53; zustimmend Hirsch, AT, Rdnr. 1027, der darauf hinweist, dass man eine Anscheinsvollmacht auch schon bei einem Erstkontakt bejahen können müsse.

[44] BGH, NJW 1983, 1308; zustimmend Hirsch, AT, Rdnr. 1033

[45] so etwa Hirsch, AT, Rdnr. 1032

(bb). Vertrauensschaden (= negatives Interesse)

Dagegen wird eingewandt, dass sich die Haftung in Fällen der Anscheins-vollmacht aus den Grundsätzen des Verschuldens bei Vertragsverhandlungen ergebe. Dieses führe lediglich zu einer Haftung auf das Vertrauens-interesse (= negatives Interesse), denn allein eine Willenserklärung könne vertragliche Primäransprüche auf Erfüllung begründen[46]. Der auf bloßer Nachlässigkeit beruhende Rechtsschein einer Bevollmächtigung legitimiere dagegen nur eine Haftung des Vertretenen auf den entstandenen Vertrauens-schaden. Ein Erfüllungsanspruch sei nicht zu rechtfertigen.

(cc). Stellungnahme

Die gesetzlich normierten Fälle von Rechtsscheinshaftung in den §§ 170 bis 173 schützen das Vertrauen des Vertragspartners auf das Bestehen der Vollmacht in der Weise, dass der Rechtsschein zur Annahme von Vertre-tungsmacht führt und somit Erfüllungsansprüche entstehen. Es erscheint nicht gerechtfertigt, im Falle der Anscheinsvollmacht hinter dieser Rechts-folge zurückzubleiben,
Zwar trifft es zu, dass im Falle des § 170, aber auch bei der Mitteilung und Bekanntmachung (§ 171), sowie im Falle der Aushändigung einer Voll-machtsurkunde (§ 172) im Regelfall an ein bewusstes Verhalten des Vertre-tenen angeknüpft wird. Allerdings hat man zu beachten, dass die §§ 170, 171 und 172 Abs. 2 für den Rechtsschein des Fortbestehens auf ein bloßes Unterlassen des Vertretenen ohne Rücksicht darauf abstellen, ob es sich um ein vorsätzliches oder fahrlässiges Unterlassen handelt. Damit wird auch nach den §§ 170 bis 172 ein nur fahrlässig verursachter Rechtsschein zugerechnet. Zu folgen ist also der erstgenannten Ansicht, die vor allem der BGH vertritt.
Nicht zuletzt ist es in einer Zeit, in der die Berufung auf fehlende Vollmacht immer mehr zu einem „Trick für faule Schuldner" wird, für den gutgläubigen Geschäftsgegner von zunehmender Bedeutung, dass er seine Erfüllungsansprüche unter Berufung auf die Anscheinsvollmacht erfolgreich begründen kann. Auch das spricht für den Standpunkt des BGH.

(B). Ergebnis

Aus dem Tatbestand der Anscheinsvollmacht resultiert für den gutgläubig vertrauenden O somit ein Erfüllungsanspruch. Danach muss sich W so behandeln lassen, als habe sie der B eine Vollmacht entsprechenden Inhalts erteilt. B konnte kraft Anscheinsvollmacht im Namen der W dem O ein Doppelzimmer zur gemeinsamen Nutzung mit R vermieten.

Anders als W meint, braucht O sich nicht auf den Ersatz des Vertrauens-schadens (hier: Anreisekosten) verweisen zu lassen[47].

---

[46] so Flume, Das Rechtsgeschäft, § 49, 4.; zustimmend Medicus, Bürgerliches Recht, Rdnr. 101; die Vertreter dieser Ansicht sehen übrigens die Duldungsvollmacht als eine konkludent erteilte rechtsgeschäftliche Vollmacht an, die deshalb - anders als die Anscheinsvollmacht - zu einem Anspruch auf Erfüllung bzw. auf den Ersatz des Erfüllungsinteresses führt.
[47] Für den Fall der Nichtleistung kann O nach den §§ 280 Abs. 1 und 3, 281 gegen W vorgehen und Schadensersatz statt der Leistung verlangen.

V. Vertreterhandeln ohne Vertretungsmacht

Wenn jemand im fremden Namen Willenserklärungen abgibt, ohne rechtsgeschäftliche, gesetzliche oder organschaftliche Vertretungsmacht zu haben, liegt ein Vertreterhandeln ohne Vertretungsmacht vor. Den so Handelnden bezeichnet man als Vertreter ohne Vertretungsmacht oder als falsus procurator.
Dagegen stellt ein Handeln mit Duldungs- oder Anscheinsvollmacht übrigens kein Vertreterhandeln ohne Vertretungsmacht dar, da nach hier befürworteter Meinung diese Rechtsscheinsvollmachten der rechtsgeschäftlich erteilten Vollmacht gleichstehen[48].

In Fällen des Vertreterhandelns ohne Vertretungsmacht geht es um zwei Fragenkreise: Das Eintrittsrecht des „Vertretenen" und die Einstandspflicht bzw. Haftung des ohne Vertretungsmacht Handelnden.

1. Das Eintrittsrecht des „Vertretenen" nach § 177

Der ohne Vertretungsmacht Handelnde greift dadurch, dass er ein Rechtsgeschäft im Namen eines anderen abschließt, in dessen Geschäftskreis ein, ohne dazu berechtigt zu sein. Das hat nach § 177 Abs. 1 bei Verträgen[49] zur Folge, dass deren Wirksamkeit für und gegen den Vertretenen von dessen Genehmigung abhängt. Bis zur Genehmigung ist der Vertrag folglich schwebend unwirksam. Verweigert der vermeintlich Vertretene die Genehmigung, ist der Vertrag endgültig unwirksam.

Allerdings wird der „Vertretene" bisweilen ein Interesse daran haben, einen aus seiner Sicht günstigen Vertrag „an sich zu ziehen". Das geschieht nach § 177 Abs. 1, indem er dem Vertragsschluss nachträglich zustimmt. Für diese Genehmigung gelten die §§ 182 und 184. Der Vertrag ist im Falle der Genehmigung gemäß der in § 184 Abs. 1 angeordneten Rückwirkung so anzusehen, als habe der Vertreter schon im Augenblick der Vornahme des Rechtsgeschäfts Vertretungsmacht gehabt. Der Vertrag ist also als von Anfang an wirksam zu betrachten.

Beispiel:
Der A kauft im Namen seiner Freundin F beim Juwelier J einen Brillantring für 1.000 Euro, ohne dazu bevollmächtigt zu sein. Der Preis lag wegen Räumungsverkaufs weit unter dem tatsächlichen Wert des Ringes, der sich auf 3.500 Euro beläuft. F erfährt von dem Sachverhalt und erklärt gegenüber J, sie genehmige den Kauf und fordere Lieferung des Brillantrings. J verweigert die Erfüllung. Zu Recht?

Hier hat die F von ihrem Eintrittsrecht Gebrauch gemacht und den zunächst schwebend unwirksamen Kaufvertrag nach § 177 Abs. 1 gegenüber dem Vertragspartner J genehmigt (§ 182 Abs. 1). Das macht den Vertrag von Anfang an (§ 184 Abs. 1) wirksam. F hat somit gegen J einen Anspruch auf Übereignung nach § 433 Abs. 1. J ist im Unrecht.

---

[48] vgl. dazu Hirsch, AT, Rdnr. 1033
[49] Einseitige Rechtsgeschäfte, die jemand ohne Vertretungsmacht in fremdem Namen vornimmt, sind nach § 180 Satz 1 grundsätzlich unzulässig. Vgl. bereits oben, S. 154

2. Einstandspflicht des Vertreters ohne Vertretungsmacht

Wie aber stellt sich die Rechtslage dar, wenn der vermeintlich Vertretene die Genehmigung verweigert, weil der Vertrag ein schlechtes Geschäft darstellt?

Verändern wir dazu das soeben gebildete Beispiel dergestalt, dass der Ring zum übeteuerten Preis von 3.500 Euro verkauft wurde, obwohl er tatsächlich nur 1.000 Euro wert ist.

Wenn F diesmal die Genehmigung verweigert, ist der Kaufvertrag endgültig unwirksam. Das Gesetz verweist den J folglich auf den falsus procurator A. Denn es ist A gewesen, der das Vertrauen des J hervorgerufen hat, es liege ein wirksamer Kaufvertrag mit der vermeintlich Vertretenen F vor. Konsequenterweise haftet A. Diese Haftung des Vertreters ohne Vertretungsmacht regelt § 179, eine wichtige Anspruchsgrundlage des AT.

a. Erfüllung oder Schadensersatz wegen Nichterfüllung nach § 179 Abs. 1

Nach § 179 Abs. 1 ist derjenige, der als Vertreter einen Vertrag geschlossen hat, sofern er nicht seine Vertretungsmacht nachweist, dem anderen Teil nach dessen Wahl zur Erfüllung oder zum Schadensersatz verpflichtet, wenn der Vertretene die Genehmigung des Vertrages verweigert.

Bleiben wir bei unserem Beispiel:
A ist als Vertreter ohne Vertretungsmacht dem J als dem anderen Teil gemäß § 179 Abs. 1 wahlweise zur Erfüllung oder zum Schadensersatz wegen Nichterfüllung (= Ersatz des positiven Interesses) verpflichtet, denn die Vertretene F hat hier die Genehmigung des Vertrages verweigert. Aus dem Gegenschluss zu § 179 Abs. 2 (bitte lesen!) ergibt sich, dass diese weitgehende Einstandspflicht des Vertreters ohne Vertretungsmacht nur dann besteht, wenn der falsus procurator den Mangel seiner Vertretungsmacht gekannt hat.
Da hier davon auszugehen ist, dass A den Mangel seiner Vertretungsmacht gekannt hat, muss er an J 3.500 Euro Zug um Zug gegen Übereignung des Brillantrings zahlen, falls dieser Erfüllung wählt.

Verlangt J statt der Erfüllung Schadensersatz wegen Nichterfüllung, so ist J so zu stellen, wie er stünde, wenn der Vertrag ordnungsgemäß erfüllt worden wäre. J kann folglich die Wertdifferenz zwischen dem Wert der Leistung, die er vom Vertragspartner hätte fordern können (= Kaufpreis von 3.500 Euro) und dem Wert der von ihm ersparten Gegenleistung (= wirklicher Wert des Kaufgegenstandes von 1.000 Euro)[50], d. h. 2.500 Euro Schadensersatz beanspruchen.

b. Ersatz des Vertrauensschadens (= negatives Interesse) nach § 179 Abs. 2

Hat der Vertreter den Mangel der Vertretungsmacht dagegen nicht gekannt, so ist er nach § 179 Abs. 2 nur zum Ersatz des Vertrauensschadens (= des negativen Interesses) verpflichtet. Dieser Anspruch ist der Höhe nach - ebenso wie der in Kapitel 14 behan-

---

[50] dazu Uthoff/Fischer, Kommentierte Schemata, S. 107

delte Anspruch des Anfechtungsgegners nach § 122[51] - auf den Erfüllungsschaden (= positives Interesse) begrenzt. Dabei ist es gleichgültig, ob der Handelnde fahrlässig oder schuldlos den Mangel seiner Vertretungsmacht nicht gekannt hat.

<u>Zurück zu unserem Fall:</u>
Nehmen wir an, F hätte dem A im vorliegenden Fall zunächst Vollmacht erteilt, diese dann aber brieflich widerrufen und A hätte keine Kenntnis von dem zugegangenen Widerrufsschreiben erlangt, weil er einige Tage seine Post nicht zur Kenntnis genommen hat.

Bei einer solchen Sachverhaltsgestaltung muss A den J <u>gemäß § 179 Abs. 2 nur so stellen, wie wenn der Kaufvertrag nie geschlossen worden wäre (negatives Interesse - Wegdenken des Vertrages</u>[52]). Wenn also zum Beispiel J den weiteren Kunden K, der den Ring für 2.000 Euro kaufen wollte, im Vertrauen darauf abgewiesen hat, dass bereits mit F vertreten durch A ein wirksamer Vertrag besteht, so entgeht ihm ein Gewinn in Höhe von 1.000 Euro. Dieser wäre ihm nicht entgangen, wenn er von dem Vertrag mit F nie etwas gehört hätte. Der entgangene Gewinn (vgl. § 252) ist als Vertrauensschaden nach § 179 Abs. 2 zu ersetzen.

3. Ausschluss der Haftung

Gemäß § 179 Abs. 3 ist sowohl die Haftung nach § 179 Abs. 1 als auch die nach § 179 Abs. 2 ausgeschlossen, wenn der Vertragspartner selbst - also in unserem Beispiel J - den Mangel der Vertretungsmacht kannte oder kennen musste.

VI. Das Insichgeschäft (§ 181)

Eine in der Praxis wichtige Vorschrift stellt schließlich § 181 dar, der das sog. Insichgeschäft grundsätzlich verbietet.

Danach <u>kann ein Vertreter</u>, soweit ihm nicht ein anderes gestattet ist, im Namen des Vertretenen <u>mit sich im eigenen Namen oder als Vertreter eines Dritten ein Rechtsgeschäft nicht vornehmen</u>, es sei denn, dass das Rechtsgeschäft ausschließlich in der Erfüllung einer Verbindlichkeit besteht.

1. Grundsätzliches Verbot des Insichgeschäfts und seine gesetzlichen Ausnahmen in § 181

§ 181 unterscheidet zwei Arten von Insichgeschäften, das <u>Selbstkontrahieren</u> (*„mit sich im eigenen Namen"*) und die <u>Mehrvertretung</u> (*„als Vertreter eines Dritten"*).

Indem er diese im Grundsatz verbietet, <u>begrenzt er die an sich bestehende Vertretungsmacht</u>. Der Vertreter, der ein Insichgeschäft vornimmt, überschreitet grundsätzlich seine

---

[51] vgl. dazu Kapitel 14, S. 226
[52] vgl. dazu Kapitel 14, S. 225

Vertretungsmacht (*„kann nicht vornehmen"*). Das Insichgeschäft ist somit zwar nicht unheilbar nichtig, aber es ist - von bestimmten Ausnahmen abgesehen - schwebend unwirksam. Es kann also von dem Vertretenen gemäß den §§ 177 Abs. 1, 184 Abs. 1 mit Rückwirkung genehmigt werden[53].

Zur Erläuterung des Verbots des Insichgeschäfts und zugleich zu einer der beiden in § 181 vorgesehenen Ausnahmen folgendes <u>Beispiel</u>:
Der Prokurist V des Gebrauchtwagenhändlers G nimmt in Höhe eines bestehenden Gehaltsrückstandes Geld aus der Kasse und verbucht diesen Vorgang ordnungsgemäß. Ferner „kauft" V zum Preis von 5.000 Euro für sich einen Wagen, der nach den internen Kalkulationsmethoden des G zu etwa 6.000 Euro hätte verkauft werden müssen.

Obwohl V hier zur Auszahlung von Geldbeträgen aus der Kasse (= Übereignung der Banknoten nach § 929) als auch zum Verkauf von Gebrauchtwagen und einer entsprechenden Preisgestaltung bevollmächtigt ist, besteht die für Insichgeschäfte typische Besonderheit darin, dass V bei beiden Rechtsgeschäften <u>sozusagen zwei Rollen gleichzeitig gespielt hat: Den Vertreter des G und sich selbst</u>. Beide Male hat V hier als Vertreter des G mit sich selbst im eigenen Namen kontrahiert. Ein solches Selbstkontrahieren ist, wie erwähnt, nach § 181 <u>grundsätzlich</u> verboten (*„kann nicht"*) und hat die schwebende Unwirksamkeit der betroffenen Rechtsgeschäfte zur Folge.

Die Wirksamkeit des Vertrages über den Verkauf des Gebrauchtwagens hängt folglich nach §§ 177 Abs. 1, 184 Abs.1 von der Genehmigung durch den G ab. Hier zeigt sich, dass der <u>Zweck des § 181</u> vor allem in <u>der Vermeidung von Interessenkonflikten</u> besteht. Bei dem Autokauf stehen sich das eigene Interesse des V, möglichst preiswert zu kaufen, und das Interesse des G, einen möglichst hohen Preis zu erzielen, gegenüber.

Im Hinblick auf die <u>vorgenommene Gehaltszahlung an sich selbst</u> ist es fraglich, ob eine der beiden in § 181 vorgesehene <u>Ausnahmen vom Verbot des Insichgeschäfts</u> eingreift. Da dieses Rechtsgeschäft ausschließlich in der <u>Erfüllung einer Verbindlichkeit</u> besteht, ist hier die in § 181 a. E. (*„es sei denn ...."*) geregelte Ausnahme vom Verbot des Insichgeschäfts erfüllt.
Die Übereignung der Geldscheine nach § 929 Satz 1 ist demnach wirksam.

Die <u>zweite gesetzlich fixierte Ausnahme des § 181</u> ist erfüllt, *„soweit ... ein anderes gestattet ist"*[54]. Insoweit bestehen verschiedene Möglichkeiten. Zum einen kann die Vollmacht auch die Vornahme von Insichgeschäften umfassen. Das muss sich dann aus der Bevollmächtigungserklärung ergeben und ist letztlich Auslegungsfrage. Ferner ist eine selbständige Gestattung durch Einwilligung (§ 183) denkbar, die auch schlüssig erklärt werden kann und meist ein Einzelgeschäft betrifft.

---

[53] zur Genehmigung vgl. S. 152
[54] zur Gestattung des Insichgeschäfts Larenz/Wolf, AT, § 46 VI. 2. (S. 860/861)

2. Weitere Ausnahme bei rechtlich vorteilhaften Insichgeschäften

Über die in § 181 zugelassenen Ausnahmen hinausgehend hat die Rechtsprechung Insichgeschäfte erlaubt, wenn sie für den Vertretenen lediglich rechtlich vorteilhaft sind.

Beispiel:
V ist Vorstandsmitglied eines Vereins und zur alleinigen Vertretung befugt (vgl. § 26 Abs. 2). Der Verein schuldet ihm 1.000 Euro. Diese Schuld erlässt V dem Verein. Kurz darauf verstirbt er. Der Erbe E des V hält den Erlass für unwirksam. Hat E Recht?

Formal betrachtet liegt hier ein Selbstkontrahieren vor. V hat als Vertreter des Vereins, mit sich selbst im eigenen Namen handelnd, einen Erlassvertrag nach § 397 abgeschlossen.

Es greift auch keine der in § 181 vorgesehenen Ausnahmen ein. Weder war V das Selbstkontrahieren gestattet, noch handelte es sich um die Erfüllung einer Verbindlichkeit, da V dem Verein nichts schuldete. Danach wäre der Erlassvertrag schwebend unwirksam.

Andererseits ist hier trotz der Personenidentität eine Interessenkollision generell nicht vorstellbar, denn der vertretene Verein erlangt lediglich einen rechtlichen Vorteil und bedarf folglich keines Schutzes. Gerade die beiden gesetzlichen Ausnahmen von dem Verbot des Selbstkontrahierens (Gestattung, Erfüllung einer Verbindlichkeit) zeigen, dass § 181 einen materiellen Gerechtigkeitsgehalt mit einem bestimmten Schutzzweck hat. Mit dieser Regelung soll vor Benachteiligungen des Vertretenen bei Interessenkollisionen geschützt werden, die typischerweise auftreten, wenn der Vertreter in einer Person die oft gegensätzlichen Interessen beider Seiten wahrnehmen soll.

Wenn - wie es beim vorliegenden Erlassvertrag der Fall ist - eine solche Gefahr generell nicht besteht, so erscheint zweifelhaft, ob man sich formal dem Wortlaut folgend an das Verbot auch eines solchen Insichgeschäfts zu halten hat. Das wird ganz überwiegend abgelehnt. Das Verbot sei dem Wortlaut nach zu weitgehend und schieße über den materiellen Schutzzweck der Norm hinaus. Nur der leichten Erkennbarkeit wegen stelle der Wortlaut auf die Personenidentität ab. § 181 sei entsprechend seinem Sinn und Zweck teleologisch einzuschränken[55], wenn eine Gefahr der Benachteiligung des Vertretenen generell nicht besteht, weil das Geschäft nach seinem typischen Inhalt dem Vertretenen ausschließlich einen rechtlichen Vorteil bringt.

Der Erlassvertrag als typischerweise lediglich rechtlich vorteilhaftes Rechtsgeschäft ist somit wirksam, denn trotz der Personenidentität besteht hier typischerweise kein Interessenwiderstreit[56].

---

[55] so Larenz/Wolf, AT, § 46 VI. 2. c. (S. 861); zur teleologischen Reduktion bereits oben, S. 219
[56] Diese Reduktion des § 181 ermöglicht es den Eltern, ihren (geschäftsunfähigen) Kindern unter sieben Jahren den Abschluss eines Schenkungsvertrags anzubieten und diese zugleich als ihre gesetzlichen Vertreter anzunehmen sowie das Eigentum an dem geschenkten Gegenstand für die Kinder zu erwerben, ohne gemäß § 1909 einen Pfleger bestellen zu müssen. Vgl. dazu Larenz/Wolf, AT, § 46 VI. 2. c. (S. 861/862)

Fragen zu Kapitel 15

1. Unter welchen drei Voraussetzungen liegt eine wirksame Stellvertretung vor[57]?

2. Wann ist jemand als Vertreter, wann als Bote anzusehen?

3. Auf welches wichtige Prinzip des Stellvertretungsrechts wird beim „Geschäft, für den, den es angeht" verzichtet?

4. Sieht das BGB Vertretungsmacht aufgrund eines Rechtsscheins vor?

5. Welche Tatsachen muss der Geschäftsgegner beweisen, der sich auf das Bestehen von Vertretungsmacht nach § 172 Abs. 2 beruft?

6. Handelt es sich bei der Duldungsvollmacht um eine Rechtsscheinsvollmacht oder um eine schlüssige Bevollmächtigung durch Willenserklärung?

7. Was versteht man unter einer Prokura und wie wird sie erteilt?

8. Welchen Umfang hat die Prokura?

9. Was versteht man bei der gewillkürten Vertretung unter dem Innenverhältnis?

10. Bei welcher speziell geregelten Vertretungsmacht tritt die Abstraktheit der Vollmacht besonders augenscheinlich hervor?

Antworten (Kapitel 15)

zu Frage 1:

Wirksame Stellvertretung hat gemäß § 164 Abs. 1 drei Voraussetzungen: Erstens muss der Vertreter eine eigene Willenserklärung abgeben (Abgrenzung vom Boten). Zweitens muss er dies im fremden Namen, d. h. im Namen des Vertretenen tun (Offenkundigkeitsprinzip). Und drittens muss er innerhalb der ihm zustehenden Vertretungsmacht rechtsgeschäftlich gehandelt haben.

zu Frage 2:

Für die Abgrenzung von Stellvertretung und Botenschaft kommt es auf das äußere Auftreten der Hilfsperson gegenüber dem Geschäftsgegner an. Nicht maßgeblich ist, als was sie nach dem Willen des Auftraggebers auftreten sollte. Die Hilfsperson ist folglich als Vertreter anzusehen, wenn sie zum Ausdruck bringt, dass sie nicht nur bei der Erklärungshandlung, sondern auch bei der vorangehenden Willensbildung an die Stelle des Auftraggebers tritt. Das ist der Fall, wenn die Hilfsperson zum Beispiel den zu

---

[57] einen umfassenden Übungsfall zu den §§ 164 ff. bietet Schmidt-Rögnitz, Übungen, S. 79 ff.; multiple-choice-Fragen zur Stellvertretung finden Sie bei Kornblum/Schünemann, Privatrecht, S. 11/12; vgl. ferner Führich/Werdan, Wirtschaftsprivatrecht, S. 40 ff.

kaufenden Gegenstand auswählt, ihn prüft, verhandelt und schließlich formuliert: *„Ich erkläre im Namen des G das Angebot, die Sache für 100 Euro zu kaufen."*
Dagegen ist jemand Bote, der erklärt: *„G lässt Ihnen mitteilen, dass er den von ihm vergangene Woche besichtigten Kupferstich „Burg Lahneck" für 100 Euro kaufen wolle."* Mit dieser Formulierung und der Bezugnahme auf eine zuvor erfolgte Besichtigung durch den Geschäftsherrn gibt die Hilfsperson gegenüber dem Geschäftsgegner zu erkennen, dass ihr keinerlei Entscheidungsfreiheit zukommt und sie lediglich bei der Erklärungs<u>handlung</u> und nicht bei der Willensbildung an die Stelle ihres Auftraggebers tritt.

zu Frage 3:

Durch die <u>Rechtsfigur des „Geschäfts für den, den es angeht"</u> wird <u>das Offenkundigkeitsprinzip durchbrochen</u>.

<u>Paradebeispiel</u> ist der <u>beiderseits sofort erfüllte Barkauf</u>[58], bei dem der Kaufvertrag sowie die dingliche Einigung nach § 929 Satz 1[59] <u>für den wirken, den es angeht</u>, auch wenn der als Käufer Auftretende in keiner Weise offenkundig für einen anderen, d. h. in fremden Namen, gehandelt hat. Demzufolge ist das Geschäft für den, den es angeht, dadurch gekennzeichnet, dass es dem <u>Geschäftsgegner völlig gleichgültig ist, wer der Geschäftspartner ist</u>, dass aber dem Handelnden von dem Geschäftsherrn die Besorgung bestimmter Angelegenheiten mit einer entsprechenden Vertretungsmacht übertragen worden ist und der Handelnde den Willen gehabt hat, diese Rechtsgeschäfte für den anderen zu besorgen.
Überdies wird die Einhaltung folgender Kriterien gefordert: Der Wille, für den Geschäftsherrn zu handeln, müsse wenigstens für einen mit den Verhältnissen Vertrauten erkennbar sein und die Identität des Geschäftsherrn müsse nach objektiven Kriterien bestimmbar sein[60].

zu Frage 4:

In den §§ 171 bis 172 ordnet das BGB aufgrund eines Rechtsscheins der Bevollmächtigung das Entstehen sowie das Fortbestehen der Vertretungsmacht an, obwohl die Vollmacht nicht entstanden ist oder nicht mehr besteht.
Herauszustellen ist dabei vor allem die Regelung des § 172 zur Vollmachtsurkunde. Danach bleibt, wenn der Vollmachtgeber dem Vertreter eine Vollmachtsurkunde ausgehändigt hat und der Vertreter sie dem Dritten vorlegt (§ 172 Abs. 1), die Vertretungsmacht bestehen, bis die Vollmachtsurkunde zurückgegeben oder für kraftlos erklärt wird (§ 172 Abs. 2). Im Falle der Rückgabe der Urkunde endet die Vertretungsmacht jedoch erst, wenn dem Dritten ein externer Widerruf oder eine entsprechende Erlöschensanzeige zugeht.

---

[58] dazu Larenz/Wolf, AT, § 46 III. 3. b. (S. 839, Rdnrn. 42 und 43)
[59] Die nach § 929 zur Übereignung erforderliche Übergabe ist ein <u>Realakt</u>, der <u>nicht nach dem Stellvertretungsrecht zugerechnet</u> wird, sondern über die Zurechnungsnorm des § 855.
[60] so Larenz/Wolf, AT, § 46 III. 3. b. (S. 840, Rdnr. 44) m.w.N.

zu Frage 5:

Der Geschäftsgegner muss die Echtheit der Vollmachtsurkunde und deren Vorlage beweisen.

Dagegen braucht er nicht zu beweisen, dass die vorgelegte Vollmachtsurkunde vom Vertretenen ausgehändigt wurde. Vielmehr muss der Vertretene die Nichtaushändigung bzw. die Unwirksamkeit der Aushändigung beweisen. Dieser müsste also etwa den Beweis erbringen, dass ihm die Vollmachtsurkunde abhanden gekommen ist oder er bei ihrer Aushändigung geschäftsunfähig war. Letzteres führt analog § 105 Abs. 1 zur Unwirksamkeit der Aushändigung, da diese eine geschäftsähnliche Handlung ist, auf welche die §§ 104 ff. entsprechend anzuwenden sind[61].

zu Frage 6:

Die Rechtsnatur der Duldungsvollmacht ist umstritten.

Nach Ansicht des BGH und eines Teils des Schrifttums handelt es sich bei der Duldungsvollmacht um einen Fall von Rechtsscheinsvollmacht[62].

Dem widerspricht insbesondere Flume mit folgenden Argumenten:
Die Duldungsvollmacht sei rechtsgeschäftliche Bevollmächtigung durch eine schlüssige Willenserklärung. Wenn man bewusst jemand anderen für sich handeln lasse, gebe man damit kund, dass dieser eine Vertreterstellung mit Vertretungsmacht habe und begründe also in Selbstbestimmung dessen Legitimation. Anders als die Anscheinsvollmacht gehöre die Duldungsvollmacht daher in den Bereich privatautonomer Willenserklärung[63].

Vorzugswürdig erscheint die Rechtsscheinstheorie des BGH. Für sie spricht, dass sich der Geschäftspartner nur im Falle seiner Gutgläubigkeit auf die Duldungsvollmacht berufen kann. Das ist aber gerade für Rechtsscheinstatbestände charakteristisch[64]. Wichtige Folge der Rechtsscheinstheorie des BGH:
Den Rechtsschein der Bevollmächtigung kann man nicht (mit Rückwirkung) anfechten, sondern nur für die Zukunft durch entsprechende Maßnahmen zerstören.

zu Frage 7:

Die Prokura bezeichnet eine spezielle Vollmacht des Handelsrechts. Mangels spezieller handelsrechtlicher Vorgaben wird sie wie jede andere Vollmacht nach § 167 Abs. 1 durch empfangsbedürftige Willenserklärung erteilt. Allerdings schreibt § 48 Abs. 1 HGB vor, dass der Vollmachtgeber Inhaber eines Handelsgeschäfts und außerdem Kaufmann sein muss. Ferner bedarf es einer ausdrücklichen Erklärung, womit die schlüssige Erteilung der Prokura ausgeschlossen ist[65].

---

[61] vgl. dazu oben, S. 214/215

[62] BGH, NJW 2003, 2091

[63] Flume, Das Rechtsgeschäft, § 49, 4.; ausdrücklich zustimmend Medicus, Bürgerliches Recht, Rdnr. 101; so auch Klunzinger, Übungen im Privatrecht, S. 84

[64] so Hirsch, AT, Rdnr. 1018

[65] Koller u. a./Roth, § 48 HGB Rdnr. 7

zu Frage 8:

Während das BGB den Umfang einer Vollmacht naturgemäß nicht festlegt, weil im Wege der Auslegung der Vollmachtserteilung nach den §§ 157, 133 für jeden Einzelfall zu ermitteln ist, zur Vornahme welcher Rechtsgeschäfte genau jemand bevollmächtigt wurde, besteht im Handelsrecht das Bedürfnis, den Umfang einer so wichtigen Vollmacht wie der Prokura zu standardisieren. Dies ist in § 49 HGB geschehen. Danach ermächtigt die Prokura zu allen Arten von gerichtlichen und außergerichtlichen Geschäften und Rechtshandlungen, die der Betrieb eines Handelsgewerbes mit sich bringt (Abs. 1). Zur Veräußerung und Belastung von Grundstücken[66] ist der Prokurist nach § 49 Abs. 2 allerdings nur ermächtigt, wenn ihm diese Befugnis besonders erteilt ist.

zu Frage 9:

In aller Regel erteilt man eine Vollmacht nur, wenn der zu Bevollmächtigende zu einem Tätigwerden verpflichtet ist. Eine solche Verpflichtung wird sich häufig aus einem Arbeitsverhältnis (vgl. § 611 ff.) oder einem Auftragsvertrag (§ 662 ff.) ergeben. Dieses zugrunde liegende Verhältnis zwischen Arbeit- bzw. Auftraggeber (Vertretenem) und Arbeitnehmer bzw. Beauftragten (Vertreter) wird als Innenverhältnis bezeichnet. Als ein weiteres wichtiges Innenverhältnis ist der Geschäftsbesorgungsvertrag (vgl. § 675[67]) zu nennen. Diese Innenverhältnisse legen das sog. rechtliche Dürfen fest.
Das rechtliche Können im Außenverhältnis des Vertreters zum „anderen Teil"[68] richtet sich dagegen nach der Vollmacht, die von dem zugrunde liegenden Schuldvertrag losgelöst, d. h. abstrakt ist.

zu Frage 10:

Die strikte Trennung von rechtlichem Dürfen und rechtlichem Können, d. h. die Abstraktheit der Vollmacht von dem zugrunde liegenden Innenverhältnis, tritt besonders deutlich bei der Prokura[69] hervor: Eine Beschränkung der Prokura ist gemäß § 50 Abs. 1 HGB Dritten gegenüber unwirksam. Dies gilt nach § 50 Abs. 2 insbesondere, wenn die Prokura nur für gewisse Geschäfte oder gewisse Arten von Geschäften oder nur unter gewissen Umständen oder für eine gewisse Zeit oder an einzelnen Orten gelten soll. Solche Beschränkungen betreffen nur das Innenverhältnis (rechtliches Dürfen) zwischen Vertreter und Vertretenem. Das rechtliche Können aufgrund der Prokura im Außenverhältnis zum Geschäftsgegner vermögen sie dagegen nicht zu beschneiden. Das dient dem Schutz des Rechtsverkehrs[70]. Überschreitet der Prokurist zum Beispiel bei einem Vertragsabschluss sein rechtliches Dürfen, so kommt der Vertrag im Außenverhältnis mit dem Geschäftsgegner dennoch wirksam zustande. Allerdings liegt eine Verletzung der Pflichten des Anstellungsvertrages vor, sodass sich der so handelnde Prokurist im Innenverhältnis nach § 280 Abs. 1 gegenüber seinem Arbeitgeber schadensersatzpflichtig macht.

---

[66] Dagegen ist er zum Erwerb von Grundstücken aufgrund der Prokura bevollmächtigt. Vgl. Wörlen, Handelsrecht, S. 49

[67] Darunter fallen Dienstleistungen höherer Art mit Vermögensbezug, wie zum Beispiel Anlageberatung, Tätigkeit des Rechtsanwalts, des Wirtschaftsprüfers oder des Steuerberaters.

[68] zu einem weiteren Fall, in dem das rechtliche Können aufgrund einer unbeschränkt erteilten Außenvollmacht weiter geht als das rechtliche Dürfen vgl. Westermann, Grundbegriffe, S. 64

[69] zur Prüfung der Prokura im Gutachten vgl. Wörlen, Anleitung, Rdnrn. 442 ff.

[70] Koller u.a./Roth, § 49 HGB Rdnr. 1

Sachregister - Zahlen bezeichnen Seiten oder Kapitel. **Kapitel** sind **fett gedruckt**.

A

Abgabe von Willenserklärungen
- empfangsbedürftige **11** 176 ff.
- mit Willen des Erklärenden **11** 178
- nicht empfangsbedürftige **11** 189, 191
- Zurechenbarkeit der Abgabehandlung **11** 178

Abgrenzungstheorien
öffentliches Recht/Privatrecht **1** 1-3

Abschlussfreiheit **7** 117 ff.
- im Sachenrecht **7** 119/120
- im Schuldrecht **7** 117/118
- negative **7** 117
- positive **7** 117

Abschreckung **3** 43

absolute Rechte **1** 9 **3** 38, 59, 60

absolute Wirkung **8** 136

Abstraktheit
- des Rechtssatzes **3** 40
- der Verfügung **8** 131 ff.
- der Vollmacht **7** 108

Abstraktionsprinzip **8** 130 ff. **9** 153
- Rücknahme seiner Wirkungen **8** 133/134
- Schutz des Dritterwerbers **8** 134/135

Abtretungsvertrag **7** 115/116

Abtretung von Geschäftsanteilen **10** 166

Abwehrrechte **3** 55

Adäquanztheorie **3** 45 ff.

Aktiengesellschaft **4** 73

akzessorisch **7** 112

allgemeine Geschäftsbedingungen **7** 119

allgemeine Handlungsfreiheit **7** 117

Allgemeines Persönlichkeitsrecht **3** 53 ff.
- Ersatz des immateriellen Schadens **3** 56
- Feststellung der Widerrechtlichkeit **3** 54-56

alterum non laede **9** 141

Analogie **13** 212 ff.
- bei Vereiteln des Zugangs **12** 196/197
- Prüfung **12** 196/197 **13** 214/215
- Voraussetzungen **13** 213

Anbahnung eines Vertrages **12** 206

Anfechtung **14** 220 ff.
- Ausschluss **8** 132
- Bedeutungsirrtum **14** 222/223, 227, 245
- bei arglistiger Täuschung **8** 140 **14** 237 ff.
- bei Drohung **8** 140 **14** 241 ff.
- bei Irrtum **14** 220 ff.
- des Verfügungsgeschäfts **14** 243
- des Verpflichtungsgeschäfts **14** 243
- Eigenschaftsirrtum **8** 131, 138 **14** 229 ff.
- Erklärungsirrtum **8** 140 **14** 220, 245
- ex tunc **14** 224
- Gewährleistungsrecht **14** 245/246
- Identitätsirrtum **14** 227
- Prüfung **14** 222, 230, 243

- und Bestätigung **14** 243
- unverzüglich **14** 242
- Vertrauensschaden **14** 224-226

Anfechtungserklärung **14** 223

Anfechtungsfrist
- bei Anfechtung nach § 119 **8** 131 **14** 242
- bei Anfechtung nach § 123 **14** 243

Anfechtungsgrund
- Drohung **14** 241
- falsche Übermittlung **14** 220
- Irrtum **14** 220 ff.
- mehrere Gründe **14** 230, 240
- Täuschung **14** 237/238
- Verhältnis von § 119 II und § 123 **14** 240

Anfechtungsrecht (s. Anfechtungsgrund)

Angebot
- an Abwesende **11** 177/178, 187
- Bindungswirkung **12** 197, 204
- freibleibend **12** 204
- solange Vorrat reicht **12** 204
- Widerruf **11** 188
- Zwischenverkauf vorbehalten **12** 204

Annahme
- abändernde **12** 204
- durch Erfüllungshandlungen **12** 206
- durch Ingebrauchnahme **12** 205/206
- durch Schweigen **12** 200/201
- Frist **12** 195
- rechtzeitige **12** 194 ff.
- Reservierungsliste **12** 199/200
- sofortige **12** 195
- verspätet zugegangene **12** 194 ff.
- Verzicht auf Erklärung **12** 199/200

Annahmefrist **12** 195

Anscheinsvollmacht **15** 160 ff.
- allgemeine Kenntnis **15** 260
- Gutgläubigkeit **15** 262
- Prüfung im Anspruchsaufbau **15** 258 ff.
- Rechtsfolge **15** 262 f.
- Unterschied Duldungsvollmacht **15** 256
- Voraussetzungen **15** 261

Anspruch **2** 16 ff.
- auf Aufwendungsersatz **2** 17
- auf Beseitigung **2** 22
- auf Unterlassung **2** 22/23
- auf Wertersatz **2** 25 **9** 154
- aus unerlaubter Handlung **2** 21
- aus ungerechtfertigter Bereicherung **2** 20/21
- des Beauftragten **2** 17
- Durchsetzbarkeit **2** 27 ff.
- Herausgabeansprüche **2** 20 f.
- Legaldefinition **1** 8 **2** 16
- materiell-rechtlicher **13** 209
- prozessualer **3** 57 **13** 209

Anspruchsaufbau **2** 30 ff. **3** 40 ff.

Anspruchsgrundlagen **2** 19 ff.

Sachregister - Zahlen bezeichnen Seiten oder Kapitel. **Kapitel** sind **fett gedruckt**.

- Definition **2** 19
- des BGB AT **2** 19/20
- des Sachenrechts **2** 21-23
- des Schuldrechts **2** 20/21

Anspruchskonkurrenz **2** 22 **3** 57/58
Anspruchsnorm **2** 19
Antrag
- Ablehnung und neuer Antrag **12** 204
- Bindung **12** 197, 204

Anzeigeerfordernis **7** 116
Anzeigepflicht bei Ablehnung **12** 202
Äquivalenztheorie **3** 45
Arbeitgeberdarlehen **10** 159
Arbeitsmündigkeit **9** 145/146
Arbeitsrecht **1** 5
- als Sonderprivatrecht **1** 5
- öffentliches Recht/Privatrecht **1** 3
- Textsammlung **1** 5

Arbeitsstättenverordnung **1** 3
Arbeitsvertrag **2** 17
Arbeitszeitgesetz **1** 3
arglistige Täuschung **6** 98 **14** 237 ff.
argumentum e contrario **13** 218
Arten des Willens **6** 98 ff.
- Erklärungsbewusstsein **6** 99
- Geschäftswille **6** 99/100
- Handlungswille **6** 98/99

Aufbewahrungspflichten **12** 205
Auflassung **7** 115
Aufnahme von Verhandlungen **12** 206
Aufrechnung **1** 8
Auftragsvertrag **2** 17
Aufwendungsersatz **2** 17
Auslegung
- Empfängerhorizont **6** 95
- extensive **13** 217
- gemeinschaftskonforme **13** 207
- restriktive **13** 217
- verfassungskonforme **13** 207
- Vollmacht **15** 259
- von Gesetzen **6** 93/94 **13** 207 ff.
- von Verträgen **6** 94/95
- von Willenserklärungen **6** 93 ff.
- Vorrang vor Analogie **13** 212
- Wortlaut als Ausgangspunkt **13** 212
- Wortlaut als Grenze **13** 217

Auslegungsmethoden
- extensive und restriktive **13** 217
- grammatikalische **13** 209
- historische **13** 208
- objektive **13** 209 ff.
- subjektive **13** 208, 217
- systematische **13** 210
- teleologische **13** 211
- Verhältnis zueinander **13** 211/212

Ausschlagung der Erbschaft **1** 12 **4** 64

Außengesellschaft **4** 66
Aussonderungsrecht **8** 135
Austauschmotor **5** 82/83
Austauschverhältnis **2** 17
Austauschvertrag **2** 17, **7** 110

B

Bagatelldarlehen **10** 159
Bauhandwerker **5** 86
Baurecht **11**
Baustofflieferant **5** 85
Bedeutungsirrtum **6** 103
Bedingung (aufschiebende) **8** 129
bedingungsfeindlich **7** 115
Bedingungstheorie **3** 45
Beeinträchtigung des Eigentums **2** 21-23
Belastung mit
beschränkt dinglichem Recht **7** 112
Beleidigung **3** 53
Beliehener **4** 64
Beratungsfunktion **10** 156/157
Berechtigter **7** 114 **8** 127
beredtes Schweigen des Gesetzes **13** 218
Bereicherung
- ungerechtfertigte **2** 20/21 **8** 134
- verschärfte Haftung **8** 134

beschränkt dingliche Rechte **1** 10
Beseitigungsanspruch **2** 22 **3** 56
Besitz **1** 10/11 **2** 21
- berechtigter **2** 21
- nicht berechtigter **13** 215

Bestandteile
- einfache **5** 83
- von Gebäuden **5** 86
- wesentliche **5** 82/83

Bestätigung **14** 243
Beurkundung **7** 110
Beurkundungsgesetz **10** 163, 164
Beweggründe **6** 97/98
bewegliche Sachen **5** 80
Beweisaufnahme **3** 30
Beweisfunktion **10** 156
Beweislastentscheidung **3** 40
Beweislastumkehr **3** 57
Beweislastverteilung **2** 23 f.
Beweisregel **2** 23
Bewucherter **8** 137
BGB (Aufbau) **1** 7 ff.
BGB-Gesellschaft **4** 65/66
Bote
- Abgrenzung zur Stellvertretung **15** 251
- Empfang von Willenserklärungen **15** 249
- Geschäftsunfähigkeit **15** 251

buchstäbliche Interpretation **6** 96/97
Bürgerliches Recht **1** 4 ff.

Sachregister - Zahlen bezeichnen Seiten oder Kapitel. **Kapitel** sind **fett gedruckt**.

C

causa 7 110
CD-Rom 10 162
conditio sine qua non 3 45
culpa in contrahendo 12 201-203 14 231/232
 - Anzeigepflicht bei Ablehnung 12 202
 - negatives Interesse 12 203
 - Organhaftung 4 71
 - Prüfung des Anspruchs 12 201-203
 - Vertrauensschaden 12 203

D

Darlehensvertrag 2 17
Definiton
 - Anspruch 2 16
 - Forderung 2 16
 - Geschäftsfähigkeit 9 143
 - Leistung 9 150
deklaratorisch 4 69
delictum 9 141
deliktische Generalklausel 3 40, 52, 59
deliktische Haftung 2 21 3 37 ff.
Deliktsfähigkeit 9 141
 - eingeschränkte 9 142
 - von Kindern im Straßenverkehr 9 142
Deliktsunfähigkeit 9 141/142
Dienstbarkeit (beschränkt persönliche) 7 112
Diskette 10 162
dispositives Recht 7 118 10 169
dolus eventualis 14 239
Doppeltatbestand 6 92 7 118
Doppelverkauf 8 125 ff.
do ut des 7 122
Drittwirkung
 - mittelbare von Grundrechten 3 55
 - unmittelbare 3 55
Drohung 8 140 14 241
 - Rechtswidrigkeit der Mittel-Zweck-
   Relation 14 241/242
 - Rechtswidrigkeit des Mittels 14 241
 - Rechtswidrigkeit des Zwecks 14 241
Duldungsvollmacht
 - Gutgläubigkeit 15 256
 - Rechtsfolge 15 257
 - Rechtsnatur 15 263, 271
 - Rechtsscheinstheorie 15 271
 - Voraussetzungen 15 256/257
Durchgriffshaftung 4 74
Durchsetzbarkeit 2 27 ff.

E

Ehre 3 53
Ehrstraftaten 3 53

Eigenhaftung 4 74/75
Eigenschaft (verkehrswesentliche) 8 131
Eigenschaftsirrtum 8 131 14 229 ff.
 - dogmatische Einordnung 14 232/233
 - Eigenschaftsbegriff 14 231, 236
 - Verhältnis zum Gewährleistungsrecht
   14 240, 245/246
 - Verkehrswesentlichkeit 14 232/233
Eigentum 1 10
Eigentumsverlust
 - kraft Gesetzes 5 82/83, 85
 - kraft Rechtsgeschäfts 5 82 7 113 ff.
Eigentumsvermutung 7 113
Eigentumsvorbehalt 5 82, 85 8 129
Eigentümer-Besitzer-Verhältnis 2 19 8 125,
 13 210
Eilverfahren 2 23
eingerichteter und ausgeübter Gewerbebetrieb
 3 52
Einigung (sachenrechtliche) 7 113
Einklagbarkeit 2 18
Ein-Mann-GmbH 4 74
Einrede 2 27 ff.
 - dauerhafte 2 27/28
 - des nicht erfüllten Vertrages 2 29
 - Erhebung 2 27
 - Stundung 2 28
 - vorübergehende 2 28
 - Zurückbehaltungsrecht 2 29
Einsichtsfähigkeit 9 141/142
einstweilige Verfügung 2 23
Eintragung
 - ins Grundbuch 7 115
 - ins Handelsregister 4 73
 - ins Vereinsregister 4 69
Einwand der Entreicherung 2 25 8 134 9 154
Einwendungen 2 26 f.
 - rechtshindernde 2 26
 - rechtsvernichtende 2 27
Einwilligung 3 47 9 146
Einzelanalogie 13 214/215
Elektrizität 5 79
elektronische Form 10 160/161
E-Mail 10 160/161
Empfang (rechtsgrundloser) 8 133/134
empfangsbedürftige Willenserklärung 6 94
Empfangsbote 15 249
Empfangszuständigkeit 9 153
Empfängerhorizont (objektivierter) 6 95
Entreicherung 8 134
Entziehung des Pflichtteils 13 218
Erbfolge 1 11/12
 - gesetzliche 1 12
 - gewillkürte 1 11
Erbrecht 1 11/12
 - der Abkömmlinge 7 109

- des Ehegatten **7** 109
- des Fiskus **1** 2
Erbschein **1** 12
Erbvertrag **1** 12, 15
Erfüllung **1** 8 **7** 111
Erfüllungsinteresse **14** 226
Erfüllungswirkung **9** 153
Erkenntnisverfahren **1** 4
Erklärung
  - Art und Weise **6** 93
  - ausdrückliche **6** 93
  - Form **6** 93
  - Inhalt **6** 93 ff.
  - konkludent **6** 93
Erklärungsbewusstsein **6** 101
  - aktuelles **6** 101
  - potentielles **6** 101
Erklärungsirrtum **6** 103 **8** 140
Erklärungsprinzip **14** 224
Erklärungstheorie **6** 101 **11** 185
Erlassvertrag **13** 219 **15** 268
Ermächtigung **7** 114
Ermessen **4** 72
error in persona vel objecto **14** 227/228
Ersatzansprüche Dritter **13** 210
Erstbegehungsgefahr **2** 22
Erst-recht-Schluss **2** 23 **13** 213
Erstschaden **3** 43
Erwerb vom Nichtberechtigten **7** 114, 115
Erzeugnisse **5** 84
Exkulpation **3** 57 **8** 127 **12** 202
ex nunc **7** 107/108, 122 **8** 131

F
Factoring
  - echtes **7** 116
  - unechtes **7** 116
Fahrlässigkeit **2** 24 **3** 42
falsa demonstratio non nocet **6** 95/96
Familienrecht **1** 11
Fehleridentität
  - Geschäftsunfähigkeit **8** 135/136
  - Sittenwidrigkeit **8** 136/137
  - Täuschung und Drohung **8** 136
  - Verbotsgesetz **8** 136
  - Wucher **8** 137
Fiktion
  - Abgrenzung von Vermutung **12** 195
  - der Rechtzeitigkeit **12** 195 ff.
  - der Rückwirkung der Anfechtung **2** 26
fiktive Reparaturkosten **2** 25
Finanzgerichtsbarkeit **1** 3
Firma **3** 53
fiskalisches Handeln **1** 2
Fiskus **1** 2

Folgeschäden **3** 45
Forderung **2** 16
Forderungsabtretung **7** 115-117
Formnichtigkeit **10** 169
Freiheit der Willensentschließung **14** 237

G
Gas **5** 79
GbR **4** 65/66
Gebäude (wesentliche Bestandteile) **5** 86
Gefahrübergang **14** 246
Gegendarstellung **3** 56
Gegennormen **2** 26 ff.
gegenseitiger Vertrag **2** 17
Gegenstände
  - körperliche **5** 79 **7** 110
  - sonstige **7** 110
  - unkörperliche **5** 79 **7** 110
Geldersatz **2** 25 **3** 44
Gefährdung des Vertragszwecks **8** 127
Gefährdungshaftung **1** 9 **13** 210
Gefälligkeitsverhältnis **15** 253
gemeinschaftlicher Motivirrtum **8** 132
gemeinschaftliches Testament **1** 15
Genehmigung
  - bei Verträgen **9** 146/147
  - bei einseitigen Rechtsgeschäften **9** 154
Genossenschaft **4** 65
Genugtuungsfunktion **3** 62
Gerichtsbarkeit (ordentliche) **1** 3
Gerichtswege **1** 3
Gesamtrechtsnachfolge **1** 11
Gesamtschuld **3** 47 **4** 71, 75
Geschäft für den, den es angeht **15** 270
geschäftsähnliche Handlung **13** 214
Geschäftsfähigkeit
  - beschränkte **9** 144 ff.
  - Prüfungsreihenfolge **9** 145 ff.
  - volle **6** 91 **9** 142
Geschäftsführer **4** 70
Geschäftsunfähigkeit **8** 135/136
Gesellschaft bürgerlichen Rechts **4** 66
Gesellschafter
  - Auflösung der Gesellschaft durch Tod **4** 75
  - persönliche Haftung **4** 74/75
Gesellschaftsvermögen **4** 74
Gesellschaftsvertrag **4** 73
Gesetzesanalogie **13** 215/216
Gesetzesverstoß **7** 119
gesetzliche Formerfordernisse
  - Funktionen **10** 156/157
  - zwingendes Recht **10** 169/170
gesetzlicher Eigentumsverlust **5** 82/83, 85
gesetzlicher Vertreter **9** 146/147
gesetzliche Schuldverhältnisse **1** 9

Sachregister - Zahlen bezeichnen Seiten oder Kapitel. **Kapitel** sind **fett gedruckt**.

- der unerlaubten Handlung **2** 21 **3** 37 ff.
- der ungerechtfertigten Bereicherung
  2 20/21 **3** 37
gesetzliches Schriftformerfordernis
- Arbeitsverhältnisse **10** 159/160
- Bürgschaftserklärung **10** 160
- Mietvertrag über Wohnraum **10** 159
- Verbraucherdarlehensvertrag **10** 158/159
gesetzliches Verbot **8** 136
Gestaltungsrechte **7** 107 ff.
- Anfechtung **7** 107
- Kündigung **7** 108
- Rechtsfolgen **7** 107/108, 122
- Rücktritt **7** 108
Gewaltenteilung **12** 196
Gewährleistungsrechte **1** 9 **14** 246
gewillkürte Form **10** 166/167
- Aufhebung der Vereinbarung **10** 167
- deklaratorische Form **10** 166
- konstitutive Form **10** 166
Girovertrag **7** 118
Gläubiger **2** 16
Gläubigerschutz **4** 72
Gleichordnungsebene **1** 4
GmbH **4** 72
Grundbuch
- Abteilungen **8** 124
- Bestandsverzeichnisse **8** 124
Grundbuchämter **4** 70
Grundbuchordnung **7** 115
Grunddienstbarkeit **7** 112
Grundpfandrechte **1** 10 **7** 112
- Grundschuld **7** 112
- Hypothek **7** 112
Grundsatz der Formfreiheit **6** 93 **10** 155
Grundsteuern **9** 154
Grundstück im Rechtssinne **5** 80
Grundstückskauf **7** 110
- Auflassung **7** 115
- Formerfordernis **7** 110
Grundstückverkehrsgesetz **10** 171
Gründung **4**
- einer AG **4** 72
- einer GmbH **4** 72
- eines Vereins **4** 67 ff.
Gutachtenstil **3** 40 ff.
Gutachtentechnik **2** 30 **3** 57/58
Gutglaubenserwerb **7** 114, 115
Güter- und Interessenabwägung **3** 55/56

H

„Haakjöringsköd" **6** 95/96
Handelsgesetzbuch **1** 5
Handelsmündigkeit **9** 145
Handelsrecht **1** 5

Handelsregister **4** 72
Handlungsfähigkeit **9** 141
- deliktische **9** 141/142
- juristischer Personen **4** 70/71
- rechtsgeschäftliche **9** 142 ff.
Handlungswille **6** 98
Haftung
- außervertragliche **3** 57/58
- vertragliche **3** 57/58
Haftungsansprüche **2** 18 ff.
Haftungsbegründung **3** 38
Haftungsbeschränkung **4** 74
Haftung des Erben **1** 12
Haftungserleichterung **3** 57
Haftungsverband von Grundpfandrechten **5** 87
Hauptleistungspflichten **2** 16/17
Hauptsache im Sinne von § 947 Abs. 2 **5** 90
Heilung des Formmangels **10** 165, 171
Herausgabeanspüche
- allgemein **2** 20-22
- aus Eigentum **8** 126/127 **9** 148/149
- aus ungerechtfertigter Bereicherung
  8 133/134 **9** 150
Hilfsnorm **2** 23 ff.
höchstpersönliche Rechtsgeschäfte **10** 157, 165
hoheitliche Gewalt **1** 3
Hoheitsbefugnisse **4** 65
Holz auf dem Stamm **5** 84
Hotelaufnahmevertrag **7** 118
Hypothek **1** 10 **7** 112
hypothetische Kausalität **3** 61

I

Idealverein **4** 66 ff.
Identitätsirrtum **14** 227
immaterieller Schaden **2** 25 **3** 48 ff.
Immobiliarkredit **5** 85
Individualsphäre **3** 56
inhaltliche Änderung **7** 112
Inhaltsfreiheit **7** 118
Inhaltsirrtum
- „halver Hahn" in Köln **6** 103
- objektive Erheblichkeit **14** 226/227
- subjektive Erheblichkeit **14** 226/227
Inhaltskontrolle und AGB **7** 119
Innenvollmacht **7** 108
Insichgeschäft **15** 266 ff.
- Ausnahmen vom Verbot **15** 267/268
- Erfüllung einer Verbindlichkeit **15** 267
- Erlassvertrag **15** 268
- Gestattung **15** 267
- grundsätzliches Verbot **13** 219 **15** 266
- lediglich rechtlich vorteilhaftes
  Rechtsgeschäft **13** 219 **15** 268
- Mehrfachvertretung **15** 266

Sachregister - Zahlen bezeichnen Seiten oder Kapitel. **Kapitel** sind **fett gedruckt**.

- Selbstkontrahieren **15** 266/267
- teleologische Reduktion **15** 268
Insolvenzordnung **8** 135
Insolvenzquote **8** 135
Integritätsinteresse **2** 25 **3** 62
Interesse
  - negatives **14** 225, 246
  - positives **14** 226, 247
Interessentheorie **1** 2
inter partes **8** 134
intervalla lucida **9** 143
Intimsphäre **3** 55
invitatio ad offerendum **6** 99 **11** 187 **12** 199
Irrtum
  - doppelte Erheblichkeit **14** 226/227
  - Motivirrtum **14** 220
  - über den Wert als solchen **8** 131 **14** 236
  - über die Rechtsfolge **14** 228
  - über die Urheberschaft **14** 235
  - über verkehrswesentliche Eigenschaft **6** 98
  - über wertbildende Faktoren **8** 131

J
jus privatum **1** 1
jus publicum **1** 1
jus vigiliantibus scriptum est **14** 238

K
Kalkulationsirrtum
  - erweiterter Inhaltsirrtum **6** 98
  - externer **6** 98
  - interner **6** 98
Kapitalgesellschaften **4** 73 ff.
Kaufvertrag **7** 110
Kausalität
  - adäquate **3** 45/46
  - äquivalente **3** 45
  - bei Unterlassen **3** 61
  - haftungsausfüllende **3** 45-47
  - haftungsbegründende **3** 41, 61
Kausalverhältnis **7** 110
Klageantrag bei Schmerzensgeld **3** 51
Klarstellungs- und Beweisfunktion **10** 156
Koalitionsfreiheit **3** 55
Kommanditgesellschaft **4** 65
Kommerzialisierung immaterieller
  Interessen **3** 48
Kondiktion
  - Anspruchskonkurrenz **8** 136
  - des Besitzes **8** 136
  - Einwand der Entreicherung **8** 134
  - Wertersatz **8** 134
kondiktionsfest **8** 133

Konnexität **2** 29
Konsensprinzip **7** 109
konstitutiv **4** 69
Kontrahierungszwang
  - aufgrund von Landesgesetzen **7** 118
  - beim Girovertrag **7** 118
  - Monopolunternehmen **7** 118
Konzessionssystem **4** 72/73
Körperschaft des öffentlichen Rechts **1** 2 **4** 64
körperschaftliche Verfassung **4** 67
Körperverletzung **3** 40 ff.
Kundgabe des Willens **6** 92
Kündigung (fristlose) **7** 108
Kunsturhebergesetz **3** 53

L
Leasingvertrag **7** 118
Lebenspartnerschaftsgesetz **1** 12
lediglich rechtlich vorteilhaft **9** 146
  - beschränkt dingliche Rechte **9** 153
  - öffentliche Lasten **9** 154
  - Schenkungsvertrag **9** 153
  - Übereignung an einen Minderjährigen
    9 148/149, 153
Legaldefinition **13** 209
  - Einwilligung **9** 152
  - Genehmigung **9** 152
  - Zustimmung **9** 152
Legalinterpretation **13** 209
Leihe **5** 80
Leistung **9** 150
Leistungsansprüche **2** 16 ff.
Leistungskondiktion **2** 20 **8** 133 **9** 150
Leistungsort **7** 118
Leistungspflichten **2** 16 ff.
Leistungsrechte **3** 55
Leistungsstörungen **2** 18
Leistungsstörungsrecht **2** 18
Leistungstreuepflicht **8** 127
Leistungsverweigerungsrecht **2** 27
Leistungszeit **7** 118
lichte Momente **9** 143
Lieferung unbestellter Sachen **12** 205/206

M
Mahnung **13** 214/215
Massenerklärungen **10** 162
materielle Schäden **3** 44 ff.
Menschenwürde **3** 54, **4** 63
Mietvertrag **2** 17
Mindestkapital **4** 72
Miteigentum **5** 82, 90
Mitgliederversammlung **4** 67

Mittel zur freien Verfügung **9** 147
Mitverschulden **9** 142
Monopolunternehmen **7** 118
motivatorisches Vorfeld **6** 97/98
Motive **6** 91, 97/98
Motivirrtum
   - beachtlicher **14** 229
   - beiderseitiger **8** 132
   - unbeachtlicher **14** 228
Musterschutzrechte **3** 52

N

Nachlassgericht **1** 12
Nachlassverbindlichkeiten **1** 12
Nachsendeauftrag **11** 182/183
Namensrecht **3** 53
Namensschutz
   - im BGB **3** 53
   - im Handelsrecht **3** 53
Naturalrestitution **2** 25 **3** 44
natürlicher Handlungswille **8** 136
Nebenleistungspflichten **2** 17/18
   - Rückerstattung bei Darlehen **2** 17
   - Rückgabe bei Leihe **2** 18
   - Rückgabe bei Miete **2** 18
   - selbständig einklagbar **2** 18
Nebenpflichten **2** 18
Nichtberechtigter **7** 115
nicht empfangsbedürftige
   Willenserklärung **6** 96
Nichtigkeit
   - des Scheingeschäfts **10** 167 ff.
   - wegen Formmangels **10** 155 ff.
   - wegen Geschäftsunfähigkeit **9** 143
   - wegen Sittenwidrigkeit **8** 136/137
Nichtleistungskondiktion **8** 134
Nichtvermögensschaden **3** 48 ff.
non liquet **3** 40
Normativsystem **4** 69
notarielle Beurkundung
   - bei Grundstücksgeschäften **10** 164, 165
   - des Schenkungsversprechens **9** 153 **10** 165
   - nach dem GmbHG **10** 166
Notstand **3** 41
Notwehr **3** 41
numerus clausus der Sachenrechte **7** 120

O

Obersatz **2** 31 **3** 40
objektivierter Empfängerhorizont **6** 95
Obliegenheiten
   - Begriff **11** 184
   - und Zugang **11** 184

Offenkundigkeitsprinzip **15** 252
   - Durchbrechung **15** 270
   - Fremdbezogenheit aus den Umständen
     15 252
öffentliche Beglaubigung **10** 163
öffentliche Lasten **9** 33
Offene Handelsgesellschaft **4** 65, 74
öffentliche Register **10** 163
Öffentliches Recht **1** 2 ff.
ohne rechtlichen Grund **8** 133 **9** 150
Online-Banking **10** 161
ordentliche Gerichtsbarkeit **1** 3
Ordnungsgeld **2** 23
Organe **4** 71/72

P

pacta sunt servanda **8**
pactum de non petendo **2** 28
Partnerschaftsgesellschaft **4** 66
Patentrecht **3** 52
Pensionsaufnahmevertrag **12** 199
Personalkredit **5** 85
persona, res, actiones **1** 7
Personen **4** 63 ff.
   - natürliche **4** 63/64
   - juristische **4** 64 ff.
Personengesellschaften **4** 65/66
Personenstandsregister **4** 69
Personenzusammenschlüsse **4** 64 ff.
Pfandrecht
   - an beweglichen Sachen **1** 10
   - an Rechten **1** 10
   - an unbeweglichen Sachen **1** 10
Pflichtteil **1** 15, **7** 109
politischer Meinungskampf **3** 56
positive Vertragsverletzung **3** 57 **13** 216
potentielles Erklärungsbewusstsein **6** 95
praktische Konkordanz **3** 55
Preislisten **6** 99
Primat des Grundeigentums **5** 85
Prinzip der Privatautonomie **1** 4 **6** 91 **7** 109
Privatrecht **1** 4 ff.
Privatsphäre **3** 56
Prokura **15** 271/272
   - Beschränkbarkeit **15** 272
   - Erteilung **15** 271
   - Umfang **15** 272
prozessualer Anspruch **13** 209
Prüfungsaufbau
   - unerlaubte Handlung **3** 40 ff.
   - Untervollmacht **15** 259
Prüfungsschema **2** 30 ff.
Publizitätsmoment **7** 113

Q

Quittung **6** 100

R

Rahmenrecht **3** 55
Raiffeisenbanken **4** 65
Realakt **6** 92 **7** 113 **8** 136
Realkreditgeber **5** 85
Rechte
- absolute **1** 15 **2** 22 **3** 38, 59, 60 **5** 79
- relative **1** 14 **3** 59 **5** 79
- zum Besitz **2** 21 **13** 215
Rechtfertigungsgründe **3** 41
rechtlicher Nachteil **9** 146
Rechtsbindungswille **6** 99
Rechtsfähigkeit **4** 63
Rechtsfolge **2** 24 ff.
Rechtsfolgenirrtum **14** 228
Rechtsfolgenseite **3** 44 ff.
Rechtsfortbildung **13** 212
Rechtsgeschäfte **6** 92/93 **7** 107 ff.
- einseitige **7** 107-109
- vertragliche **7** 109 ff.
Rechtsgewinnungsverfahren **13** 212
Rechtsgrund **9** 150
Rechtsgutsverletzung **3** 60
Rechtsgüter **2** 22 **3** 38, 41
Rechtskauf **5** 79 **7** 111
Rechtsobjekte **5** 79 ff.
Rechtspersönlichkeit **4** 64
Rechtssatz **2** 19 **3** 40
Rechtssubjekt **4** 63
Rechtzeitigkeit **12** 194 ff.
Recht zum Besitz **2** 12 **13** 215
Reduktion (teleologische) **13** 219
Reflexbewegung **3** 41 **6** 101
Regelungszusammenhang **13** 210
relative Wirkung **8** 134
reichsgesetzliche Vorschriften **4** 72
Reparaturkosten (fiktive) **2** 25
Restitution **2** 25
Rückerstattungspflicht **2** 17
Rückgabepflichten
- des Entleihers **2** 18
- des Mieters **2** 18
Rückgewährschuldverhältnis **7** 108
Rücksichtnahmepflichten **2** 18
Rücktritt
- Unwirksamkeit nach § 218 Abs. 1 **14** 245
- Voraussetzungen und Rechtsfolge **7** 108

S

Sachbeschädigung **3** 57

Sachdarlehen **5** 80
Sachen **1** 10 **5** 79 ff.
- bewegliche und unbewegliche **5** 80
- eine Sache im Rechtssinne **5** 81
- Einteilung der Sachen **5** 80
- vertretbare und nicht vertretbare **5** 80
Sachenrecht **1** 9 ff.
Sachgesamtheit **5** 81
Sachkauf **5** 79 **7** 110
Sachverhalt (feststehender) **2** 31 **3** 40
Satzung **4** 78
Schadensersatz
- Art und Umfang **2** 24/25 **3** 44 ff.
- dem Grunde nach **3** 40 ff.
- einfacher **12** 203
- entgangener Gewinn **2** 25
- Grundnorm **8** 127
- immaterieller Schaden **2** 25
- nach Rechtshängigkeit
- neben der Leistung **2** 19 **12** 203
- negatives Interesse **12** 203
- Prüfung des Anspruchs **12** 201-203
- statt der Leistung **2** 18 **8** 128
- Verschuldensvermutung **8** 127
- wegen Pflichtverletzung **2** 19
- zusätzliche Voraussetzungen **8** 128
Schadensminderungspflicht **14** 226
Schadensrecht **2** 24/25
Schaufensterauslagen **6** 99
Scheinbestandteile **5** 84
Scheingeschäft **10** 157 ff.
- keine Heilungsmöglichkeit **10** 170
- verdecktes Rechtsgeschäft **10** 169
Schenkungsvertrag **9** 152
schlüssiges Verhalten **6** 93
Schmerzensgeld
- Allgemeines Persönlichkeitsrecht **3** 56
- auch bei Gefährdungshaftung **13** 210
- Bemessung **3** 48/49
- entgangene Lebensfreude **3** 62
- Funktionen **3** 48 62
- Tabellen **3** 49
Schriftform **10** 157/158
Schuldner **2** 16
Schuldnerschutz **7** 116
Schuldnerverzug **13** 214
Schuldrecht
- Allgemeines **1** 8
- Besonderes **1** 8/9
Schuldverhältnis
- einseitiges **7** 107-109
- gesetzliches **1** 9
- im engeren Sinne **1** 8
- im weiteren Sinne **1** 8
- vertragliches **1** 8 **7** 110/111
- vorvertragliches **12** 201, 206

Sachregister - Zahlen bezeichnen Seiten oder Kapitel. **Kapitel** sind **fett gedruckt**.

Schutz des Rechtsverkehrs
  - und Abstraktionsprinzip **8** 134/135
  - zurechenbares Inverkehrbringen
    von Willenserklärungen **11** 179
Schutzgesetz
  - Beleidigung **3** 53
  - fahrlässige Körperverletzung **3** 42/43, 57
  - Kunsturhebergesetz **3** 53
  - Verleumdung **3** 53
Schutzpflichten **2** 18, **3** 57
Schutzzweck der Norm **3** 46
Schwarzkauf **10** 167 ff.
schwebende Unwirksamkeit **9** 146/147
Schweigen als Annahme **12** 200/201
Selbstgesetzgebung **6** 91
sine causa **8** 133, **9** 150
Sittenwidrigkeit **7** 119 **8** 136/137
solvendi causa **9** 150
Sonderprivatrechte **1** 5/6
Sondervermögen **4** 64
sonstiges Recht **3** 52 ff. **13** 210
Sorgfaltspflichten **2** 19 **3** 573
Sozialgerichte **1** 3
Sozialrecht **1** 1
Speziesschuld **8** 127
Stammkapital **4** 73
Stellvertretung **15** 248 ff.
  - aktive **15** 249
  - eigene Willenserklärung **15** 251/252,
    269/270
  - Geschäftsführung ohne Auftrag **15** 254
  - im fremden Namen **15** 252
  - Insichgeschäft **15** 266
  - mehrstufige **15** 259
  - Minderjährigkeit **15** 253/254
  - mit Vertretungsmacht **15** 252/253
  - passive **15** 249
  - rechtliches Dürfen **15** 249, 253
  - rechtliches Können **15** 253
  - Voraussetzungen **15** 248 ff.
  - Wirkung **15** 249 ff.
Steuerhoheit **4** 65
Steuerrecht **1** 1, 3
Stiftungen **4** 64
Störung der Geistestätigkeit
  - dauerhafte **9** 143
  - vorübergehende **9** 143
Strafrecht **3** 42
Streitgegenstand **13** 209
Stundung **2** 28
Stückschuld **8** 127
subjektives Recht **4** 63
Subjektstheorie **1** 2
Subordinationstheorie **1** 1/2
Subsumtion **2** 31, **3** 40
Summeninteresse **2** 25

superficies solo cedit **5** 85
Surrogate **2** 25
Sühne **3** 61
Synallagma **2** 17

T
Taschengeldparagraph **9** 147
Tatbestand
  - der Willenserklärung **6** 92 ff.
  - haftungsbegründender **3** 38 ff.
Tatbestandsmäßigkeit
  - im engeren Sinne **3** 38
  - im weiteren Sinne **3** 38
Tatbestandsmerkmal **2** 23
Tatbestandsseite **2** 23/24
tatsächliche Nachteile **9** 149
tatsächliche Sachherrschaft **2** 21
Täuschung **6** 98 **14** 237/238
  - arglistige **14** 239
  - Aufklärungspflicht **14** 238
  - bedingter Vorsatz **14** 239
  - Begehungsformen **14** 237
  - Betrug nach § 263 StGB **14** 239
  - Bezugspunkt Tatsachen **14** 237
  - durch konkludentes Tun **14** 237
  - durch Unterlassen **14** 238
  - Freiheit der Willensentschließung **14** 237
  - Ursächlichkeit für Irrtum **14** 239
  - Widerrechtlichkeit **14** 238
Teilgeschäftsfähigkeit **9** 145/146
Teilhaberechte **3** 55
Teilrechtsfähigkeit **4** 66
Telefax **10** 162
teleologische Reduktion **15** 268
Testament **1** 11/12 **6** 96, **7** 109
Testierfreiheit **1** 11 **7** 109
Textform **10** 162
Theorie der realen Leistungsbewirkung **9** 153
Tiere **5** 79
Todeszeitpunkt **4** 63/64
Trennungsprinzip **8** 124 ff.
Treuhänder **4** 68
Treu und Glauben **6** 94, **12** 196
Trierer Weinversteigerungsfall **6** 102
TÜV **4** 64
Typenfixierung **7** 119/120
typengemischte Verträge **7** 118 **12** 199
Typenzwang **7** 119/120

U
Übereignung
  - beweglicher Sachen **7** 113/114 **9** 148
  - unbeweglicher Sachen **7** 115

Sachregister - Zahlen bezeichnen Seiten oder Kapitel. **Kapitel** sind **fett gedruckt**.

Übergabe **7** 113/114
Übergangsformen **4** 75
Übertragbarkeit von Mitgliedschaftsrechten
   7 117
Übertragung
  - des Vollrechts **7** 112
  - eines Patentrechts **7** 117
Über- und Unterordnungsverhältnis **1** 1
ultima ratio **3** 43
unabdingbares Recht **5** 84, 85
unbestellte Leistungen
  - Aufbewahrungspflichten **12** 205
  - Ausschluss von gesetzlichen Ansprüchen
    12 205
  - Ausschluss von vertraglichen Ansprüchen
    12 205
  - und Nutzungsersatzansprüche **12** 206
unerlaubte Handlung **1** 9 **2** 21 **3** 38 ff.
Unerlaubtheit **3** 38
ungerechtfertigte Bereicherung
  1 9 **2** 20/21 **3** 37 **8** 133/134 **9** 150
Universalsukzession **1** 11 **4** 64
Unmöglichkeit **2** 26/27 **8** 126/127
  - anfängliche **2** 26 **8** 127
  - nachträgliche **2** 27 **3** 59 **8** 127
  - subjektive **8** 126/127
Unrechtseinsicht **9** 142
Unterkapitalisierung **4** 72
Unterlassen **2** 22/23
  - bei Anfechtung wegen Täuschung **14** 238
  - bei deliktischer Haftung **3** 59
  - Kausalität **3** 61
  - negative Leistung **2** 22
Unterlassungsanspruch **2** 22
  - bei Erstbegehungsgefahr **2** 22
  - bei Wiederholungsgefahr **2** 22
Unterschrift
  - Abschlussfunktion **10** 158
  - Beglaubigung **10** 163
  - Echtheitsfunktion **10** 163
  - Identitätsfunktion **10** 163
Untervollmacht **15** 259
Unvermögen **8** 126/127
unvertretbare Sache **5** 80
Unwirksamkeit
  - endgültige **9** 146
  - schwebende **9** 146
Urhebergesetz **1** 5
Urheberrechte **3** 52
Ursachenauswahl **3** 46/47

V

VABI **7** 113
Verantwortlichkeit **9** 141
Verbindung von beweglichen Sachen **5** 82-84

Verbotsgesetz **8** 136
Verbraucher **12** 204
Verein
  - nicht wirtschaftlicher **4** 66 ff.
  - wirtschaftlicher **4** 72/73
Vereine des Handelsrechts **4** 75
Verfahrensordnungen **1** 3
Verfahrensrecht **1** 3
Verfristung
  - Anfechtung **2** 28
  - Rücktritt **2** 28
Verfügung
  - Definition **7** 112/113
  - über bewegliche Sachen **7** 113/114
  - über Forderungen **7** 115-117
  - über Grundstücke **7** 115
  - von Todes wegen **7** 109
Verfügungsbefugnis **7** 114
Verfügungsberechtigter **7** 114
Verhältnis von Wille und Erklärung **6** 101
Verjährung **2** 27 f.
  - erbrechtlicher Ansprüche **2** 28
  - familienrechtlicher Ansprüche **2** 28
  - Herausgabeanspruch aus Eigentum **2** 28
  - regelmäßige Verjährungsfrist **2** 28
Verjährungsrecht **1** 8
Verkehrssicherungspflicht **3** 61
Verkehrssitte
  - als Auslegungskriterium **6** 95
  - im Hotelgewerbe **12** 200
Verkehrswesentlichkeit von Eigenschaften
  - bei Arbeitsverträgen **14** 233
  - bei Kreditgeschäften **14** 233
Verletzungserfolg **3** 41 **9** 141
Verletzungshandlung **3** 41
Vermögensschaden **3** 44 ff., 60
Vernehmungstheorie (abgeschwächte) **11** 185
Verpfändung einer Forderung **7** 112
Verpflichtungsvertrag **7** 110 ff.
Versandhandel **12** 205
Verschulden **3** 38
  - Fahrlässigkeit **2** 24
  - Vorsatz **2** 23
Verschuldensfähigkeit **9** 141/142
Verschuldensformen **3** 38
Verschuldensvermutung **3** 57
Verschuldensvorwurf **9** 141
Versorgungsunternehmen **7** 118
Versprechensschenkung **9** 152/153
Vertragsfreiheit
  - im Familien- und Erbrecht **7** 120
  - im Sachenrecht **7** 119/120
  - im Schuldrecht **7** 117-119
Vertragsprinzip **7** 109
Vertragsschluss **2** 19
Vertragsverhandlungen **12** 206

Sachregister - Zahlen bezeichnen Seiten oder Kapitel. **Kapitel** sind **fett gedruckt**.

Verträge
- gegenseitige Verträge **7** 110
- Verfügungsverträge **7** 112 ff.
- Verpflichtungsverträge **7** 110 ff.
Vertrauen auf Geschäftsfähigkeit **9** 152
Vertrauensschaden **12** 203 **14** 224 ff.
 15 265/266
vertretbare Sache **5** 80
Vertreter
- Abgrenzung zum Boten **15** 251
- beschränkte Geschäftsfähigkeit **15** 253/254
- Empfangsvertreter **15** 249
- Erklärungsvertreter **15** 249
- Geschäftsunfähigkeit **15** 251
Vertreter ohne Vertretungsmacht **15** 264 ff.
- Einstandspflicht des falsus procurator
 15 265 ff.
- Eintrittsrecht des Vertretenen **15** 264
- Erfüllung **15** 265
- Ersatz des Erfüllungsinteresses **15** 265
- Ersatz des Vertrauensschadens **15** 265/266
- Genehmigung des Vertrages **15** 264
Vertretungsmacht **15** 248
- Arten **15** 248
- bei juristischen Personen **4** 70/71, **15** 248
- Eltern **15** 248
- gesetzliche **15** 248
- gewillkürte **15** 248
- organschaftliche **4** 70/71 **15** 24
- Prokura **15** 271/272
- rechtsgeschäftliche **15** 248
Vertretungswille **15** 270
Verwaltungsakt **1** 1
Verwaltungsgerichte **1** 3
Verwaltungsgerichtsbarkeit **1** 3
Verwaltungsgerichtsordnung **1** 3
Volljährigkeit **9** 143
Vollmacht
- Abstraktheit **7** 108 **15** 249, 253/254
- Anscheinsvollmacht **15** 258 ff.
- Arbeitsvertrag **15** 249
- Auftragsvertrag **15** 253/254
- Außenverhältnis **15** 253, 272
- Außenvollmacht **15** 253
- Begriff **15** 248
- Duldungsvollmacht **15** 256/257
- Durchbrechung der Abstraktheit **15** 270
- einseitiges Rechtsgeschäft **15** 259
- Erlöschen **15** 255
- Erteilung **15** 248, 252
- Form **15** 252
- Innenverhältnis **15** 253
- Innenvollmacht **15** 253
- Rechtsschein **15** 255 ff.
- Umfang **15** 259
- Untervollmacht **15** 259
- Widerruf **15** 255
Vollmachtsurkunde **15** 255/256
- Beweis der Aushändigung **15** 271
- Beweis der Echtheit **15** 271
- Beweis der Vorlage **15** 271
Vollrecht **1** 10
Vollstreckungsverfahren **1** 4
Voraussetzungsseite **2** 23 **3** 40 ff.
Vorsatz **2** 23
Vorstand **4** 70/71
vorvertragliches Schuldverhältnis **12** 201, 206

W
Warenzeichenrechte **3** 52
Warnfunktion **10** 156
Wegerecht (dingliches) **7** 112
Wegfall der Geschäftsgrundlage **8** 132
Wenn-Dann-Struktur **2** 19
Werbekataloge **6** 99
Werkunternehmerpfandrecht **13** 210
Wertersatz **8** 134
Wertersatzanspruch **2** 25 **3** 62
Wertinteresse **2** 25
wesentliche Bestandteile
- von beweglichen Sachen **5** 82 /83
- von Gebäuden **5** 86
- von Grundstücken **5** 85
Widerrechtlichkeit (Indizierung) **3** 41
Widerruf
- Angebot **11** 188, 192
- bei Verbraucherverträgen **10** 162
- empfangsbedürftiger Willenserklärungen
 11 188
- Testament **11** 192
- Zugang der Widerrufserklärung **11** 188
Wiederbeschaffungswert **3** 62
Willen (drei Arten) **6** 98 ff.
Willensbetätigung **12** 199/200
Willensdogma **6** 101
Willenserklärung **6** 91 ff.
- „abhanden gekommene" **11** 176 ff.
- Anatomie der **6** 92 ff.
- Auslegung **6** 93 ff.
- Begriff **6** 91, 104 ff.
- Beweggründe **6** 97/98
- empfangsbedürftige **6** 94/95 **11** 175 ff.
- Erklärungstheorie **11** 185
- Form **6** 93
- Mindestvoraussetzung **6** 91
- nicht empfangsbedürftige **6** 96 **11** 189
- objektiver Tatbestand **6** 92 ff.
- subjektiver Tatbestand **6** 97 ff.
- Vorfeld **6** 97/98

Willensmängel
  - Bildung des Willens **14** 220
  - Erklärung des Willens **14** 220
  - Übermittlung des Willens **14** 220
Willensprinzip **14** 224
Willensschwäche **9** 143
Willenstheorie **6** 101
wirklicher Wille **6** 96
Wirtschaftsprivatrecht **1** 6/7
Wortlautauslegung **6** 94
wucherisches Rechtsgeschäft **8** 136/137

Z
Zeitungsinserate **6** 99
Zubehör
  -Begriff **5** 87
  -Rechtsfolgen **5** 87
Zugang
  - bei Annahmeverweigerung **11** 184
  - bei Geschäftsunfähigkeit **9** 143
  - Beförderungsrisiko **11** 180/181
  - Begriff **11** 180 ff.
  - Fiktion der Rechtzeitigkeit **12** 196/197
  - Machtbereich des Empfängers **11** 187
  - maßgeblicher Zeitpunkt **11** 182
  - mündlicher Erklärungen **11** 185
  - Nachsendeauftrag **11** 182/183
  - Rechtzeitigkeit **11** 184
  - Risiko tatsächlicher Kenntnisnahme
    11 181/182
  - Übergabe-Einschreiben **11** 184
  - Übermittlungsrisiko **11** 180
  - Verlust- und Verzögerungsrisiko
    11 180/181
  - Vernehmungstheorie **11** 185
  - von Erklärungen unter Abwesenden
    11 180 ff.
Zugangsfiktion **12** 196/197
Zugangshindernisse **11** 183/184
  - Fiktion der Rechtzeitigkeit **11** 184
  - objektive **11** 184
  - Obliegenheiten **11** 184
  - subjektive **11** 184
Zugewinngemeinschaft **7** 120
Zug um Zug **2** 29
Zurechenbarkeit **6** 100 ff.
  - bei abweichendem Geschäftswillen **6** 103
  - bei fehlendem Handlungswillen **6** 101
  - bei fehlendem Rechtsbindungswillen **6** 102
  - bei potentiellem Erklärungsbewusstsein
    6 101/102
Zurechnungsfähigkeit **9** 142
Zurechnungslehre **3** 45-47
Zurechnungsnorm **4** 71
Zustellung durch Niederlegung **11** 184

Zustimmung **9** 152
Zwangsvollstreckung **8** 135

Paragraphenregister - Die nicht fett gedruckten Zahlen bezeichnen Seiten.
Die fett gedruckten römischen Ziffern bezeichnen Absätze.

Aktiengesetz (AktG)

§ 1 I, 73
§ 2, 73
§ 7, 68, 73
§ 41 I, 73
§ 78 I, 78

Beurkundungsgesetz (BeurkG)

§ 8, 164
§ 13, 164
§ 17, 164

Bürgerliches Gesetzbuch (BGB)

Allgemeiner Teil (1. Buch)

§ 1, 63
§ 2, 143, 207
§ 12, 53
§ 12 S. 2, 215
§ 13, 205
§ 14, 205
§ 21, 66 ff.
§ 22, 72/73
§§ 25 ff., 67
§ 26, 67
§ 31, 71/72, 213
§ 32, 67
§ 38, 117
§ 54, 68
§§ 55 ff., 78
§ 60, 69
§ 65, 69
§ 73, 67
§§ 80 ff., 64
§ 89, 71
§ 90, 10, 79, 211
§ 90 a, 79
§ 91, 80
§ 93, 81 ff.
§ 94, 85, 86
§ 95 I, 84
§ 97, 87
§ 98, 87
§ 99, 84
§ 104, 135, 143
§ 104 Nr. 2, 32
§ 105, 24, 26, 32, 135, 143
§ 106, 144, 152

§§ 107 ff., 144 ff., 153, 254
§ 108, 146, 214
§ 110, 147
§ 111, 154, 253
§ 112, 145
§ 113, 145/146
§ 116, 167
§ 117, 24, 167 ff.
§ 118, 167
§ 119 I, 1. Alt., 127, 220 ff.,
§ 119 I, 2. Alt., 220 ff.
§ 119 I, 96, 103, 139
§ 119 II, 131, 138, 211, 229 ff., 240
§ 120, 220
§ 121, 28, 131, 182, 209
§ 122, 19, 97, 102, 132, 136, 180,
   224 ff., 247
§ 123 I, 98
§ 123 I, 1. Alt., 237 ff.
§ 123 I, 2. Alt., 241 f.
§ 124, 28, 243
§ 125, 26, 155, 169
§ 126, 156, 157 ff., 161
§ 126 a, 156, 160 f.
§ 126 b, 156, 162
§ 127, 166 f.
§ 128, 165 ff.
§ 129, 163
§ 130 I 1, 175 ff., 211, 214
§ 130 I 2, 188
§ 130 II, 182
§ 131, 143
§ 131 II 2, 254
§ 132, 184
§ 133, 93 ff., 207
§ 134, 26, 136
§ 138, 26, 136, 207
§ 138 II, 137
§ 142, 23, 26, 107, 131, 222, 230
§ 143, 26, 107, 131, 190, 223, 230
§ 143 II, 103
§ 144, 243
§ 145, 23, 99, 190, 192, 199, 204
§§ 145 ff., 193 ff.
§ 146, 205
§ 147, 195, 204
§ 147 I 2, 185
§ 148, 195
§ 149, 195
§ 150 I, 195
§ 150 II, 204

Paragraphenregister - Die nicht fett gedruckten Zahlen bezeichnen Seiten.
Die fett gedruckten römischen Ziffern bezeichnen Absätze.

§ 151 S. 1, 198 ff.
§ 157, 93 ff., 207, 259
§ 158 I, 82, 129, 139
§ 162 I, 196/197, 213
§ 164 I, 251 ff.
§ 164 III, 249
§ 165, 109, 254
§ 166 II, 209, 248, 252
§ 167, 6, 108, 248, 253
§ 168, 255
§§ 170 ff., 255/256, 261
§ 172, 255/256
§ 173, 255/256
§ 177 I, 264
§ 177 II, 214
§ 179, 19
§ 179 I, 265
§ 179 II, 266
§ 179 III, 266
§ 180, 259
§ 181, 219, 266 ff.
§ 182, 152
§ 183, 152, 209
§ 184, 146, 152, 209, 264
§ 185, 114
§ 194, 8, 16, 27, 34, 209
§ 195, 28, 32
§ 197, 28
§ 205, 28
§ 214 I, 27, 32
§ 216, 28
§ 218, 28
§ 227, 41
§ 228, 41

Allgemeines Schuldrecht (2. Buch)

§ 241 I, 8
§ 241 II, 16, 18, 19, 71, 125, 201, 239
§ 241 a, 205
§ 242, 184, 196
§ 243 II, 27
§§ 249 ff., 24, 210
§ 249, 44
§ 251, 25
§ 251 II 1, 62
§ 252, 25
§ 253, 23, 48
§ 253 II, 48, 210
§ 254, 142, 226
§ 269, 117

§ 271, 117
§ 274, 29
§ 273, 29
§ 275 I, 26, 27, 59, 126, 128
§ 276, 23, 42, 127
§ 280, 20, 124, 201, 216
§ 280 I 2, 57, 127, 128, 201
§ 280 II, 18, 214
§ 280 III, 255
§ 281, 18, 124, 128, 255
§ 283, 18, 127, 128
§ 286, 18, 125, 214
§ 287, 19, 214
§ 288, 214
§ 292, 134
§§ 305 ff., 4, 119
§ 309 S. 1 Nr. 7 a, 119
§ 311, 8, 37, 91, 110
§ 311 II, 71, 139, 201
§ 311 a, 127
§ 311 b, 70, 93, 110, 164, 165, 169
§ 311 c, 87, 162
§ 313, 132
§ 314, 107
§ 320, 29
§ 322, 29
§ 323, 214
§ 326 V, 108
§ 346, 108
§ 349, 107, 190
§§ 355 ff., 108
§ 362, 8, 30, 111, 153
§ 368, 100
§ 387, 8, 30, 198
§ 397, 219
§ 398, 10, 116
§ 404, 116
§ 405, 117
§ 407, 117
§ 409, 116
§ 413, 10, 115
§ 421, 75
§ 426, 47, 71, 74

Besonderes Schuldrecht (2. Buch)

§ 433, 2, 16, 31, 110, 115, 124, 126
§ 433 II, 177, 186, 194
§§ 434 ff. 118, 245
§ 438, 124
§ 441, 108

Paragraphenregister - Die nicht fett gedruckten Zahlen bezeichnen Seiten.
Die fett gedruckten römischen Ziffern bezeichnen Absätze.

§ 438 V, 245
§ 446, 240, 246
§ 447, 205
§ 449, 82, 129, 139, 148
§ 453, 79, 110, 245
§ 475, 119
§ 477 II, 162
§ 488 I 2, 16, 154
§ 491, 158
§ 492, 158
§ 494, 159
§ 502 II, 162
§ 518, 153, 164, 165
§ 535, 16, 17, 59, 198, 199, 250, 258
§§ 536 ff.,118
§ 546, 21
§ 550, 159, 161, 166
§ 557 IV, 119
§ 562, 22
§ 598, 80
§ 604, 27
§ 607, 80
§ 611, 17, 272
§§ 611 ff., 3
§ 611 a, 238
§ 614, 29
§ 619, 119
§ 623, 93, 159, 161
§ 631, 17
§§ 633 ff., 118
§ 638, 108
§ 644, 29
§ 647, 22, 210
§ 651, 80
§ 657, 105, 110, 175
§ 662, 16, 109, 253
§ 663, 202
§ 667, 20
§ 670, 16
§ 675, 16, 109, 272
§§ 676 f bis h, 118
§§ 677 ff., 254
§ 682, 254
§ 699, 29
§§ 705 ff., 68
§ 709, 75
§ 714, 75
§ 719, 68, 117
§ 727, 75
§ 766, 93, 160
§ 812, 9, 20, 24

§ 812 I 1, 133, 139, 150, 171, 243
§ 812 I 2, 2. Alt., 154
§ 813 I 2, 28
§ 818 I, 25
§ 818 II, 25, 86, 134, 139, 154
§ 818 III, 25, 134, 139, 152, 154
§ 818 IV, 134
§ 819 I, 134
§ 822, 134
§§ 823 ff., 37 ff.
§ 823 I, 9, 21, 23, 71, 141, 210
§ 823 II, 239
§ 826, 74
§ 827, 42, 141, 142, 151
§ 828, 42, 141, 142, 151
§ 831, 71
§ 833, 9
§ 840, 47, 71, 210
§ 847 a. F., 48, 56, 210

Sachenrecht (3. Buch)

§ 854, 10, 21, 88, 113, 126, 136, 148
§ 862 I 2, 215
§ 873, 10, 70, 80, 112, 115
§ 875, 113
§ 877, 112
§ 878, 112
§ 890, 80
§ 892, 115
§ 903, 10, 21, 88
§ 904, 41
§ 925, 70, 115, 165
§ 926, 87
§ 929, 10, 80, 82, 92, 113, 124, 126, 132, 148, 149
§ 930, 241
§ 932, 114, 134
§ 935, 114
§ 946, 85 ff.
§ 947, 82 ff.
§ 947 II, 90
§ 951, 86
§ 959, 105, 113
§ 985, 11, 21, 35, 125, 148, 210, 243
§ 986, 11, 21, 210, 243
§§ 987 ff., 19, 210
§ 990, 134
§ 990 II, 19
§ 1004, 35
§ 1004 I 2, 22, 23, 215

Paragraphenregister - Die nicht fett gedruckten Zahlen bezeichnen Seiten.
Die fett gedruckten römischen Ziffern bezeichnen Absätze.

§ 1006, 113
§ 1018, 112
§ 1090, 112
§ 1113, 10
§§ 1120 ff., 87
§ 1147, 10, 153
§ 1191, 10
§ 1192, 153
§ 1204, 10, 21, 112
§ 1205, 10
§§ 1273 ff., 10, 112
§ 1280, 116

Familienrecht (4. Buch)

§§ 1363 ff., 11
§ 1371, 12, 109
§§ 1408 ff., 120
§§ 1569 ff., 11, 28
§ 1626, 248
§ 1629, 144, 248
§ 1821, 144
§ 1822, 144

Erbrecht (5. Buch)

§ 1922, 11, 64
§ 1924, 12, 108
§ 1925, 12
§ 1931, 12, 109
§ 1937, 11, 108
§ 1942, 64
§ 1943, 64
§ 1944, 12, 64
§ 1945, 163, 252
§ 1967, 12, 64
§ 2084, 96
§ 2174, 28
§§ 2229 ff., 175
§ 2247, 12, 189
§ 2253, 12
§ 2274, 12
§ 2276, 12
§ 2303, 109
§ 2333, 218
§ 2365, 12
§ 2366, 12

Finanzgerichtsordnung (FGO)

§ 33, 3

Genossenschaftsgesetz (GenG)

§ 17, 65

Gerichtsverfassungsgesetz (GVG)

§ 13, 3

GmbH-Gesetz (GmbHG)

§ 1, 73
§ 2, 156
§ 3, 73
§ 5 I, 68, 73
§ 11 I, 73
§ 13, 73
§ 15, 166
§ 35, 70, 248
§ 53, 166

Grundbuchordnung (GBO)

§ 1 I, 70
§ 29, 163

Grundgesetz (GG)

Art. 1 I, 63
Art. 2 I, 54, 91, 117
Art. 5, 55
Art. 9, 69
Art. 9 III 2, 55
Art. 14, 1, 88
Art. 20 III, 212
Art. 28, 1

Grundstückverkehrsgesetz (GrdstVG)

§ 2, 171

Haftpflichtgesetz (HPflG)

§ 1, 10

Paragraphenregister - Die nicht fett gedruckten Zahlen bezeichnen Seiten.
Die fett gedruckten römischen Ziffern bezeichnen Absätze.

Handelsgesetzbuch (HGB)

§ 12, 163
§ 17, 53, 74
§ 37, 53
§ 48, 6, 271
§ 49, 272
§ 50, 272
§ 124, 66, 74
§ 128, 74/75
§§ 161 ff., 65
§ 362, 205
§§ 373 ff., 6

Insolvenzordnung (InsO)

§ 47, 135

Kunsturhebergesetz (KunstUrhG)

§ 22, 53
§ 23, 53
§ 33, 53

Lebenspartnerschaftsgesetz (LPartG)

§ 10, 12

Partnerschaftsgesellschaftsgesetz (PartGG)

§ 7, 66
§ 8, 66

Sozialgerichtsgesetz (SGG)

§ 51, 3

Strafgesetzbuch (StGB)

§ 142, 242
§§ 185 ff., 53
§ 201 a, 53
§ 230, 43
§ 263, 239

Straßenverkehrsgesetz (StVG)

§ 7, 9

Verwaltungsgerichtsordnung (VwGO)

§ 40, 3

Verwaltungsverfahrensgesetz (VwVfG)

§ 35, 2

Zivilprozessordnung (ZPO)

§ 253, 209
§ 767, 112
§ 794 Nr. 5, 112
§ 800, 112
§ 890, 23